Pneumatologie: Des Esprits Et De Leurs Manifestations Fluidiques

Jules Eudes Mirville

Nabu Public Domain Reprints:

You are holding a reproduction of an original work published before 1923 that is in the public domain in the United States of America, and possibly other countries. You may freely copy and distribute this work as no entity (individual or corporate) has a copyright on the body of the work. This book may contain prior copyright references, and library stamps (as most of these works were scanned from library copies). These have been scanned and retained as part of the historical artifact.

This book may have occasional imperfections such as missing or blurred pages, poor pictures, errant marks, etc. that were either part of the original artifact, or were introduced by the scanning process. We believe this work is culturally important, and despite the imperfections, have elected to bring it back into print as part of our continuing commitment to the preservation of printed works worldwide. We appreciate your understanding of the imperfections in the preservation process, and hope you enjoy this valuable book.

DES ESPRITS

ET DE

LEURS MANIFESTATIONS FLUIDIQUES

PNEUMATOLOGIE.

DES ESPRITS

ET DE LEURS

MANIFESTATIONS FLUIDIQUES

MÉMOIRE ADRESSÉ A L'ACADÉMIE

PAR J.-E. DE MIRVILLE

TROISIÈME ÉDITION

COMPRENANT

1° UN AVANT-PROPOS EN FORME DE LETTRE PAR LE T. R. P. VENTURA, EX-GÉNÉRAL DES THÉATINS, EXAMINATEUR DES ÉVÊQUES ET DU CLERGÉ ROMAIN
2° UNE LETTRE ADRESSÉE A L'AUTEUR
PAR M. LE Dr COZE, DOYEN DE LA FACULTÉ DE MÉDECINE DE STRASBOURG
3° UNE LETTRE DE M. F. DE SAULCY, MEMBRE DE L'INSTITUT

« Celui qui, en dehors des mathématiques
« pures, prononce le mot IMPOSSIBLE manque
« de prudence. »
(ARAGO, Annuaire, 1853.)

PARIS

H. VRAYET DE SURCY, RUE DE SÈVRES, 2

1854

JAN 24 1893
ASTOR NEW YORK

-13902-

TABLE SOMMAIRE

LETTRES D'ADHÉSION. VII

PREMIÈRE PARTIE
PHÉNOMÈNES SUBJECTIFS (INTERNES).

INTRODUCTION. 1

CHAPITRE PREMIER. — UNE ANECDOTE AVANT LES FAITS SÉRIEUX, OU L'EXPERTISE D'UN GRAND MAITRE. 17

CHAPITRE II. — ACADÉMIES ET MESMÉRISME, OU VARIATIONS DES CORPS SAVANTS.
Réalité des phénomènes admise par la majorité des rapports. — Dissidents célèbres. — Polémique cruelle au sein des corps savants. — L'Académie de Médecine étouffe le plus consciencieux et le plus embarrassant de ces rapports. — Juste condamnation des théories; folle dénégation des phénomènes. 33

CHAPITRE III. — ÉTAT ACTUEL DE LA QUESTION MAGNÉTIQUE, OU PROGRÈS NOUVEAUX ET VIEUX OBSTACLES.
Tendances et concessions nouvelles. — Électricités suspectes préludant aux électricités railleuses. — L'agent mystérieux confondu tous les jours avec le fluide qu'il emploie. — *Fascination* et *surintelligence*, double caractère de l'agent magnétique. — La science le lui refuse. — Objection très-sérieuse tirée des hallucinations. 68

CHAPITRE IV. — HALLUCINATIONS ET PERCEPTIONS MYSTÉRIEUSES, OU L'HOMME OBSÉDÉ PAR LES ESPRITS.
Analogies magnétiques. — L'homme *dominé*, selon la science, par *quelque chose qui veut, qui connaît et qui n'est pas lui*, ou bien par une *idée voltigeante*, par une *idée folle et matérielle*, qu'il aura absorbée, etc., hypothèses malheureuses remplaçant un vieux dogme oublié. — L'homme obsédé par des voix mystérieuses. — *Surintelligence* de ces voix constatée par la science. 84

CHAPITRE V. — NÉVROPATHIES MYSTÉRIEUSES, OU L'HOMME POSSÉDÉ PAR LES ESPRITS.
Les anciens possédés retrouvés par le XIXe siècle, et l'*aimantation rotatoire* observée depuis longtemps. — Le moyen âge justifié à l'Institut. — La *complète* bonne foi des *ursulines de Loudun*, des *trembleurs des Cévennes*, et des *convulsionnaires de Saint-Médard*, proclamée et mise hors de toute discussion par *l'élite* de la science moderne. — Longs mensonges historiques réduits à néant. — Analyse et discussions. — Nouvelles hypothèses proposées par une science à bout de voie, et bien autrement inadmissibles que le merveilleux dont elle a peur. 115

CHAPITRE VI. — DES MONOMANIES MYSTÉRIEUSES, OU L'HOMME ENTRAÎNÉ PAR LES ESPRITS.
Grandes questions de jurisprudence psycho-légale. — Du libre-arbitre et de l'irrésistibilité. — Gilles Garnier, Léger, le sergent Bertrand, etc. — La science avouant que ce dernier était sous la domination d'une *grande puissance fascinatrice*. 198

DEUXIÈME PARTIE
PHÉNOMÈNES OBJECTIFS (EXTERNES).

CHAPITRE VII. — LIEUX FATIDIQUES, OU DOMAINES PRIVILÉGIÉS DES ESPRITS.

Les hauts lieux. — Certaines sources, les lieux déserts. — Béthyles, ou Pierres mystérieuses, élevées en commémoration d'un fait merveilleux. — Carnac. — Les animaux subissant dans certains lieux fatidiques, la même influence que subissent ceux qui les guident, etc., etc. 214

CAAPITRE VIII. — RÉCITS DES VOYAGEURS CONTEMPORAINS, OU LES ESPRITS RENCONTRÉS SOUS TOUTES LES LATITUDES. 252

CHAPITRE IX. — RETOUR AU MESMÉRISME, OU L'INTERVENTION D'UN ESPRIT ÉTRANGER, RECONNUE EN PRINCIPE.

Aveux à cet égard des plus célèbres magnétistes anciens et modernes. . . . 281

CHAPITRE X. — FAITS TRANSCENDANTS DU MAGNÉTISME, OU L'INTERVENTION DES ESPRITS DÉMONTRÉE PAR LES FAITS.

Magnétisme magique. — Auxiliaires magnétiques. — Fauteuil *tournant* sans moteur visible. — Somnambules cessant de peser à volonté, ou cloués sur un parquet. — Pouvoir du magnétisme sur l'atmosphère. — Montius. — Créations fantastiques. — Transformations apparentes. — Miroir magique de M. Du Potet. — Ses aveux d'une évocation mentale, d'une *redoutable puissance, dont il a senti les étreintes, d'un esprit de Python*, dont sa conscience lui défend de révéler le siége mystérieux, etc. — Sorts lancés à volonté. — Transport instantané d'un lieu dans un autre. 289

AVIS concernant le chapitre suivant. 331

CHAPITRE XI. — LE PRESBYTÈRE DE CIDEVILLE EN 1851, OU LES ESPRITS AU VILLAGE.

Un sortilége pris sur le fait. — Tables *volantes* sans chaîne et sans petits doigts. — Avant-coureurs brillants de l'épidémie actuelle. — Fluides constatés. — Vision de fantômes. — Flammes jaillissantes. — Phénomène encore inobservé consistant dans la répercussion et le contre-coup de blessures, *à distance*. 333

CHAPITRE XII. — LES ÉLECTRICITÉS RAILLEUSES, OU NOS GRANDS ESPRITS JOUÉS PAR DE VÉRITABLES ESPRITS.

Cideville en Amérique. — En 1846, *un esprit frappeur* se fait entendre pour la première fois dans l'appartement de deux jeunes filles. — En 1853, 500,000 sectateurs entretiennent avec les esprits tout un système de relations, fonctionnant comme une *institution nationale*. — Le socialisme s'en empare. — Le gouvernement s'alarme. — Toutes les sectes protestent. — Marche de l'épidémie que l'on suit étape par étape. — Son arrivée dans le nord de l'Angleterre. — Son passage en Allemagne, en Sibérie. — *Décharge de mousqueterie spirituelle* sur tous les points de la France au même instant. 403

CONCLUSIONS.

Résumé. — Intelligences servies par des fluides. — Conséquences. — Objections. — Avenir. — Appendices sur l'exorcisme. 439

ADHÉSIONS

Bien différent de tous les autres, ce livre ne peut se soutenir dans la lutte que par la force des témoignages et par l'autorité des adhésions.

Possesseur de quelques armes d'un haut prix, mais ne pouvant *encore* les employer toutes, nous allons utiliser celles dont il nous est permis de nous servir *aujourd'hui*; elles suffiront amplement à notre défense.

Il nous fallait trois appuis : celui de la théologie, celui de la médecine, celui des sciences naturelles......

Or nommer le R. P. Ventura, c'est nommer le représentant le plus illustre de la théologie et de la philosophie catholiques au xixe siècle.

Nommer M. le docteur Coze, c'est nommer un de nos médecins les plus distingués et l'un des TROIS chefs préposés par la France à la garde de son enseignement médical.

Enfin, nommer M. de Saulcy, c'est nommer tout à la fois un très-savant archéologue, un voyageur célèbre, et un physicien fort habile.

Une seule chose nous embarrasse : c'est l'extrême bienveillance de ces trois adhésions. Elle nous a fait hésiter plus d'une fois, mais nous rappelant que la vérité était en cause et qu'il y allait de son salut, nous avons passé outre.

LETTRE DU T. R. P. VENTURA

Mon cher Monsieur,

Lorsque vous vîntes, il y a deux ans, me consulter ici sur le mérite et l'à-propos de votre travail, je balançai d'autant moins à en encourager la publication, que moi-même, nourrissant depuis longtemps les mêmes idées, j'avais été plusieurs fois au moment de les développer dans la chaire sacrée. Je ne craignis donc pas d'affirmer « que la
« publication de cet ouvrage sérieux serait d'une utilité et
« d'une actualité incontestables, pouvant éclairer puissam-
« ment l'opinion sur une masse de faits très-curieux et pré-
« parer ainsi la solution de hautes et importantes questions;

« car, ajoutais-je, il faut que ce soient les laïques qui pré-
« sentent toutes les pièces du procès afin que l'Église puisse
« juger ensuite avec une entière connaissance de cause. »

Je ne disais pas assez, mon cher Monsieur, en appelant votre travail *utile*, je l'eusse appelé *indispensable* si j'avais su ce que nous ignorions alors l'un et l'autre, à savoir, la prochaine invasion de ce fléau que vous appelez si bien une *épidémie spirituelle*, fléau dont la propagation universelle et subite constitue, selon moi, malgré ses apparences de puérilité, UN DES PLUS GRANDS ÉVÉNEMENTS DE NOTRE SIÈCLE.

Mais comment a-t-il été et reçu et jugé?

Pour commencer par vos savants, il m'est impossible de n'être pas effrayé devant cette opiniâtreté d'incroyance qui ne leur permet pas encore, à l'heure qu'il est, de regarder ce dont tout le monde peut s'assurer aujourd'hui. « *Oculos habent et non vident.* »

Toutefois, ils m'effraient bien davantage encore, ceux qui, après avoir regardé et *vu* par conséquent, secouent la tête en signe d'indifférence et de pitié, comme s'il s'agissait là d'un phénomène misérable et au-dessous de leur attention. « Quand ils sont descendus jusqu'au fond, ils méprisent. »

Puis enfin, et bien autrement encore, je me sens glacé d'épouvante, par certains dispensateurs de la vérité, qui, dans leur aveuglement, jouent sans scrupule avec leurs plus cruels ennemis, ennemis qu'ils ne peuvent plus reconnaître, tant ils ont oublié les plus sérieux enseignements.

Je ne suis pas prophète, Monsieur, et ne sais ce que la miséricorde ou la justice de Dieu nous préparent; mais, comme vous, je tremble pour le présent, et j'espère pour l'avenir; car, je le vois, il sort déjà de toutes ces choses de merveilleuses leçons. Il en sort, en effet, la justification de l'Évangile et de la Foi, la condamnation définitive d'un rationalisme terrassé par ces faits, et par conséquent la glorification prochaine de tout le passé de la véritable Église, et même de ce moyen âge si calomnié, si travesti, si gratuitement doté de tant de ténèbres. Les événements politiques de ces derniers temps s'étaient chargés de lui donner raison, à ce moyen âge, sous le rapport du bon sens en matière gouvernementale; et voilà des faits d'une nature tout à fait étrange qui viennent le venger des accusations de crédulité superstitieuse; cette réparation était nécessaire, et après tout, notre siècle n'a rien à en craindre, car certes elle ne rendra jamais qui que ce soit injuste pour les progrès matériels et utiles de la civilisation moderne.

Quant à vous, Monsieur, vous aurez l'honneur d'avoir apporté par vos lumineuses discussions une large pierre à la reconstruction de ce majestueux édifice, et je me réjouis de vous y avoir encouragé. Je n'ai pas besoin de m'étendre beaucoup à cet égard, CAR LE SUCCÈS A PARLÉ, et je crois vous connaître assez pour savoir que vous n'en demandiez pas un si brillant. Vous avez su vous faire lire par les savants et par les gens du monde, parce que votre ouvrage attache en même temps qu'il instruit, et c'est un mérite assez rare pour que vous me permettiez de vous en féliciter. Je n'ajouterai plus qu'un seul mot : si cet ouvrage n'avait roulé que sur les derniers phénomènes dont nous déplorions tout à l'heure l'invasion, il passerait peut-être avec eux; mais ce qui fera sa durée, ce sont vos discussions médicales avec une science que vous prenez corps à corps, et qui ne pourra longtemps résister aux dures étreintes de votre logique. Aussi soyez certain, Monsieur, que ce seront les savants et surtout les médecins que vous convertirez les premiers à vos doctrines, les philosophes ne se rendront qu'après eux; mais jusque-là, n'en doutez pas, vous aurez fait naître chez les uns et chez les autres les plus sérieuses réflexions.

Je ne vous parle pas en ce moment de deux ou trois observations que j'ai faites à la lecture de votre livre, observations dont nous causerons *en famille* et qui ne portent que sur quelques inexactitudes de doctrine, étrangères d'ailleurs au sujet principal de votre ouvrage.

Enfin, mon cher Monsieur, je ne doute pas que le Dieu

de vérité ne bénisse votre travail. Continuez-le, car il est vaste, et surtout ne vous laissez pas arrêter par cet argument des esprits légers « qu'en divulguant toutes ces choses vous en favorisez la propagation, qu'il vaudrait mieux les taire, etc., etc. » Erreur grossière ! Il vaudrait autant accuser vos médecins de faire arriver le choléra. Et d'ailleurs il est notoire que tous les cas de folie, développés dernièrement au milieu de ces pratiques, sont dus à l'enthousiasme irréfléchi succédant à une incroyance absolue; il ne saurait en être autrement; le prodige nié hier, constaté aujourd'hui, demain sera transformé en *Dieu*. La vérité seule peut donc prévenir et guérir de si funestes méprises.

Agréez, mon cher Monsieur, l'assurance, etc.

Le P. VENTURA DE RAULICA,
ANCIEN GÉNÉRAL DES THÉATINS, EXAMINATEUR DES ÉVÊQUES
ET DU CLERGÉ ROMAIN.

LETTRE DE M. LE DOCTEUR COZE

Monsieur,

Vous me faites l'honneur de me demander mon opinion sur le livre *des Esprits* que vous venez de publier; cet avis, je l'ai exprimé à notre ami commun, le bon docteur Paulin; le voici : ce livre m'a fortement impressionné parce que j'étais arrivé, par l'examen de quelques phénomènes du magnétisme animal et de celui des *tables tournantes*, à des conclusions à peu près semblables aux vôtres. Je trouvai dans votre ouvrage un enchaînement de faits très-remarquable et présenté avec un talent et une lucidité bien rares dans ce genre de compositions; j'y trouvais en outre la science ramenée dans la seule voie qui ne puisse pas nous égarer, dans celle des divines Écritures; là, à mon avis, se rencontrent et la vraie philosophie et la vraie lumière.

Je ne pense pas que mon opinion puisse être de quelque poids aux yeux du monde savant : si cependant vous croyez devoir donner de la publicité à cette déclaration, j'y consens de grand cœur dans l'intérêt d'une vérité que vous défendez si bien, ET DONT LE SUCCÈS ME PARAÎT INFAILLIBLE.

J'ai l'honneur d'être, Monsieur, etc.

R. COZE,
DOYEN DE LA FACULTÉ DE MÉDECINE DE STRASBOURG.

LETTRE DE M. F. DE SAULCY

Monsieur,

Vous désirez que je vous fasse connaître par écrit l'opinion que je me suis formée sur les phénomènes, à tout le moins bizarres, que l'on est convenu depuis quelque temps de désigner sous le nom de phénomènes des *tables tournantes et parlantes*. Je ne suis pas homme à reculer devant l'énonciation de ce que je crois une vérité, quels que puissent être d'ailleurs les sarcasmes réservés à cette espèce de profession de foi; je vais donc satisfaire votre désir.

Il y a de cela huit ou dix mois, lorsque le public parisien s'émut à la nouvelle venue d'Amérique et d'Allemagne, de l'existence d'un fait dont la physique pure était incapable de rendre compte *à priori*, je fis comme beaucoup de gens le font toujours et le feront probablement encore fort longtemps, je reçus cette annonce avec l'incrédulité la plus déterminée, et, je le confesse, la plus railleuse. Je considérai les adeptes comme des charlatans ou comme des niais, et je me refusai longtemps à tenter la moindre expérience. De guerre lasse pourtant, et après avoir entendu beaucoup de gens auxquels je ne pouvais appliquer ni l'une ni l'autre de ces épithètes, affirmer la réalité de ces faits, je me décidai à essayer par moi-même. Mon fils et un de mes amis furent mes deux *compères* : nous eûmes pendant quarante-cinq minutes, montre sur table, la patience de faire ce que l'on appelait la chaîne, et je vous avouerai que je ne fus pas peu surpris de voir, au bout de ce temps, la table sur laquelle nous opérions, et qui n'était que la table de ma salle à manger, se mettre en marche, et, après quelques hésitations, contracter un mouvement de rotation qui alla bientôt s'accélérant, et qui finit par devenir très-rapide. Nous essayâmes, en pressant sur la table, de façon à lui faire rayer le parquet, de l'arrêter dans sa course étrange et nous ne pûmes y parvenir. Après avoir renouvelé cette expérience deux ou trois fois, je cherchai à me rendre physiquement compte de l'origine de ce mouvement, et je me bâtis toute une théorie électro-dynamique dont je cherchai à vérifier la valeur à l'aide d'un électroscope, d'une boussole, de limaille de fer, etc. Comme je ne pus démêler la moindre trace d'électricité, je crus alors à des impulsions différentielles dues à la volonté des opérateurs, et dont une sorte d'intégration pouvait déterminer la rotation de la table. Là-dessus je m'arrêtai, et pendant quelques semaines je ne pensai plus le moins du monde à un phénomène qui ne me paraissait pas mériter qu'on se donnât plus longuement la peine de l'étudier.

Vint alors l'annonce de la faculté *parlante*, et je vous avoue que mon incrédulité devint beaucoup plus énergique qu'elle ne l'avait été lorsqu'il s'agissait d'un simple mouvement de rotation, dû, à ce que je croyais, à la même cause que les faits de *la baguette divinatoire*, des *pendules magnétiques*, de *la clef qui tourne*, et de tant d'autres phénomènes sur lesquels notre imagination a certainement une influence, ainsi que l'a parfaitement démontré M. Chevreul. J'étais donc bien décidé à ne pas grossir le nombre de ceux que j'appelais des *badauds*, lorsque le hasard me fit assister bon gré mal gré à des expériences de ce genre. Croyant d'abord et sans hésitation à une mystification, je m'étudiai à découvrir le mystificateur, et je n'en pus venir à bout. Après deux heures d'observation attentive, je n'avais pu saisir aucune supercherie, et j'avais vu se produire des résultats assez positifs pour que le doute remplaçât dans mon esprit la négation pure et simple et sans examen.

Je me promis dès lors de recommencer ce que j'avais fait pour le mouvement de rotation des tables, c'est-à-dire d'expérimenter par moi-même, et je le fis très-longuement, *trop longuement* peut-être.

La conséquence de ces nouvelles expériences a été que j'ai cru bientôt très-fermement, que des choses incompréhensibles pour moi existaient en réalité, et de façon à confondre la raison humaine. J'ai poursuivi ces phénomènes dans toutes leurs phases les plus déplorables pour mon orgueil de physicien ou de mathématicien, et comme je m'y prenais de manière à être certain que si quelqu'un était coupable de supercherie, *ce ne pouvait être que moi*, j'ai été bien obligé de me rendre et de faire fléchir ma raison devant l'évidence des faits (1).

C'est alors que votre livre, Monsieur, est tombé entre mes mains. Je l'ai lu avec le plus vif intérêt, j'ai admiré votre érudition et le courage qu'il vous avait fallu pour oser, à l'époque où nous vivons, traiter un sujet pareil. Je ne puis donc que vous faire mon sincère compliment sur la logique *sans pitié* avec laquelle vous avez apprécié l'existence de certain double rapport, l'un destiné au public et l'autre *secret*, sur le compte des phénomènes analogues que présentent les expériences magnétiques.

Je me résume, Monsieur. Je crois à l'existence de faits que souvent notre volonté ne saurait produire, et sur lesquels néanmoins, je déclare que cette volonté a parfois une action palpable. Je crois à l'intervention d'une intelligence DIFFÉRENTE DE LA NÔTRE, et que mettent en jeu des moyens presque ridicules. Je crois que la religion chrétienne ne doit pas encourager la pratique de ces expériences. Je crois qu'il y a danger à en faire une habitude, et qu'à tout le moins on peut y perdre aisément le peu de raison qui a été départi à l'homme par le dispensateur de toutes choses. Je crois enfin que le devoir de l'honnête homme qui a étudié ces phénomènes est de dissuader les autres de s'en occuper, en prêchant d'exemple et en ne s'en occupant plus *du tout* soi-même.

(1) Que dire, par exemple, du fait que nous avons vérifié ensemble, Monsieur, celui *d'un crayon fixé au pied d'une table* sur laquelle on appose les mains, et qui écrit des mots parfois *trop* lisibles?

Voilà, Monsieur, le point où je suis arrivé après quelques mois d'essais, et je vous demande la permission de terminer cette lettre, déjà trop longue, en répétant un mot fort sage que j'ai entendu prononcer par un homme doué d'une intelligence d'élite : « Ou ces phénomènes ne sont pas réels ou ils le sont ; s'ils ne le sont pas, il est honteux d'y perdre son temps ; s'ils le sont, il est dangereux de les provoquer et de s'en faire un passe-temps. »

Veuillez agréer, etc.

F. DE SAULCY,
MEMBRE DE L'INSTITUT.

Nous avions le projet de donner après ces trois adhésions, un examen raisonné des appréciations de la presse. Ce travail n'eût peut-être pas été sans intérêt, mais il eût par trop étendu une œuvre déjà trop longue. On formerait un volume in-8° des longs articles consacrés par la presse quotidienne et périodique à l'analyse de ce mémoire ; et, si nous ne nous trompons, c'est déjà un symptôme très-remarquable qu'une telle attention donnée à un tel livre. Qu'est-ce donc, lorsqu'on le voit réunir en définitive, soit qu'elle mérite ou non, la très-grande majorité des suffrages?

C'est ce dont nos lecteurs pourrront se convaincre facilement, en recourant aux articles suivants, pour peu qu'ils tiennent à constater et à suivre une réaction philosophique, hier encore si imprévue :

ARTICLES COMPLÈTEMENT FAVORABLES.

Le Pays	6 juillet 1853.
Revue contemporaine	15 août.
Chronique de France	août.
Bibliographie catholique	numéro d'octobre.
Revue Britannique	avril.
Id.	juillet.
Journal des Villes et Campagnes	29 décembre.
Id.	31 décembre.
Id.	3 janvier.
Gazette de France	février.
Univers	18 février.
Id.	19 février,

ARTICLES FAVORABLES,
AVEC QUELQUES RÉSERVES OU OBJECTIONS.

L'*Union*...................................	30 juillet.
Id.......................................	20 août.
Illustration.............................	3 septembre.
Assemblée nationale......................	3 août.
Id.......................................	3 septembre.
Constitutionnel	septembre.
Indépendance belge.......................	août.
Galignani's Messenger....................	août.

ARTICLES COMPLÉTEMENT HOSTILES.

Revue progressive	1ᵉʳ août.
Revue du magnétisme......................	10 août.
Journal des Débats.......................	14 octobre.
Id.......................................	21 octobre.
Le Siècle................................	10 février 1854.

Aujourd'hui ce livre semble vouloir entrer dans une phase toute nouvelle. La science paraît enfin disposée à l'examiner sérieusement, et s'y voit probablement forcée par les trois lettres que nous venons de reproduire.

Au reste, cette dernière polémique en est encore à ses préliminaires. *L'Union médicale* du 22 décembre avait jeté le premier cri d'alarme en ces termes :

« Que les savants contemplent où conduisent la plaisanterie et le dédain.
« Je laisse pour aujourd'hui la parole aux faits : ils sont plus éloquents cent
« fois que ce que je pourrais dire.

« M. de Mirville a publié un ouvrage sous ce titre : *des Esprits*, etc. Cet
« ouvrage a eu un grand succès et est arrivé à sa 3ᵉ édition. En tête de cette
« édition se trouvent trois lettres qui m'ont occasionné une très-vive surprise
« et qui en produiront assurément une semblable sur le lecteur. Je les publie
« sans commentaires. Dʳ AMÉDÉE LATOUR. »

Le mois suivant, les *Annales médico-psychologiques*, revue trimestrielle publiée par les docteurs Baillarger, Cerise et Brierre de Boismont, donnait, sur le livre *des Esprits*, un assez long article, qui débutait ainsi : « J'ai lu ce
« livre d'un bout à l'autre ; il est même des chapitres que j'ai relus, et ma cu-
« riosité ne s'est pas démentie un seul instant. L'étrangeté du titre n'est point
« ici une amorce, etc. » Quant au fond, tout en l'exposant, M. le docteur Cerise évite de l'aborder sérieusement et se déclare *incompétent*. Toutefois, c'est à nos savants adversaires qu'il s'en prend ; c'est à eux qu'il reproche nos méfaits. « C'est, dit-il, la faiblesse et l'insuffisance de leurs explications
« qui ont encouragé le surnaturalisme de M. de M...... Aussi la partie de

« son travail où cet auteur engage sur ces explications un vif débat avec
« M. Brierre de Boismont et surtout avec M. Calmeil, est celle où l'*on ne
« peut s'empêcher de s'arrêter quelques instants pour méditer*; c'est
« *là, mais là seulement*, que devient *séduisante* la doctrine surnatura-
« liste... M. de M..., dit-on, vient de publier une nouvelle édition de son livre,
« et des lettres d'adhésion y sont insérées, émanant de la plume de quelques
« hommes très-connus et très-distingués. J'en félicite l'heureux auteur; il se
« sentira encouragé à publier le second volume qu'il a annoncé et que je lui
« promets de lire avec le même entrain que le premier. »

On voudra bien ne pas l'oublier, c'est le journal de M. Brierre de Boismont qui s'exprime en ces termes.

— Aujourd'hui 2 mars, la chronique scientifique de *l'Assemblée nationale* nous apprend que M. Chevreul, notre savant chimiste, a lu à l'Académie des sciences un long et important Mémoire sur quelques-uns de ces faits étranges, répudiés jusqu'ici par la science. « M. Chevreul, dit *l'Assemblée*, nous a paru
« préoccupé de répondre surtout au livre de M. de Mirville... Ceci nous ramène
« aux *tables tournantes* et *frappantes*. M. Chevreul déclare qu'il s'occupera
« du premier phénomène, *parce qu'il l'a vu*, mais non du second, *parce qu'il
« ne l'a pas vu*... Nous ne pouvons pas, pour notre part, accepter ces motifs.
« Des faits sont des faits... Comment, d'ailleurs, dans des phénomènes qui
« ont *évidemment entre eux la plus grande* connexité, tenir compte des uns
« et non pas des autres ? C'est abandonner la vraie méthode scientifique. »

— Enfin, un autre physicien non moins célèbre, M. Babinet, va, dit-on, rendre compte de notre ouvrage dans un des plus prochains numéros de la *Revue des Deux-Mondes*. Nous ne savons pas ce que *l'avenir nous réserve*, mais heureusement nous connaissons *le passé*, et nous avons là sous les yeux une réponse faite par la *Gazette médicale* au *Cosmos*, qui avait défendu le célèbre physicien. « La négation de tous ces faits, dit la *Gazette*, est toute
« *gratuite* et même *légère*, car elle ne se fonde en définitive que sur l'*a priori*
« de la prétendue impossibilité du fait. Admettre que les tables tournent et
« ne pas vouloir absolument qu'elles parlent est... un procédé logique très-
« arbitraire. » (*Gaz. médic.*, 25 févr.).

On le voit, le courant des idées n'est plus au scepticisme, et pour peu qu'elle tienne à sa popularité, l'Académie des sciences fera bien d'y mettre un peu de prudence. Elle en a plus besoin qu'elle ne le pense, car s'il est vrai que depuis dix ans nous étions à peu près seul à prévoir toutes ces choses, s'il est vrai qu'un des premiers nous ayons ouvert la tranchée, il n'est pas moins certain que celle-ci s'élargit tous les jours, et que, trahie surtout par la faiblesse de ses propres défenseurs, la place ne saurait résister bien longtemps.

Or, il ne faut pas l'oublier, la science nous a répété sur tous les tons, que le jour où cette place se rendrait, une philosophie toute nouvelle en prendrait possession.

A MESSIEURS

LES MEMBRES

DE L'ACADÉMIE DES SCIENCES

MORALES ET POLITIQUES

INTRODUCTION

I.

Il peut y avoir vingt ans, Messieurs, dans l'église de Sainte-Étienne-du-Mont, un vieux prêtre faisait le prône à une grand'messe du dimanche (1); l'auditoire était nombreux, attentif, ce qui n'empêchait pas tous les regards de se porter involontairement sur un grand jeune homme qui, debout, en face de la chaire et les bras croisés, semblait suivre avec la plus grande attention tous les raisonnements du prédicateur. A l'excentricité de sa tenue, à l'étonnement de sa physionomie, il était clair que ce n'était pas un habitué de la paroisse, pas davantage un habitué *d'autres* églises, et bien certainement le hasard seul l'avait fait entrer dans celle-ci.

Cependant, nous le répétons, son attention paraissait tout à fait captivée par les paroles du vieux prêtre, et chacun pouvait suivre sur son visage la marche et le progrès de la pieuse influence.

(1) Historique.

Mais le malheur voulut que, vers la fin de son instruction, le prêtre crût devoir parler à son troupeau, « *de la protection des bons anges et des ruses des démons.* » A ce mot *démons* tout fut perdu; cette physionomie si respectueuse jusque-là, devient tout d'un coup sarcastique, le regard s'enflamme, et d'une voix exaspérée, notre inconnu s'écrie : « Ah! pour le coup, monsieur l'abbé, *voici qui devient par « trop fort!* » puis, remettant son chapeau sur sa tête et se frayant brusquement un passage, il s'élance au dehors de l'église, et disparaît comme un homme qui n'y sera plus repris.

On devine combien fut grand le scandale, et combien le bon prédicateur dut regretter une phrase qui, toute légitime qu'elle fût, avait eu la malheureuse vertu d'arrêter si subitement *la grâce*, ou du moins de compromettre un succès très-marqué.

II.

Quant à nous, nous réfléchîmes beaucoup à l'exclamation de ce jeune homme. Nous avions fait partie de cette jeune école qui dans les dix premières années de la Restauration, ramenée à la foi chrétienne par l'étude des de Maistre, des Bonald et des Frayssinous, succédait, non pas à l'école légère et railleuse de Voltaire morte déjà depuis longtemps, mais à l'école positive et raisonneuse de l'Empire, dont à bien dire elle conservait encore quelque chose. Pleine d'amour pour la vérité, mais après tout fille de son siècle et pleine d'admiration pour la science, l'école dont nous parlons accueillait avec respect une *foi* dont elle sentait la grandeur et les bienfaits, mais n'en restait pas moins fidèle à une *raison* dont elle comprenait aussi l'autorité.

Aussi les écrivains religieux de cette époque avaient-ils parfaitement compris la ligne que de tels sentiments leur traçaient; pour réprimer les abus de la raison, ils ne firent appel qu'à cette raison elle-même et ne voulurent jamais employer d'autres armes.

Déjà la science leur était venue en aide; les vieilles querelles s'apaisaient, les anciennes difficultés disparaissaient comme par enchantement; Cuvier montrait partout les traces du déluge et l'accord parfait des nouvelles découvertes géologiques avec le récit génésiaque, Champollion éclaircissait la chronologie égyptienne, Ampère vengeait la physique de la Bible, des voyageurs instruits constataient par tous les monuments sa minutieuse exactitude; en un mot, sur la plupart de ces questions importantes, la science avait devancé les apologistes, qui devant ces grandes autorités s'effacèrent complétement et se trouvèrent trop heureux de leur en laisser toute la gloire.

Tranquillisés de ce côté, ils s'attachèrent alors à justifier les dogmes et tout le passé de l'église catholique. On le sait, ce fut surtout dans les conférences de M. Frayssinous, que le succès dépassa toutes les espérances; elles paraissaient vraiment avoir tout éclairci; depuis le sort des *enfants morts sans baptême* et le dogme *hors l'église pas de salut*, jusqu'aux croisades et à la révocation de l'édit de Nantes, tout, grâce à elles, s'éclairait d'un nouveau jour, tout devenait plausible pour la foi, acceptable pour la science.

Nous pouvons donc le répéter, nous tous, disciples de cette nouvelle école, nous jouissions d'une conciliation si visible et demeurions plus que jamais persuadés que, si le christianisme devait encore briller sur la terre, il ne le devrait jamais qu'à sa réconciliation totale avec une science qui, pour beaucoup de gens aussi, était une véritable religion.

III.

Mais en dehors de tous ces dogmes justifiés, réhabilités, il en était un que l'on n'avait jamais abordé, c'était précisément celui dont notre jeune homme de Saint-Étienne-du-Mont s'était montré si révolté, c'est-à-dire la reconnaissance des substances spirituelles et surtout leur intervention dans les affaires de ce bas monde. Oui, toutes ces milices invisibles, impalpables, qui selon la foi nous entourent, nous observent, nous soutiennent ou nous éprouvent à notre insu, tous ces *dieux inférieurs* (1), double aristocratie du ciel et des enfers, toutes

(1) V. de Maistre (*Essai sur les sacrifices*).

ces essences spirituelles reconnues par tous les siècles sous les noms d'*Anges*, d'*Esprits* ou *Démons ;* tout cela n'existait plus ; sur tout cela le siècle avait dit son dernier mot.

Ce dernier mot regardait surtout les *démons.* Quoique ces deux ordres opposés de substances spirituelles se nécessitent et se prouvent l'un par l'autre, on conservait encore un respectueux souvenir pour la doctrine des bons anges, — doctrine d'ailleurs si précieuse aux beaux-arts, — mais on se vengeait de cette réserve sur les *démons*, et sur leur compte, la raison n'admettait depuis longtemps aucune espèce de transaction.

Il est facile de s'en assurer.

Interrogé sur ce sujet, le panthéisme répondait : « *Ne sachant rien sur les bons esprits, notre science s'est également débarrassée des mauvais.... Aujourd'hui que le monde atteint sa majorité, il se rit du diable comme le jeune homme se rirait de Croquemitaine* (1). »

L'éclectisme interrogé répondait : « *La racine de tous ces faits merveilleux est dans une illusion psychologique... Ces faits ne font pas même partie de la religion.... Cette croyance aux génies rendait fou* (2). »

Quant au rationalisme, c'était bien autre chose ; pour lui, la négation du merveilleux était la grande affaire. C'était toute son essence et toute sa fin.

Il est vrai qu'il avait à ce sujet une excuse que n'ont pas tous les autres ; cette excuse, il pouvait la puiser dans l'étude des sciences physiques et naturelles, sur lesquelles il s'est toujours appuyé de préférence. Que de fois en effet l'éclat projeté par celles-ci, que de fois la magnificence de leurs conquêtes toujours progressantes, n'ont-ils

---

(1) Et cependant Bayle, qui connaissait le panthéisme mille fois mieux qu'on ne le connaît aujourd'hui, Bayle disait : « Il n'y a pas de philosophie qui ait moins le droit de nier les esprits. Qui est-ce donc qui a pu porter Spinosa à les nier ?... Est-ce qu'il a cru que pour produire tous ces effets (magiques), il faudrait avoir un corps aussi massif que celui de l'homme ? Mais cette pensée serait *ridicule.* Pardonnons-lui donc le *front d'airain* qu'*il faut avoir pour s'inscrire en faux contre des faits de cette nature.* »

(2) Et cependant l'éclectisme moderne aime à se rattacher surtout à cette ancienne école d'Alexandrie, qui était avant tout une école théorique et *très-pratique* de magie.

pas dû fasciner jusqu'aux meilleurs esprits, et leur persuader, qu'en dehors de la nature et de ses lois, il n'y avait plus que leur auteur!

IV.

Comment ne pas se laisser éblouir!

Nombrer tous les soleils avec La Place ou Le Verrier, conjurer la foudre avec Franklin, décomposer les corps avec Berzélius et Davy, ausculter et découvrir de nouvelles lésions organiques avec Laennec et Morgagni, foudroyer la douleur avec Simpson, transmettre la pensée comme l'éclair d'un hémisphère à l'autre, abaisser toute barrière, rapprocher toute distance, et, par ce nivellement de la terre, réunir peut-être un jour toutes les nations en une seule, que de titres de gloire! et comment ne pas croire, dans l'enivrement qu'ils vous causent, à l'unique et exclusive réalité d'une création matérielle, avec laquelle ou à propos de laquelle, on produit de si grandes choses?

Que les naturalistes toutefois sachent abaisser un peu leur orgueil! Supposons avec eux que cet univers phénoménal et sensible n'eût plus de mystère à leur celer, plus de vérités à leur taire, tout serait loin d'être dit. Quand ils parviendraient à compter tous les astres suspendus sur nos têtes, allons plus loin, quand le cristal de leurs tubes amenant jusqu'à nous tous les mondes, leur permettrait de sonder leur profondeur, de mesurer leurs contours, que dis-je? de toucher tous les êtres animés qui peuvent, qui *doivent* certainement y trouver l'existence, quand ils rencontreraient enfin la grande loi qui régit l'univers; ils n'en seraient toujours qu'à l'extérieur du temple; ils connaîtraient, il est vrai, une création sublime, mais ils ne seraient pas sortis encore de ce monde matériel et visible, simple image de ce monde invisible, impalpable, qu'ils ne soupçonnent plus depuis longtemps et qui, cependant, défiant la puissance de leurs plus précieux instruments, les enserre, et, comme nous le disions tout à l'heure les observe, les soutient, et trop souvent les éprouve en dépit de leur incrédulité.

Ce n'était pas ainsi que Ch. Bonnet, l'illustre philosophe de Genève, comprenait la création ; écoutons-le :

« Entre le degré le plus élevé et le degré le plus bas de la perfection corporelle et spirituelle, il est un nombre presque infini de degrés intermédiaires. La suite de ces degrés compose la chaîne universelle, elle unit tous les êtres, lie tous les mondes, embrasse toutes les sphères; un seul être est hors de cette chaîne, et c'est celui qui l'a faite. »

Voilà comme nous comprenons aussi la création ! Pourquoi donc la science contemporaine la démembre-t-elle à sa guise et supprime-t-elle à sa fantaisie tous les degrés intermédiaires entre l'homme et son Dieu ?

Quant aux sciences médicales, si longtemps préoccupées des maladies hypernaturelles, leur incrédulité d'aujourd'hui pourrait bien aussi trouver quelque excuse dans la ressemblance assez trompeuse de ces dernières maladies avec d'autres maladies très-naturelles. Mais qui pourra leur pardonner jamais leurs négations contre toute évidence, dès que celle-ci gêne et contrarie tant soit peu leur doctrine ? On aura peine à comprendre un jour, le degré d'acharnement manifesté par elles contre toute idée surnaturelle; on dirait vraiment qu'elles n'ont pas d'autres ennemis, pas d'autres maladies à combattre.

Vous entendez, par exemple, M. le docteur Leuret s'écrier que : « Tout homme qui s'avise de croire à un esprit, doit être immédiatement renfermé à Charenton. (1) »

« Dans nos temps modernes, dit à son tour le docteur Lelut (2), *sous peine d'être pris pour un fou halluciné*, on ne saurait plus se prétendre en communication avec aucun agent surnaturel, *quel qu'il soit.* »

Le docteur Parchappe est encore moins poli pour les *simples* qu'il attaque : « Graduellement affaibli de siècle en siècle, le surnaturalisme a été *définitivement chassé* du domaine de la science, dès la fin du

---

(1) *Fragments psychologiques.*
(2) *Du Démon de Socrate.*

siècle dernier, et c'est à peine aujourd'hui, s'il se trouve encore sérieusement accrédité chez un petit nombre d'individus appartenant aux classes *les plus infimes* et les plus *ignorantes* de nos sociétés civilisées (1). »

Que d'imprudents anathèmes !

Quant à la littérature, *cette expression de la société*, elle se gardait bien de rester au-dessous de toutes ces invectives. « Les sciences modernes, nous fait-elle dire par l'un de ses organes périodiques les plus répandus, ont porté à cette croyance aux esprits, un coup dont ELLE NE SE RELÈVERA JAMAIS, et cette crédulité est à peine excusable chez les intelligences faibles ou ignorantes. »

On le voit, nous ne dissimulons rien; il devenait impossible de rencontrer une vérité plus *honnie*, un dogme plus répudié, une opinion plus compromettante... pour les malheureux écrivains qui auraient essayé de la faire renaître ou de la défendre. Et si nous avons tenu à enregistrer si littéralement toute l'expression de ce profond mépris, c'est afin qu'elle subsiste, et que, dans quelques années, DANS QUELQUES MOIS PEUT-ÊTRE, on puisse la consulter comme un monument très-curieux, des plus étroits préjugés.

V.

Pour en revenir... à notre jeune homme de Saint-Étienne-du-Mont, tout cela nous le faisait merveilleusement comprendre, et, comme lui, nous ne laissions pas de nous trouver assez embarrassé dans notre intelligence et plus encore dans nos rêves de fusion scientifique et chrétienne.

Depuis longtemps le clergé s'occupait assez peu de ces matières. D'un côté, la prudence, de l'autre, peut-être un peu de cette prévention qui gagne parfois jusqu'aux meilleurs esprits suivant le milieu dans lequel ils se trouvent, tout devait rendre un certain nombre de

(1) *Maillet des sorcières.*

ses membres très-indécis devant des phénomènes semblables, très-circonspect devant l'opinion générale.

Il n'est donc pas fort étonnant que l'*Encyclopédie moderne* (1), trompée par quelques exceptions, se soit permis de résumer avec cette injustice l'opinion théologique actuelle sur les anges et les démons : « Il est *visible*, dit-elle, que les croyances chrétiennes se modifient forcément avec les progrès de la raison, et que si les dogmes de l'Église ne sont pas changés, plusieurs sont du moins abrogés par l'oubli ; le clergé les laisse prudemment *sommeiller*, sans sanctionner tout haut une incrédulité qui se tournerait bientôt contre lui. »

« L'idée du surnaturel, dit un autre auteur, chassée peu à peu du domaine de la science est restée dans celui de la religion, mais *il faudrait être aveugle*, pour ne pas observer que là aussi son influence s'est considérablement affaiblie. » (FRANCK, *de la certitude*.)

Pouvait-il être vrai, cependant, qu'une telle croyance pût jamais être abrogée par l'oubli du clergé? Était-elle donc si peu grave, ou s'agissait-il ici de l'un de ces dogmes secondaires, appartenant aux premiers jours des religions, croyances assez insignifiantes au fond et dont l'obscurcissement n'entraîne aucun péril?

VI.

Décidément, il fallait savoir à quoi nous en tenir sur ce point et nous l'étudiâmes à notre tour. Nous nous en applaudîmes, car bientôt nous pûmes nous assurer, que cette croyance si minée, si honnie, si peu défendue, était précisément l'âme et pour ainsi dire la raison de toute la doctrine chrétienne. « Satan ! disait Voltaire à un théologien trop *coulant*; Satan ! mais c'est le christianisme tout entier; PAS DE SATAN, PAS DE SAUVEUR (2). »

On le sait, l'apôtre saint Paul faisait surtout consister la lutte des chrétiens sur la terre, dans la résistance aux *malices* invisibles répan-

---

(1) Article *Ange*.
(2) « Il est venu (le Sauveur) pour détruire les œuvres du diable : *Ut destruerет opera diaboli,* » dit à son tour l'Évangile.

dues dans l'atmosphère (1). Avant lui les Écritures, avec lui tous les saints, ne cessent de rappeler les mêmes paroles et d'agir constamment dans le même sens, ou par leurs enseignements, ou bien par l'exorcisme, sans parler ici du baptême qui est lui-même le premier de tous ces exorcismes, et une *dépossession* formelle au profit d'un nouveau maître (2).

Tout le christianisme est si bien là, que Bayle, le plus savant des incrédules, disait après quinze siècles de controverse à ce sujet : « Prouvez seulement aux incroyants l'existence des mauvais esprits, ET VOUS LES VERREZ FORCÉMENT OBLIGÉS DE VOUS ACCORDER TOUS VOS DOGMES. » (*Dict.*)

Belle leçon donnée par l'oracle de l'incrédulité savante, à ces apologistes indifférents, qui reculent devant ces prétendues questions SURANNÉES !

Encore une fois, oui, tout le christianisme est là. Le surnaturel (3) est un monde à partie double, dont le côté terrible et le côté consolant se prouvent et se nécessitent l'un par l'autre. *Lumières et ténèbres, Jéhovah et Bélial, Jésus-Christ et Satan*, voilà les deux camps, les deux étendards, les deux cités, bien définis, bien opposés. « Tout ce que l'Eglise prend, dit le baron Guiraud, elle le prend à Satan, tout ce qu'elle abandonne elle le livre à Satan (4). »

Sans donner ici dans l'hérésie des deux principes, puisque de nos deux forces l'une est créée et l'autre est créatrice, il n'en est pas moins vrai que tout l'édifice chrétien est supporté par deux colonnes, celle du bien, celle du mal. Essayez, pour embellir le temple, de rompre l'une ou l'autre, et vous verrez comme il conservera l'équilibre !

(1) « *Ce n'est pas* seulement contre la chair et le sang que vous avez à lutter, mais contre les *malices* spirituelles répandues dans les cieux, et contre les esprits *recteurs* de ce monde de ténèbres. » (Saint Paul, Éph., ch. 3.)

(2) « Sors de ce cœur, de ces membres, de ces organes, » dit le prêtre au démon dans les exorcismes du baptême.

(3) Nous réserverons dorénavant le mot *surnaturel* pour l'ordre mystérieux divin ; nous nous servirons pour l'autre ordre du mot *surhumain*, ou *extranaturel*. S'il nous arrivait d'y manquer, on saurait que c'est par mégarde. Au reste, nous soutiendrons toujours que l'un mène infailliblement à l'autre, et que la démonstration du *surhumain* entraîne celle de ce *surnaturel*, dont la preuve donnerait, selon M. Guizot, la solution de tous les problèmes. (Voir son dernier Discours.)

(4) *Philos. cath. de l'Histoire.*

Au lieu d'une question indifférente, c'était donc, au point de vue chrétien, la plus grande des questions, la question mère par excellence. Il s'agissait désormais de savoir, si la Bible d'abord et si l'Église ensuite, s'étaient vraiment trompées sur une de leurs bases les plus fondamentales. Pour un homme rempli de désirs chrétiens et en même temps de respect pour l'autorité de l'évidence, tout ceci devenait, on le comprend, de la plus haute gravité. Il y allait de toute la foi, ni plus ni moins, et comme nous n'admettions dans les Saintes Écritures, c'est-à-dire dans un langage que l'on disait inspiré, ni des *manières de parler*, ni des *complaisances* pour le siècle, ni des *restes d'ignorance*, on nous permettra de le dire; s'il nous eût été prouvé que la Bible avait pris au temps des Pharaons, pour de vrais *magiciens*, de simples et misérables jongleurs; pour des *enchanteurs*, de pauvres charlatans; pour les *faux dieux* des nations (1), quelques prêtres fourbes et menteurs; pour de vraies *évocations*, de simples momeries; pour des *esprits de Python*, des cataleptiques délirantes, etc.;.... s'il nous eût été prouvé que Jésus-Christ, en accordant à ses disciples le don et les règles de *l'expulsion* des démons, se méprenait sur une question de pure physiologie;... s'il nous eût été prouvé enfin, que l'Église catholique, en instituant l'exorcisme, en en traçant les formules précises et savantes et surtout en les mettant en pratique pendant une durée de dix-huit siècles, s'était trompée pendant ces dix-huit siècles... Oh! alors! c'en était fait à tout jamais; le christianisme était jugé dans notre esprit et nous renoncions bien vite à une autorité si peu sûre et si peu judicieuse.

VII.

L'importance du dogme est donc surabondamment établie; à présent, Messieurs, découlent de ce dogme bien d'autres conséquences, pratiques, morales, sociales même, qui se prouveront toutes seules, à mesure que vous avancerez dans la lecture de ce Mémoire.

Peut-être, cependant, allez-vous nous arrêter sur-le-champ par cette

---

(1) « Tous les dieux des nations sont des esprits. » (Ps. 95.)

simple remarque, que, ne poursuivant pas comme nous la vérité religieuse, assez peu vous importent de tels éclaircissements.

Détrompez-vous; vous poursuivez au moins la vérité philosophique, et personne plus que nous ne rend justice à vos incessants travaux; mais, il faut bien vous le dire et vous en conviendrez à l'instant, si nous disons la vérité, une grande partie de ce qui s'est écrit depuis deux siècles à propos de tous ces faits mystérieux qui forment comme le fond de l'histoire universelle et plus d'une fois décidèrent du destin des empires, une grande partie de tout ce qui s'est écrit sur l'origine et les mystères de tous les cultes païens, sur les oracles, sur les sibylles, sur l'école d'Alexandrie l'un de vos sujets d'études favoris, tout cela serait à refaire aujourd'hui, ou plutôt à revoir et à compléter.

Quant aux sciences médicales, elles vous déclareront plus tard elles-mêmes qu'il faudrait, si notre opinion triomphait, « *jeter au feu, comme de pitoyables romans, tout ce qui s'est écrit depuis deux siècles sur la folie* (1). »

C'est assurément là une grande exagération, mais la vérité se trouve tout auprès.

Il est une autre question qui vous intéresse à bon droit, puisque vous l'avez comprise dans le programme des études que vous récompenserez à la fin de cette année (2); c'est la question magnétique. Vous le savez, le mesmérisme est installé sur tous les points du globe; partout il a ses sociétés, ses adeptes, ses savants, et vous verrez quels fruits il a portés en Amérique. D'ailleurs, autour de nous et dans la seule ville de Paris, six cents somnambules fonctionnent d'une manière continue; si nous en croyons un journal de médecine, « la bourgeoisie EN MASSE est atteinte de magnétomanie, et, la basse littérature aidant, la maladie s'empare évidemment des classes populaires (3). » Vous savez encore à quel point, la magistrature et le clergé, se préoccupent aujourd'hui de ces questions. Consultés, chaque jour à ce sujet,

---

(1) Calmeil, *de la Folie*, t. 2, dern. part.
(2) L'Académie a proposé, pour la fin de 1853, un prix au meilleur Mémoire sur toutes les variétés du sommeil, y compris le sommeil magnétique.
(3) Art. du docteur Amédée Latour, cité par le *Journal du Magnétisme*.

chaque jour les voit hésiter et ajourner leurs souveraines décisions (1).

Il y va donc de très-grands intérêts et cette étude nécessiterait à elle seule le plus sérieux examen ; aussi comme elle se rattache à notre thèse par les liens les plus étroits, nous l'y ferons entrer pour une très-large part.

Enfin, Messieurs, devant les nouveaux phénomènes importés d'Amérique (2), phénomènes qui viennent de faire délirer tant de bonnes têtes en Europe, vous mesurerez l'étendue des conséquences philosophiques de notre ouvrage et de la RÉVOLUTION, ou plutôt, de la RESTAURATION qu'elles pourraient entraîner dans le monde pensant et enseignant.

Il y a donc actualité et urgence sur tous les points à la fois, et certes la chose mérite plus d'une étude.

VIII.

Heureusement pour nous, Messieurs, voulant voir nous avons vu, voulant connaître nous avons su, et c'est le fruit de quinze années d'observations et d'études que nous vous apportons aujourd'hui.

Si vous acceptez ces débats, Messieurs, permettez-nous d'en poser bien exactement les conditions, ainsi que les engagements de notre programme. Commençons par ces derniers.

Pour notre part, nous prenons celui de vous démontrer l'intervention *très-fréquente,* dans une foule de cas, physiologiques, psychologiques, historiques et physiques, de ces agents mystérieux que nous appellerons des FORCES INTELLIGENTES, autrement dit DES ESPRITS. Nous l'avons dit, ces forces sont de deux ordres opposés, celui du bien, celui du mal. Mais comme les circonstances nous y obligent et qu'il faut toujours se débarrasser avant tout du fardeau le plus pénible, ce premier Mémoire sera presque entièrement consacré aux forces du dernier ordre. Notre mission d'ailleurs n'est pas de chanter un hymne, mais bien de conjurer un fléau.

(1) V. la première page du ch. 3.
(2) Les tables tournantes.

Nous prenons encore l'engagement, de n'appeler à notre aide que l'*élite de la science* ou les autorités les plus graves, car ce premier Mémoire n'est guère qu'une exposition sur pièces officielles, exposition raisonnée, discutée, il est vrai, et terminée par des conclusions; mais ces conclusions à leur tour, auront leurs conséquences et ne sont en définitive que les préludes de débats et de questions bien autrement graves, réservés pour un second mémoire.

De vous, Messieurs, nous ne réclamerons que l'adhésion aux conditions suivantes :

1° On ne rejettera rien *à priori*, et l'on ne dira pas ce qu'on nous dit tous les jours « cela ne se peut, donc cela n'est pas »; on s'assurera au contraire si le fait existe, et s'il existe on l'admettra.

2° Parmi les faits litigieux, on ne choisira jamais, comme on le fait tous les jours, entre les faits inacceptables et les faits admissibles; on ne dira pas comme la Faculté de médecine, chargée en 1784, d'examiner les faits *merveilleux* du magnétisme : « Nous n'avons pas cru devoir fixer notre attention sur quelques faits insolites, *merveilleux*, contredisant toutes les lois de la physique, etc. » (1)

3° Ces faits une fois acceptés, on ne se permettra plus d'en *mutiler* un seul, pour le faire entrer plus commodément dans des théories rationnelles et toutes formées à l'avance; car nous obéirons à la recommandation faite à ce sujet par le président de l'Académie des sciences, M. Dumas, « de constater AVEC SCRUPULE LES MOINDRES circonstances de chaque observation. »

C'est en effet, de ces *moindres* circonstances que dépend ordinairement la solution (2).

4° Enfin on respectera les témoignages respectables, et l'on nous accordera pour le moins le droit commun, reçu pour toute espèce de certitude en matière judiciaire. On appliquera donc ces règles immuables de tous les temps et de tous les lieux, règles acceptées par

---

(1) M. Arago, rendant compte à l'Académie des *tables tournantes*, a eu bien soin d'annoncer qu'il ne s'occuperait que des faits *admissibles*. C'est toujours le même système, système tout à fait *inadmissible* en bonne philosophie.

(2) Ce sera là un de nos soins les plus constants, celui de rétablir *sur pièces* une foule de faits historiques et de phénomènes curieux, horriblement défigurés par tous nos *découpeurs*.

les plus grands génies, comme par le commun des martyrs, et rédigées ainsi par la plume de Voltaire :

« 1° Un grand nombre de témoins très-sensés et ayant bien vu,

« 2° Se portant bien,

« 3° N'ayant nul intérêt à la chose,

« 4° L'attestant solennellement...

« Constituent un témoignage suffisant... (1) »

En un mot, nous demandons que l'on ne soit pas plus difficile à l'égard de nos faits, qu'on ne l'est en matière criminelle pour envoyer un homme à l'échafaud ; est-ce donc trop exiger ? Mais, chose terrible à penser ! cent témoins ne nous suffisent pas pour établir un fait qui dérange nos systèmes, et deux ou trois témoins nous suffisent lorsqu'il s'agit de la fortune ou de la vie de nos semblables !

Au reste, nous n'avons jamais rien compris pour notre part à cet égoïsme intellectuel, qui compte pour rien tout ce qu'il n'a pas vu, pour rien tout ce qu'il n'a pas touché. Ces intelligences toutes personnelles, doivent s'estimer bien heureuses, si elles sont chrétiennes, de n'avoir pas vécu au temps des apôtres, car jamais elles n'eussent pu croire à tant de miracles sur la parole d'un pêcheur ignorant et grossier, ou sur celle d'une femme beaucoup moins recommandable encore. « *Fides ex auditu*, la foi résulte du témoignage. » Quant à nous, nous sommes bien autrement sûr, par exemple, de la validité d'une enquête sur *les tables tournantes*, signée par MM. Bonjean, Séguin, Montgolfier, de Gasparin, de Saulcy, etc., que de toutes celles que nous aurions pu faire nous-même. A plus forte raison, lorsqu'il s'agit de quelques milliers, ou plutôt d'une *épidémie*, d'expériences semblables. Il ne s'ensuit pas, il est vrai, que tout cela renferme une *loi*, une *vérité scientifique*, mais, à moins de briser à jamais le témoignage, il faut bien accepter tous ces faits, comme on en accepte forcément tant d'autres qu'on n'explique pas davantage.

Lors donc, Messieurs, que nous vous produirons *un grand nombre* de témoins *bien sensés*, *bien portants*, et que *tous* ces témoins déposeront sur un fait avec la plus parfaite concordance, nous exigerons,

(1) *Dict. philos.*

au nom du bon sens et de tous les usages reçus, qu'on les écoute et qu'on les croie, sauf à s'entendre ensuite sur les conclusions à tirer.

Ces conditions une fois bien arrêtées et surtout bien observées, nous ne craignons nullement de porter le défi le plus solennel et néanmoins le plus pacifique à toute cette PHILOSOPHIE POSITIVE que nous voyons renaître depuis quelques années, sous les auspices principalement de MM. Comte et Littré (1).

Nous prétendons démontrer à ces Messieurs la vérité de notre thèse, rien que par les faits déclarés par l'élite de la science contemporaine, VISIBLES ET PALPABLES. Nous analyserons ensuite les conclusions que l'on en tire, et nous vous proposerons les nôtres.

Vous choisirez, Messieurs, et, nous n'en doutons pas, votre réponse éclaircira bien des doutes, d'abord ceux... de notre jeune homme de Saint-Étienne-du-Mont, puis ceux de la plupart des corps savants, qui trouvent encore avec lui que « TOUT CECI EST VRAIMENT PAR TROP FORT. »

(1) Malgré notre profession de foi chrétienne on doit comprendre qu'il ne s'agit ici, ni de prosélytisme ni de la moindre exaltation religieuse, car nous pouvons affirmer que si nous n'étions que philosophe, nous apporterions bien autrement d'ardeur à l'éclaircissement de toutes ces questions dont nous n'aurions plus alors le vrai sens. D'ailleurs, à l'époque où nous sommes, nous avons tous été trop *roulés* par les flots du doute, pour jamais voir dans nos adversaires, autre chose que des naufragés d'un même bord, avec lesquels nous cherchons à nous entendre sur les moyens du *sauvetage*.

Mais tout en fraternisant avec eux, nous devons quelquefois lutter plus vigoureusement, contre certains imprudents qui voudraient nous rejeter à *la côte*.

Or, il faut bien le dire, la discussion sérieuse et loyale que nous provoquons ici, est d'autant plus de circonstance, qu'une recrudescence très-marquée de matérialisme a signalé ces dernières années. Broussais n'est plus, mais une nouvelle école le remplace, et le remplacera, nous le craignons, avec les plus grands avantages.

Cette école a pour nom la *philosophie positive*, et pour chefs deux hommes d'un rare mérite intellectuel, MM. Comte et Littré, le premier proclamé, dit-on, par l'Angleterre, le *Newton* du XIXᵉ siècle, et le second, une des célébrités médicales de l'Institut. On affirme donc sérieusement que cette philosophie renferme l'*avenir* du monde, et (ceci serait bien autrement sérieux) que c'est elle qui, dans le moment *présent*, exerce le plus d'influence sur la jeunesse de nos écoles, et principalement, dit-on, sur notre École polytechnique. Tenons-nous donc pour bien et dûment avertis, car, s'il est vrai, comme on le prétend, que ces doctrines doivent un jour composer tout le *credo* politique, philosophique et religieux de nos enfants, nous connaissons notre avenir.

Pères de famille, sachez-le bien, pour ces nouveaux apôtres, « l'ordre ne peut se faire dans les esprits que le jour où la psychologie ne sera plus qu'une *physique cérébrale*, et l'histoire une sorte de *physique sociale* (1). » Ce sont leurs expressions; quant à leur programme religieux, en voici le résumé : « N'empruntant aucune donnée à aucune intervention *surnaturelle*, » la *philosophie positive* nous débarassera à tout jamais des systèmes théologiques et métaphysiques, qui supposent tout le contraire. Quant à la conclusion, la voici : « Grâce au progrès des sciences, si, par un besoin de satisfaction individuelle, on retenait l'idée *d'un être théologique quelconque, multiple ou unique*, il n'en faudrait pas moins aussitôt le concevoir réduit à la nullité et à un office nominal et surérogatoire... Car, ainsi que le disait La Place, c'est désormais une *hypothèse inutile*. (2)

On le voit, ce nouveau *positivisme* l'emporte à un degré très-prononcé sur l'ancien, par l'horreur que lui inspire *tout* agent mystérieux. *Un être théologique quelconque* y causerait une épouvante indicible, et ces cœurs d'airain, capables de rester comme le sage d'Horace, impassibles et debout sur les ruines du monde, vous les verriez peut-être s'évanouir à la vue *d'un esprit ;* aussi prennent-ils le parti de n'y pas croire. Mais ce qu'on a peine à s'expliquer, c'est tant de peur, tant de recommandations, tant de mesures de sûreté contre une croyance qui fait aujourd'hui sourire de pitié nos bonnes d'enfants et le dernier écolier de nos villages. Eh bien, ce que nous voulons faire aujourd'hui, c'est de prendre *MM. Comte* et Littré par la main, de les amener à pas comptés jusque sur l'objet de leur épouvante, de le leur faire toucher, et de leur prouver son existence, non pas précisément, il est vrai, pour *leur satisfaction individuelle*, mais pour la nôtre, car une fois le *surhumain* démontré par des faits *visibles* et *palpables*, tels que les réclament ces Messieurs, ils ont trop de logique dans l'esprit pour ne pas tomber d'accord avec Bayle « QU'ILS SONT DÈS LORS OBLIGÉS, DE NOUS ACCORDER TOUS NOS DOGMES. »

(1) *De la philosophie positive*, par le docteur Littré.
(2) Id. ibid.

PREMIÈRE PARTIE
PHÉNOMÈNES SUBJECTIFS

(INTERNES)

CHAPITRE PREMIER

UNE ANECDOTE AVANT LES FAITS SÉRIEUX

ou

L'EXPERTISE D'UN GRAND MAITRE

Le magnétisme animal n'étant que l'un des sujets de notre thèse, nous ne venons point aujourd'hui, Messieurs, vous développer une théorie complète sur un agent encore si contesté. Plus tard, dans un second mémoire, nous essaierons de nous montrer plus explicite à son égard. Distinguant alors avec soin les éléments physiologiques et secondaires de l'agent principal et mystérieux qui fait toute sa force, nous tâcherons de rendre à la science ce qui appartient à la science... à l'homme ce qui appartient à l'homme... à l'agent mystérieux, ce qui lui revient certainement.

Toutefois, dans les questions scientifiques que nous allons

aborder tout à l'heure, nos savants adversaires devant faire au magnétisme un appel très-fréquent et selon nous toujours erroné, nous nous verrons obligé d'en parler fort souvent. Nous devons donc commencer par bien établir la réalité de ses phénomènes, réalité tant de fois et jusqu'ici si vainement démontrée ; puis, sur ces premières bases mesmériques, s'élèveront successivement tous nos chapitres, et plus on avancera dans leur lecture, mieux on saisira, nous l'espérons, le lien secret qui les enchaîne étroitement.

Mais avant tout examen, laissez-nous vous raconter, Messieurs, comme simple entrée en matière, une expérimentation peu sérieuse en apparence, et que de fort bons juges, néanmoins, ont trouvée suffisamment concluante. Nous vous la donnons dans toute la simplicité de sa rédaction première, et sans autre prétention que de vous amener par degrés à des faits bien autrement merveilleux.

Vous connaissez tous *Robert Houdin,* et vous ne refuserez à ce roi des prestidigitateurs ni le sceptre de l'adresse, ni par conséquent la compétence la plus absolue pour juger de celle des autres (1).

Un jour donc, cette compétence nous revenait en mémoire à propos de la question qui nous occupe. Depuis longtemps parfaitement convaincu par nos propres expériences, nous étions fatigué d'entendre nos *esprits forts* de salon, et nos *esprits faibles* de l'Institut repousser l'évidence et couper court à toutes nos assertions par ces mots sans réplique apparente : « *Robert Houdin* en fait autant ; il joue les « mêmes parties d'écarté ; il devine ce que vous avez dans

---

(1) Robert Houdin n'est pas, il est vrai, de l'Institut, mais il y est bien connu, apprécié ; il y compte des amis, et l'on regrette toujours, à la section de mécanique, qu'il n'ait pas suivi cette première vocation à laquelle il avait dû tant d'inventions ingénieuses. Quant à la personne et au caractère de ce véritable artiste, on se rappellera peut-être l'hommage que, dans une affaire judiciaire assez récente, un magistrat éminent, membre en même temps de l'Académie des Sciences, se plut à leur rendre publiquement.

« votre poche; il fait plus : vingt fois dans une soirée, et
« cent fois s'il le faut, vous lui remettrez autant de cartes
« de visite, et sur-le-champ, avec la rapidité de l'éclair,
« sans hésiter jamais (ce que ne font pas vos somnambules),
« son fils placé à l'autre extrémité du théâtre, vous répétera
« votre nom, quelque bizarre qu'il soit, votre adresse,
« quelque longue qu'elle puisse être. Il a même dépassé
« tout cela, car plus d'une fois on l'a vu lire un nom sous
« une enveloppe épaisse et cachetée, pénétrer du regard
« jusqu'au fond de la boîte la mieux close, désigner sur une
« mèche de cheveux une personne éloignée, etc., etc. Que
« voulez-vous de plus et que venez-vous nous montrer ? »

En effet, que répondre à de pareils arguments, dont on sent la faiblesse plus vite qu'on ne la démontre? Rien n'est plus vrai, *Robert Houdin* fait tout cela, et certes il le fait avec une dextérité, une constance d'adresse qui laisse bien loin derrière lui nos somnambules les plus lucides. Il est encore vrai que cette constance d'un côté et cette infidélité constante de l'autre devraient seules faire présumer le caractère opposé des agents. Mais à Paris on veut aller plus vite, et l'on se demande : Pourquoi deux explications, lorsqu'une seule nous suffit?

On le voit, pour en finir avec cet éternel et vicieux argument, il n'y avait pas d'autre moyen que d'aller trouver *Robert Houdin* lui-même.

Aussitôt pensé, aussitôt fait, et nous voici dans son selon, tête à tête avec lui.

Maintenant, scrupuleux sténographe, nous allons rapporter avec toute la fidélité du *Moniteur*, tout ce qui s'est passé depuis ce moment.

La signature de l'expert garantira la vérité du récit :

— Monsieur *Robert Houdin*, j'admire votre seconde vue, mais veuillez me dire si vous connaissez le magnétisme? Avez-vous vu des somnambules?

— Peu, Monsieur; j'en ai vu deux seulement.

— Qu'en avez-vous pensé ?

— Leurs tours étaient si mal faits, si pitoyables que, séance tenante, j'aurais pu leur donner une leçon.

— Ainsi pour vous le somnanbule est un *confrère*, et souvent un confrère maladroit.

— *Mais que voulez-vous donc que ce soit ?...* Après tout, je vous le répète, je n'ai vu que ces deux misérables; tout ce que je puis vous dire encore, c'est que, dans un voyage que je fis en Belgique, à Bruxelles, à Liége, à Aix-la-Chapelle, je suivais constamment M. Laurent et mademoiselle Prudence, deux de vos célébrités magnétiques, et je puis vous affirmer que le lendemain de leurs séances je dissipais toujours, comme par enchantement, leur triomphe de la veille. Alors, et à mon grand regret (car pour moi c'est toujours un vrai chagrin que de causer le moindre préjudice à qui que ce soit), l'espèce de stupeur admiratrice qu'ils avaient causée se changeait subitement en sarcasmes, en injures et même en opprobres grossiers, fruit d'une incrédulité complète. Cependant, pour être vrai, je dois ajouter encore que peu de jours après, et avec un courage que j'appellerai héroïque, ils sont revenus à la charge, et sont parvenus dans les mêmes villes, à retourner l'opinion et à conquérir de nouveau ce que je venais de leur faire perdre; j'ai réfléchi souvent à cela depuis, et sans pouvoir me l'expliquer.

— En voulez-vous l'explication, et seriez-vous curieux de voir un *vrai* phénomène magnétique, ou plutôt somnambulique ?

— Je le désire depuis longtemps.

— Consentiriez-vous à me suivre et à me donner quelques instants ?

— Quoique je sois très-occupé en ce moment, rien ne pourrait me faire plus de plaisir.

— Très-bien; je ne vous demande pas si dans le cas où, par impossible, vous seriez convaincu, vous auriez la loyauté d'en convenir et même de signer vos convictions; je ne vous le demande pas, car je lis déjà dans vos yeux toute la franchise de votre réponse.

— Soyez tranquille, Monsieur; dans ce cas-là vous seriez content de moi.

— Alors il sera beau de prouver aux savants dont nous parlions tout à l'heure, que l'amour de la vérité s'est réfugié sous vos galeries; mais n'oubliez pas d'apporter des cartes, *bien orthodoxes* (pas les vôtres), un livre, des cheveux, etc.; enfin tout ce qui pourra le mieux asseoir vos convictions.

— Ne craignez rien; je m'y connais. Madame Houdin pourra-t-elle venir avec nous?

— Pourquoi donc pas?

— Eh bien, à une heure je reviendrai vous chercher.

Nous y étions à midi, et, lorsque nous montons en voiture, R. Houdin nous entend, *pour la première fois*, indiquer le n° 42 de la rue de la Victoire. Nous soulignons ces mots, *pour la première fois*, parce qu'il ne manque pas de magnétiseurs dans Paris, et que rien ne fixant à l'avance notre choix sur l'un plus que sur l'autre, on ne pouvait avoir eu le temps de nous deviner et de nous prévenir.

Chemin faisant, le futur néophyte usait toutes les ressources de sa dialectique (elle est facile en pareil cas) à nous prouver ce qu'il regardait comme démontré de soi-même, c'est-à-dire qu'il ne s'agissait que de *trucs* (1) plus ou moins perfectionnés, et d'un répertoire mieux monté que tous les autres. Il entrait même, à ce sujet, dans certains détails, dans certains secrets du métier, qui nous paraissaient fort amusants à recueillir; il allait même jusqu'à trahir un peu les mystères, non pas de *sa* seconde vue, mais de *la* seconde vue de ses confrères, et lorsqu'il croyait s'apercevoir que nous n'admettions nullement ses comparaisons avec *notre* seconde vue magnétique, il s'arrêtait étonné, nous fixait entre les deux yeux, et son regard scrutateur ex-

---

(1) *Trucs*... C'est le mot consacré, pour désigner les tours d'adresse.

primait un soupçon qu'il était trop poli pour formuler davantage.

— Mais au moins vous conviendrez, disait-il, que le charlatanisme peut et doit s'en mêler fort souvent?

— Je ne dis pas non ; je vous ferai seulement observer que, du moment où le magnétiseur possède une somnambule lucide, vouloir adjoindre à cette lucidité les lumières du compérage, ce serait tout perdre à l'instant même. Certain d'escamoter ma montre ou mon anneau à mon insu, que diriez-vous du maladroit qui vous proposerait, *pour plus de sûreté*, d'aider votre adresse par une grossière ficelle?

— Ah! tous ces magnétiseurs ont tant d'esprit !

— Je pourrais facilement vous prouver le contraire.

— Bah! ce sont ceux qui en ont le plus qui le cachent davantage.

Nous arrivons, mais relégué dans le salon voisin, l'oracle fonctionne en ce moment pour plusieurs personnes. Une d'elles (M. Prosper G....t) sort bientôt, tout impressionné de ce qu'on vient de lui dépeindre sa maison de campagne, située à l'autre extrémité de la France, et jusqu'à la série de tableaux qui garnit sa chambre à coucher. On avait fait plus; après avoir décrit toutes les dépendances, les écuries et jusqu'au chenil qui les complète, M. G....t avait ajouté :

— Pourriez-vous me dire le nom du vigoureux animal qui dort au fond de ce dernier?

— Il s'appelle... attendez, il s'appelle Es... *Esterl*, et c'est le nom du guide qui vous l'a procuré.

Ici nous nous retrouvions nous-mêmes en pays de connaissance; qui ne connaît pas Esterl, le plus leste et le plus rusé de tous les guides des Eaux-Bonnes? Il nous est souvent arrivé de passer plusieurs heures de suite dans le salon de Marcillet, et de nous y divertir de l'espèce d'abasourdissement (c'est le mot propre) gravé sur des physionomies bien différentes au moment de leur arrivée. On voyait qu'il avait fallu des révélations bien intimes pour les bouleverser à ce point-là. Mais nous oublions que toutes les personnes qui se succèdent là depuis le matin jusqu'au soir sont autant de *compères* endoctrinés... soit...

Revenons à l'expertise de notre artiste.

Le voici en présence d'Alexis; celui-ci réveillé nous apparaît avec ces traits crispés, ce regard, ce cachet nerveux, tout particuliers aux somnambules, et qui seuls devraient suffire à la conviction d'un médecin. Puis, petit à petit, la figure se remet, la coloration revient, jusqu'à ce qu'endormi de nouveau par son magnétiseur, qui se contente de lui presser le bras, une légère et insensible convulsion vienne encore une fois bouleverser tout son être et le plonger dans l'état somnambulique.

Robert Houdin, qui s'y connaît, demande à bander lui-même les yeux d'Alexis. Après avoir examiné attentivement la ouate et les trois énormes foulards qu'on lui présente, il couvre, avec la première, tout le visage de son sujet; mais, quand sur ces balles de coton qui l'enveloppent comme la plus précieuse des statuettes, et qui, du haut du front jusqu'au bas des lèvres ne laisseraient pas de place à la pointe d'une aiguille, il a croisé deux foulards, il refuse d'appliquer le troisième et ne demande pas, comme certains médecins, un masque tout entier. Pourquoi cela? si ce n'est parce que R. Houdin s'y connaît, lui, et que le roi des escamoteurs ne s'amuse pas à de pareilles minuties.

Ces deux yeux si suspects, une fois bien bardés de ouate et recouverts de bandeaux, *calfeutrés* en un mot, R. Houdin tire de sa poche deux paquets de cartes portant encore l'enveloppe et le cachet de la régie, les ouvre, les mêle, et invite Alexis à couper. Celui-ci le fait, et, nous devons l'avouer, le fait d'une certaine manière dont la spécialité nous échappe, mais qui provoque un léger sourire chez son savant observateur. C'est évident, Robert Houdin a remarqué quelque chose, il a cru se reconnaître et tout autre que nous aurait tremblé pour le succès de l'expérience. Néanmoins il dépose cinq cartes devant son adversaire qui se garde bien d'y toucher, en prend cinq pour lui-même et s'en va les relever quand Alexis l'arrête en lui disant : « *C'est inutile, j'ai fait la vole,* » et lui nomme les dix cartes qui, sans avoir été retournées, se trouvent encore sur la table.

— Recommençons, dit froidement R. Houdin, tout étourdi cependant, comme d'un coup de massue.

— Volontiers.

Dix nouvelles cartes viennent remplacer les premières, et cette fois plus de sourire.

— J'écarte, dit R. Houdin.

— Pourquoi gardez-vous ces deux cartes et encore cet *atout* si minime ?

— Peu importe, donnez-m'en trois.

— Les voici.

— Quelles sont-elles ? dit Houdin en les couvrant de ses deux mains.

— Dame de carreau, dame de trèfle et huit de trèfle...

— Vite une troisième partie.

Même exactitude, même infaillibilité.

Nous examinons à notre tour, et que voyons-nous ? R. Houdin fixe Alexis avec ces yeux qu'on lui connaît ; son teint commence à se décolorer un peu, devient bientôt livide, une sorte de mouvement nerveux vient altérer ses traits, puis, avec l'exaltation toute passionnée d'un artiste qui vient de rencontrer son maître : « Qu'est-ce que cela, s'écrie-t-il, où sommes-nous ? C'est magnifique. » Alors, comme cela se passait autrefois à la Chambre après un beau discours, la séance reste quelque temps et *forcément* suspendue.

On la reprend ; R. Houdin, après avoir fait sauter les inutiles bandeaux du somnambule, tire de sa poche un livre à lui et le prie de lire à huit pages de là, à une hauteur indiquée. Alexis pique avec une épingle aux deux tiers de la page, et lit : « *Après cette triste cérémonie....* » Assez, dit

R. Houdin, cela suffit, cherchons. Rien de semblable à la huitième page, mais à la page suivante, même hauteur, on lit : « Après cette triste cérémonie..... »

— Cela suffit, dit Houdin ; quel prodige ! — Pouvez-vous me dire qui m'a écrit cette lettre ?

Alexis la sent, la pose sur le sommet de sa tête, sur son estomac, et désigne assez fidèlement celui qui l'a écrite ; mais il commet ce qu'un médecin appellerait des erreurs. Quelles erreurs ! Ainsi il se trompe sur la nuance de ses cheveux, sur son état ; il en fait, par exemple, un libraire, parce qu'il le voit entouré de livres ; erreurs de détail, en un mot, comme on en fait commettre à chaque instant aux somnambules trop vivement actionnés, mais qui, pour un esprit juste, doivent s'effacer tout de suite devant les indications principales. Car juger n'est pas autre chose, c'est *jauger*, autrement dit peser, mesurer, comparer ce qui est à charge et à décharge ; puis, la balance une fois faite, on prononce. R. Houdin ne se laisse pas arrêter par ces erreurs de détail ; revenant à sa lettre : « D'où vient-elle ?

— De ***.

— Ah ! dit R. Houdin, et le timbre ! Je n'y pensais pas... Mais, puisque vous voyez cette maison, pouvez-vous me dire dans quelle rue elle se trouve ?...

— Attendez ; donnez-moi un crayon ; et après cinq minutes de réflexion, il écrit rapidement : rue d'A...., n°....

— C'est trop fort, dit R. Houdin, je ne sais plus où j'en suis : je n'en veux pas davantage. Cependant encore un mot. Que fait en ce moment celui qui l'a écrite ?

— Ce qu'il fait ? Prenez garde ; méfiez-vous : il trahit votre confiance en ce moment même...

— Oh ! pour cela, dit Houdin, l'erreur est bien complète, car il s'agit du meilleur et du plus sûr de mes amis.

— Prenez garde, répète Alexis, et cette fois d'un ton d'oracle : *il vous trompe odieusement*.

— Sottise (1), répond Houdin à son tour.

A son tour madame Houdin s'avance :

— Pourriez-vous me dire, Monsieur, à quoi je pense en ce moment ?

— Donnez-moi la main... A quoi vous pensez ?... Attendez... Vous pensez à un enfant, à un bien jeune enfant... Ah ! pauvre mère ! que je vous plains !

Et madame Houdin qui jusque-là, pour lui donner le change, s'était efforcée de sourire, laisse échapper quelques larmes...

— Mais, Monsieur, vous le voyez donc !...

— Oui. Il est mort le 15 juillet dernier.

— A quelle heure ?

— Quatre heures du matin.

— A Paris ?

— Non pas ; à trois lieues de Paris... Attendez... Ah ! c'était trop tard.

— Mais quoi donc ?

— Je veux dire que vous avez changé trop tard de nourrice..., vous le savez bien ; c'est le lait de la première qui l'a empoisonné..., elle était bien malade, la malheureuse...

— Oh ! comme c'est vrai ! comme c'est exact !... Et pourriez-vous me dire à quoi je pense en ce moment ?

— Hélas ! vous pensez à un enfant bien plus jeune..., car il n'existe pas encore.

C'était effectivement la pensée de madame Houdin, dont

---

(1) Il faut nous hâter d'ajouter que, l'an dernier, étant retourné chez Robert Houdin, avec un de nos amis, M. Lacordaire, directeur de l'établissement des Gobelins, son premier mot fut celui-ci :

— Vous rappelez-vous, Monsieur, la fameuse lettre de mon ami de ** et toutes mes négations à Alexis ?

— Oui ; eh bien ?

— Eh bien, Monsieur, ce malheureux ami me volait dix mille francs au moment même de la séance. On conviendra que tout ceci devenait plus sérieux.

les espérances maternelles devançaient l'avenir en ce moment.

De son côté, Alexis nous voyant écrire sur un calepin, nous l'arrache des mains, le pose vivement sur sa tête, en lit deux ou trois lignes écrites au crayon et que nous retrouvons à la page indiquée.

Mais, chose bizarre et que nous livrons à la méditation de tous ceux qui s'occupent de cet inexplicable agent, dans ce calepin se trouvait un objet détaché :

— Qu'est-ce que c'est, Alexis ?

— Un carton.

— Oui, mais qu'est-ce que ce carton ?

— Je n'en sais rien ; il est entouré de petites gravures, ce sont des petites lignes toutes courtes, mais je ne sais pas ce que c'est.

— Cherchez bien ; ce n'est pas difficile, un carton dans un portefeuille...

— Attendez ; c'est une grande carte de visite..., un papier à plumes de fer,... une adresse de marchand...

Rien de tout cela ; et le génie du capricieux somnambule n'allait pas jusqu'à deviner un *calendrier*. Tel médecin de notre connaissance eût triomphé, et, selon l'usage, eût bien vite levé la séance. Nous continuâmes :

— Et le papier voisin ?

— Celui qui est ployé en quatre ?

— Oui.

— Oh ! celui-là c'est bien différent et ce n'est pas difficile : « Quittance de MM. Sagnier et Bray, libraires, rue des Saints-Pères, n° 64, portant 15 fr. 20 cent. »

R. Houdin ouvre le papier et constate la chose ; nouveau surcroît d'étonnement. Cependant il se ravise :

— Ceci, Monsieur, ne signifie rien pour moi, dit-il ; car enfin, je n'ai pas l'honneur de vous connaître, et quoique au dedans de moi-même je sois convaincu que vous n'êtes point d'accord avec le somnambule, je dois faire comme si vous l'étiez en ce moment ; permettez-moi donc de m'en tenir à moi seul, et de faire une dernière expérience. — De qui sont ces cheveux ? continue-t-il.

— D'un jeune homme.
— Lequel ?
— Votre fils.
— Quel âge ?
— *Trois ans de moins que vous ne lui donnez.*
— C'est vrai. Qu'éprouve-t-il ? Il est malade.
— Oui, il souffre beaucoup du côté droit... mais... attendez... vous venez de toucher ces cheveux, et je me trompe de fluide. C'est vous qui souffrez du côté droit et même en ce moment.
— C'est très-vrai ; mais mon fils ?
— Votre fils ? Il n'a rien.
— Si fait ; cherchez bien ! Il a quelque chose. Ne voyez-vous rien ?

Alexis se tâte, promène sa main sur ses jambes, remonte à l'estomac, au cœur, à la poitrine, à la tête, et rien n'est signalé.

— Cherchez donc bien.
— Ah ! j'y suis ; comment ? vous vous inquiétez pour cela ? pour ce *petit point* imperceptible que je vois à l'extrémité droite de l'œil droit ? vous croyez que c'est un commencement d'amaurose, et lui s'en tourmente ! Il est vrai que les médecins... mais rassurez-vous bien ; ne faites rien. Votre fils, je vous le répète, est d'une parfaite santé ; il a maintenant seize ans et trois mois ; à dix-huit ans, cela sera passé.

— C'est écrasant, dit R. Houdin ; c'en est assez, sortons. Réveillez-le.

Marcillet souffle sur le visage du somnambule, le travail nerveux s'opère à l'inverse du premier, la vie reprend insensiblement son cours habituel et rentre en possession de son domaine, puis l'inspiré retombe entièrement dans le *terre à terre* de la vie ordinaire et commune.

Quant aux deux consultants, silencieux, atterrés, ils se retirent. Lorsque nous sommes avec eux dans la rue :

— Et l'escamotage, qu'en faisons-nous ?

— Monsieur, *s'il y avait dans le monde entier un escamoteur capable d'opérer de semblables merveilles, il me confondrait mille fois plus, comme escamoteur, que l'agent mystérieux que vous venez de me montrer.*

— Si vous le voulez, et pendant que nous y sommes, je vais vous mener chez dix autres, et vous verrez à peu près les mêmes choses.

— Ah ! c'est inutile, je vous l'assure.

— Ainsi donc, à mon tour, je puis compter sur la loyauté de vos promesses ?

— Je suis homme d'honneur, Monsieur, et je ne connais ni les mauvaises inspirations de l'intérêt personnel, ni les capitulations de l'amour-propre.

— A la bonne heure ; dès que je vous ai vu, je n'en ai pas douté. Mais expliquez-moi donc votre sourire au moment de *la coupe* et lors de la première partie d'écarté.

— J'avais cru remarquer tout simplement une coïncidence entre la séparation du jeu et le nombre des cartes voulues.

— Mais enfin j'entends toujours répéter que vos parties d'écarté ressemblent à celles-ci, comme un œuf ressemble à un autre œuf.

— Ah ! Monsieur, pour *celui qui n'y entend rien*, pour l'homme du monde, oui peut-être, *et encore cela ne devrait pas lui être permis ;* mais pour le praticien !... songez donc, Monsieur, que toutes mes cartes, à moi, sont frelatées, travaillées, souvent de grandeur inégale, ou bien enfin artistement rangées. Puis, n'ai-je donc pas mes signaux, mes télégraphes ? Mais ici, Monsieur, des *cartes vierges*, des cartes dont je viens de déchirer l'enveloppe et que le somnambule n'a pu étudier ; et puis, ce qui ne saurait jamais nous tromper, la différence dans la manière de toucher ces cartes, cette naïveté d'exécution d'un côté, et de l'autre, *ce cachet du travail* que rien ne peut entièrement déguiser; et par-dessus tout cela, cette cécité complète!... car on aura beau dire, il ne pouvait pas y voir; non, c'était mille fois impossible. Et puis d'ailleurs, *quand il y verrait, que ferions-nous de tout le reste?* Quant à mes expériences de *seconde vue*, sans pouvoir ici vous divulguer mon secret, rappelez-vous donc ce que j'ai soin de vous dire tous les soirs, que je n'ai promis qu'une *seconde vue*, et que par conséquent il m'en faut une première.

Le lendemain R. Houdin nous signait la déclaration suivante :

« Quoique je sois bien loin d'accepter les éloges que veut bien me donner M. ***, et tenant surtout à ce que ma signature ne laisse en rien préjuger mes opinions en faveur du magnétisme ou contre lui, je ne puis cependant m'empêcher de déclarer que les faits rapportés ci-dessus SONT DE LA PLUS COMPLÈTE EXACTITUDE, et *que, plus j'y réfléchis, plus il m'est impossible de les ranger parmi ceux qui font l'objet de mon art et de mes travaux.* »

« Ce 4 mai 1847.

« ROBERT HOUDIN. »

Quinze jours plus tard, nous recevions encore la lettre suivante :

« Monsieur,

« Comme j'ai eu l'honneur de vous le dire, je tenais à une seconde séance; celle à laquelle j'assistais hier chez Marcillet a été plus merveilleuse encore que la première, et ne me laisse plus *aucun doute* sur la lucidité d'Alexis. Je me rendis à cette séance, avec l'arrière-pensée de bien surveiller la partie d'écarté qui m'avait tant étonné. Je pris cette fois de bien plus grandes précautions encore qu'à la première ; car, me méfiant de moi-même, je me fis accompagner d'un de mes amis, dont le caractère calme pouvait apprécier froidement et établir une sorte d'équilibre dans mon jugement.

« Voici ce qui s'est passé, et l'on verra si jamais *des subtilités* ont jamais pu produire des effets semblables à celui que je vais citer. Je décachette un jeu apporté par moi, et dont j'avais marqué l'enveloppe, afin qu'il ne pût être changé... Je mêle... c'est à moi de donner... Je donne avec toutes les précautions d'un homme exercé aux finesses de son art. Précautions inutiles ! Alexis m'arrête, et me désignant une des cartes que je venais de poser devant lui sur la table :

— « J'ai le roi, me dit-il.

— « Mais vous n'en savez rien encore, puisque la retourne n'est pas sortie.

— « Vous allez le voir, reprit-il ; continuez. Effectivement je retourne le huit de carreau et la sienne était le roi de carreau. La partie fut continuée d'une manière assez bizarre (1), car il me disait les cartes que je devais jouer, quoique mon jeu fût caché *sous la table et serré dans mes mains*. A chacune de ces cartes jouées, il en posait une de son jeu sans la retourner, et toujours elle se trouvait parfaitement en rapport avec celle que j'avais jouée moi-même.

« Je suis donc revenu de cette séance, aussi émerveillé que je puisse l'être, et persuadé qu'il est TOUT A FAIT IMPOSSIBLE que LE HASARD OU L'ADRESSE PUISSE JAMAIS PRODUIRE DES EFFETS AUSSI MERVEILLEUX.

« Recevez, Monsieur, etc.

« *Signé* ROBERT HOUDIN.

« 16 mai 1847. »

Ainsi donc, voilà qui demeure bien et dûment constaté : C'est le maître qui parle, αὐτὸς ἔφη ; ce grand maître *en subtilités* (pour employer son expression) reste frappé de stupeur

---

(1) En effet fort bizarre.

devant le plus simple de ces mêmes phénomènes, repoussés depuis quatre-vingts ans par la science officielle, sous prétexte d'escamotage et de jonglerie.

Il prétend, lui, que cette science n'entend rien à ces deux mots et nous charge de le lui dire ; vous comprendrez tout à l'heure, Messieurs, pourquoi nous tenions à nous acquitter fidèlement d'une commission qui n'a rien d'ailleurs que de fort honorable pour ceux auxquels elle s'adresse. Ne pas se connaître en jonglerie... fut-il jamais une ignorance plus flatteuse, plus digne d'un vrai savant?

Cependant, comme il est des prétentions de toute espèce, il serait possible que pour atténuer l'effet d'une telle décision, on se rejetât sur le peu d'importance des phénomènes contrôlés ici. Que les impatients se tranquillisent! ils verront, plus loin, à quelles *plaisanteries* ou plutôt à quels graves sujets peuvent se relier quelquefois de simples parties d'*écarté* ou quelques *vues à distance*.

Maintenant passons à l'Institut; voyons s'il est permis de soutenir, comme on le fait généralement, que nos académies n'ont jamais reconnu la réalité des phénomènes magnétiques; donnons en quelques pages un abrégé de ces longs débats bien éloignés encore de leur clôture, et voyons si l'élite des suffrages ne pourrait pas, ici comme ailleurs, contre-balancer une majorité beaucoup moins éclairée.

CHAPITRE II

ACADÉMIES ET MESMÉRISME

ou

VARIATIONS DES CORPS SAVANTS

Réalité des phénomènes admise par la majorité des rapports.—Dissidents célèbres.—Polémique cruelle au sein des corps savants. — L'Académie de Médecine étouffe le plus consciencieux et le plus embarrassant de ses rapports. — Juste condamnation des théories; folle dénégation des phénomènes.

Commençons, Messieurs, par distinguer avec soin deux choses que l'on confond trop souvent, l'existence des faits en eux-mêmes et leur explication.

Ces faits sont-ils réels, oui ou non? les a-t-on vus positivement se produire? les a-t-on convenablement observés, attestés? ou bien, après avoir fait de vains efforts pour en être témoin, nie-t-on tout simplement leur existence?

Voici la première question, question fondamentale sans doute, mais, toutefois, question de pur et simple témoignage, et par là même très-facile à résoudre. Quant à l'explication des faits, c'est-à-dire à la recherche, à l'indication de la cause qui les produit, du principe dont ils émanent, voilà une seconde question très-distincte de la première, et qui sans nul doute peut être fort délicate, complexe, par conséquent sujette à de mutuelles et inévitables contradictions.

En ce moment, nous ne nous occuperons que de la première, et nous allons tâcher de l'éclaircir, dans l'intérêt de tous, mais particulièrement de ces savants nombreux et de bonne foi qui, n'ayant rien pu voir jusqu'ici et ne connaissant pas toutes les pièces du procès, sont restés forcément incrédules.

Quant à ces dénégateurs *quand même*, quant à ces partisans obstinés des jongleries *à tout prix*, nous leur dirons : esprits malavisés (quel que puisse être votre mérite), esprits *enfants*, qui ne voulez rien admettre de ce qui vous déconcerte, qui vous imaginez qu'en faisant comme l'oiseau du désert, c'est-à-dire en enfonçant dans le sable votre tête, vous aurez conjuré l'ennemi que vous n'apercevez plus, sachez-le bien, vous perdez ainsi votre cause aux yeux de tout observateur impartial, car vous révoltez sa justice en niant ce qui, pour lui, fut peut-être cent fois évident. Il serait temps d'abjurer cette méthode; mais puisque vous persistez à ranger d'un seul mot dans la catégorie des *simples* et des *dupes* tant de témoins intelligents, défiants, difficiles à convaincre, nous voulons que vos sarcasmes remontent et atteignent jusqu'aux hommes qui sont la gloire de notre époque, et que ces hommes se trouvent enveloppés avec nous et par vous, dans cette grande famille des *crédules*, objet de votre pitié.

Examinons donc le sommaire de ces jugements académiques qu'on nous objecte sans cesse, et prouvons, pièces en main, qu'on leur fait dire exactement le contraire de ce qu'ils ont dit et reconnu.

Comme cette opinion de la *condamnation* du magnétisme s'est accréditée surtout depuis la publication de l'ouvrage intitulé : *Histoire académique du magnétisme animal*, par M. le docteur Dubois, d'Amiens (1); c'est ce médecin distin-

---

(1) Secrétaire perpétuel de l'Académie de Médecine, auteur de plusieurs ouvrages très-estimés. Si, contrairement à toutes nos intentions, notre controverse venait à s'écarter quelquefois de la modération qu'elle s'impose, nos ad-

gué que nous allons être forcé de prendre constamment à partie.

Nous commencerons donc par lui dire que si le magnétisme n'était *qu'une chimère*, il n'aurait pas eu besoin de lui consacrer tant d'arguments, tant de travail, tant d'esprit ; à son infatigable argumentation, nous ne répondrons, nous, que par une vingtaine de pages et par le texte même des jugements. Ce serait bien peu pour défendre une mauvaise cause, ce sera beaucoup, ce sera trop peut-être si nous marchons avec la vérité.

Commençons, car il est temps, ainsi que le faisait remarquer dernièrement un des organes les plus accrédités du clergé romain (1), il est temps d'examiner *plus sérieusement* une question traitée si légèrement jusqu'ici.

§ Ier.

Première époque, 1784. — Rapport de BAILLY. — Son analyse en 1853, par ARAGO. — Négation par ce rapport de la théorie du fluide, mais constatation des phénomènes qu'il explique par l'imagination. — JUSSIEU, LA PLACE, CUVIER, le docteur GALL, déclarent bientôt cette nouvelle théorie de l'imagination... tout à fait imaginaire. — Rapport de la Faculté de médecine de la même époque. — La Faculté déclare avoir, à dessein, détourné les yeux des faits qu'elle était chargée d'observer.

En 1789, arrivée de Mesmer à Paris ; épidémies nerveuses autour des baquets et dans ces salons, *décorés de tous les insignes de la franc-maçonnerie*, et matelassés pour qu'on ne

versaires voudraient bien ne pas oublier que, de notre part, l'*insistance* dans la lutte est presque toujours en raison directe du mérite personnel et des talents que nous leur reconnaissons. Ces réflexions peuvent s'appliquer surtout à l'homme éminent (Arago) dont toute l'Europe savante déplore aujourd'hui la perte. Plus tardives de quelques mois, nos expressions n'eussent peut-être pas été les mêmes.

(1) La Civilta Cattolica.

s'y tuât pas. C'était ce qu'on appelait alors l'*enfer aux convulsions* (1).

Premières expériences privées, devant le directeur de l'Académie des Sciences, M. Leroi, qui engage Mesmer à les rendre publiques, et devant le comte de Maillebois, membre de la même Académie, qui constate les faits, tout en avouant « que le respect humain l'empêchera d'en parler. »

En 1784, rapport solennel, et toujours objecté, de l'Académie des Sciences, signé par Bailly, Franklin, Darcet, et négation, par ce rapport, « d'un fluide qui, ne s'étant révélé à aucun des sens des commissaires, ne pouvait leur être prouvé. »

Il faut bien en convenir tout d'abord, avec MM. Dubois et Arago, ce rapport était un chef-d'œuvre de sagacité, de prudence et de loyauté. La main des grands maîtres s'y révélait à chaque instant; mais que voulez-vous? On les plaçait sur un terrain mensonger; on ne leur annonçait qu'un agent matériel et physique, un analogue de l'aimant, avec pôles divers et opposés! Or ces grands maîtres en fait d'électricité, ne la rencontrant nulle part, concluaient à la nullité d'un agent que l'on disait purement électrique. Tout entiers aux sciences naturelles, leur domaine exclusif, ils ne soupçonnaient pas qu'ils pussent jamais être les dupes d'un agent plus mystérieux et d'un ordre plus élevé (2).

Ils cherchaient des *lois*, là où il n'y avait que des *caprices*.

Cette théorie du *fluide*, cependant, n'avait de prime abord rien d'absurde et de choquant. « Des effets analogues ou « inverses, dit M. Arago (*Annuaire*, 1853, p. 437), pou-

(1) C'est le *Journal du magnétisme*, t. VII, p. 265, qui nous révèle cette particularité de la franc-maçonnerie. Nous nous hâtons de déclarer que nous n'en tirons aujourd'hui aucune conséquence à la charge du magnétisme, car, encore une fois, nous ne voulons prouver en ce moment que sa réalité, et nullement son mérite ou ses dangers.

(2) C'est encore aujourd'hui la même méprise : les physiciens sont saisis d'une question de métaphysique et de pneumatologie transcendante. Comment voulez-vous qu'ils s'en tirent ?

« vaient évidemment être occasionnés par un fluide subtil,
« invisible, impondérable, par une sorte de fluide nerveux
« ou de fluide magnétique, si on le préfère, qui circulerait
« dans nos organes. Aussi les commissaires se gardèrent-ils
« bien de parler à ce sujet d'*impossibilité.* Leur thèse était
« plus modeste, ils se contentaient de dire que *rien ne démon-*
« *trait* l'existence d'un semblable fluide..... Le rapport de
« Bailly, continue le savant astronome, renversa *de fond en*
« *comble* les idées, les systèmes, les pratiques de Mesmer et
« de ses adeptes.... » (*Ib.*, p. 444)..... « Il faudrait vraiment
« renoncer à l'usage de sa raison, pour ne pas trouver, dans
« cet ensemble d'expériences si bien ordonnées, la preuve
« que l'*imagination* seule peut produire tous les phénomènes
« observés autour du baquet mesmérien, et que les *procédés*
« magnétiques, dépouillés des illusions de l'imagination,
« sont absolument sans effet. » (*Ib.*, p. 420) (1).

A merveille. Voici donc l'imagination proclamée par Bailly, et soixante-dix ans après par M. Arago, comme la cause efficiente du magnétisme! Mais l'*imagination* ce n'est pas la *jonglerie*, et les faits n'en reçoivent aucune atteinte. Or ces malheureux faits sont toujours là, et M. Arago veut bien le reconnaître (p. 436), seulement il en parle comme de *quelque effet assez rare.*

Ce mot *quelque effet* eût pu suffire, en vérité, si le rapport *secret* rédigé par les mêmes hommes, soigneusement caché par eux, et adressé au roi personnellement, n'avait pas été, comme le dit M. Arago, publié depuis quelques années (p. 423). Dans ce rapport on peut s'assurer de la nature, du nombre et surtout de l'innocence de ces *quelques effets!*

Et déjà dans le rapport public quels aveux ! pesez bien les expressions de Bailly et de Franklin, lorsqu'ils passent de ces enquêtes privées, si pauvres et si insignifiantes, aux ter-

---

(1) A la fin du même article, M. Arago réclamera la plus grande tolérance pour le magnétisme et le somnambulisme de 1853, et même pour leurs procédés. Ainsi donc, un peu de patience.

ribles effets de *l'enfer aux convulsions*. « *Rien n'est plus étonnant*, disent-ils, *que le spectacle de ces convulsions. Quand on ne l'a pas vu, on ne peut s'en faire une idée, et, en le voyant on est également surpris... Tous sont soumis à celui qui magnétise : ils ont beau être dans un assoupissement apparent, sa voix, un regard, un signe les en retire. On ne peut s'empêcher de reconnaître, à ces effets constants,* UNE GRANDE PUISSANCE *qui agite les malades, les maîtrise, et dont celui qui magnétise semble être le* DÉPOSITAIRE. (Rapport de Bailly.)

On comprend alors que, dans le rapport secret, ces mêmes rapporteurs aient cru devoir signaler au gouvernement les horribles *dangers* de ce magnétisme dont ils viennent de nier l'existence, et de cet art qu'ils disent *imaginaire*.

Mais qu'est-ce donc que tout cela signifiait? *Des effets prodigieux !... une grande puissance !...* un homme qui en est *le dépositaire !...* des sujets maîtrisés *tous ensemble* et soumis à cet homme !... puis enfin de terribles dangers !... Et vous dites que la commission n'a rien vu! Mais elle a si bien vu, qu'elle *ne pouvait en croire ses yeux!* Elle n'a pas vu, il est vrai, l'agent fluidique annoncé, ou plutôt, pour nous servir de ses propres expressions, *il ne lui a pas été prouvé*. Mais n'y a-t-il donc plus rien en dehors des fluides? Et du moment où elle signale des effets, ne doit-elle pas aussi soupçonner un agent?

Aussi le fait-elle, et son agent à elle, avons-nous dit, c'est *l'imagination*. A la rigueur, c'était une explication comme une autre, car beaucoup d'anciens magnétistes l'avaient dit avant elle : « Il y a dans l'imagination une certaine force : *Vis quædam in imaginatione.* » Mais ici quelle plaisanterie! L'imagination réalisant à point nommé et sur une échelle énorme tous les *charmes* de l'antique fascination! *Un spectacle dont on ne peut se faire une idée*, dû à une cause si commune! Mais alors qu'est-ce donc que cette imagination si exceptionnelle? car avant tout cependant il faut être exact et logique. Si l'imagination peut maîtriser, assoupir et réveiller d'un coup de baguette, et à ce point, *toutes* les volontés et *tous* les organismes d'une nombreuse assemblée, le magnétisme est vainqueur, puisqu'il n'a pas d'autre prétention que cette domination absolue, et ne tient plus beaucoup, vous le savez, à son fluide. Mais alors veuillez donc nous dire à votre tour, Messieurs, pourquoi jamais orateur à la tribune publique, jamais prédicateur dans la tribune sacrée, jamais acteur sur son théâtre, n'ont obtenu, quelle que fût la triple éloquence de leur parole, de leur voix et de leur geste, la *centième* partie de cette grande et asservissante *puissance* dont Mesmer disposait à l'aide d'*une simple baguette*, et dont les académiciens déclarent « qu'on ne saurait ni s'en faire une idée, ni la comprendre. » Exagérez autant que vous le voudrez l'entraînement des premiers, vous ne trouverez jamais que de l'exaltation et de l'enthousiasme; on sera électrisé. Mais ici c'est le contraire : chez *les uns l'assoupissement est profond*, et sur *tous* la domination est complète!

Voilà, dans tous les cas, une force d'imagination d'un caractère tout nouveau, et qui mérite autant d'être étudiée que le mesmérisme lui-même : une imagination qui *assoupit!* Or si nous demandons maintenant ce qui pouvait amener ou développer une pareille exception, nous revenons à la difficulté que nous n'avions fait que reculer.

Dans tous les cas, la célèbre commission de 1784 ayant conclu pour *l'imagination*, du moment, monsieur Dubois, où vous attribuez ces effets *prodigieux* à la pure *jonglerie*, la commission devait avoir déraisonné à vos yeux, et vous n'aviez plus, il nous semble, le droit d'appeler son rapport un chef-d'œuvre. (1)

Tout est contradiction ici, et vous y tombez encore lorsque vous dites (p. 89) : « Conclusion générale : le fluide magnétique n'existe pas, et les moyens pour *le* mettre en action sont dangereux. »

(1) « L'attouchement, l'imagination, l'imitation, sont les vraies causes... Il « y a lieu de croire que l'IMAGINATION est la principale des trois. » (Rapport.)

Mettre en action quelque chose qui n'existe pas !

C'est ainsi que plus tard on nous montrera un célèbre docteur, niant, d'une part, la réalité de ces mêmes phénomènes, et, de l'autre, affirmant avoir *vu mourir plusieurs personnes sous l'influence de cet art* (1).

Mourir sous l'influence de... zéro !

Conclusion générale, dirons-nous à notre tour : la grande commission de 1784 a reconnu des effets *prodigieux*... dont elle ignore la théorie. Voilà tout.

C'est ainsi que dès les premiers pas on s'égarait dans un labyrinthe de contradictions et de non-sens.

Quant au rapport confraternel et non moins solennel de l'Académie de Médecine, à la même époque, quelle prise ne vint-il pas offrir aux magnétiseurs, ne fût-ce que par cette incroyable phrase : « Nous avons cru enfin ne pas devoir fixer notre attention sur des faits *rares, insolites, merveilleux, qui paraissent contredire toutes les lois de la physique*, parce que ces cas sont toujours le résultat de causes compliquées, *variables, cachées, inextricables*, etc. » (Voyez ce rapport.)

Comment, Messieurs, pouvait-on leur répondre, vous avez l'insigne honneur d'être délégués par la France et par le roi, précisément et uniquement pour examiner des faits *rares, insolites, merveilleux*, et ce sont les premiers que vous évitez soigneusement ! Mais était-ce donc pour parler *migraines et vapeurs*, ou pour nous faire un fastidieux étalage de vieilleries médicales, que vous aviez été rassemblés? Lorsque, appelés pour juger des faits merveilleux, vous vous vantez d'en avoir tout exprès détourné vos regards, sachez-le bien, vous manquez à votre premier devoir, et vous ne méritez plus de fixer un instant l'attention.

Soixante ans plus tard, nous entendrons M. Dubois nous déclarer à son tour « qu'il ne discutera les faits magnétiques

---

(1) Voyez Dupau, *Lettres.*

qu'*à la condition de les trouver acceptables,* » c'est-à-dire à la condition probablement, que tous ces faits *extraordinaires* deviendront des faits *ordinaires*. C'est toujours le même système, système qui fait souvent gagner bien du terrain à la cause qu'il attaque!

Quoi qu'il en soit de ces deux rapports de 1784, il n'en est pas moins vrai que, malgré leurs côtés très-vulnérables et leur aveu d'UNE GRANDE PUISSANCE, ils avaient fait le plus grand tort au magnétisme animal, et paraissaient l'avoir écrasé pour toujours, sous les noms imposants de Franklin, Bailly, Darcet et Lavoisier.

Encore une fois, que s'est-il donc passé, Messieurs, pour que, aujourd'hui, en 1853, le magnétisme ait conquis à la *réalité* de ses phénomènes, sinon la majorité, au moins une partie très-brillante de la science, de la littérature, et presque tous les esprits impartiaux? Il s'est passé ce qui devait infailliblement arriver, c'est-à-dire que ces dénégations souverainement injustes, que ces contradictions flagrantes, ont presque élevé le magnétisme à la hauteur d'une vérité persécutée, et que la *grande puissance* signalée par le rapport de Franklin, ayant continué de produire dans l'ombre les faits *merveilleux* du rapport médical, a fini par gagner à sa cause une foule de suffrages qu'une appréciation plus équitable en aurait peut-être éloignés.

Et cette conséquence ne s'était pas fait attendre, car au moment même de signer le plus important de ces rapports, une des illustrations scientifiques de la commission d'enquête, le célèbre Jussieu, s'était détaché de ses collègues, et basait son refus de signature sur ce que « plusieurs faits bien vérifiés, *indépendants de l'imagination*, et pour lui *hors de doute*, suffisaient pour lui faire admettre l'existence ou la possibilité d'un fluide ou *agent* qui se porte de l'homme sur son semblable...., quelquefois même par un simple rapprochement à distance (1). »

(1) Voyez le rapport de Jussieu.

Comme on le voit, c'était reconnaître formellement le magnétisme, ou au moins sa possibilité; et maintenant, parce que Jussieu voit cet agent dans *la chaleur animale,* et cherche à l'expliquer par elle, M. le docteur Dubois appelle le triomphe des magnétiseurs à ce sujet « un mensonge indigne, une insulte gratuite à la mémoire d'un homme de bien. » Il prétend « qu'il n'y avait qu'une *légère* dissidence, et ne comprend pas qu'elle ait suffi pour l'empêcher de signer. » Mais relisez donc tout ce rapport : « C'est la théorie de Mesmer qui ne lui paraît pas démontrée; c'est le fluide universel... » Mais la théorie de ses collègues, c'est-à-dire l'explication par l'*imagination,* le lui paraît bien moins encore, puisque, après avoir établi « *qu'un seul fait* positif détruirait tous les faits négatifs, » il en cite une *dizaine* « pour lui *hors de doute,* et prouvant une action de l'homme sur son semblable, *indépendante de l'imagination* et parfois *à distance!*... » Et de là il conclut à une action, à un fluide ou agent! Mais comment vouliez-vous donc qu'il signât? et quand avait-on demandé autre chose? Qu'importait aux magnétiseurs que cet agent fût pour Jussieu, le calorique ou le fluide nerveux, puisque chaque jour ils avouent leurs dissidences à ce sujet? Mais, par exemple, la véritable insulte à un homme de bien ne serait-elle pas, au contraire, de lui prêter pour unique mobile, le coupable dépit « de n'avoir pu faire adopter sa théorie exclusive (1)? »

Il y avait donc, en opposition à tous les faits négatifs du rapport, plusieurs faits bien vérifiés et déclarés *hors de doute* par un savant qui valait bien tous les autres. Première et imposante exception qui, à tort ou à raison, avait été pour le magnétisme une planche de salut au moment du naufrage.

Aussi voyons-nous tous les croyants se rattacher aussitôt à ce grand nom, et la GRANDE PUISSANCE, fluidique ou non fluidique, reprendre le cours de ses conquêtes. Bientôt le

---

(1) Voyez l'*Hist. acad.*, p. 464.

cercle s'agrandit, et de nombreux adeptes, distingués par leur esprit, leur caractère et la haute position qu'ils occupent dans l'État, viennent prêter au magnétisme l'autorité de leurs lumières et de leurs noms. Parmi ces derniers, on peut rencontrer les Court de Gebelin, les d'Éprémesnil, les Bergasse, hommes d'un esprit peu commun, auxquels il avait fallu montrer, soyez-en bien sûrs, autre chose que des effets d'imagination ou de puériles jongleries, pour les ranger sous ce drapeau. Que fut-ce lorsque, sous les mains de MM. de Puységur, riches et bienfaisants seigneurs, dont le nom seul éloignait tout soupçon injurieux, vint se développer à l'improviste un phénomène bien plus étonnant encore, celui du somnambulisme artificiel? « Chose singulière, s'écrie le docteur Teste, quoique l'on employât aux baquets de Mesmer les plus violents excitateurs du somnambulisme, il ne s'y était jamais montré » (1).

Oui, chose fort singulière en effet, car, à partir de ce moment, nous allons rencontrer partout ce nouveau phénomène. Qui ne voit donc que ce somnambulisme n'était qu'un vêtement nouveau, qu'une métamorphose nouvelle et volontaire du protée capricieux qui, dirait-on, semble se plaire à dérouter également et les magnétiseurs qui jouent avec lui, et les savants qui ferment les yeux pour ne pas l'entrevoir?

Que l'on n'aille pas conclure cependant, de la sensation produite par cette apparition nouvelle, que jusque-là le magnétisme, tel qu'il avait été montré par Mesmer, était beaucoup plus simple et beaucoup plus acceptable. Ce serait une grande erreur, car, même en admettant comme nous un élément scientifique et naturel, le merveilleux s'y adjoignait déjà largement; Mesmer, à l'état normal, *assoupissant* et *réveillant*, d'un geste, son nombreux entourage, Mesmer faisant *enfler* et *désenfler* ses malades par la seule présentation de la main (2), Mesmer *réchauffant un bain avec sa canne*,

(1) Magnétisme expliqué.
(2) Voyez les expériences faites devant M. Leroi, directeur de l'Académie

ou faisant tomber à ses genoux des demoiselles qui le poursuivent, Mesmer enfin communiquant sa *toute-puissance* aux arbres qu'*il prépare*, est, à nos yeux, infiniment plus étonnant qu'un malheureux somnambule dont l'état normal a disparu pour faire place à un état de perturbation nerveuse, qui autorise toutes les hypothèses. On ne fait pas assez cette distinction qui nous paraît cependant de la plus grande importance, et, nous le répéterons toujours, c'est à l'état de veille et de santé qu'il faut étudier le magnétisme, qui n'eût rien perdu de son merveilleux, si le somnambulisme n'avait jamais paru sur la scène.

Deleuze, cet écrivain dont la réserve et la sagesse ont été l'honneur de cette cause, l'avoue expressément : « Il faut convenir, dit-il, qu'à l'époque des *premiers* traitements publics, les hommes sages étaient fondés à regarder comme des fables les phénomènes qu'on racontait. Ces phénomènes étaient accompagnés de circonstances *tellement incroyables*, ceux qui les prônaient les faisaient dépendre de principes si opposés aux lois de la physique et de la physiologie, qu'il n'était pas surprenant que les hommes éclairés dédaignassent de s'en occuper. » (*Hist. crit.*, tom. Ier, p. 12.)

Poursuivons.

A partir de la découverte de M. de Puységur, le magnétisme et le somnambulisme, désormais son effet favori, paraissent envahir toute la France. Les émissaires se répandent, et bientôt après, Lyon, Strasbourg, Avignon, Stockholm, etc., ont leurs sociétés, leurs annales, leurs illuminés et même, dit-on, leurs guérisons nombreuses.

---

des Sciences, et devant le comte de Maillebois, lieutenant-général et membre de la même Académie. Tous deux le conjurent de mettre cette vérité en évidence (voyez Ricard). Voyez le même auteur pour les autres anecdotes, qui se retrouvent, au reste, dans toutes les brochures publiées à la même époque pour ou contre le magnétisme; anecdotes dont nous voyons tous les jours les analogues. Donc le magnétisme n'a pas changé, comme semble le croire M. Arago, et ce n'est pas, comme on le pense généralement, le somnambulisme qui en fait le merveilleux.

Cependant toutes ces enquêtes, toutes ces guérisons, fussent restées à jamais dans les cartons des annalistes, sans les conversions journalières d'un grand nombre de savants jusque-là fort opposés au magnétisme.

D'abord LA PLACE et CUVIER. Selon le premier : « Il est très-« peu philosophique de nier l'existence des phénomènes « magnétiques, par cela seul qu'ils sont inexplicables dans « l'état actuel de nos connaissances. » (*Calcul des probabil.*, p. 348.) Et d'après le second, d'après Cuvier, Messieurs! « les *effets obtenus sur des personnes alors en syncope*, ne per-« mettent guère de douter qu'il n'y ait... un effet *très-réel in-« dépendant de toute participation de l'imagination* de l'un des « deux. Il paraît assez clairement aussi, que ces effets sont « dus à une communication quelconque qui s'établit entre « leur système nerveux. » (Cuvier, *Leçons d'anat. comp.*)

Il est parfaitement clair d'après cela, et nous appelons ici toute votre attention, Messieurs, il est clair que ces deux aigles de notre science contemporaine, plus jeunes de quelques années, non-seulement n'auraient pas signé le rapport de 1784, pour la rédaction duquel ils eussent été les premiers convoqués, mais encore qu'ils auraient signé des conclusions toutes contraires. Alors, en leur adjoignant M. de Jussieu, que devenait ce rapport si fameux, et surtout son explication par l'*imagination?* Nous le demandons à tout homme de bonne foi (1).

---

(1) GALL et SPURZHEIM, que leurs hésitations nous empêchent de ranger parmi les adhérents positifs, n'en ont pas moins écrit : « On doit en général considérer le fluide magnétique comme un très-puissant irritant des nerfs, qui peut, dans les maladies, produire des effets pernicieux ou bienfaisants, et qui, de même que les autres fluides, est soumis à des lois particulières dont la connaissance devrait être la base de la manipulation. » (*Anat. du cerveau*, t. I, p. 446.)

§ II.

Seconde époque, 1820. — Expériences dans plusieurs hôpitaux. — GEORGET, ROSTAN, FERRUS, BERTRAND, RÉCAMIER, FOUQUIER, et trente autres médecins signent les procès-verbaux, qui constatent la réalité des phénomènes et le succès des expériences. — En 1826, l'Académie de Médecine reprend la question et nomme une commission. — En 1831, justification de la plupart des prétentions magnétiques, par le rapport de cette commission, rapport signé par MM. BOURDOIS, FOUQUIER, GUÉNEAU DE MUSSY, GUERSANT, ITARD, HUSSON, LEROUX, MARC et THILLAYE. — Affirmations subséquentes d'ANDRAL et de JULES CLOQUET.

Bientôt après, la mort nous enlevait une de nos plus grandes illustrations médicales, le docteur Georget, le célèbre auteur de la *Physiologie du système nerveux*, et dans son testament on lisait, au grand déplaisir de l'école, l'aveu suivant qu'il n'avait pas eu le courage de faire pendant sa vie : « En 1821, dans mon ouvrage sur la physiologie du système « nerveux, j'ai hautement professé le matérialisme; mais à « peine avais-je mis au jour cet ouvrage, que de nouvelles « méditations sur un phénomène bien extraordinaire, le « somnambulisme, ne me permirent plus de douter de l'exis- « tence, en nous et hors de nous, d'un principe intelligent « tout à fait différent des existences matérielles. Il y a chez « moi, à cet égard, *une conviction profonde* fondée sur des « faits que je crois incontestables. »... 1ᵉʳ mars 1826.

Maintenant vous est-il bien facile, monsieur Dubois, de venir nous affirmer, *trente ans* après la mort de Georget, qu'il avait été le jouet *d'une* somnambule, et qu'il l'avait reconnu lui-même? *D'une* somnambule! quand il avouait positivement « qu'il avait vu *tant* de phénomènes extraordinaires, que tout ce que l'on trouvait dans les écrits des magnétiseurs et même dans ceux de Pétetin sur la catalepsie (et Dieu sait tout ce qu'on y trouve!) ne pouvait leur être comparé. » (*Physiolog. du syst. nerv.*, t. I, p. 404.) Où donc et quand, s'il vous plaît, a-t-il reconnu son erreur? Vous vous gardez bien de nous l'apprendre. Certainement Georget désabusé eût, avant tout, fait disparaître de son testament une déclaration qui lui avait *tant* coûté, une déclaration qui démentait *tous* ses anciens ouvrages; et, s'il n'eût pu le faire lui-même, sa famille l'eût fait en son nom. C'est évident, mais toujours des suppositions gratuites, et quand une autorité nous gêne, nous l'obligeons à se rétracter *d'outre-tombe*.

Comme on le pense bien, ce testament, désaveu des doctrines régnantes, avait causé le plus grand scandale au sein de la Faculté. Que fut-ce, lorsque de son vivant, et sans attendre l'heure d'un testament, dont heureusement il est fort loin encore aujourd'hui, un professeur de l'École, et des plus renommés, et des plus déchaînés jusque-là contre le magnétisme (c'est lui-même qui nous l'apprend), s'avisa d'insérer dans un grand *Dictionnaire de médecine*, un article fort développé dont il importe de citer un extrait, afin que l'on juge, pièces sur table, de la valeur d'une telle affirmation. « Lorsque j'entendis parler pour la première fois du magnétisme animal, dit le docteur Rostan, les faits qu'on me racontait étaient si peu en rapport avec les phénomènes physiologiques que je connaissais, que j'eus pitié de gens que je croyais atteints d'un nouveau genre de folie, et qu'il ne me vint pas à l'idée qu'un individu raisonnable pût ajouter foi à de pareilles chimères. Pendant plus de dix ans je parlai et j'écrivis dans ce sens. (Avis à nos jeunes et suffisants incrédules!) Exemple déplorable d'une aveugle prévention, qui nous faisant négliger le seul moyen positif d'instruction, l'application de nos sens, nous plonge ainsi dans une erreur longue et souvent indestructible. Enfin le hasard voulut que, par simple curiosité et par voie d'expérimentation, j'exerçasse le magnétisme. La personne qui s'y soumettait n'en connaissait nullement les effets. Cette circonstance est à noter. Quel fut mon étonnement lorsque, au bout de quelques instants, je produisis des phénomènes si singuliers, tellement inaccoutumés, que je n'osai en parler à qui que ce fût, dans la crainte de paraître ridicule. »

Puis vient le récit des expériences : il *paralyse* et *déparalyse* les membres *à volonté ;* il constate avec le docteur Ferrus la transposition du sens de la vue, à l'occiput, etc. (1). Un autre jour, à son cours de l'hôpital de la Pitié, il fait le récit suivant, recueilli *sous sa dictée* par l'abbé Loubert, alors élève en médecine : « En fait de prévision somnambulique, Messieurs, j'ai vu des faits bien singuliers, et c'est à peine si j'ose en croire mes observations nombreuses. A l'hôpital de la Salpêtrière, je fis entrer une femme en somnambulisme devant plusieurs médecins. Assise sur son lit, elle était dans le calme le plus profond ; tout à coup elle s'agite violemment comme une personne en proie à la souffrance. Nous lui demandons la cause de ce changement subit ; elle ne veut pas répondre d'abord, puis enfin elle nous dit : « Je sens Félicité qui approche. » En effet, au bout d'un instant, la porte s'ouvre et nous voyons entrer la malade qu'elle venait de désigner. La somnambule paraissait souffrir de plus en plus, nous insistons pour en connaître la cause, mais elle s'excuse en disant qu'elle craint de chagriner son amie. Nous la faisons sortir, ne sachant pas trop à quelle révélation nous devions nous attendre, et nous pressons de nouveau les questions afin de dissiper notre incertitude ; elle répond : « Les médecins
« croient qu'elle est attaquée de la poitrine ; mais il n'en est
« rien, c'est le cœur qui est malade. » Elle continue : « Dans
« quatre jours, dit-elle, samedi à cinq heures elle aura une
« violente hémorrhagie ; vous la ferez saigner, mais vous
« ne l'empêcherez pas de mourir *six jours après.* » L'hémorrhagie eut lieu, Messieurs, le samedi à l'heure indiquée ; on saigna suivant l'indication de la science (d'alors), *et six jours après,* la prévision eut son entier accomplisse-

---

(1) Article Magnétisme, dans le *Dictionnaire de médecine*, par le baron Rostan.

ment. L'autopsie vérifia le diagnostic de la somnambule (1). »

Et M. le docteur Dubois nous demande *un fait!* il l'attend toujours, « il ne paraît jamais, » dit-il. Que dit-il de celui-ci? Soutiendra-t-il qu'à l'exemple de Georget, M. le professeur Rostan s'est trouvé *par hasard* le jouet *d'une* somnambule? « Mais, dit le savant professeur (et, comme nous l'avons dit, celui-ci n'est pas mort), je n'ai pas constaté les phénomènes magnétiques sur *une seule* personne; j'ai pris pour sujet de mes observations des individus de différentes classes, de différents sexes, des personnes dont plusieurs ignoraient jusqu'au nom de magnétisme, des littérateurs, des élèves en médecine, des épileptiques, des dames du monde, des jeunes filles dont quelques-unes même craignaient de se prêter à mes expériences. J'ai continué ce genre d'examen par cela seul qu'il m'inspirait un grand intérêt. A un petit nombre d'exceptions près, j'ai toujours obtenu des phénomènes dignes de la plus grande attention. » Décidément il n'est pas possible de se rejeter ici sur *une* somnambule *menteuse*.

On le voit donc bien, grande était la conviction! Aussi, grand fut le scandale, et plus tard probablement grandes furent aussi les menaces et les craintes, puisque, dans la nouvelle édition de ce *Dictionnaire de médecine*, l'article accusateur ne peut plus se retrouver. Si l'on en concluait que l'auteur a reconnu probablement son erreur, nous répondrions hardiment : « C'est faux! » On peut abjurer des erreurs de logique et de raisonnement, on peut déchirer des théories, des explications que l'on reconnaît erronées (et je crois que nous sommes ici dans ce cas-là), mais on n'abjure pas des faits obtenus, comme ceux-ci, *pendant des années*, sur des personnes de *toutes* les conditions. Non, tant que l'on ne se frappe pas la poitrine en disant : « Je me suis trompé grossièrement et j'ai trompé les autres, » on a beau les déchirer, les faits restent et les affirmations subsistent.

(1) Ouvrage sur le magnétisme, par M. l'abbé Loubert.

Au reste, ce n'était qu'un professeur de plus. Nous en verrons bien d'autres.

Nous arrivons maintenant aux fameuses expériences faites à l'Hôtel-Dieu en 1820 et 1821, par MM. Du Potet et Robouam, sous la direction des docteurs Bertrand, Husson et Récamier, et sous les yeux de *trente* médecins, dont les noms sont apposés au bas des procès-verbaux qui se trouvent encore aujourd'hui chez M. Dubois, notaire, rue Saint-Marc-Feydeau.

Ces expériences durèrent longtemps et furent faites avec tout le soin imaginable. Organisation, en dehors des magnétiseurs, des précautions les plus minutieuses, isolement des malades, improvisation continue de stratagèmes pour prendre ces malades en défaut, application des moyens chirurgicaux les plus cruels pour lasser leur courage et vaincre leur sensibilité, rien n'y manqua : TRENTE MÉDECINS l'ont signé…. Mais qu'est-ce que cela aux yeux des incroyants?

Un pieux et très-savant prêtre, que nous ne voulons pas nommer ici, et qui ne paraît pas comprendre comme les R. P. Lacordaire et Ventura, comme de savants prélats, et comme cet organe déjà cité de la théologie romaine (1), « la nécessité de prendre *plus au sérieux* ces *hautes et importantes questions*, » dit quelque part « qu'il se rendra lorsqu'il aura vu paralyser, à travers un mur, des somnambules qui n'auront pu s'en douter. » Eh bien ! s'il avait lu avec un peu moins de prévention le narré de ces expériences consciencieuses de l'Hôtel-Dieu, il se serait assuré que ce qu'il demandait était fait depuis longtemps, et que l'on n'avait alors négligé aucune des précautions qui pouvaient en établir la certitude. En effet, lorsqu'on lit parmi les noms des TRENTE médecins qui ont suivi et signé ces longues expériences, ceux de BERTRAND, BOURGERY, BRICHETEAU, DE LENS, HUSSON, LEROUX, SABATIER, TEXIER et RÉCAMIER, lorsque l'on joint à ces attestations celles des pieuses sœurs, dans les salles et même

---

(1) *La Civilta cattolica*. Voir les six premiers numéros de 1852.

dans les appartements desquelles on avait commencé ces expériences, on finit par se rassurer un peu sur la valeur de l'expertise, et lorsque les mêmes faits se répètent en même temps à l'hospice de la Salpêtrière, sous les yeux de MM. Londe et Mitivie qui les affirment, et à celui de la Charité sous ceux du docteur Fouquier, l'une des grandes lumières de la faculté de Paris, qui les affirme également, le doute commence à devenir un véritable entêtement, et toutes les règles de la certitude philosophique s'écroulent devant cet excès d'égoïsme intellectuel, qui nous fait immoler tant de témoignages éclairés, à notre propre scepticisme.

M. le docteur Récamier, tout adversaire déclaré du magnétisme qu'il pût être, se gardait bien, lui, de tomber dans cet injuste et périlleux système de négations à tout prix.

Interpellé sur ces mêmes expériences par l'Académie (le 24 janvier 1826), il avoue *l'exactitude* de *tous* les termes de la relation, convient qu'effectivement il a fait subir l'opération du moxa à l'homme magnétisé par M. Robouam, et que, pendant cette terrible opération, le somnambule ne donna pas le plus léger signe de douleur. « Il *n'a jamais songé à* « *nier ces faits*, dit-il, *car il croit à une action;* seulement il « est convaincu, d'une part, que cette action n'est pas cura- « tive, et, de l'autre, il a vu les abus les plus criants résulter « de son emploi, etc. »

Donc M. Récamier a tout simplement peur de l'agent qu'il reconnaît. Tel est au reste le jugement qu'il développait et motivait souvent dans des conversations particulières, et tout dernièrement encore devant nous-même.

Ainsi, les expériences de l'Hôtel-Dieu avaient convaincu tous les assistants (Voyez les procès-verbaux) et ne devaient rencontrer de contradicteurs que parmi ceux qui n'y étaient pas.

Qu'était-ce, au reste, pour M. le docteur Dubois, que ces expériences dans quelques hôpitaux, auprès des difficultés immenses qu'il allait rencontrer tout à l'heure dans ses proprès foyers, en pleine Académie? Car, à partir de ce moment, ses négations *quand même* vont devenir pour lui de vrais travaux d'Hercule, et nous vous en prévenons, Messieurs, puisqu'il s'agit ici d'établir solidement *la réalité* des phénomènes magnétiques, voici le point culminant de la question et le roc contre lequel viendra toujours se briser l'incrédulité magnétologique.

Dans le monde, lorsque la conversation tombe sur cette question, et que *les simples* racontent tout naïvement les faits péremptoires dont ils ont été témoins ou acteurs, on est à peu près sûr de voir se lever un ou plusieurs demi-savants, qui de leurs lèvres suffisantes laissent tomber le verdict suivant : « Allons donc! mais la science a condamné toutes ces « folies-là. Voyez l'Académie, elle ne veut même pas en « entendre parler. Consultez M. le docteur Gerdy, il n'en « croit pas un mot ; M. le docteur Bouillaud rit de pitié quand « on lui en parle. D'ailleurs l'ouvrage de M. Dubois (d'Amiens) « a fait justice de toutes ces sottises. »

Or, TOLLE ET LEGE, *prenez et voyez comment* l'Académie condamne.

Troublée dans son scepticisme par le récit, disons mieux, par la *constatation* de toutes ces expériences publiques, par les aveux et les expériences particulières de beaucoup d'autres médecins, l'Académie sentait depuis quelque temps la nécessité d'un nouvel examen. Aussi, lorsque le 10 octobre 1825, M. le docteur Foissac vint lui proposer de nouvelles expériences, elle se décida et chargea incontinent une commission de lui faire un rapport sur le plus ou moins d'opportunité de ce nouvel examen. Le 13 du même mois la commission lut ce rapport, concluant à l'examen en vertu des considérations suivantes : « 1° Parce que le jugement de l'Académie des Sciences, en 1784, avait été formulé sans ensemble, et ses expériences faites dans des dispositions morales qui devaient les faire échouer complètement; 2° parce que le magnétisme actuellement étudié par des médecins éclairés, laborieux, opiniâtres, différait entièrement par la théorie, des procédés et des résultats, de celui de 1784 ; 3° enfin, parce qu'il était du devoir de la médecine française de ne pas rester en arrière des savants de tout le nord de l'Europe, et qu'il fallait s'emparer de ce nouvel agent et l'enlever au charlatanisme qui l'exploitait à son aise. » Le 10 janvier 1826 la discussion est donc ouverte à l'Académie sur ce rapport. L'orage gronde, les passions s'enflamment, une lutte acharnée persiste pendant plusieurs séances, mais le 28 février une majorité de trente-cinq voix contre vingt-cinq, entraînée principalement par l'insistance des docteurs Marc, Itard et Orfila, tranche enfin la question et nomme, pour le *nouvel* examen, d'une question *vieille comme le monde,* une commission composée de onze membres dont voici les noms : Leroux, Bourdois de la Mothe, Double, Magendie, Guersant, Laennec, Thillaye, Marc, Itard, Fouquier et Guéneau de Mussy (1). Assurément voilà ce que l'on peut appeler une commission ! Voilà une enquête organisée aussi bien qu'elle puisse jamais l'être ! Impartialité complète, lumières et sagesse reconnues, choix des noms les plus honorables, délais suffisants laissés aux épreuves et contre-épreuves... Assurément, encore une fois, l'Académie ne pouvait mieux faire pour arriver à quelque chose de certain. Aussi pour le moment, il fallut bien se résigner au choix de la majorité, puis attendre pendant cinq ans le résultat d'une enquête qui procédait du moins, elle, avec une sage lenteur et toute la circonspection possible.

Les cinq années s'écoulèrent, Messieurs, et, le 28 juin 1831, M. Husson, rapporteur, vint lire à l'Académie un rapport très-circonstancié, très-sage et parfaitement logique, exposant avec calme et lumière les nombreux faits magné-

---

(1) M. Laennec, obligé de quitter la France pour cause de santé, fut remplacé par M. Husson. M. Double se retira par délicatesse, et M. Magendie parce qu'on refusa de choisir pour le théâtre des expériences le petit pavillon situé au fond de son jardin.

tiques constatés pendant ces cinq ans (veuillez ne pas l'oublier) par chacun des onze membres de la commission.

Comme il nous est impossible d'entrer dans le détail de tous les faits si curieux relatés dans ce rapport, nous n'en donnerons ici que les conclusions les plus importantes; elles serviront à faire juger de leur valeur et de celle de l'opposition systématique qui persiste à les nier.

CONCLUSIONS PRINCIPALES DU RAPPORT.

« Les conclusions de ce rapport sont la conséquence des observations dont il se compose.

« Les moyens extérieurs et visibles ne sont pas toujours nécessaires, puisque dans plusieurs occasions la volonté, la fixité du regard, ont suffi pour produire les phénomènes magnétiques, même à l'insu des magnétisés.

« Le magnétisme a agi sur des personnes de sexe et d'âge différents. Quelques-uns des malades magnétisés n'ont ressenti aucun bien, d'autres ont éprouvé un soulagement plus ou moins marqué, savoir : l'un, la suspension de douleurs habituelles; l'autre, le retour des forces; un troisième, un retard de plusieurs mois dans l'apparition des accès épileptiques, et un quatrième, la guérison complète d'une paralysie grave et ancienne.

« Considéré comme agent de phénomènes physiologiques, ou comme moyen thérapeutique, le magnétisme devrait trouver sa place dans le cadre des connaissances médicales... L'Académie devrait encourager les recherches sur le magnétisme, comme une branche très-curieuse de psychologie et d'histoire naturelle.

« Lorsqu'on a fait tomber une fois une personne dans le sommeil magnétique, on n'a pas toujours besoin de recourir au contact et aux passes pour la magnétiser de nouveau. Le regard du magnétiseur, sa volonté seule, ont sur elle la même influence. On peut non-seulement agir sur le magnétisé, mais encore le mettre complétement en somnambulisme, et l'en faire sortir à son insu, hors de sa vue, à une certaine distance et *au travers des portes*.

« La plupart des somnambules que nous avons vus étaient complétement insensibles... Le phénomène (de la clairvoyance) a lieu, alors même qu'avec les doigts on fermait exactement l'ouverture des paupières.

« Les *prévisions de deux somnambules* (relatives à leur santé) se sont réalisées avec une exactitude remarquable, etc., etc. »

Enfin ces conclusions se terminaient ainsi :

« Nous ne réclamons pas de vous, Messieurs, une croyance aveugle à tout ce que nous vous avons rapporté. Nous concevons qu'une grande partie de ces faits sont *si extraordinaires* que vous ne pouvez pas nous l'accorder. Peut-être nous-mêmes oserions-nous vous refuser la nôtre si, changeant de rôle, vous veniez les annoncer à cette tribune, à nous qui, comme vous aujourd'hui, n'aurions rien vu, rien observé, rien étudié, rien suivi. Nous demandons seulement que vous nous jugiez comme nous vous jugerions, c'est-à-dire que vous demeuriez bien persuadés que ni l'amour du merveilleux, ni le désir de la célébrité, ni un intérêt quelconque, ne nous ont guidés dans nos travaux. Nous étions animés par des motifs plus élevés, plus dignes de vous, par l'amour de la science, et le besoin de justifier les espérances que vous aviez conçues de notre zèle et de notre dévouement.

« *Signé :* Bourdois de la Mothe, président, Fouquier, Guéneau de Mussy, Guersant, Itard, Husson, Leroux, Marc, Thillaye.

« Séances des 21 et 28 juin 1831. »

Nous vous le demandons, Messieurs, que pouvait faire l'Académie après l'audition d'un pareil rapport? Se révolter contre la chose jugée et récuser le tribunal? mais c'était elle-même qui l'avait constitué; suspecter la probité des juges? leurs noms seuls les absolvaient à l'avance; mettre en doute leurs lumières et la sagacité de leur esprit? allons donc! il s'agissait de *Fouquier, Guersant, Itard, Marc,* etc. Fallait-il soutenir, comme le fait M. le docteur Dubois (d'Amiens), que si *tous* étaient bien vraiment convaincus du matériel des faits, le rapport toutefois ne renfermait que les opinions personnelles de M. Husson? Mais il n'y avait qu'une petite difficulté, c'est que *tous* avaient *signé*, non-seulement le matériel des faits, mais encore *toutes les conclusions* tirées et lues, *eux présents,* par leur secrétaire rapporteur. Rien de tout cela n'était donc possible; un seul parti restait à prendre, celui de la résignation et du silence, et l'Académie l'adopta. Il y eut bien quelques murmures, quelques révoltes partielles. M. le docteur Castel, entre autres, s'écria « qu'un tel état de choses, s'il existait, détruirait la moitié des connaissances physiologiques » (et c'était vrai, surtout si l'on entendait par là toutes les doctrines matérialistes). D'autres essayèrent d'entamer une discussion, mais la majorité de l'assemblée répondit avec noblesse, que « ce serait attaquer les lumières ou la moralité des commissaires, et qu'elle ne le souffrirait pas. » Lorsqu'on en vint cependant à demander l'impression de ce rapport compromettant, le respect humain l'emporta, le cœur faillit à cette même majorité, et, faisant *du juste-milieu scientifique*, elle sortit de ce mauvais pas en ordonnant, non pas l'impression, mais l'autographie du rapport, qui, depuis lors, repose *au plus profond de ses cartons*.

Et voilà comme on écrit l'histoire ! Aussi, lorsqu'on ose vous dire dans le monde : « LA SCIENCE A PRONONCÉ, » répondez hardiment : Oui, le 28 juin 1831, après cinq années d'examen, L'ÉLITE DE LA SCIENCE MÉDICALE AVAIT SOLENNELLEMENT PRONONCÉ, MAIS SON RAPPORT, SURABONDAMMENT AFFIRMATIF, N'A JAMAIS VU LA LUMIÈRE !

Nous avons parlé plus haut d'un fait capital inséré dans le dernier rapport. Voici à quelle occasion : Le 16 avril 1822, M. Jules Cloquet, un des meilleurs chirurgiens dont puisse s'honorer la France, et de plus, esprit des plus fins et des moins faciles à duper, était venu lire à l'Académie le récit d'une opération majeure pratiquée par lui sur une personne endormie du sommeil magnétique sans qu'elle s'en doutât le moins du monde.

L'Académie, justement étonnée d'un phénomène que le chloroforme devait lui rendre bientôt si familier (1), ne l'accueillit d'abord que sous réserve, et plus tard (le 31 janvier 1837) elle en redemanda tous les détails à l'habile opérateur.

---

(1) Le merveilleux de cette insensibilité ne réside donc pas dans l'insensibilité elle-même, car plusieurs causes naturelles peuvent la produire, ne fût-ce que l'ivresse, l'opium, le froid, etc. Mais tout le problème réside dans cet agent magnétique qui la produit, souvent à la simple *intention* du magnétiseur, et sans procédés appréciables, puis, dans le caractère tout spécial que cet agent imprime à cette sorte d'extase, si différente de toutes les autres, ne fût-ce que par *la divination, la vue à distance*, etc., phénomènes que n'offre jamais le chloroforme. Donc la merveille, encore une fois, n'est pas dans *la chose*, mais dans *la cause*, ici toute spéciale, qui la produit.

Lors de cette seconde attestation, bien que d'inconvenants propos aient plus d'une fois interrompu son récit, l'Académie, croyante ou non, n'osa pas le révoquer en doute. Aussi quel fut notre étonnement de lire dans la relation de M. Dubois : « Cette opération (il aurait pu ajouter : à laquelle je « n'assistais pas et que je ne connais que par M. Cloquet) « *n'offrit rien d'insolite, si ce n'est l'impassibilité.* » *Ab uno disce omnes !* Rien d'insolite ! une véritable dissection qui dure vingt minutes, pendant laquelle le pouls reste constamment à l'état normal, et pendant laquelle encore, cette dame âgée de soixante ans, et jusque-là totalement étrangère au magnétisme, cause le plus tranquillement du monde avec son opérateur, et déclare, *tout le temps*, ne rien sentir si ce n'est, par moment, un léger chatouillement.... Rien d'insolite (1) ! Vous verrez, au reste, que les plus habiles chirurgiens de l'Europe y passeront à leur tour, et que M. Dubois du fond de son cabinet, saura mille fois mieux qu'eux-mêmes, ce qui

(1) Rien d'insolite ! A propos de ce même fait, Alexandre Dumas dit, dans le tome XIII de ses Mémoires : « Je tiens de Jules Cloquet lui-même le supplément merveilleux de cette histoire. Madame Pl. (la personne opérée) avait une fille arrivée tout exprès de sa province pour soigner sa mère. On la mit aussi en somnambulisme. Au premier effort qu'elle fit pour voir, sa figure se décomposa, et des larmes lui vinrent aux yeux. Alors elle annonça qu'une mort paisible, mais indubitable, frapperait sa mère le lendemain matin. Questionnée sur l'aspect que présentait l'intérieur de la poitrine, elle déclara que le poumon du côté droit ne vivait plus, qu'il était en suppuration vers la partie dorsale inférieure, et baignant dans un épanchement séreux; que le poumon du côté gauche était sain... que le foie était blanchâtre et ridé, les intestins sains... Ces dépositions furent faites en présence de témoins. Le lendemain, *à l'heure dite*, madame Pl... mourut. L'autopsie fut faite en présence des commissaires de l'Académie, et l'état du cadavre se trouva parfaitement conforme à la description de la somnambule. » Vous méfiez-vous maintenant du témoignage de M. Dumas? Lisez ces mêmes détails dans la préface de l'ouvrage du docteur Fodéré, sur la pneumatologie, détails écrits vingt-quatre ans avant Dumas.

Comprend-on qu'après un récit aussi sérieux et une conclusion si fatale, un membre de l'Académie ait osé s'écrier : « Cette femme était probablement *une farceuse ?* » En vérité, on comprend toute l'indignation de J. Cloquet, et l'énergie avec laquelle il sut l'exprimer.

s'est passé sous leurs yeux et sous leurs doigts. « Un fait, un seul fait ! s'écrie-t-il toujours, et je me rends. » Mais plus tard, lorsque nous entendrons l'habile M. OUDET, raconter à l'Académie dont il est membre, un fait absolument du même genre, pour M. Dubois *ce ne sera pas* un fait. Plus tard, nous entendrons MM. ELLIOTSON et TROPHAM, célèbres chirurrien anglais, nous raconter des opérations analogues, *ce ne seront pas* des faits. Bientôt il y en aura partout, et nos chirurgiens de Cherbourg, entre autres, enverront trois rapports semblables, signés par toutes les autorités civiles, ecclésiastiques et scientifiques de la ville.... *Ce ne seront pas* des faits, et, grâce au même système, tous ces rapports iront s'entasser et dormir au fin fond des cartons académiques.

M. le professeur ANDRAL en jugeait tout autrement lui, et certes, ce n'est pas à la *légère,* qu'il a dit dans son Cours de Pathologie (tome III, p. 178) : « *J'affirme* que sous l'influence de certaines manœuvres magnétiques, par lesquelles un individu peut devenir somnambule, il perd toute sensibilité. »

§ III.

Troisième époque. — Réaction. — Haute cour de justice nommée contre le magnétisme. — Mademoiselle Pigeaire et le docteur Berna. — M. Dubois, d'Amiens, rapporteur.

On en conviendra, avec des précédents semblables, et après l'inhumation précipitée de rapports aussi consciencieux, il était clair que les majorités ne voulaient pas des faits magnétiques, et le mesmérisme pouvait s'attendre à tout de la part de nos académiciens. Aussi lorsque M. le docteur Berna vint conjurer ses confrères d'assister aux expériences qu'il faisait depuis plusieurs années avec un succès toujours soutenu, l'Académie n'eut-elle rien de plus pressé que de faire entrer cette fois dans la commission d'enquête, comme président, M. Roux, qui « depuis longtemps, voulait en finir avec le magnétisme, » M. Bouillaud, qui « lors même qu'il produirait ces faits, se garderait bien d'y croire, » deux autres membres tout aussi prononcés ; enfin, comme secrétaire rapporteur, qui?.... M. Dubois lui-même, dont vous venez, Messieurs, d'apprécier les dispositions favorables, et qui avait fait la guerre la plus violente au rapport précédent. En tout, *neuf* juges dont *cinq* adversaires déclarés ! quel tribunal encourageant ! Nous croyons M. Dubois trop juste pour ne pas reconnaître aujourd'hui qu'il y avait dans une telle composition, tous les éléments d'un *assassinat scientifique* avec préméditation.

Aussi cette enquête, comparée à celle de 1831, pouvait-elle paraître, au moins pour la forme et pour le style, une petite pièce après la grande ; cependant nous devons la faire figurer au nombre des enquêtes sérieuses, puisque la majorité accepta ses conclusions, c'est-à-dire l'échec somnambulique de M. le docteur Berna (1). Toutefois nous manquerions à l'histoire académique si nous taisions l'énergique protestation de ce jeune médecin accusant ce rapport d'être « *un tissu d'artifices et de faussetés.* » Nous ne pouvons omettre non plus celle du docteur Husson, contre le même rapport : « Vous ne pouvez approuver, disait ce médecin à ses collègues, ni les *omissions*, ni les *infidélités historiques*, ni le *ridicule* versé sur un jeune confrère, connu pour un homme studieux et fort honorable, parce que ces expériences, outre qu'elles ne sont pas nouvelles, n'ap-

---

(1) Un échec ! oui ; mais un de ces échecs qui, pour un esprit juste, ne laissent pas que d'être fort probants. Car il ne tombe pas sous le sens, il est même tout à fait inexplicable qu'un médecin tant soit peu soigneux de sa réputation, vienne se précipiter ainsi, de gaieté de cœur, aux *gémonies* académiques. Or, puisque M. Berna jouait tout son avenir sur ces expériences décisives, c'est qu'effectivement il les menait à bonne fin depuis longtemps. Mais on ne veut pas voir qu'il s'agit là du plus capricieux des agents, et que cette fois-ci comme tant d'autres fois, les deux partis étaient aussi mystifiés l'un que l'autre.

prennent ni ne prouvent rien, *absolument* rien, sinon qu'un magnétiseur s'est trompé. »

Telle fut donc la troisième époque.

Il fallait encore une épreuve, nous allions dire une victime ! Le sort tomba sur mademoiselle Pigeaire, jeune enfant, venue tout exprès de Montpellier avec son père, pour disputer le prix de TROIS MILLE FRANCS proposé par M. le docteur Burdin à celui qui lirait sans le secours de ses yeux.

Ce que M. le docteur Dubois commence par nous taire soigneusement, c'est que ce M. Pigeaire est un médecin de la faculté de Montpellier, aimé et estimé de tous ses confrères. Ce qu'il nous tait soigneusement encore, et on en comprend le motif, c'est que les facultés magnétiques de cette jeune fille avaient été reconnues, étudiées et contrôlées longtemps par quelques célébrités médicales d'une école qui vaut toutes les autres, et qu'elle arrivait appuyée et recommandée comme vraie somnambule magnétique, par qui ? par le docteur Lordat, l'un des premiers physiologistes de l'Europe, et qui depuis fort longtemps incrédule en fait de magnétisme, avait fini par se rendre hautement, loyalement à la vérité. Tout cela était fort bon à cacher dans l'histoire académique, mais fort essentiel à rappeler dans l'histoire véridique. Ce n'était donc pas une aventurière que l'on allait avoir à juger. Mais hélas ! ce qui paraissait plus clair que le jour sous le beau ciel du Languedoc, va devenir épaisses ténèbres au milieu des brouillards de la Seine.

Entendons-nous toutefois ; ténèbres pour les commissaires académiques, mais lumière très-positive pour les nombreux profanes, journalistes, littérateurs, illustrations scientifiques, voire même médicales ; car les procès-verbaux des séances particulières existent, et sont revêtus de signatures pour le moins aussi importantes que celles des commissaires, entre autres de celles de M. Orfila, doyen de la faculté de médecine, Bousquet, secrétaire de l'Académie ; de MM. les docteurs Reveillé-Parisse, de Montègre, Frappart, Pariset, secrétaire perpétuel de l'Académie, George Sand, etc. (Voyez le rapport de M. Bousquet, secrétaire de l'Académie.)

Quant aux précautions prises dans l'intérêt de la vérité, nous les entendons déclarer *suffisantes* par ces assistants distingués ; et quant à l'appareil occlusif appliqué sur les yeux de la jeune extatique, appareil qui consiste en un bandeau large de *six travers de doigt*, composé d'une *bande de toile, de deux tampons de coton en rame* et de *trois couches de velours noir*, dépassant les sourcils et collé sous le nez par deux bandes de taffetas d'Angleterre, voici les divers jugements qu'en portent les témoins.

M. Arago, après en avoir fait l'essai sur ses yeux, affirme « qu'il n'y voit absolument rien ; »

M. Orfila déclare, « qu'avec cet appareil il lui serait impossible de distinguer les ténèbres de la lumière ; »

Le docteur Donné, « qu'il lui serait impossible de distinguer un homme d'un chapeau ; »

Un des plus spirituels rédacteurs du *Charivari* convient, « qu'il ne verrait aucune différence entre l'obélisque de Luxor et la barrière de l'Étoile, » etc., etc.

Quant au fait de la lecture, nous le voyons aussi certifié par toutes les signatures relatées plus haut.

M. Adelon : « Ceci, Messieurs, renverse toutes nos idées reçues. »

M. Cornac : « Je n'ai rien vu de semblable chez M. Berna. »

M. Orfila : « Il faut proclamer ce phénomène sur les toits, il faut dresser procès-verbal de cette expérience, afin de constater un fait qui peut être *d'une conséquence immense*, » etc.

M. le docteur Donné, après avoir causé avec M. Arago : « M. Arago cherche une théorie. »

L'académicien Pelletier : « Il est bien extraordinaire que messieurs les commissaires n'aient pas voulu assister à une semblable expérience ; nous verrons ce qu'ils diront à la première séance.

— Monsieur, répondait M. Pigeaire, ils feront comme

ils ont toujours fait : ils crieront bien fort, bien fort ! Et de guerre lasse vous vous tairez.

— Non, Monsieur, répondait M. Pelletier ; il n'en sera pas ainsi. »

Que manquait-il donc au triomphe de mademoiselle Pigeaire ? Une expérience *officielle* devant les commissaires académiques. Maintenant, pourquoi cette expérience n'a-t-elle donc pas eu lieu. Car il faut au moins un prétexte ? — Oui, vous avez raison, il fallait un prétexte, et certes, il ne fut pas difficile à trouver. Nous avons dit que mademoiselle Pigeaire était venue à Paris munie d'un certificat délivré par le docteur Lordat, et que ce certificat affirmait la lucidité à travers les bandeaux *les plus opaques*. Or, ce bandeau qui suffisait pleinement et de reste, au grand physiologiste de Montpellier, ne pouvait plus suffire à nos commissaires parisiens. A ce bandeau que tant d'autorités venaient de déclarer parfaitement opaque, ne voilà-t-il pas qu'ils proposent tout à coup de substituer un véritable masque en soie noire qu'ils veulent placer d'une certaine manière, signalée à l'avance par le professeur Lordat, comme formant obstacle à l'obtention du phénomène. Alors refus de M. Pigeaire, dans la crainte de donner à son enfant des convulsions, *qui sont toujours venues en pareil cas*. En vain prie-t-il l'Académie de faire fabriquer elle-même un autre bandeau, *de le garder sous clef*, de l'appliquer elle-même, de vérifier à chaque instant l'adhérence du taffetas collé, etc. Inutile ! L'Académie tient à son masque et à ses conditions ; elle en avait le droit, mais le docteur languedocien, fier de l'adhésion des Lordat, des Elliotson, des Jules Cloquet, et de la liste des gens distingués qui avaient constaté et signé le fait qu'il offre encore de prouver, poussé d'ailleurs à bout, et indigné d'une réflexion de M. Double qui paraît l'assimiler à *M. Comte*, le docteur Pigeaire tourne le dos à la commission, au prix Burdin, au masque de soie noire, et regagne ses pénates, jurant bien, *mais un peu tard*, qu'on ne l'y prendra plus.

Comme on le voit cependant, tout ceci n'était pas même une de ces expériences négatives, dont un millier, avons-nous dit, ne pourrait détruire un seul fait affirmatif ; c'était tout simplement un défaut d'entente sur les conditions de l'expérience. MM. Adelon, Pelletier, J. Cloquet et Delens y virent apparemment autre chose, car ils protestèrent hautement à l'Académie contre ce déni de justice. Ils n'hésitèrent pas à dire que la commission *avait manqué à tous ses devoirs ;* qu'elle avait mis le concurrent *dans l'impossibilité* de produire ces phénomènes, et J. Cloquet terminait ainsi sa mercuriale : « Je sais, Messieurs, qu'il faut quelque courage pour parler devant vous du magnétisme et de ses effets ; mais *on a beau faire*, les faits sont inflexibles, et je ne serais pas étonné que malgré la résistance la mieux combinée et la plus soutenue, un beau jour le magnétisme vînt prendre place dans la science où l'on refuse aujourd'hui de l'admettre. »

Au reste, M. Dubois réduit lui-même cette grande et dernière *défaite* du magnétisme à sa juste valeur, lorsqu'il dit : « A Montpellier mademoiselle Pigeaire voyait les objets placés dans une tabatière ; mais, une fois à Paris, *il a fallu tant et tant débattre l'affaire du bandeau, que tout a été rompu après bien des négociations.* (Page 626.)

Qui donc, après une affirmation semblable, pourrait parler encore de la défaite de mademoiselle Pigeaire ?

Cependant, malgré les protestations de ces juges impartiaux, le savoir-faire de la commission porta ses fruits. Les feuilles médicales ayant publié de fort beaux articles sur la prudence et la sagacité des commissaires, le public *resta persuadé* que mademoiselle Pigeaire avait été *démasquée* par eux. On vient de voir comment, et voilà toujours comment on écrit l'histoire !

Au reste, celle-ci se termina par une plaisanterie qui ne laissait pas que d'être assez embarrassante. Le docteur Berna adressait au président de l'Académie une lettre dont voici le dernier paragraphe :

« L'Académie refuse à mademoiselle Pigeaire le prix de
« trois mille francs sous le prétexte de l'insuffisance du ban-
« deau qui lui intercepte la lumière ; je viens faire à messieurs
« les commissaires la proposition suivante :

« *Cinquante mille francs* sont offerts à celui d'entre eux qui
« pourra lire un seul mot avec le bandeau ordinaire de ma-
« demoiselle Pigeaire, et dans le cas où MM. Bouillaud et
« Dubois (d'Amiens) prouveraient qu'on y voit à merveille,
« on y ajoutera vingt mille francs. »

Assurément c'était une belle occasion pour les commissaires, puisqu'ils tenaient encore le bandeau dans leurs mains.
Quelle bonne fortune pour les pauvres de leur arrondissement, s'ils ne voulaient pas en profiter pour eux-mêmes !
Ils pouvaient se faire *tant d'amis avec les richesses d'iniquité !*
Mais ils se gardèrent bien de cette nouvelle expérience, et
toujours pour cause.

Enfin nous retrouvons, en septembre 1840, une nouvelle
Commission dont M. le docteur Dubois est encore secrétaire,
et devant laquelle une somnambule, *une seule* cette fois-ci,
joue à M. le docteur Teste le même tour que celle du docteur
Berna avait joué à son maître ; c'est-à-dire, qu'après avoir
lu *cent fois, mille fois* peut-être, et dans *l'intimité*, les mots
que son magnétiseur scellait à son insu dans une boîte qu'il
cachetait ensuite, elle l'a trahi complétement devant la Commission en feignant de lire précisément deux mots (*nous*
et *sommes*), mots qui se trouvent partout d'ordinaire, mais
qui, par un hasard tout à fait exceptionnel, ne se rencon-
traient pas une seule fois, dans la tirade de vers renfermée
dans la boîte.

Il y avait une grande *recherche* dans cette infidélité de la
somnambule ou plutôt de l'agent magnétique ! Mais comment,
encore une fois, la Commission ne voyait-elle pas que le docteur Teste, si sûr de son fait, était évidemment trahi, et que,
lorsqu'il s'agit d'une expérience aussi simple, on ne la produit
devant une Académie que *lorsqu'elle vous réussit tous les jours !*

Ici donc, et pour la dernière fois, magnétiseurs et commissaires, *tous* furent également et officiellement mystifiés.

RÉSUMÉ.

Que vous avions-nous promis, Messieurs? La constatation des faits magnétiques par l'*élite* de la science et même par la majorité des commissions, ou des expertises scientifiques.

Or, nous en avons mentionné six. Mais la dernière (celle de mademoiselle Pigeaire) n'ayant vraiment pas fonctionné, puisque, d'après le rapporteur lui-même, on *n'a pu s'entendre sur les conditions du programme*, il n'en reste plus que cinq.

Résumons leurs rapports en peu de mots.

— POUR l'affirmation des faits, et surtout pour l'impossibilité de les attribuer à la *jonglerie* humaine, nous trouvons :

1° Le rapport de Bailly (1784), puisqu'il dit « *que l'on ne peut s'en faire une idée,* » et qu'il explique, par l'imagination, CETTE GRANDE PUISSANCE *dont le magnétiseur semble être le dépositaire ;*

2° Le rapport de la Faculté de médecine (même époque), puisqu'elle dit « n'avoir pas *voulu* fixer son attention sur quelques *faits insolites, merveilleux, inextricables, contredisant toutes les lois de la physique*, etc., etc. »

3° Les procès-verbaux des expériences médicales, faites en 1820, et simultanément, à l'Hôtel-Dieu, à la Pitié, au Val-de-Grâce, procès-verbaux reconnaissant *l'exactitude* des relations des magnétiseurs, et signés par TRENTE médecins au nombre desquels nous remarquons Récamier, Sabathier, Leroux, Fouquier, Mitivié, etc.

4° Le rapport de la commission médicale en 1831, rapport signé par onze membres, *très-distingués*, de l'Académie, choisis par elle, et dépassant *après cinq années d'études* et d'expériences, toutes les espérances des magnétiseurs.

— CONTRE la réalité des faits, ou plutôt pour leur explication par la *jonglerie* humaine, nous trouvons uniquement... le rapport de M. le docteur Dubois (d'Amiens) sur les expériences sollicitées et tentées par M. le docteur Berna (1).

Maintenant, veuillez faire la balance, Messieurs, et dites-nous quel est celui des deux côtés qui l'emporte sur l'autre.

Au reste, nous ne craignons nullement de vous renvoyer à l'ouvrage de M. le docteur Dubois lui-même, et vous vous assurerez, en le lisant, qu'il était impossible de consacrer plus de travail et plus d'esprit à une cause plus mauvaise, puisqu'il s'agissait de la dénégation opiniâtre de faits surabondamment attestés. Dans tous les cas, Messieurs, nous vous avions promis de grandes et imposantes protestations en faveur de la *réalité* de ces phénomènes, et vous trouverez que nous avons tenu notre parole.

Dans l'article de l'*Annuaire*, précédemment cité, M. Arago s'exprime ainsi (p. 438) : « En matière de témoignages et sur des questions de faits complexes, la *qualité* des témoins doit toujours l'emporter sur la *quantité*; ajoutons que la *qualité* ne résulte ni des titres nobiliaires, ni de la richesse, ni de la position sociale, ni d'un *certain genre* de célébrité. » Nous croyons avoir suivi scrupuleusement ces conseils. En rangeant, non pas parmi les partisans, mais parmi les *certificateurs* des phénomènes magnétiques, les hommes éminemment distingués et très-nombreux que nous avons nommés, nous ne croyons pas avoir montré la moindre complaisance pour les *parchemins armoriés*, mais bien pour *certains genres de célébrité*, tels, par exemple, que ceux de Jussieu, La Place,

---

(1) M. Dubois ne nous reprochera pas, il faut l'espérer, de n'avoir pas classé parmi les expériences scientifiques, les petites épreuves individuelles, isolées, négatives, tentées chez MM. Teste, Petriconi, Hamard, etc. Ce ne sont là que de pauvres anecdotes sans la moindre portée, méconnues de tout le monde, ne prouvant que ce que tout le monde sait de reste, c'est-à-dire la fréquence des *déconvenues* magnétiques. Qu'y a-t-il de commun, nous le demandons, entre ces essais tout personnels et les quatre premières expertises ?

Cuvier, Georget, Rostan, Récamier, Fouquier, Jules Cloquet, etc. Ces *genres-là* valent bien tous les autres.

Esprits justes et sérieux, vous comprendrez donc, Messieurs, que c'en serait fait à tout jamais du témoignage, si vous récusiez tous ceux qui remplissent aujourd'hui plus de quinze cents volumes et qui acquerront une bien autre valeur lorsque vous les comparerez sérieusement avec cette autre masse de témoignages antiques, relatés à *toutes* les pages de *toutes* les annales de *tous* les peuples du globe.

CHAPITRE III

ÉTAT ACTUEL DE LA QUESTION MAGNÉTIQUE

ou

PROGRÈS NOUVEAUX ET VIEUX OBSTACLES

———•⚔•———

Tendances et concessions nouvelles. — Électricités suspectes préludant aux électricités railleuses. — L'agent mystérieux confondu tous les jours avec le fluide qu'il emploie.—*Fascination* et *surintelligence* (1), double caractère de l'agent magnétique. — La science le lui refuse. — Objection très-sérieuse tirée des hallucinations.

Désormais, nous pouvons donc raisonnablement supposer que nous parlons à des esprits suffisamment préparés, et, sans nous laisser arrêter plus longtemps par l'ignorance qui ne connaîtrait pas toutes les pièces du procès, ou par l'entêtement systématique qui ne voudrait pas les connaître, nous pouvons déclarer hardiment que la question magnétique est acceptée aujourd'hui, comme *très-importante* et *très-sérieuse*, par l'élite du clergé, de la magistrature et de la science.

L'élite du clergé! Que nous importent en effet les dénégations de quelques casuistes, qui, de leur propre aveu, n'ont jamais vu de somnambule, si nos meilleurs théologiens, y compris S. E. le cardinal Gousset et Mgr l'évêque du Mans,

---

(1) Nous entendons par *surintelligence*, une intelligence supérieure à l'intelligence humaine.

consacrent dans leurs savants ouvrages de longs articles à la discussion de ces mêmes faits ; si l'abbé Lacordaire, du haut de la chaire de Notre-Dame, appelle le magnétisme *un demi-jour effrayant sur le monde invisible* (1); si, dans tous les diocèses, chaque conférence ecclésiastique s'en occupe à son tour, et si, dans ce moment même, Rome, se faisant envoyer toutes les pièces du procès, recommande cette étude à l'attention la plus sérieuse et à l'examen le plus profond de ses docteurs ?

L'élite de la magistrature! Que nous importe, que de très-modestes tribunaux de province, ne puissent voir dans tout cela que des délits d'*escroquerie*, si les condamnés, renvoyés par la Cour de cassation devant les cours d'appel, se voient absous par celles-ci, sur cette unique raison que, dans l'état actuel de la science, *il n'est plus permis* de ranger *cette sorte de faits* parmi les *délits d'escroquerie* (2)?

L'élite de la science! Que nous importe enfin toute la superbe de nos majorités académiques, si les faits qu'elles

---

(1) L'abbé Lacordaire disait encore, le 6 décembre 1846, à Notre-Dame : « Je pourrais me délivrer facilement de cet argument des *forces magnétiques*, puisque la science ne les reconnaît pas encore, ou même les proscrit. Toutefois, j'aime mieux obéir à ma conscience qu'à la science ; vous invoquez les forces magnétiques? Eh bien ! j'y crois sincèrement, fermement. »

(2) En 1843, le tribunal de première instance de la Seine, désigne pour experts, dans une affaire où le magnétisme avait figuré, les docteurs Foville, R. Collard et Leuret. Voici la conclusion de leur rapport conservé dans les *Annales médico-psychologiques* de la même année : « Dans un tel état de choses (le partage scientifique sur cette question), est-il permis de fonder une action en justice sur des faits d'*une telle nature ? Nous ne le pensons pas.*

En 1845, les assises des Deux-Sèvres acquittent le magnétiseur Ricard, condamné par le tribunal de Bressuire, dont la Cour suprême avait cassé le jugement.

En 1846, M. de Rovere est acquitté par les tribunaux de Troyes et d'Auxerre, quoiqu'il avoue avoir exercé le magnétisme avec rémunération. En 1846, la cour d'appel de Paris confirme le jugement à son égard.

En 1851, le tribunal correctionnel de Paris condamne madame Otom, somnambule, pour exercice illégal de la médecine, tout en *l'absolvant de l'imputation d'escroquerie*. Même année, les époux Montgruel, condamnés pour

repoussent comme une fable, se trouvent attestés par leurs propres commissions d'enquête, bien devancées au reste et dépassées par la plupart des savants étrangers (1)? Que nous importe surtout si vous-mêmes aujourd'hui, Messieurs, vous reprenez officiellement une question, que vous laisseriez bien certainement en repos, si elle était, à vos yeux, une *jonglerie démontrée* (2).

Ainsi donc, on le voit, en dépit et en dehors des décisions académiques, il y a pour le moment, au moins hésitation et tolérance.

Si la masse résiste, les individus faiblissent, et cela se conçoit; car, pour peu que l'on ait suivi depuis un certain temps la marche de la physique et de la physiologie (3), il devient assez difficile de se rendre compte au *premier abord* de leur opposition aux doctrines magnétiques.

N'en serait-il donc aucune, en effet, qui ne pût trouver grâce à leurs yeux ? et ces deux sciences ne possèdent-elles pas au contraire, dans leurs propres archives, quelques-uns

---

les mêmes causes par la Cour d'appel de Paris, sont aussi absous *comme escroquerie*, et le procureur général en ayant appelé *à minima*, la Cour de cassation rejette son pourvoi, et maintient la même distinction.

Enfin, en 1852, le juge de paix du VIII° arrondissement applique à plusieurs somnambules, malgré la plaidoirie de Jules Favre, l'art. 480 du Code pénal, relatif *aux interprètes des songes*, tout en reconnaissant que les susdites cours les ont affranchies *justement du délit d'escroquerie*. Tout cela n'est guère logique à la vérité, mais les tribunaux sont en proie aux mêmes soucis que l'Institut.

(1) Nous croyons avoir cité suffisamment de noms célèbres pour la France, mais pour l'étranger, nous nous trouverions arrêté par la masse de ceux qui se presseraient sous notre plume. On sait que l'Allemagne, et généralement toutes les nations du Nord, ont toujours pris l'initiative sur toutes ces questions. Chez elles il y a unanimité scientifique et populaire pour *la reconnaissance* des faits, que chacun explique ensuite à sa manière. Mais ces nations ne sont plus les seules, et, soit dans l'Amérique, soit dans les colonies, soit aux Grandes-Indes, partout se forment aujourd'hui des sociétés mesmériques sous le patronage de savants et de médecins.

(2) L'Académie des sciences morales a compris le somnambulisme *magnétique* parmi les phénomènes du sommeil dont elle a mis l'étude au concours.

(3) *Physiologie*, science des fonctions organiques.

de ces précédents qui imposent forcément la tolérance pour les faits plus nouveaux qui s'en rapprochent?

Voyons donc en peu de mots ce qui pourrait justifier encore la colère des majorités incrédules.

Serait-ce par hasard la supposition d'un fluide inconnu, ou, pour parler comme Mesmer, d'un éther général? — Non, car à l'heure où nous écrivons ces lignes, nos physiciens les plus distingués sont précisément à la recherche de ce fluide inconnu, de ce roi des impondérables, dont ceux que nous connaissons ne seraient que des modifications diverses.

Serait-ce la supposition, ou plutôt l'admission d'un fluide nerveux et sa transmission d'un individu à un autre? Bien moins encore, puisque beaucoup de savants reconnaissant aujourd'hui *cette substance merveilleuse* qui porte dans tous nos membres les ordres de la volonté, et commande les opérations du mouvement, croient, de plus, à la contagion fréquente et rapide d'un très-grand nombre d'affections nerveuses.

Seraient-ce enfin les phénomènes considérés en eux-mêmes, et le singulier état de ceux qui les subissent? — Non, car la science médicale décrit et soigne à chaque instant des effets en apparence tout semblables; et, pour n'en citer que deux exemples, nous rappellerons que la catalepsie produit une insensibilité pareille, et que le somnambulisme ordinaire ne paraît pas, *au premier coup d'œil*, bien différent de celui qui nous occupe. Ce ne sont donc pas ces phénomènes physiologiques qui déconcertent la science; bien loin de là, il est impossible d'étudier un peu sérieusement les travaux modernes sur la *force nerveuse,* sans demeurer intimement convaincu que le *sujet instrumental et secondaire* des phénomènes magnétiques sera bientôt universellement reconnu.

Mais quand on en sera venu là, qu'on le sache bien, la question sera tout au plus effleurée, et nous-même, après avoir justifié la tolérance de ces savants ébranlés, nous allons nous trouver forcé de les arrêter dans leur marche et de leur crier : « Prenez garde, car, nous le savons, des piéges vous sont tendus ; sous le voile de l'électricité se cache tout autre chose, et bientôt, peut-être, serez-vous exposés à de cruelles mystifications ; encore une fois, prenez garde, car sur ce terrain mensonger, l'électromètre et la boussole eux-mêmes pourraient tromper jusqu'aux *élus* de la science. »

Nous sommes tout à fait incompétent, il est vrai, pour juger les expériences qui vont suivre ; mais nous connaissons assez le mesmérisme, pour avoir le droit de les suspecter fortement.

Ainsi, voilà tout d'abord des communications très-intéressantes faites en 1849 à notre Académie des Sciences par M. Dubois-Reynaud. Ces communications se présentaient fortement appuyées par M. Mischerlich, et surtout par deux lettres du baron de Humboldt, certifiant « qu'il avait amené *bien des fois, à de grandes distances, par la seule force de la volonté* et la simple contraction des muscles du bras, la déviation de la boussole (1). » On en conviendra, c'était une grande nouvelle! La volonté agissant *à distance*! la force nerveuse allant remuer un objet séparé! Mais tout Mesmer était là! et que restait-il à dire? Aussi, bien qu'elles fussent appuyées par d'autres physiciens distingués, ces affirmations du patriarche de la science commencèrent par soulever la tempête habituelle. L'éclair brilla ; on entendit dans l'orage les imprécations ordinaires contre le magnétisme animal ; puis, après plusieurs essais de vérification, l'Académie leur opposa une dénégation si complète, que celle-ci lui valut à son tour, et soit dit en passant, une verte mercuriale de la part du célèbre baron (2).

---

(1) Ou plutôt de l'*aiguille astatique*.
(2) L'Institut ne se doutait pas alors des soucis du lendemain. Si on lui avait dit : « Au lieu d'une boussole, vous ferez marcher rien qu'avec *vos petits doigts*, des tables de *dix-huit couverts*, et MM. Chevreul, Babinet et Faraday trouveront tout cela *assez simple*, qu'aurait-il répondu?... Que l'homme est donc heureux de ne pas connaître le lendemain qui l'attend!

Toujours est-il que ce qui avait réussi *bien des fois* à Berlin n'a jamais pu réussir à Paris. Et comment cela ? Comment les muscles et la volonté de l'illustre octogénaire pouvaient-ils exercer, *à de grandes distances*, une action qui devenait tout à fait nulle chez nos jeunes physiciens de l'Institut ? dans tous les cas, les faits ont certainement eu lieu, car un *Alex. de Humboldt* et *plusieurs* savants distingués n'ont pu se tromper *bien des fois* sur une expérience aussi simple ! Mais ces faits sont-ils la révélation d'une loi ou le résultat d'un caprice ? Tout est là, et la science le décidera plus tard.

Voici maintenant un des physiciens les plus distingués de toute l'Allemagne, qui nous envoie, dans un petit volume très-spirituellement écrit (1), le résultat de ses recherches sur l'agent mesmérique, recherches encouragées jadis par le célèbre Berzélius.

En étudiant ce sujet *si décrié*, le baron de Reichenbach aurait donc trouvé une nouvelle force de la nature, une force cosmique, qui ne serait ni le calorique, ni l'électricité, ni l'aimant, mais qui, « positive et négative tout ensemble, « circulerait dans tous les corps, et nous arriverait en outre « du soleil, en *incommensurable quantité*.

Rien de plus intéressant, avons-nous dit, que les déductions ingénieuses tirées par le baron de ses *mille* expériences, sur la double lumière qu'il appelle *od* et *odylique*, et dont le mesmérisme ne serait, selon lui, qu'une faible fraction et une simple application à la médecine.

Mais ici nous allons nous retrouver dans l'embarras signalé tout à l'heure, et nous demanderons comment il se fait que des expériences *purement* physiques, et qui ont réussi *mille fois* à un savant distingué et à ses amis, n'ont jamais pu réussir entre les mains des physiciens de l'Académie de Vienne ? Au lieu d'une loi, retrouverions-nous donc encore

---

(1) *Lettres sur le magnétisme*, par le baron de Reichenbach.

une fois un caprice? On en conviendra, c'est pour le moins fort bizarre (1).

Mais revenons à notre science française, qui vaut bien toutes les autres, et occupons-nous un moment de son plus brillant interprète, Arago.

Nous avons vu tout à l'heure avec quelle verve malicieuse il tombait, à propos du rapport de Bailly, sur ces premiers magnétiseurs de 1784 et sur *ces pauvres d'esprit* qui plongeaient leurs personnes et leur argent dans *ce baquet mesmérien* dont *l'imagination seule pouvait produire tous les phénomènes.* (*Annuaire*, 420.)

---

(1) Cette bizarrerie s'explique un peu cependant, lorsque l'on sait que ces *mille* expériences sont faites et garanties par ces hommes, et le plus souvent par ces femmes, que M. de Reichenbach appelle des *sensitifs*, et dont l'organisation irritable et nerveuse équivaut à celle de nos somnambules. Or, en semblable matière pas plus qu'en toute autre, on ne doit jamais croire entièrement ceux que l'on juge; que ce savant y prenne garde! s'il croit avoir trouvé dans son *odyle*, ou dans tout autre agent matériel, les *derniers secrets* du mesmérisme et la précieuse *clef* de l'*âge d'or* qu'il nous dépeint à l'avance, il est dans la plus complète illusion sur la nature essentielle, sur l'âme, en un mot, sur l'agent principal du magnétisme animal.

En veut-il une preuve sur-le-champ? Il ne niera pas qu'il n'y ait entre les phénomènes de la baguette dite *divinatoire* et ceux du mesmérisme la plus étroite affinité, et il le sent si bien, qu'il fait des uns et des autres des phénomènes *odyliques*; mais selon lui, tout se réduit à ceci : la source souterraine influence le sourcier *sensitif*, et la *rotation* de la baguette *n'est que* le tour de *passe-passe* dont celui-ci se sert pour *éblouir* la multitude. A merveille! Mais puisqu'il ne tient aucun compte de ce grand nombre de philosophes impartiaux, attestant que la baguette *tournait* également pour toute chose, par *exemple*, sur les traces d'un voleur, ou pour la révélation des choses secrètes et perdues, etc., qu'il nous permette de lui citer un exemple de *rotation* qu'il aura de la peine à ranger parmi les tours de *passe-passe*. Il n'y a pas longtemps, en effet, si nous en croyons nos journaux, qu'Arago racontait à l'Académie que le marquis de La Place et lui, se livrant précisément à ce genre d'expériences, la baguette resta immobile entre les mains du disciple, pendant qu'elle se mit à tourner dans celles de son illustre maître qui en resta profondément étonné. Que devient ici la jonglerie? En vérité, ces *protestants* du magnétisme sont inexplicables; ils fulminent contre les dénégateurs de leurs faits merveilleux, puis, tout de suite, ils élèvent une digue à ces mêmes merveilles, et leur disent : « Vous n'irez pas plus loin. » En vérité, ils sont plus sévères pour leurs *frères* que leurs ennemis eux-mêmes.

Rien de plus faux, avons-nous dit et prouvé, avec l'aide de Jussieu, de La Place, de Cuvier, etc., que cette dernière conclusion dont les fougueux adversaires du magnétisme auront vu le rajeunissement avec plaisir. Mais que diront-ils de la suite de l'article, et que devient leur triomphe ? Changeant de rôle subitement, voici que dans cette fin d'article M. Arago prétend « *qu'on n'a plus le droit d'invoquer contre le somnambulisme moderne* ce même rapport de Bailly, qui renversa, selon lui, de *fond en comble* les idées, les systèmes et les pratiques de Mesmer et de ses adeptes. » (*Ib.*, 444.)

Mais à qui pourra-t-il jamais persuader la nécessité d'une semblable disjonction, dans une cause parfaitement *une* et homogène ?

Écoutez-le encore :

« La plupart des phénomènes groupés aujourd'hui autour de ce nom n'étaient ni connus, ni annoncés en 1784... Les savants qui se livrent aujourd'hui à des expériences de somnambulisme... pénètrent dans *un monde tout nouveau* dont les Lavoisier, les Franklin, les Bailly, ne soupçonnaient même pas l'existence (445).....

« Le doute est une preuve de modestie et il a rarement nui aux progrès des sciences. On n'en pourrait pas dire autant de l'incrédulité. CELUI QUI EN DEHORS DES MATHÉMATIQUES PURES, PRONONCE LE MOT IMPOSSIBLE, MANQUE DE PRUDENCE. » (*Ib.*) Très-bien, monsieur Arago, vous pouvez être certain que nous ne l'oublierons pas.

« Rien, par exemple, reprenez-vous plus loin (448), rien dans les merveilles du somnambulisme ne soulevait plus de doutes qu'une assertion très-souvent reproduite touchant la propriété dont jouiraient certaines personnes, à l'état de crise, de déchiffrer une lettre *à distance* avec le pied, par la main, avec l'estomac. Le mot *impossible* semblait complétement légitime. *Je ne doute pas*, néanmoins, que les esprits rigides *ne le retirent* après avoir réfléchi aux ingénieuses expériences dans lesquelles Moser produit, aussi à distance, les images très-nettes de toute sorte d'objets, sur toute sorte de corps et dans la plus complète obscurité... En se rappelant encore (c'est toujours Arago qui parle) dans quelle proportion énorme les actions électriques ou magnétiques augmentent par l'acte du mouvement, on *sera moins incliné à prendre en dérision les gestes rapides des magnétiseurs.* »

Ainsi, vous l'entendez ! Ce n'est pas seulement pour le somnambulisme, c'est encore pour *la passe* magnétique *apportée par Mesmer*, c'est pour ces procédés dont les magnétiseurs de bonne foi proclament la complète insignifiance, et que M. Arago nous disait tout à l'heure « *détruits de fond en comble*, par le rapport de Bailly, » qu'il réclame aujourd'hui, examen et tolérance.

Eh bien ! exagérions-nous donc en parlant des tendances de la science à l'acceptation de la partie matérielle, physique, très-secondaire, selon nous, et même très-problématique du magnétisme animal ? Et y a-t-il donc bien loin de l'*action à distance* du baron de Humboldt ou de la *vue par l'estomac*, comme le dit Arago, aux théories de Reichenbach et de Gregory sur le nouvel agent électrique qu'ils appellent *odyle* et qu'ils présentent au monde savant comme le fluide universel *annoncé par Mesmer?* Il faut bien en convenir, voilà plus d'une circonstance atténuante en faveur de ces *pauvres d'esprit*, qui avaient eu jusqu'ici la sottise d'examiner les *niaiseries* magnétiques.

Voilà donc trois représentants éminents de la science européenne, dont les expériences ou les opinions semblent favoriser largement une partie des prétentions du magnétisme animal, et nous aurions le droit, il nous semble, de taxer d'inconséquence tous ceux qui, après des concessions semblables, riraient encore de ce qu'ils nous déclarent eux-mêmes n'être nullement risible.

Eh ! mon Dieu oui, ils seraient les plus inconséquents des hommes si ce n'était pas toujours la *même histoire* — qu'on nous pardonne l'expression — et si tout à côté de ces effets mesmériques, *acceptables* à la rigueur, il ne s'en présentait pas journellement beaucoup d'autres également affirmés et prouvés, mais contredisant à la fois toutes les idées physiques reçues, toutes les doctrines psychologiques enseignées depuis longtemps, et surtout les opiniâtres préjugés, enracinés encore aujourd'hui, contre tout ce qui ressemble au merveilleux. Jusqu'ici la tolérance était possible ; à partir de ce moment, elle va faire place à une horreur profonde et à une dénégation absolue. Comme si des faits, par cela seul qu'ils touchent au merveilleux, cessaient à l'instant d'être des faits !

On reconnaît bien en ceux-ci quelque chose d'assez rationnel, mais par delà ce qu'on voit, il semble qu'on entrevoie *quelque autre chose* qui vous glace d'épouvante, et l'on fuit en raillant, comme ces poltrons qui chantent pour mieux dissimuler leur effroi.

M. Arago a beau dire, toutes les phases du magnétisme sont parfaitement semblables sous ce rapport : « Il faut convenir, dit Deleuze, que le magnétisme se présentait *dès les premiers jours* avec des circonstances tellement incroyables, que les corps savants ne pouvaient y ajouter la moindre foi (1). »

Or ces circonstances *incroyables*, que nous détaillerons plus tard, Messieurs, au chapitre des faits transcendants, c'était, ou plutôt ce sont encore aujourd'hui tous ces phénomènes qui ne peuvent s'expliquer que par la *surintelligence* de l'agent qui les produit.

La surintelligence ! Voilà, Messieurs, le criterium (2) et le caractère distinctif qui devront toujours fixer votre attention.

Gardons-nous bien, en effet, de tomber ici dans la mé-

---

(1) Deleuze, *Hist. crit.*, t. Ier, p. 5.
(2) *Criterium*, pierre de touche, creuset.

prise générale et de regarder avec M. Arago, et même avec la grande majorité des magnétiseurs, l'état somnambulique comme le seul et même comme le plus merveilleux. Un peu de réflexion suffira pour nous convaincre que cet état doit infiniment moins nous étonner que l'opération qui l'amène; et cela par une raison toute simple, c'est que, dans un état de perturbation nerveuse, où toutes les lois de la nature paraissent bouleversées, nous pouvons légitimement soupçonner de nouvelles lois, ou bien encore le développement de facultés toutes nouvelles ; mais chez le magnétiseur, chez cet homme à l'état parfaitement normal, comment parvenir à expliquer cette GRANDE PUISSANCE (1) improvisée, prodigieuse, exceptionnelle, qui, par un simple regard, par un geste, par un mot (et maintenant sans procédés aucuns, puisqu'on les a tous supprimés), enlace tous ceux qui s'y soumettent et exerce sur eux un véritable despotisme tout à la fois physique, intelligent et moral, qui sera toujours bien mieux nommé *fascination*.

Et même en dehors de cette *fascination* complète, quelle intelligence ne pouvons-nous pas signaler jusque dans le plus petit fait magnétique? Oui, depuis cet *instinct* merveilleux qui, de l'aveu de tous les magnétiseurs attentifs, *guide* leur main vers le siége d'un mal inconnu, jusqu'à celui qui accompagne le talisman magnétisé, et lui fait remplir à deux cents lieues de distance la commission qui lui a été donnée *sous condition*, tout révèle dans l'agent émis ou employé par le magnétiseur, une compréhension et une intelligence transcendantales bien supérieures à celle de ce dernier. (Voir pour ces deux assertions au chapitre des Faits transcendants.)

Chez le somnambule, à son tour, quel est le phénomène le plus étourdissant, pour nous servir de l'expression consacrée? Ce n'est pas, vous venez de l'entendre dire à Arago,

---

(1) Expression du rapport de 1784.

ce n'est pas la transposition des sens et *la vue par la nuque*, parce que tout cela pourrait à la rigueur résulter de certaines modifications inconnues de la lumière. Ce n'est même pas la *communication des pensées*, parce qu'on prétend l'expliquer (toujours à la rigueur) par la lecture des pensées imprimées dans le cerveau ; mais toutes les fois que le somnambule lit, devine, pressent et affirme des vérités, des faits, des choses, qui ne sont ni dans son cerveau, ni dans celui de son magnétiseur, *ou qui n'existent pas encore....,* que devient la théorie de la lumière et des sens transposés ?

Ah ! c'est ici que toutes les cartes se brouillent et que la science, si voisine de nous tout à l'heure, si tolérante pour nos prodiges matériels, recule épouvantée et ne craint pas de dire à un Georget, à un Rostan : « Vous vous êtes laissé mystifier. »

Ainsi donc, en 1853 comme en 1784, dans les salons de M. Du Potet comme dans *l'enfer aux convulsions*, devant la seconde vue d'Alexis comme sous la baguette de Mesmer, le problème est toujours identique, et les deux grands, les deux *seuls* obstacles à l'acceptation du magnétisme par la science, ce sont, d'une part la *surintelligence* de l'influence émise, et de l'autre la *surintelligence* du sujet influencé. On comprend au reste cette répulsion de la part de la science, car sans parler ici du bouleversement général qui résulterait de deux *facultés* semblables, ces phénomènes une fois bien constatés entraîneraient pour le moins une révolution philosophique, puisque alors il faudrait, de toute nécessité, se décider pour l'une des hypothèses suivantes à l'égard du magnétiseur et du magnétisé :

1° Chez le magnétiseur, ou l'existence d'une puissance, d'une virtualité animiques tout à fait insolites, et spécialement réservées à cet ordre d'*intentions*, — puisque ce magnétiseur ne l'exerce pas dans la vie ordinaire (1), — ou

(1) En effet, nous voudrions bien savoir si M. Du Potet, par exemple, a le

l'assistance de puissances surhumaines, soit qu'elles se rendent à un appel, soit qu'elles interviennent par leur propre caprice ;

2° Chez le magnétisé, ou l'existence *d'une seconde âme*, opinion admise par la plupart des philosophies antiques, mais condamnée depuis longtemps par la théologie catholique, ou le dégagement de l'âme proprement dite, rentrant par suite de l'affranchissement des organes dans l'ordre des purs esprits... ; ou bien enfin, ces purs esprits eux-mêmes agissant sur cette âme et l'influençant de leurs bonnes ou de leurs mauvaises inspirations.

Nous le répétons, il est absolument impossible de sortir de ces quelques hypothèses, et nous défions qui que ce soit d'échapper à la conclusion suivante, conclusion rigoureuse et que nous nous voyons forcé de formuler dès à présent, tant elle doit élucider tous nos autres chapitres, et tant elle résulte clairement de la plus simple exposition des faits :

L'AGENT MAGNÉTIQUE, QU'IL SOIT BON OU MAUVAIS, PROPRE OU ÉTRANGER A L'HOMME, INTÉRIEUR OU EXTERNE, ASSOCIÉ OU NON A UN FLUIDE (TOUTES QUESTIONS RÉSERVÉES), EST AVANT TOUT UN AGENT *spirituel*, UN AGENT DOUÉ D'UNE *surintelligence* TRANSCENDANTE, COMPLÈTEMENT ÉTRANGÈRE DANS TOUS LES CAS A L'INTELLIGENCE PROPRE DU SOMNAMBULE OU DU MAGNÉTISEUR ; EN UN MOT C'EST UN ESPRIT (1).

Le mot est dur, nous le savons, mais que voulez-vous ? « *Celui qui en dehors des mathématiques pures prononce le mot* impossible, *manque de prudence* » (Arago). Et d'ail-

---

pouvoir d'enchaîner dans la rue les pas du premier venu, comme nous le lui avons vu faire cent fois dans son salon, par un seul effort de sa volonté ? Il sait bien que non ; donc c'était une puissance *accidentelle*, et n'agissant que sur les imprudents qui consentaient à s'y soumettre.

(1) On remarquera que jusqu'ici cette conclusion préalable d'un *esprit* distinct de notre intelligence ne tranche nullement les questions réservées, car nous ne jugeons pas encore cet esprit. On sait que l'une des grandes prétentions du magnétisme, est de tout expliquer par une *seconde âme*, indépendante du *moi*. Nous verrons en effet, dans le 2e mémoire, ce que l'on doit

leurs, comment faire pour récuser l'affirmation des somnambules de tous les pays ? « *Tous* les somnambules qu'on laisse libres dans la crise, dit Deleuze (1), se disent éclairés et assistés *par un être* qui leur est inconnu. » Le docteur Bertrand dit absolument la même chose et affirme que « la plupart attribuent leurs connaissances à une voix qui se fait entendre au fond de leur épigastre (2). » De là, disent-ils, ces controverses si fréquentes, ces colloques intérieurs entre l'esprit du somnambule et la *surintelligence* révélatrice, *dualité* si évidente que le premier nie quelquefois tout ce que la seconde lui révèle. Et ceci nous explique comment un simple et grossier paysan, devenu subitement savant ou médecin malgré lui, peut emprunter si facilement à la métaphysique ou aux sciences, jusqu'à leurs expressions les plus techniques et les plus barbares. Quant aux magnétiseurs, qui croient pouvoir tout expliquer par la communication des pensées entre leurs somnambules et eux-mêmes, que de fois, répétons-le, ne les avons-nous pas vus tout déconcertés devant leur ignorance personnelle et absolue, des choses et des faits révélés ?

Ici, nouvel arrêt de la part des médecins ; en établissant, nous diront-ils, la dualité d'*intelligences* sur cette simple déclaration de vos somnambules, « qu'ils sont influencés par une tierce personne, » en l'établissant sur leurs *colloques*, sur leurs *controverses intérieures*, vous tombez dans la plus grossière des méprises, et vous ne vous doutez pas, que pour nous, il

---

penser de la distinction si souvent formulée par toutes les philosophies, par quelques théologiens et par la Sainte Écriture elle-même, entre *l'esprit* et *l'âme*, *spiritus* et *anima*. Nous étudierons aussi la véritable nature de cet ennemi domestique appelé la *chair*, ennemi que le cardinal Bona ne craint pas de ranger dans la classe des *Esprits* (*Discr. spirit.*). Nous tâcherons tout à la fois de bien définir le vrai rôle de ces agents psychologiques et physiologiques, dans les phénomènes magnétiques, et de voir s'ils peuvent jamais y remplacer l'assistance d'un *Esprit étranger*.

(1) *Hist. crit.*, t. Ier.
(2) *Du somnambulisme*, p. 233.

ne s'agit là, que du plus vulgaire des phénomènes, car *tous nos fous en sont là*, tous ont aussi leurs colloques, leurs voix intérieures, leurs adversaires perpétuels, et, d'un seul mot, nous expliquons tout cela.... hallucination !

Ah ! voilà le grand mot prononcé ! nous l'attendions depuis longtemps, et puisque vous nous y invitez, nous allons vous poursuivre sur ce nouveau terrain. Aussi bien, comme nous l'avons dit plusieurs fois, nous ne tranchons pas aujourd'hui la question magnétique, nous voulons seulement nous en servir et lui prendre tout ce qu'elle peut fournir au développement de notre thèse *des influences surhumaines*. Or, ce même ordre d'influences, bonnes ou mauvaises, mais toujours surintelligentes, nous allons vous le montrer sur une tout autre scène, et vous prouver que vous y rencontrez exactement les mêmes obstacles, les mêmes problèmes, c'est-à-dire ces phénomènes d'*obsession*, d'*envahissement*, de *domination* singulière, et même de *possession*, que vous appelez « possession *par quelque chose d'indéfinissable*, » comme vous y retrouvez aussi ces merveilles d'*insufflation* extérieure et de *prévision*, que vous reprochez avec tant d'acharnement au magnétisme animal.

De magnétique, la question va donc devenir tout à fait scientifique. C'est le merveilleux médical, c'est le surhumain pathologique que nous allons signaler, là où nous sommes bien éloignés de le soupçonner d'ordinaire ; et pour prouver dès le début que nous sommes loin de nous écarter de la question, nous vous citerons ces paroles d'un médecin dont les premiers travaux manigraphiques (1) ont jeté le plus vif éclat dans ces dernières années. C'est à propos de la folie et des hallucinations, notez-le bien, qu'il s'exprime ainsi : « Qui de nous n'a pas été témoin des faits jusqu'à ce jour inexplicables du magnétisme animal et du somnambulisme ?... Sans admettre comme irrévocablement démontrées certaines situa-

---

(1) On appelle manigraphes les auteurs qui traitent des affections mentales.

tions, qui sembleraient mettre le sujet soumis à l'influence du somnambulisme, en rapport avec *le monde invisible*, ne sommes-nous pas *forcés d'avouer* qu'il y a là, pour l'esprit de l'homme, plus d'un mystère à découvrir ? Nous savons que cette situation étrange devient chez quelques-uns, pour ainsi dire, l'état normal, et qu'ils en arrivent au point de ne plus parler ni agir, que sous l'action de *l'influence mystérieuse* qui s'est en quelque sorte *emparée* de leur organisation tout entière (1). »

Vous voyez bien, Messieurs, qu'en passant si brusquement en apparence du magnétisme à la plus élevée des questions médicales, nous obéissons tout à la fois et à la logique et à la Faculté. Nous allons donc laisser reposer le magnétisme proprement dit, jusqu'aux derniers chapitres de ce mémoire ; mais tout en agrandissant la question, tout en abordant une foule de sujets qui lui *paraissent* étrangers, nous ne le perdrons pas de vue un seul moment. Nous verrons même, au milieu de ces discussions plus élevées, nos savants se retourner à chaque instant de son côté, et malgré tous leurs vieux préjugés, lui demander quelques lumières sur les graves et nouveaux problèmes qui vont les occuper et nous occuper avec eux (2).

(1) Docteur Malattier, *Du médecin, de la folie et de la société*, p. 72.
(2) Quand nous en serons au chapitre de ces *tables tournantes*, dont nous suivions depuis deux ans la marche et les progrès, jour par jour, étape par étape, nous appliquerons encore, à cette immense mystification, le grand principe posé dans ce dernier chapitre, et nous dirons toujours : « Attachez-vous à la *surintelligence*, forcez-la de s'expliquer ; tout est là. » (Voir le dernier chapitre de ce mémoire, *sur les électricités railleuses*.)

CHAPITRE IV

HALLUCINATIONS ET PERCEPTIONS MYSTÉRIEUSES

ou

L'HOMME OBSÉDÉ PAR LES ESPRITS (1)

> Analogies magnétiques. — L'homme *dominé*, selon la science, par *quelque chose qui veut, qui connaît et qui n'est pas lui*, ou bien par une *idée voltigeante*, par une *idée folle et matérielle*, qu'il aura absorbée, etc., hypothèses malheureuses remplaçant un vieux dogme oublié. — L'homme obsédé par des voix mystérieuses. — *Surintelligence* de ces voix constatée par la science.

Nous voici donc, Messieurs, comme nous vous le disions à la fin du chapitre précédent, sur un terrain purement, essentiellement scientifique, ce qui n'empêchera pas le merveilleux d'y reparaître à chaque instant; et quoique ce merveilleux soit quelquefois bien différent du merveilleux magnétique, nous verrons ce dernier remonter sur la scène, et plus d'une fois nous le reconnaîtrons, quoique déguisé sous de nouveaux noms et présenté dans d'autres conditions.

L'hallucination ! Voilà bien de tous nos problèmes de phi-

---

(1) La science appelle *hallucination*, toute erreur des sens partagée par l'intelligence, et *perception*, la transmission par les sens à l'esprit, des qualités des objets.

losophie médicale le plus curieux et le plus difficile à traiter !
Mystérieux résultat de notre double nature, véritable pont
jeté entre ces deux mondes qu'on appelle esprit et matière,
phénomène déconcertant pour tous, prouvant aux matérialistes la toute-puissance créatrice de l'esprit, aux spiritualistes la réalité quasi-matérielle des images, naturalisant en
apparence les miracles et surnaturalisant les effets les plus
simples, l'hallucination, dit-on, ne respecte aucun âge,
aucun mérite, et même, si l'on en croit une fatale expérience, tout docteur qui la soigne ou l'étudie trop longtemps,
terminerait ordinairement sa carrière dans les rangs de ses
malades.

Tel est, Messieurs, le périlleux sujet que nous ne ferons
qu'effleurer aujourd'hui, et auquel nous emprunterons seulement quelques principes et quelques exemples nécessaires à
nos chapitres suivants. Occupons-nous d'abord d'établir et
de bien définir ce qu'on entend par hallucination.

Voici le début le plus ordinaire de cette singulière invasion : Un homme, jusque-là le plus raisonnable du monde
(et vous savez que c'est beaucoup dire), se promène et converse avec nous. Tout à coup, et pour la première fois de sa
vie, cet homme s'arrête brusquement, cesse de vous entendre
et vous quitte pour suivre une autre personne, que vous ne
voyez pas, vous, mais qu'il *a l'air* d'écouter, de comprendre,
et à laquelle il répond. Nous avons tort de dire qu'il *a l'air*,
car il la voit véritablement, il l'entend, il la touche, et si
vous ne la voyez pas comme lui, tant pis pour vous, car
c'est lui qui va vous plaindre, et sachez-le bien, l'univers
pourrait l'écraser sans dissiper son erreur. — Mais c'est un
malade ? allez-vous dire. — Comme vous le voudrez ; toutefois, on vous le répète, sa tête est peut-être beaucoup mieux
organisée que la vôtre : il n'a le plus souvent ni fièvre ni délire, et s'il est vrai qu'il déraisonne, c'est uniquement pour
avoir obéi trop fidèlement aux deux principes philosophiques
de son siècle, l'expérience et l'observation.

Jusqu'ici cependant, tout est parfaitement naturel, et la science n'avait pas attendu le xixe siècle pour deviner un peu la théorie de ces erreurs pathologiques. Il y a déjà longtemps que, d'accord avec les médecins du moyen âge, le père Malebranche avait dit : « Les filets nerveux peuvent être remués de deux manières, ou par le bout qui est hors du cerveau, ou par l'extrémité qui plonge dans sa masse. « Et il ajoutait : « Si ces filaments sont remués dans le cerveau, n'importe par quelle influence, l'âme aperçoit quelque chose au dehors. » Ainsi donc, aux yeux du père Malebranche, comme à ceux de ses devanciers, il ne s'agissait ici que d'un phénomène d'optique ou d'intuition cérébrale (1).

Renfermée dans ces limites purement médicales, l'étude des hallucinations a donné lieu, dans ces dernières années, à des publications du plus haut intérêt et de la plus grande importance pour l'étude des affections mentales. Grâce à ces publications, nous connaissons maintenant tous les degrés de cette désolante échelle, et nous savons que pas n'est besoin d'être *fou de profession* pour ressembler terriblement à celui-ci ; nous savons que l'on peut être halluciné et grand homme, halluciné et maître entier de sa raison, halluciné et juge sévère des infidélités de *sa pulpe nerveuse,* et plus que

---

(1) Quant aux définitions de l'hallucination, on comprendra que dans une matière si ténébreuse encore, elles ne puissent pas être d'une grande exactitude, et surtout d'une grande uniformité. Ainsi, pour M. le docteur Brierre de Boismont, ce sera la reproduction du signe matériel de l'idée (*des Halluc.*, p. 3) ; pour le docteur Lelut, une folie sensoriale ou perceptrice ; pour M. Chomel, une illusion du *sensorium commune* (*Dict. des termes*) ; pour le docteur Leuret, une illusion intermédiaire entre la sensation et la conception (*Fragm. psych.*) ; pour le docteur Michéa, un délire perceptif (*Dél. des sens*) ; pour le docteur Calmeil, une illusion due à une modification vicieuse de la substance nerveuse (*De la folie,* t. Ier), etc., etc.

Nous n'aurions assurément ni mission, ni lumières suffisantes pour nous prononcer hardiment au sujet de toutes ces définitions, néanmoins nous dirons que la première et la dernière nous paraissent infiniment préférables : la première, parce qu'elle dépeint parfaitement le phénomène ; la dernière, parce qu'elle assigne, selon nous, sa cause instrumentale et pour le moins secondaire.

jamais on se sent pénétré de pitié pour des calamités si grandes et en même temps si voisines.

Mais par quelle fatalité tant de science et de lumière se trouvent-elles donc unies à tant d'ignorance et d'erreurs ? Comment de si magnifiques travaux renferment-ils tant d'éléments perfides ? Que l'on consulte le grand ouvrage de M. le docteur Brierre de Boismont (1), et l'on pourra s'assurer « que la doctrine actuelle des hallucinations est la plus grande des erreurs sociales ». Plus tard nous essaierons d'approfondir davantage cet immense sujet, mais aujourd'hui, nous ne pouvons encore une fois que l'effleurer, et discuter seulement quelques-unes de tant d'assertions si funestes. Vous nous saurez gré, Messieurs, de nous en tenir à celles qui intéressent spécialement nos études magnétiques et extra-naturelles.

Ainsi donc, pour nous en tenir à ce seul ordre d'influences, nous commencerons par avouer à M. le docteur Brierre de Boismont, que tout en reconnaissant la justice et le courage de ses généreuses protestations en faveur de tant de calomnies célèbres, nous pensons que le cercle en devrait être infiniment plus étendu ; nous allons plus loin, nous sommes convaincu que beaucoup de ses propres aliénés, au lieu d'être, comme il le croit, sous une influence purement maladive, se trouvent sous l'influence d'une cause *occulte, surhumaine, intelligente*, tantôt extérieure, tantôt interne, mais bien certainement étrangère à leur *moi*.

Si nous étions médecin, nous hésiterions probablement bien longtemps avant de formuler une proposition si téméraire, mais nous n'avons pas de diplôme à compromettre, pas de clientèle à risquer, et nous n'oublierons jamais qu'il nous a été dit dernièrement, par un homme célèbre, dont le monde savant et surtout le monde *souffrant* pleureront longtemps la perte (2) : « Courage, vous êtes sur un excellent terrain, allez et nous vous défendrons. »

(1) *Des hallucinations.*
(2) Le docteur Récamier.

L'essentiel est donc de bien établir nos distinctions et de répéter sans cesse avec Platon, Virgile, Arétée, Galien, et ce qui est beaucoup plus imposant, avec toutes les anciennes écoles médicales et théologiques : « Il y a deux sortes de folie, l'une qui nous vient du corps, l'autre qui nous est envoyée par *les dieux.* »

A l'aide de ces grands noms, de l'expérience scientifique et même de quelques tendances modernes, nous sommes persuadé que l'on parviendrait à faire sortir de nos maisons de santé une foule de malades, que de simples prières et les pratiques de l'Église auraient su guérir autrefois.

Nous avons connu de ces exemples, et la suite de ce mémoire va nous les fournir par centaines.

Mais pour en arriver là, il faut que la science dépose de bien grands préjugés et qu'elle ajoute aux deux grands ordres de causes morales et physiques désignées comme générateurs de toutes les hallucinations, un troisième ordre que nous ne craindrons pas d'appeler, nous, extra-naturel ou métapneumatique (1).

On voudra bien convenir au moins que la réintégration scientifique d'un pareil ordre de causes (s'il était vrai qu'il existât) serait une affaire de très-grande importance. Cette importance est telle, à nos yeux, que nous n'hésitons pas à attribuer à l'absence de cette vérité tout le fatras qui embrouille aujourd'hui cette matière, et nous pensons qu'en restreignant ou en confondant ainsi tous les ordres de folie, nos manigraphes n'ont fait qu'obscurcir les questions et ne sont restés uniquement, comme disent les Anglais, que « *des amasseurs de nuages.* »

Ainsi donc, pour nous, la grande division serait celle-ci : Hallucinations naturelles, et hallucinations ou plutôt perceptions mystérieuses et surhumaines.

Commençons par citer deux ou trois exemples des pre-

(1) Ce mot paraîtra tant soit peu barbare, mais il est le seul qui rende bien notre idée, de *souffle* ou *d'inspiration surhumaine.*

mières pour mieux établir ensuite la différence. C'est M. de Boismont qui nous les fournira.

Ne parlons pas encore de la folie proprement dite, et ne nous occupons ici « ni de la plaisante manie de cet Anglais qui, raisonnable sur tout le reste, ne s'en croyait pas moins métamorphosé en théière, ni de celle de Van Baerle qui, dans sa conviction qu'il était de beurre, n'osait s'approcher du feu et finit par se jeter dans un puits. »

Non, voyons en ce moment l'hallucination purement physique et le secret de la produire à volonté.

Browster, dans ses lettres sur la magie naturelle, a rapporté une expérience de Newton qui montre que chacun peut faire naître à son gré des hallucinations. Ce grand physicien, après avoir fixé le soleil dans une glace, dirigea sa vue par hasard sur une partie obscure de l'appartement; il fut fort surpris de voir le spectre solaire se reproduire et se montrer peu à peu avec des couleurs aussi vives et aussi brillantes que le soleil lui-même.

Le même phénomène a lieu lorsque, après avoir regardé une croisée très-éclairée, on regarde ensuite la muraille, car alors la croisée avec tous ses carreaux s'y reflète exactement.

La répétition des images, voilà donc le premier rudiment des hallucinations ordinaires, mais ces dernières sont volontaires; elles cessent de l'être dans l'exemple suivant, tout en restant fort naturelles.

« M. le docteur Andral vit pendant toute une journée à côté de lui le cadavre d'un enfant, dont la vue l'avait impressionné fortement le matin même. Le même médecin raconte encore que, se trouvant auprès d'un homme connu par la capacité de ses facultés intellectuelles, celui-ci, qui certes n'était pas fou, se leva et interrompit la conversation pour saluer une personne invisible qu'il avait cru voir entrer... »

Quoique cette hallucination soit involontaire, personne ne

se méprendra sur la nature physique, et, pour ainsi dire, photogénique (1) de ce pur phénomène d'optique et d'intuition cérébrales. Flux et reflux de la circulation nerveuse, tous ces phénomènes ne sont évidemment autre chose que le renvoi du dedans au dehors, des images apportées primitivement du dehors au dedans. Mille causes diverses peuvent les ramener tour à tour, et parmi ces dernières on peut placer au premier rang les causes intoxicantes ou narcotiques telles que les poisons, les médicaments, les boissons alcooliques, les gaz, le protoxyde d'azote, l'opium, et surtout le haschisch.

Les haschisch! assurément c'est à l'aide de cette dernière substance que l'on peut obtenir le summum du délire artificiel et de l'excitation cérébrale factice. On sait à quel degré d'incroyables féeries, on peut développer, à son aide, tout ce que l'imagination renferme de puissances créatrices ; eh bien! parcourez tout l'ouvrage de M. le docteur Moreau de Tours (2), étudiez les nombreuses expériences auxquelles il se livre, ajoutez-y celles de tous les autres manigraphes sur ces prodigieuses inébriations, et vous verrez que toutes leurs conclusions s'accordent parfaitement avec celle-ci de M. le docteur de Boismont. « On nous avait affirmé que les expérimentés voyaient se développer le phénomène *de la seconde vue....* A notre prière, M. D. nous décrivit parfaitement tous les lieux qu'il avait visités, mais, malgré toutes nos questions, *il ne put faire la description des lieux qu'il ne connaissait pas.* Tout cela est un rêve, nous dit-il; cet état d'aberration a donné une impulsion plus vive à mes idées, *mais n'a rien ajouté aux connaissances que j'avais déjà* (3) ».

Nous le demandons à tous ceux qui ont assisté à une séance de somnambulisme magnétique, et qui ont obtenu la description, très-souvent parfaite, de leurs maisons, de leurs

(1) De nature lumineuse.
(2) *Du haschisch et de l'aliénation mentale.*
(3) Page 377.

galeries, de leurs allées et jusqu'à celle de leurs tiroirs et des plus secrets objets qui s'y trouvent, nous leur demandons, à *ces convertis de vive force*, qu'est-ce que toutes ces hallucinations artificielles ont de commun, soit avec ces réponses vraiment *fatidiques* qui forçaient l'incrédulité du matérialiste *Georget*, soit avec cette lucidité transcendante qui bouleversait tout le savoir-faire du soupçonneux *Robert Houdin?*

Qu'on cesse donc d'assimiler des phénomènes qui ne se ressemblent qu'à la surface; et quant aux médecins qui ne veulent pas même regarder les derniers, et qui n'admettent que des hallucinations naturelles, physiques, nous leur demanderons, comment alors ils peuvent avoir la hardiesse d'expliquer toutes les origines historiques et tous les mystères, y compris ceux de notre histoire religieuse, par un mot qui pour eux est le synonyme de rêve ou de fantasmagorie?

Dès à présent, on peut en soupçonner la raison, nous ne pouvons malheureusement pas dire l'excuse; nous allons la trouver, cette raison, dans l'incroyable légèreté avec laquelle on va ranger dans ce premier ordre d'hallucinations purement physiques, tout un ordre, non plus d'hallucinations, mais de perceptions, très-réelles cette fois, quoique très-mystérieuses, et qui n'ont rien de commun avec les autres.

§ I.

Voix ordinaires et voix mystérieuses. Leur distinction.

Entre ces deux ordres d'hallucinations, naturelles et mystérieuses, un pont semble en effet jeté comme pour faciliter un passage, et cette transition merveilleuse s'effectue pour nous, d'ordinaire, *pendant* la durée de ce phénomène qui semble offrir la réunion de deux individus en un seul, et que l'on cherche à expliquer *par un dédoublement de la personne et du moi*. Ce phénomène *naturel* se représente à chaque instant, comme on le sait ; mais comme il se complique fort souvent d'un autre phénomène, semblable en apparence, quoique d'une tout autre nature, la plus grande attention devient ici nécessaire, et peut seule nous préserver d'une confusion déplorable.

« Sans m'appuyer, dit le docteur Leuret (1), sur les nombreux exemples que l'on trouve chez les personnes atteintes de maladies nerveuses, j'en appellerai à la mémoire du lecteur qui trouvera dans ses rêves de véritables conversations. Quel est celui dont l'esprit n'a pas été occupé ou même fatigué pendant le sommeil par quelque discussion dont l'avantage ne lui est pas toujours resté ? En lui, *quelle qu'en soit la cause*, deux personnes distinctes soutenaient des opinions opposées, et s'il a eu le dessous, d'où venaient les raisons auxquelles il a cédé ? *De lui-même évidemment*. Or, pour être à même de fournir la matière d'une conversation ou d'une dispute, il faut que l'esprit ait, comme en réserve, une série d'idées qui ne lui soient pas présentes et dont le réveil se fait indépendamment du *moi*. Les éléments de *ces idées se trouvent dans les connaissances précédemment acquises*. » (p. 182.)

Doucement, monsieur Leuret ; entendons-nous bien. Si vous ne dépassiez pas une certaine limite, si vous restiez sur le terrain normal de cette double argumentation d'un esprit se parlant à lui-même, et ressuscitant d'anciennes perceptions conservées dans *le garde-meuble* de sa mémoire, ou bien encore enfantant quelques raisons nouvelles pour les opposer aux anciennes, nous ne demanderions pas mieux que de souscrire à l'existence simultanée de deux ou plusieurs fractions, dans notre propre intellect, fractions qui seraient alors pour nous ce que sont plusieurs départements dans un seul et même ministère. Ces départements divers agitent les questions pro-

---

(1) *Fragments psychologiques*. M. le docteur Leuret est mort depuis la rédaction de ce chapitre.

posées par le ministre, lui soumettent leurs idées, lui fournissent des lumières, mais toujours dans les limites de la hiérarchie administrative, tellement que lorsque le décret sera rendu, il portera le sceau du ministre et que tout le monde en rapportera l'honneur à ce dernier. Mais si vous nous présentez comme acte officiel et légal, émané de ce même ministère (où personne n'a jamais su que le français et dont je connais tous les membres), une pièce écrite en excellent hébreu, une pièce surtout que le ministre *moi* désavoue et déclare ne pouvoir pas comprendre; oh! alors, il me semble que nous serons suffisamment autorisé à vous répondre : « Non, cette pièce n'émane pas du ministère, et, quoi que vous en disiez, elle n'a rien d'officiel, rien de commun avec l'administrateur auquel vous l'attribuez. »

Vous le voyez, nous admettons avec vous ces tours de force de mémoire et ce dédoublement de votre intelligence; mais *le pont est franchi,* et voici venir tout à coup des suggestions étranges, tout à fait en dehors de votre nature et de votre sphère intellectuelle, de véritables *insufflations* que votre esprit lui-même désavoue de tout son pouvoir, et qui dépassent la portée des forces intellectuelles les plus rares! Qu'est-ce donc, s'il vous plaît, que toutes ces nouvelles venues dont le langage nous surprend, nous confond, et dont les prédictions se réalisent si souvent dans l'avenir? N'y regarderez-vous donc pas à deux fois, avant de leur délivrer un acte de naissance purement, essentiellement cérébral (1)!

Nous nous trouverons d'autant plus à l'aise sur ce terrain, que vous sentez vous-même, un peu plus loin, la nécessité de distinguer entre les inspirations *actives* et les inspirations *passives* (Fragm. 269).

Eh bien, nous acceptons encore cette nouvelle division,

---

(1) L'illustre Franklin avait été souvent frappé de cet antagonisme dans les rêves, et le docteur B... remarque que ce grand homme n'avait pu se défendre, à ce sujet, de *quelques tendances superstitieuses.*

à laquelle cependant nous préférons la nôtre, d'inspirations *personnelles* et d'inspirations *étrangères* (1).

« Dans les premières (les actives), dites-vous, l'homme jouissant de sa personnalité.... est élevé au dessus de lui-même, mais il y a continuité dans son être; son *moi* d'aujourd'hui est encore son *moi* d'hier, son *moi* de toujours; il a conscience de ses pensées, il sait *qu'elles sont à lui*, il veut ses actions et il en prend la responsabilité.

« Dans les secondes (dans les passives), l'homme a perdu son unité; il connaît encore, mais en lui-même *quelque chose différent de son moi*, connaît aussi; il veut encore, mais *le quelque chose* qui est en lui, *a aussi une volonté;* il parle, il agit, mais rarement d'après sa connaissance, sa volonté. IL EST DOMINÉ, IL EST ESCLAVE, son corps est une machine, obéissant à *une puissance qui n'est pas la sienne*... L'inspiration active appartient à l'homme de génie; l'inspiration passive est un genre d'aliénation. »

Nous demandons maintenant à tout homme dont l'esprit n'est pas faussé par la tyrannie des préjugés, si ces inspirations actives, dans lesquelles « l'homme sait que ses pensées sont à lui » ne seraient pas bien mieux nommées, comme nous le disions tout à l'heure, inspirations personnelles, et si les passives, dans lesquelles il obéit *à une puissance qui n'est pas la sienne*, ne seraient pas mieux caractérisées par le mot d'étrangères.

Mais surtout, nous vous demanderons à vous-même, monsieur Leuret, si une *chose* à laquelle vous prêtez tous les attributs de la pensée, si une *chose qui veut, qui connaît et qui domine l'esprit d'un autre malgré lui*, n'est pas forcément, inévitablement, un être distinct de celui qu'il opprime, un être immatériel, intelligent, en un mot UN ESPRIT...

---

(1) On pourrait encore appeler les premières *auto-pneumatiques* ou *soufflées par soi-même*, et les secondes *allo-pneumatiques* ou *soufflées par un autre*.

Nous avions donc raison de vous dire, que nous professions les mêmes *choses* en *termes* différents, car vos expressions vous ont trahi, et vos doctrines à leur tour se sont trouvées dominées *passivement* par la force *très-active* de la logique et de la vérité. Il ne s'ensuit pas encore, il est vrai, que cet esprit doive être nécessairement *extérieur* ou *étranger* à l'homme, car la remarque que nous faisions plus haut à propos du magnétisme, s'applique encore ici.

Mais faisons maintenant un nouveau pas en avant, et permettez-nous de vous dire que si vous et vos habiles collègues aviez été moins prévenus, si vous aviez été un peu plus philosophes dans l'acception véritable du mot, vous auriez trouvé, en dehors de ces faits somnambuliques que vous ne vous souciiez pas hier encore d'étudier, mille autres observations analogues, insérées dans vos propres archives, émanant d'autorités respectées, et jetant un jour immense sur ce dogme, de *l'esprit dominé* par une volonté étrangère, que vous proclamez d'une manière si formelle.

Ainsi, pour revenir à ces somnambules magnétiques dont nous paraissons peut-être nous éloigner, et pour mieux parvenir à comprendre que l'analogie est très-souvent complète entre eux et vos hallucinés, rappelez-vous cette affirmation du docteur Bertrand qui, d'accord avec la majorité des magnétiseurs, signale chez les somnambules, l'épigastre comme le siége d'un *agent mystérieux, différent de leur personne* (1).

Puis une fois cette assertion admise (ce que vous venez de faire implicitement), laissez-nous signaler à vos méditations les trois mémoires suivants, insérés dans vos propres archives, Mémoires officiels par conséquent et que vous avez classés parmi vos plus remarquables hallucinations. Nous ne les choisissons qu'en raison de cela même.

Le premier, envoyé et contre-signé par le docteur Delpit,

---

(1) Bertrand. *Du somnambulisme.*

inspecteur des Eaux de Baréges (Voir la *Bibl. méd.*, t. LVI, p. 308), vous montrera une pauvre *hallucinée*, disait-on, « roulant dans les appartements comme une boule, sans « qu'aucun obstacle ou aucune force pût jamais l'arrêter, se « gonflant à la plus légère imposition de la main sur le ventre, « lisant avec le bout de ses doigts dans l'obscurité la plus « profonde, et prédisant, au milieu des plus horribles dés- « ordres, sa guérison pour *tel* jour, *telle minute, ce qui eut* « *lieu ponctuellement.* »

Dans le deuxième, publié par le baron de Strombeck, et certifié non-seulement par le docteur Marcart, inspecteur des eaux de Pyrmont, mais encore par le docteur Schmidt, *médecin de la cour*, vous verrez, *clair comme le jour*, que *ces voix*, bien loin d'être un effet de la maladie, en étaient la véritable cause, puisqu'elles annonçaient aux malades LEUR SORTIE pour *tel* jour et pour *telle* heure, et qu'une fois le jour et l'heure arrivés, ce long et terrible drame prenait fin, subitement, au moment même où les voix de l'épigastre s'écriaient : « NOUS TE QUITTONS, ADIEU, ADIEU POUR TOUJOURS. » Comment ne seriez-vous pas très-frappés, Messieurs, de cette coïncidence entre ce cri d'adieu, et la cessation subite de convulsions ou plutôt de véritables tortures stomacales qui duraient déjà depuis deux ans ?

Dans le troisième (celui sur Adélaïde Lefèvre, envoyé par la Société des Sciences Physiques d'Orléans), vous entendrez encore, *malgré l'absence complète de folie*, les mêmes colloques, les mêmes menaces, les mêmes prières, et de plus *les coups frappés à l'intérieur* de l'épigastre par cet être mystérieux qui désignait toujours la malade sous son nom d'Adélaïde, et ne parlait jamais d'elle qu'à la troisième personne (1).

Vous conviendrez, Messieurs, que si l'on ne peut récuser dans ces trois cas, les graves attestations médicales qui les

---

(1) Deleuze affirme avoir remarqué bien des fois la même chose dans les consultations somnambuliques. (*Hist. crit.*, t. Ier.)

confirment, il y a là matière à plus d'une réflexion. Veuillez les méditer vous-mêmes, dirons-nous à tous nos spécialistes, et vous ne pourrez révoquer en doute des observations si savantes, si répétées, si soigneusement développées. Et si *par hasard,* vous en admettiez les conclusions, ne seriez-vous pas alors obligés de convenir que la présence d'un agent extérieur, démontrée dans ces trois cas, doit faire soupçonner de très-nombreux analogues parmi ceux qui s'offrent à vous tous les jours revêtus de symptômes semblables? il vous deviendrait alors bien difficile de ne pas vous rappeler toutes ces possessions des temps anciens, pendant lesquelles d'innombrables témoins *entendaient ces mêmes voix* et conversaient avec elles, comme le Christ conversait avec les possédés de l'Évangile, leur demandait leur nom, leur nombre, l'époque et la cause de leur entrée, puis enfin leur enjoignait de sortir, et les envoyait, conformément à leurs désirs, soit dans les lieux déserts, soit dans cet immonde troupeau qui, sur-le-champ, allait se précipiter dans la mer (1).

Nous savons bien que vous êtes tous à peu près d'accord aujourd'hui pour ranger ces possessions évangéliques parmi les maladies nerveuses, et nous n'avons aucun droit d'en appeler ici à des croyances que vous êtes parfaitement libres d'admettre ou de rejeter. Nous ne faisons que de la philosophie, et nous voulons rester sur ce terrain; mais c'est précisément en y restant que vous n'êtes plus libres, cette fois, de vous soustraire à cette double alternative :

Ou, ces mêmes possessions évangéliques étaient de pures méprises et de véritables névroses...; et dans ce premier cas que ferez-vous de vos possessions actuelles *par quelque chose qui veut et qui connaît,* comme vous le dites si bien et comme nous venons de le voir dans les trois mémoires précédents ?

Ou, ces mêmes possessions étaient réelles...; et veuillez

(1) Voyez saint Mathieu, ch. VIII.

nous dire alors quel jour et à quelle heure des agents morbides aussi multipliés, aussi *généraux*, ont dû cesser tout à coup d'influencer la terre et tous ses habitants?

Vous conviendrez, en effet, qu'il ne serait guère philosophique, une fois le principe admis et reconnu, de le nier dans toutes ses applications, et surtout dans celles qui regardent des faits modernes dont les détails semblent calqués sur ceux des faits anciens. C'est alors que vous trouveriez cruel d'éterniser et de laisser périr à Charenton des malades que le *rituel* aurait guéris subitement; rituel oublié, malades victimes de cet oubli!

Mais n'anticipons pas sur les chapitres suivants, qui devront nous montrer les vastes proportions atteintes jadis et même encore aujourd'hui, par cette classe *d'hallucinés très-passifs*, bien que de nos jours l'action de ces terribles causes soit latente, modifiée ou plutôt déguisée sous une forme plus scientifique qui donne le change à ce siècle, tant est profonde et vraie cette parole de l'éloquent abbé de Ravignan : « Leur chef-d'œuvre, Messieurs, c'est de s'être fait nier par ce siècle. »

§ II.

Voix prophétiques. — Personnages célèbres de l'antiquité taxés d'hallucination par la science. — Julien, Brutus, Socrate, etc., etc., *stigmatisés par cela seul* qu'ils ont cru à une inspiration extra-naturelle. — Application moderne de la même doctrine.

M. de Boismont a raison, « La doctrine des hallucinations n'est pas moins affligeante au point de vue de l'humanité. Quoi de plus pénible et de plus douloureux, en effet, que de prétendre que les opinions les plus sublimes, les entreprises les plus grandes, les actions les plus belles, ont été enseignées ou faites par des fous hallucinés? L'histoire et la raison ne sont-elles pas d'accord pour protester contre la folie de

Socrate, de Luther, de Jeanne d'Arc et de tant d'autres ? » (1)
(Préf. VI.)

A merveille ! mais ne vous y trompez pas ; si M. de Boismont s'indigne contre ces imputations calomnieuses de *folie*, trop souvent encore, lui, le plus sage et le plus juste de tous ces écrivains, il se rabat sur les *hallucinations*, et s'il renvoie ses grands hommes de Bedlam, il ne les affranchit pas toujours pour cela du médecin.

« Qu'étaient donc, demandera-t-on, les hallucinations de ces personnages célèbres ? Elles dépendaient d'une influence complexe ; elles provenaient à la fois, du tribut que payaient ces intelligences d'élite aux croyances de leur temps, de ce caractère extatique que la contention de l'esprit fait contracter aux idées, et enfin de la nature de l'organisation. »
(*Ibid.*)

Vous le voyez, ils sont hallucinés, *hallucinés pleins de raison* si vous le voulez, mais ils n'y gagnent en vérité pas grand'chose, car le résultat ne diffère pas beaucoup du premier.

Et pourquoi sont-ils hallucinés, s'il vous plaît ? Ah ! sans doute et *uniquement parce qu'ils* ont des visions, ou plutôt, car c'est là le cachet distinctif, « parce qu'ils croient à la réalité de perceptions ou de révélations qui ne sont qu'imaginaires. »

Qui ne sont qu'imaginaires ! Voilà toujours la question, et si, sur cent révélations ou visions du même genre nous vous en montrons au moins la moitié, qui se sont réalisées ou prouvées objectivement, physiquement, évidemment pour tout le monde, quel droit vous restera-t-il pour flétrir ces hommes célèbres, *par cela seul qu'ils ont cru* à la réalité d'une vision ? L'accomplissement réellement merveilleux de quelques-unes de ces révélations, ne devrait-il pas vous interdire

---

(1) On grossit ordinairement la liste de ces *malades*, en leur adjoignant sainte Thérèse, saint Ignace, le Tasse, Buckingham, Johnson, Byron, etc.

toute précipitation, même à l'égard de celles qui vous semblent le plus chimériques?

Alphonse Esquiros, dans un travail inséré dans la *Revue des Deux Mondes*, avait donc quelque raison de vous reprocher, monsieur Brierre, d'avoir parfois établi des différences purement arbitraires; et pour nous, quelque chrétien que nous soyons, nous n'admettons pas que l'on puisse *se venger*, pour ainsi dire, sur les païens, de la réserve et du respect que la foi commande pour les voyants ou les prophètes de nos saintes Écritures. Parce que tout est réalité d'un côté, nous n'admettons pas que de l'autre tout soit déception et folie, et comme en une multitude de cas notre argumentation en faveur des premiers, s'appuie avant tout sur la réalisation des événements prédits, nous trouvons imprudent de mépriser ces mêmes raisons lorsqu'elles sont données en faveur des païens, dût le phénomène nous être offert par Brutus ou par Julien!

Ainsi, par exemple, selon vous ou plutôt selon l'histoire, Brutus se disposant, plein d'espoir, à partir avec toute son armée, voit entrer dans sa tente, au milieu du silence et de l'obscurité de la nuit, un *corps étrange* et monstrueux, qui s'approche de son lit et le considère sans mot dire.

— Qui es-tu? dit Brutus d'une voix ferme; que me veux-tu?

— Brutus, répond le fantôme, je suis ton mauvais génie, et tu me verras bientôt dans les *plaines de Pharsale*; — et le fantôme disparaît.

Brutus, qui n'était pas un esprit faible, appelle ses esclaves, les interroge; ils n'ont rien vu, rien entendu. Au point du jour il va trouver Cassius et lui raconte la vision. Cassius, épicurien, le rassure et lui débite sa théorie des *hallucinations sensoriales*, absolument semblable à toutes celles d'aujourd'hui, et Brutus persuadé se tranquillise parfaitement... mais seulement jusqu'aux plaines de Pharsale, car la mort l'y attendait.

Or chez tous nos manigraphes vous retrouvez ce récit, et

chez tous aussi, le plus profond silence *sur l'accomplissement du message!* Tout était là cependant!

Même distraction pour Julien, mêmes réticences *sur l'accomplissement* exact, au lendemain, de la terrible prédiction faite la veille par le Génie de l'empire. Mêmes omissions chez tous nos manigraphes au sujet des apparitions de César, Cicéron, Antoine, Cassius, etc., etc.

Mais parmi toutes ces victimes historiques de nos théories médicales, Socrate est sans contredit la plus célèbre. Sujet d'étude pour toute l'antiquité philosophique, il pose aujourd'hui, dans l'atelier de tous nos spécialistes, et nous allons voir comment ils ont rendu jusqu'ici cette majestueuse figure. En la faisant poser à notre tour, nous chercherons à découvrir ce que le *délire sensorial* et la *fausse perception* ont jamais eu de commun avec ce représentant de la sagesse païenne, élevée à sa plus haute puissance.

D'ailleurs, voici pour nous une assez belle occasion de maintenir les engagements d'impartialité pris à l'égard du magnétisme. Forcé trop souvent — on l'a déjà vu et on le verra davantage — de signaler ses points de contact et de similitude avec les phénomènes les plus terribles, nous allons lui fournir l'occasion d'une *revanche* en proclamant bien hautement sa présence chez le fils de Sophronisque (1). Il semble que, terrassé à l'avance par le vainqueur des siècles suivants, le paganisme ait voulu donner le change à la terre en lui jetant, pour son dernier adieu, le martyre d'un grand citoyen et les belles paroles du *Phélèbe*.

Mais c'est moins Socrate que nous allons étudier que son *génie familier*. L'homme fut grand, mais *le dieu*, qu'était-il? Tout ce que nous en savons, c'est que ce dieu, *délégué par celui de Delphes*, c'est Socrate lui-même qui nous le dit (2), rappelait à son disciple expirant, *le coq promis à Esculape.*

(1) On ne l'oubliera pas ; nous avons établi que tout agent magnétique était un *esprit* distinct de l'intelligence humaine.
(2) Voyez *Apol.*, p. 94, trad. de M. Cousin.

Au reste, assez peu nous importent aujourd'hui le titre et les qualités de ce conseiller mystérieux ; pour nous c'était *un dieu*, et cela suffit à notre ordre du jour.

C'est M. le docteur Lelut qui doit cette fois nous servir de contradicteur, puisqu'il a consacré tout un livre *au démon de Socrate*, livre qui n'a d'autre but que de présenter ce grand homme comme le *specimen* le plus complet de l'hallucination psychologique. « Socrate, dit-il, la première tête de la philosophie, n'est pas connu quoiqu'il ait été immensément étudié. Il faut le connaître davantage pour l'intelligence complète de la nature humaine. » (Chap. 1er.)

Oui certes, et nous pouvons ajouter, pour l'intelligence de tous les sujets, historiques, théologiques, médicaux et magnétiques qui font le sujet de ce mémoire.

Voyons d'abord les bases historiques et les phénomènes psychologiques établis par M. Lelut ; nous verrons ensuite ceux qu'il néglige.

Comme tous ses confrères, il commence par faire bonne et sévère justice de l'imputation de *supercherie*, et il le fallait, car au siècle dernier, ce triste système avait tellement séduit jusqu'aux meilleurs esprits, que l'abbé Barthélemy et, qui le croirait, le bon Rollin lui-même, n'avaient rien trouvé de mieux que cette jonglerie, pour expliquer le mystérieux *démon* du grand homme. Mais voici venir un vengeur. « Cette prétendue supercherie, dit M. Lelut, est une des imputations *les plus mal avisées* qui se soient jamais faites de l'astuce et de l'esprit philosophique modernes... La fraude n'a jamais eu et n'aura jamais une telle puissance. » (p. 164.)

Il y a longtemps que nous disons la même chose.

M. Lelut établit donc parfaitement tous les titres de Socrate à la gloire et à l'admiration générale : « C'est le restaurateur de la philosophie ; c'est un homme exceptionnel parmi tous les hommes (p. 10).... Mais, dit-il, il est une singularité de sa vie, ou plutôt de son intelligence.... Cette singularité psychologique est celle de *son esprit familier*, des inspirations qu'il lui devait, des prophéties qu'elles le mettaient à même de faire, et des actes dont elles le détournaient » (p. 12).

C'est au siége de Potidée que M. Lelut fait remonter la première extase de Socrate (p. 98). « Cette extase, au reste, n'était pas chose isolée dans sa vie; il lui arrivait souvent de s'arrêter brusquement, au milieu d'une promenade ou d'une conversation.... en donnant pour raison qu'il venait d'entendre *le dieu* (p. 101). Il n'y a presque pas dans Platon un seul dialogue où il ne soit plus ou moins directement question de ce dieu, θεὸς, de ce démon, δαιμόνιον, de cette voix divine, φωνὴ » (p. 101). Comment cette voix se faisait-elle entendre? Quels étaient les symptômes, les effets de cette hallucination? Voilà d'abord ce qu'il importe de bien préciser.

Selon M. Lelut, Socrate n'en imposait à personne lorsqu'il disait : « Il me semble, mon cher Criton, que j'entends tout ce que je viens de dire, comme les corybantes croient entendre les cornets et les flûtes, et le son de toutes ces paroles résonne si fort à mes oreilles qu'il m'empêche d'entendre tout ce qu'on me dit ailleurs » (p. 103). Jusqu'ici, nous l'avouons, rien que de fort ordinaire et qui ne ressemble à toutes les hallucinations naturelles.

De même pour l'immobilité de Socrate, soit au siége de Potidée, soit sur la porte de la maison voisine du logis d'Agaton. « Laissez-le, dit alors Aristodème; il lui arrive souvent de s'arrêter ainsi dans quelque endroit qu'il se trouve; vous le verrez bientôt, ne le troublez pas et ne vous occupez pas de lui. » (Platon, *Banquet*, trad. de M. Cousin, p. 24.)

Jusqu'ici encore voilà la tendance cataleptiforme, nous en convenons; c'est une des pièces du problème. C'est l'état physiologique qui l'accompagne, ou plutôt, selon nous, c'est l'état qui en résulte, mais ce n'est pas la solution du problème.

Continuons : « Il finit par se persuader que, par le fait de cette assistance divine, il pouvait, *à distance*, exercer une influence sur les jeunes gens qui le fréquentaient » (p. 176). *Illusion de magnétiseur!* suivant M. Lelut, qui cependant est bien obligé d'écouter le véridique Socrate et d'enregistrer ces paroles du *Phélèbe* : « Socrate. Il me semble qu'un dieu m'a rappelé certaines choses à la mémoire. — Protarque. Comment, et quelles sont-elles?... Tu me l'apprendras, j'espère. — Socrate. Ce ne sera pas moi, *mais une divinité...* — Protarque. Prie donc, et réfléchis. — Socrate. Je réfléchis, et il me semble qu'une divinité (Θεὸν) nous a été favorable en ce moment. — Protarque. Comment dis-tu cela, et à quelle marque le reconnais-tu? — Socrate. Prête-moi toute ton attention. Au moment de passer l'eau, j'ai senti ce signal divin qui m'est familier et dont l'apparition m'arrête toujours. Au moment d'agir, j'ai cru entendre de ce côté une *voix* qui me défendait de partir.

Et plus loin, dans un autre dialogue : « Socrate. Je n'ai sur toi qu'un seul avantage. — Alcibiade. Quel est-il? — Socrate. C'est que mon *tuteur* est meilleur et plus sage que ton tuteur. — Alcibiade. Qui est ce tuteur? — Socrate. *Le dieu...* La faveur céleste m'a accordé un don merveilleux qui ne m'a pas quitté depuis mon enfance; c'est une voix qui, lorsqu'elle se fait entendre, me détourne de ce que je vais faire et ne m'y pousse jamais. Si un de mes amis me communique quelque dessein, et que la voix se fasse entendre, c'est une marque *sûre* qu'elle n'approuve pas ce dessein et qu'elle l'en détourne... Vous pouvez tous demander, si vous le voulez, à Clitomaque, frère de Timarque, ce que lui dit celui-ci lorsqu'il allait mourir pour avoir méprisé l'avertissement fatal. Il vous racontera que Timarque lui dit en propres termes : — Clitomaque, je vais mourir pour n'avoir pas voulu croire Socrate. — Que voulait dire par là Timarque? — Je vais vous l'expliquer. Quand il se leva de table avec Philémon, fils de Philoménide, pour aller tuer Nicias, il n'y avait qu'eux deux dans la conspiration. Il me dit en se levant : — Qu'as-tu, Socrate? — Je lui dis : Ne sors pas, je reçois le signal accoutumé. — Il s'arrêta, mais quelque temps après il se leva encore et me dit : — Socrate, je m'en vais. — *La voix* se fit entendre de nouveau, et de nouveau je l'arrêtai. Enfin, la troisième fois, voulant échapper, il se leva sans me rien dire, et prenant le temps que j'avais l'esprit occupé ailleurs, il sortit et fit ce qui le conduisit à la mort. Voilà pourquoi il dit à son frère ce que je vous répète aujourd'hui, qu'il allait mourir pour n'avoir pas voulu me croire. J'ai cela de commun avec les sages-femmes, que *par moi-même* je n'enfante rien en fait de sagesse... mais c'est l'esprit qui est avec moi, n'ayant rien à montrer *qui soit une production de moi-même*.

« Quant à l'expédition de Sicile, vous pouvez savoir de beaucoup de nos concitoyens, ce que je prédis sur la déroute de l'armée. Mais sans parler des prédictions passées, pour lesquelles je vous renvoie à ceux qui les connaissent, on peut dès à présent faire une épreuve du signal et voir s'il dit vrai. Lorsque le beau Sannion partit pour l'armée, j'entendis la voix ; maintenant qu'il marche avec Thrazille contre Éphèse et l'Ionie, *je suis certain qu'il y mourra* ou qu'il lui arrivera quelque malheur, et je crains beaucoup pour le succès de toute l'entreprise. Je dis tout cela pour te faire comprendre que la puissance de ce génie (ἡ δύναμις αὐτὴ δαιμονίου τούτου) s'étend jusque sur les rapports que l'on veut contracter avec moi. « (Plat., *Théag.*, trad. Cousin, p. 259.)

M. Lelut a raison assurément de citer ce passage. Du moment où il admet la parfaite bonne foi de Socrate, — et comment ne pas l'admettre ? — rien n'est plus curieux que cette étude sur soi-même tracée par le plus sage, le plus modeste et le plus circonspect des hommes, en un mot par le maître de Platon et la gloire de l'antiquité.

Après Socrate s'analysant lui-même, après Platon analysant Socrate, après tous leurs disciples ratifiant faits et théories tout ensemble, après la plupart des philosophes expliquant ensuite ce phénomène par la *supériorité de la raison*, écoutons M. le docteur Lelut, l'expliquant à son tour par la *supériorité de la folie !*

« Fausses perceptions ! s'écrie-t-il.... Voilà Socrate qui non-seulement s'imagine recevoir des influences, des inspirations divines, entendre une voix, mais qui, à raison de ce privilége, croit posséder *à distance* une influence semblable sur ses amis, sur ses disciples, et presque sur les étrangers ; influence indépendante même de la parole et du regard, et qui s'exerce à travers les murailles et dans un rayon plus ou moins étendu. On ne peut en vérité rien voir, rien entendre *de plus extravagant, de plus caractéristique de la folie,* et les hallucinés qui, sous mes yeux, prétendent envoyer ou recevoir *à distance* des influences physiques, magnétiques, francmaçonniques, ne s'expriment pas autrement que Socrate, et ne sont, sous ce rapport, pas plus fous qu'il ne l'était » (p. 122).

Pauvre Socrate ! Fallait-il donc traverser vingt-deux siècles de gloire pour te voir, au XIXe siècle, précipiter si bas ! Illustration la plus pure de l'antiquité païenne, quoi ! tu n'aurais dû cette sagesse exceptionnelle qu'aux *fausses* perceptions *d'un sensorium malade !*

Et pourquoi *fausses*, s'il vous plaît, monsieur Lelut, lorsque vous venez de nous prouver, sans paraître, il est vrai, y attacher la moindre importance, que l'événement *les réalisait toutes*, et surtout lorsque vous faites dire au grand homme dont vous établissez si bien la bonne foi : « Voici la preuve que je n'ai rien avancé que de vrai au sujet de ce dieu (κατὰ τῶ θεῶ), c'est qu'ayant fait part à beaucoup de mes amis de ces avertissements, *il ne s'est jamais trouvé* que j'aie avancé une chose fausse? » (p. 131).

Il faut en convenir, voilà des hallucinations bien singulières ! L'homme sain, qui les méprise, ne sait rien de ce qui l'attend tout à l'heure, et le fou qui les subit donne à cet homme sain qui l'écoute, des avertissements qui ne le trompent jamais !

Et *pas un mot* de la part de M. Lelut sur *cet accomplisse-*

ment constant de fausses perceptions ! et tous ses confrères imiteront son silence ! En vérité, il est impossible de rien comprendre à cette méthode chez des hommes qui consacrent, il faut le reconnaître, toutes leurs forces, toute leur vie, à la recherche de la vérité !

Mais à quoi bon, alors, nous détailler en de longues pages, toutes ces prévisions réalisées, anecdotes qui deviennent alors fort insignifiantes, si elles ne représentent dans le problème dont elles sont toute l'essence, qu'un élément de nulle valeur ?

Ainsi, perceptions *fausses* quoique... elles aient dit toujours vrai !

Quant à ces illusions de magnétiseurs, pour lesquelles vous vous montrez si sévère, monsieur Lelut, nous nous garderons bien de vous renvoyer à ces expériences quotidiennes qui se répètent dans tous les quartiers de la capitale, et qui vous expliqueraient beaucoup mieux votre Socrate que les mille et quelques dissertations imprimées à son sujet ; mais croyez-en ce grand homme, objet de tant d'études, lorsque, deux mille trois cents ans avant Mesmer et Deleuze, il donne au brillant Alcibiade cette leçon de magnétisme transcendant.

Son disciple venait de lui poser ainsi la question :

« Je vais te dire, Socrate, une chose qui paraîtra incroyable, et qui pourtant est très-vraie. Je n'ai rien appris de toi, comme tu le sais fort bien. Cependant je profitais quand j'étais avec toi, même lorsque je n'étais que dans la même maison, sans être dans la même chambre. Quand j'étais dans la même chambre, j'étais bien mieux encore, et quand, dans la même chambre, j'avais les yeux fixés sur toi, pendant que tu parlais, je sentais que je profitais plus que quand je regardais ailleurs ; mais je profitais bien plus encore, lorsque j'étais assis auprès de toi et que je te touchais. » (Platon, *Théagène*, trad. de M. Cousin.)

Assurément, voilà l'influence magnétique, psychologique et physiologique aussi bien établie que possible, et plus ou

moins développée en raison du plus ou moins de proximité !
Mais quoiqu'elle s'exerce ici *par* Socrate, il ne s'ensuit pas
qu'elle ne procède *que de* Socrate. Écoutez sa réponse :

« Tel est, en effet, mon cher ami, le commerce que l'on
peut avoir avec moi ; s'IL PLAÎT AU DIEU (τῷ θεῷ), tu profiteras auprès de moi beaucoup et en peu de temps. Sinon, tes
efforts seront inutiles. Vois donc s'il n'est pas plus sûr pour toi
de t'attacher à quelqu'un de ceux qui sont les maîtres d'être
utiles, plutôt que de suivre un homme qui ne peut répondre
de rien. » (*Ibid.*)

Qui ne peut répondre de rien ! Voilà l'explication donnée par
le plus sage des hommes, de ces sympathies et antipathies
magnétiques que nos savants, préoccupés uniquement d'un
fluide matériel, ne peuvent se décider à admettre. Voilà le
secret de ces rudes mécomptes éprouvés tout à coup, au moment décisif, par ces magnétiseurs assez téméraires, comme
le docteur Berna (1), pour venir se brûler aux lumières
d'une commission qui déplaît *à leur dieu*, τῷ θεῷ ou que
celui-ci ne veut pas éclairer. Oui, voilà le secret de toutes ces
déconvenues si cuisantes et de ces condamnations injustes,
qui étouffent la vérité entre la démonstration de la veille et
la contradiction du lendemain.

Résumons maintenant tout ce que nous venons d'entendre,
et tâchons de bien formuler, si nous le pouvons, la pensée
médicale de M. le docteur Lelut.

Socrate, le plus sage des hommes, aurait été d'après lui
aussi fou que tous les hallucinés d'aujourd'hui, puisqu'il
croyait follement et obéissait à une voix *chimérique* qui ne
lui avait jamais dit *que la vérité ;* mais comme toutes ses illusions sont marquées *au coin de la raison la plus sublime*,
cette folie, « qui ne passa jamais à l'état de délire général et
véritablement maniaque, fut l'expression *au moins hallucinée
de la raison, de la philosophie et de la vertu* » (p. 179).

---

(1) Voyez *Académies et mesmérisme*, 3ᵉ pér.

L'hallucination de la raison et de la philosophie !.... quelle hallucination de la vérité !... chez M. Lelut.... et cela pour avoir répudié la seule explication possible, celle des *esprits familiers*, cette doublure païenne des *anges gardiens* du christianisme, esprits en vérité fort semblables à nos agents magnétiques, qui, séparés entre eux par des degrés infinis de malice ou d'erreur, peuvent encore donner à leurs pupilles certains avis, dont la sagesse paraît d'autant plus éclatante qu'elle émane plus rarement d'une telle source.

Le dieu de *Delphes* avait apparemment réservé *ce qu'il avait de mieux* parmi ses conseillers, pour le donner à *ce qu'il avait de mieux* parmi les hommes (1).

Maintenant choisissons une de ces hallucinations modernes, données comme parfaitement authentiques, et voyons un peu le parti que l'on en tire, contre les vrais et grands prophètes de nos saintes Écritures.

« Ces prophètes étaient, dit M. Leuret, dans la même situation d'esprit et de corps que nos *autres* malades, et parmi eux plus d'un a été jugé par ses contemporains, ce qu'il était réellement. Car, ainsi que le fait observer saint Augustin, du temps qu'Élisée était en Judée, ni lui ni les autres prophètes n'étaient plus respectés par la plus grande partie du peuple, qui les regardait comme des insensés. Leurs paroles et leurs actions témoignent en effet et *jusqu'à la dernière évidence que le peuple ne se trompait pas* dans le jugement qu'il portait sur eux » (2).

Deux versets d'Ézéchiel attirent surtout l'attention de M. Leuret; ce sont les versets 25 et 26, dans lesquels l'Esprit saint fait connaître au prophète le sort qui lui est réservé : « Fils de l'homme, voilà qu'ils vous ont préparé des chaînes ; ils vous en lieront, et vous n'en sortirez pas. » Et

---

(1) Voir aux conclusions quelques développements sur le *natalis comes*, ce compagnon mystérieux des anciens.

(2) Fragm. psych. p. 273.

Ézéchiel, selon l'histoire, fut en effet chargé de chaînes et mis dans une cage, et *il n'en sortit pas*. Quant au verset 26, « Je ferai que votre langue s'attachera à votre palais, que vous deviendrez muet, comme un homme qui ne reprend personne, » voyons comment M. Leuret nous explique, en les acceptant, cette prédiction et ces faits accomplis : « C'est un phénomène fort curieux, dit-il, que ce mutisme qui survient après une semblable menace, et, loin de le révoquer en doute, je l'appuie de l'autorité d'un autre cas avec lequel il a la plus grande analogie. Ce cas, que je vais citer, a été observé par M. Charles Lens, alors étudiant en philosophie à l'université d'Iéna. Il est imprimé dans l'ouvrage ayant pour titre *psychological Magazine* (vol. II, p. 2). Le voici : A Kleische, petit village d'Allemagne appartenant à M. V. S., une domestique de la maison de ce seigneur est envoyée à une petite lieue de là pour acheter quelques aliments. Elle fait la commission avec exactitude, et, tandis qu'elle revient chez son maître, elle entend tout à coup derrière elle un bruit semblable à celui que feraient plusieurs chariots. Elle regarde, et voit un petit homme gris, pas plus gros qu'un enfant, et qui lui commande d'aller avec lui. Elle ne répond rien et continue sa route. Le petit homme continue de l'accompagner et la presse toujours de venir. En arrivant dans la cour extérieure de la maison de son maître, elle est rencontrée par le cocher, qui lui demande d'où elle vient, et auquel elle répond très-distinctement. *Le cocher ne voit pas le petit homme*. Arrivée sur le pont, la jeune fille entend celui-ci l'appeler pour la dernière fois, et, sur son refus de répondre, il la regarde d'un air menaçant, et lui dit *que pendant quatre jours elle sera aveugle et muette ;* après quoi il disparaît. Cette fille court à sa chambre et se jette sur son lit, *ne pouvant* ouvrir les yeux ni prononcer un seul mot. Elle paraît entendre tout, mais ne répond que par signes aux questions qu'on lui adresse. On fait ce qu'on croit le mieux pour la rétablir, mais le tout en vain. Elle ne peut rien avaler. *Vers la fin du quatrième jour,* elle se rétablit et raconte ce qui lui est arrivé (1). »

Assurément, voilà bien une *voix obsédante et prophétique* si jamais il en fut !

On croirait d'abord que M. Leuret va supposer quelque malice, quelque simulation de la part de la jeune fille, simulation qu'il étendra par analogie jusqu'au prophète lui-même ; mais pas le moins du monde ; il accepte le fait. *Elle ne peut,* dit-il, ni ouvrir les yeux, ni prononcer un mot. Quant au pourquoi *votre fille est-elle muette ?* pas un mot, pas un seul mot. Voici sa seule conclusion : « La menace faite à Ézéchiel et l'effet qui s'en est suivi n'ont rien qui surpasse ce qu'on vient de lire. Ce sont assurément des phénomènes fort extraordinaires, mais dont les analogues ont été déjà rapportés un assez grand nombre de fois pour n'avoir rien de merveilleux. » (*Ibid.*).

De sorte, monsieur Leuret, que le merveilleux n'existe plus *parce qu'il* y a plus d'un fait merveilleux !...

Ainsi, la jeune fille de Kleische est hallucinée, *parce qu'elle* a cru entendre annoncer *la veille* ce qui lui est exactement arrivé *le lendemain,* et le prophète Ézéchiel l'est à son tour, *puisque* pareille chose est arrivée à une jeune fille !

Puisque M. Leuret accepte ce fait *non merveilleux,* il faut profiter bien vite de son bon vouloir, pour lui rapporter un fait analogue, mais bien autrement remarquable en raison de l'étrangeté des phénomènes, de leur persistance pendant six mois, et surtout de l'immense notoriété qui lui fut acquise. C'était entre 1827 et 1830, dans un village du département du Finistère ; un paysan assez à son aise, mais fort ambitieux, découvrit dans quelque vieux livre de sorcellerie, qu'à l'aide de certains moyens, de certaines observations, on pouvait se procurer de l'argent. Il fit les simagrées voulues et l'argent arriva ; mais à *l'instant même,* sa femme, qui n'avait pas

---

(1) Id. ib. p. 278.

pris part à ce marché, reçut, *par voie de révélation*, l'avis, qu'en punition de ce méfait *toute la famille* allait être frappée, qu'elle ne pourrait pendant six mois faire aucun usage des biens qui lui appartenaient, que la maison resterait ouverte à tous venants, que son domaine ne serait ni cultivé, ni récolté, et enfin que le père, la mère et les enfants deviendraient muets et seraient pour tout le pays un objet d'horreur.

Cette pauvre femme terrifiée, courut chez son curé et demanda à être entendue en confession. Le curé l'entendit et lui donna l'absolution, mais aussitôt *elle devint muette*. Rentrée chez elle, elle trouva *toute sa famille frappée du même mutisme*. Son mari et ses enfants roulaient des yeux hagards, criant, vociférant et se cachant au moindre bruit dans quelque coin obscur de la maison. Les choses durèrent ainsi pendant six mois, la maison ouverte à tous venants, les terres abandonnées, etc. Les témoins de ce fait prodigieux sont d'abord, toute la population du lieu, les autorités civiles et militaires, le clergé, les journaux du temps, nombre d'étrangers et particulièrement d'Anglais venus tout exprès de Jersey pour le voir, etc. On pourrait donner aux incroyants toutes les indications nécessaires pour s'assurer du fait. Au reste, pas ne doit être nécessaire, du moment où la science admet que pareille chose s'est renouvelée *un assez grand nombre de fois* et qu'elle en conclut que *cela n'a plus rien de merveilleux*.

Pour en revenir aux prophètes qu'on ose assimiler d'une part à des malades, et de l'autre aux somnambules, ces assimilations sacrilèges ne causent même pas un moment d'inquiétude. Cependant il ne s'agissait plus là, de *seconde vue*, c'était de la triple, de la sextuple, de la centuple vue, celle qui signalait deux mille ans et quatre mille ans à l'avance, l'histoire du peuple juif et une grande partie de celle du monde. Aussi, quand nous appliquons l'expression *prophétique*, à des *voix* qui n'ont plus rien de commun avec ces grandes voix, c'est faute d'une expression plus modeste; celle de *prédisantes* rendrait peut-être mieux notre pensée.

Mais il est temps de nous résumer sur les hallucinations en général.

Pour nous, sans aucun doute, l'hallucination véritable et naturelle est une déviation (1) de cette puissance nerveuse qui constitue la vie ou lui sert d'aliment, puissance qui probablement n'est elle-même qu'un écoulement de ce fluide général soupçonné maintenant par la science, comme nous l'avons déjà vu, et dont tous nos impondérables ne seraient que des modifications.

Mais cette déviation de la puissance nerveuse ou du fluide électro-magnétique humanisé, peut être occasionnée par mille causes différentes, et s'explique d'une manière très-satisfaisante, soit qu'il y ait lésion anatomique du cerveau, comme le soutiennent le docteur Fabre et beaucoup d'autres, soit que la substance nerveuse soit seule intéressée, comme le prétendent Pinel et la grande majorité des médecins. Seulement que demandons-nous, encore une fois, si ce n'est que l'on veuille bien ajouter un seul ordre de causes à beaucoup d'autres et qu'on ne le confonde pas comme on le fait tous les jours, avec ceux qui lui sont le plus étrangers?

Cet ordre supplémentaire, cet élément anormal, c'est l'élément MYSTÉRIEUX tour à tour subjectif et objectif mais toujours *surintelligent;* c'est là son criterium. Et comme cette épithète de surintelligent est précisément celle que nous nous sommes vu forcé d'appliquer à nos agents magnétiques, nous en concluons que si messieurs les médecins, au lieu de se perdre dans les plus contradictoires divagations, consentaient à faire taire un moment les préjugés de leur jeunesse pour étudier sérieusement ces derniers phénomènes, ils acquerraient en un seul jour plus de lumières sur tout un ordre de *folies* qu'ils n'en trouveront ailleurs pendant tout le reste de leurs jours.

(1) Le mot *délire*, vient de *de lirâ*, sortie du sillon.

Ceci leur paraît-il un paradoxe? Qu'ils écoutent M. de Boismont : « Les hallucinations des aliénés ont de nombreux points de contact avec le somnambulisme magnétique... et plus d'un trait *frappant* de ressemblance avec le magnétisme, véritable état morbide du système nerveux, qui ne donne dans le *plus grand nombre de cas* que des réminiscences ou des révélations semblables à celles des anciens oracles (p. 77). On peut donc établir que les faits de clairvoyance, de prévision, de seconde vue consignés dans *tous* les ouvrages sur le magnétisme rentrent, *lorsqu'ils sont authentiques,* dans le domaine des hallucinations » (p. 276).

A merveille. Mais comme les termes de *clairvoyance*, de *prévision* et de *seconde vue, lorsque les faits sont authentiques,* ne signifient que des vérités vues de loin ou à distance (n'importe par quel moyen) et que le terme d'hallucination ne se rapporte jamais qu'à l'erreur, et à l'erreur par les sens, il s'ensuit que vous rangez dans le cadre de l'erreur, de très-nombreuses *vérités* et de très-mystérieuses perceptions... qui ne devraient jamais y figurer. (1).

(1) Nous faisons à l'avance les mêmes protestations contre la doctrine des *hallucinations collectives*, cette erreur, véritablement monstrueuse, établie, propagée aujourd'hui dans toutes nos écoles médicales, et dont l'adoption définitive serait suivie bientôt du renversement le plus complet de toute l'histoire d'abord et de la religion ensuite. Les chapitres suivants suffiront seuls à la réfutation d'une doctrine, de l'extravagance de laquelle nous ne saurions donner une plus juste idée, qu'en disant que plusieurs de ses défenseurs voudraient l'appliquer en ce moment à la constatation *très-collective* des tables et des objets tournants ; or, comme ils seraient forcés de l'appliquer également aux cinq cent mille témoins américains et allemands, il s'ensuivrait que tous les habitants des deux mondes seraient bientôt hallucinés, eux tout seuls exceptés. Quelle hallucination collective pour le coup !

CHAPITRE V

NÉVROPATHIES[1] MYSTÉRIEUSES

ou

L'HOMME POSSÉDÉ PAR LES ESPRITS

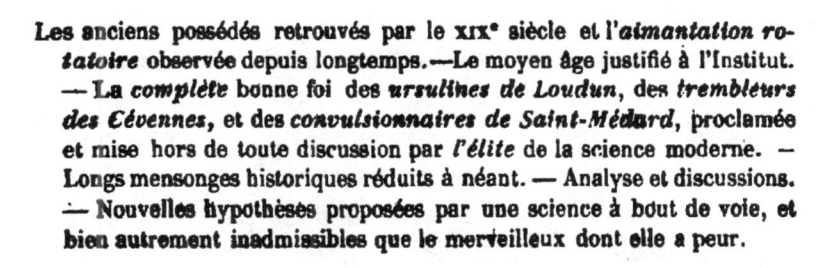

Les anciens possédés retrouvés par le xix° siècle et l'*aimantation rotatoire* observée depuis longtemps. — Le moyen âge justifié à l'Institut. — La *complète* bonne foi des *ursulines de Loudun*, des *trembleurs des Cévennes*, et des *convulsionnaires de Saint-Médard*, proclamée et mise hors de toute discussion par *l'élite* de la science moderne. — Longs mensonges historiques réduits à néant. — Analyse et discussions. — Nouvelles hypothèses proposées par une science à bout de voie, et bien autrement inadmissibles que le merveilleux dont elle a peur.

Les magnétiseurs répétaient depuis longtemps aux savants : « Regardez-y donc de plus près, et vous trouverez une partie de nos phénomènes classés parmi les vôtres. » Les voilà justifiés, puisque des hommes d'un grand mérite, *après avoir regardé de plus près*, viennent de reconnaître et même de proclamer la justesse de l'avis donné. Vous les avez entendus, Messieurs : selon eux, l'analogie est frappante entre certains phénomènes magnétiques et leurs plus mystérieuses hallucinations. Il y a donc là plus d'un sujet de triomphe pour les disciples de Mesmer, car s'il est assez peu flatteur d'être classé si près *du délire et de la folie*, il ne faut pas oublier

---

[1] Maladies nerveuses.

non plus que les *rêveries* de Socrate, de Jeanne-d'Arc et de la plupart des hommes célèbres, se trouvant comprises dans le même cadre, une telle solidarité tient lieu de *circonstances atténuantes*, et laisse aux condamnés plus d'une consolation.

A présent voici tout autre chose ! Nous allons aborder une série de phénomènes bien autrement sérieux. La science va s'assombrir; le côté terrible et vraiment satanique de nos fascinations spirituelles va se dessiner largement, et, repassant notre histoire, nous allons contempler l'Europe se débattant pendant de longues années, sous les cruelles étreintes d'un fléau aussi mystérieux que redoutable.

Et ce fléau, vous allez entendre notre imprudent magnétisme le réclamer comme son œuvre et s'écrier encore une fois : « C'était moi, c'était moi-même. » Quel paradoxe, ou quelle témérité !

Nous savions bien que tous les ennemis du mesmérisme avaient pris à tâche de le rattacher à ces grandes épidémies, effroi des siècles précédents, et notamment aux possessions de *Loudun*, aux terribles *Camisades*, aux convulsions de *Saint-Médard*; de la part d'adversaires cela nous paraissait fort logique, et nous disions : « Après tout, c'est probablement une calomnie. »

Ainsi, M. le docteur Dubois (d'Amiens), imitant en cela le célèbre Thouret, avait eu le plus grand soin de faire précéder son histoire magnétique d'une dissertation sur ces derniers phénomènes de *Saint-Médard* et de *Loudun*.

Le docteur Calmeil, nous allons le voir, passe à chaque instant des derniers aux premiers, pour tâcher de les éclairer tous ensemble et les uns par les autres.

Presque tous les manigraphes modernes suivent le même ordre et soutiennent l'identité.

Le Rév. Père de Breyne en fait autant. M. l'abbé Migne, dans un ouvrage tout récent (*Dict. des Miracles*), met sur la même ligne *toutes ces jongleries*.

Mais des magnétiseurs ! qui donc aurait pu s'en douter ? Connaissent-ils bien ce qu'ils réclament et toute la responsabilité qu'ils assument !

Le docteur Bertrand, par exemple, voit dans toutes les grandes épidémies d'extase précitées, *la solution* de tout le somnambulisme moderne (*De l'Ext.*).

Le docteur Teste dit que « cette identité ne peut plus aujourd'hui *faire l'ombre d'un seul doute* » (*Magn. expliqué*).

Le baron Du Potet est bien plus explicite encore : « Ce que nous ont enseigné les Mesmer, les Puységur et les Deleuze, est *certainement*, sous d'autres noms, ce que les Écritures condamnent et ce que les anciens prêtres de notre religion poursuivaient sans miséricorde et sans pitié » (*Journ. du Magn.*, t. IX, p. 27).

Enfin, le sage et modeste Deleuze, si bien fait pour ramener tant d'ennemis à sa cause, ne peut se dispenser de parler comme ceux-ci : « La comparaison des effets magnétiques, dit-il (*Hist. crit.*, t. I, p. 32), avec ceux qui avaient eu lieu, quarante ans auparavant, sur le tombeau du diacre *Pâris*, était encore un rapprochement fâcheux pour le magnétisme... Je suis loin de nier la vérité de ce rapprochement..... Au tombeau de Pâris, le magnétisme agissait de même qu'au baquet de Mesmer.... »

Il dit encore ailleurs : « La comparaison exacte de toutes les circonstances de Saint-Médard et de l'acte magnétique, montre l'*identité* de l'agent » (*Ibid.*, t. II, p. 320).

L'identité ! Nous eussions dit, nous, l'analogie, et encore peut-être l'eussions-nous restreinte au mode d'importation et d'action.

Mais vous allez en juger, Messieurs, et lorsque vous aurez prononcé, les magnétiseurs s'entendront, s'ils le peuvent, avec vous. C'est leur affaire et non la nôtre aujourd'hui.

Nous sommes préoccupé d'un soin bien autrement grave, celui d'établir tout à l'heure, ou plutôt de laisser s'établir toute seule, la justification complète, absolue de nos croyances catholiques les plus délicates et les plus sacrifiées en apparence.

Le comte de Montalembert remerciait dernièrement tous les écrivains catholiques qui avaient travaillé dans ces derniers temps à la restauration de la vérité historique, philosophique et sociale, et il ajoutait : « Chaque jour nous ramène à une appréciation plus vraie de ces grands siècles où l'Église était tout ; de ces grands siècles si longtemps oubliés ou insultés par la plupart des écrivains religieux » (1).

Sans vouloir plus que lui, ressusciter le moyen âge, nous prétendons le justifier aujourd'hui de l'accusation la plus grave qu'on ait jamais portée contre lui, celle d'avoir, par ignorance, fait périr des milliers d'*innocents*.

Connaissez-vous en effet un reproche plus fréquent et plus sanglant que celui qu'on adresse depuis deux siècles à l'Église, à propos des sortiléges, des possessions et des exorcismes ?

Eh bien ! nous venons répondre à ce reproche aujourd'hui. La réponse sera péremptoire, absolue, et cette fois ce ne seront plus des ignorants, des enthousiastes ou des enfants perdus, qui vous la fourniront, Messieurs ; ce seront vos plus honorables collègues, vos pairs, et vous ne pourrez plus vous révolter devant quelques *bluettes* magnétiques, lorsque vous les entendrez accepter et discuter les *énormités* qui vont suivre.

Pour ne pas trop abuser de vos moments, ni grossir mal à propos le nombre de nos adversaires, nous allons prendre à partie le premier de tous nos manigraphes actuels, M. le docteur Calmeil, médecin des aliénés de Charenton, l'un de ces hommes que leur position et leur talent entourent de toute la considération voulue pour que l'on puisse hardiment s'abriter derrière eux. Après les études sérieuses, les recherches infatigables auxquelles il a consacré sa vie, qui donc oserait s'inscrire en faux contre ses affirmations historiques ? Personne assurément.

(1) *Des intérêts catholiques.*

Pour nous, il sera donc le représentant de toute cette nouvelle école, que l'on pourrait appeler l'*école vengeresse du passé*, car vous avez déjà vu, Messieurs, que les docteurs Brierre de Boismont, Leuret, Lelut, Michea, Moreau, etc., sont d'accord avec lui pour restituer, sinon la raison, au moins la probité, à toute une masse de victimes calomniées par l'histoire.

On en conviendra, n'eussions-nous d'autre but aujourd'hui que de compléter de telles réhabilitations historiques, et de faire comprendre un peu mieux tout ce génie du moyen âge, si misérablement travesti, notre travail ne manquerait encore, il nous semble, ni d'actualité ni d'une assez grande importance. Mais nos prétentions sont plus hautes : nous espérons qu'après avoir rétabli la vérité dans ses détails, un large pas aura été fait dans les voies *de la fusion scientifique et religieuse*, puisqu'il va rester démontré que, sous des noms différents, on s'occupe, tous les jours encore, des mêmes choses, et que l'on combat le même ennemi.

Ouvrons donc hardiment le bel ouvrage de notre docteur sur la folie (1), mais, avant d'aborder le chapitre de ces grandes *épidémies de délire*, que nous appelons, nous, des épidémies et des *intoxications* (2) *spirituelles*, choisissons entre mille, un exemple et une preuve modèles de ce que nous venons d'énoncer.

Le voici :

Veuillez, Messieurs, prêter toute votre attention au récit qui va suivre, surtout à sa ratification par le docteur Calmeil, et à l'explication qu'il en propose. Si, contrairement à toutes nos habitudes, nous citons ce fait à peu près en entier, c'est que ce développement nous paraît absolument nécessaire, les détails seuls pouvant bien préciser la question. Nous n'en connaissons pas de mieux posée, car si la folie est là, sans

(1) *De la folie... Exposé des condamnations auxquelles la folie méconnue a souvent donné lieu.* 2 vol. gr. in-8°, chez Ballière ; 1845.

(2) Empoisonnements.

complication et purement naturelle, nous nous tenons immédiatement pour battu, et nous vous prions de jeter au feu à l'instant même, tout le fatras que nous allions vous présenter.

« Aujourd'hui, dit M. Calmeil (t. II, p. 417), les ecclésiastiques qui font la traversée des mers pour aller répandre les lumières de la foi jusque dans les déserts du Nouveau-Monde, sont souvent tout surpris de rencontrer des énergumènes parmi les néophytes dont se compose leur nouveau troupeau, tandis qu'il est rare, de leur propre aveu, que le démon prenne à présent possession des fidèles au sein de la mère-patrie. La lettre que je vais rapporter, et qui fut adressée à Winslow (célèbre médecin) en 1738, par un *digne* missionnaire, prouve que le *délire de la démonopathie* peut devenir partout le partage des âmes faibles et timorées.

« Je ne puis enfin me refuser à votre empressement, écrit le missionnaire *Lacour*, d'avoir par écrit le détail de ce qui s'est passé au sujet du Cochinchinois possédé, dont j'ai eu l'honneur de vous parler... L'an 1733, environ au mois de mai ou de juin, étant dans la province de *Cham, royaume de Cochinchine*, dans l'église d'un bourg qu'on nomme *Chéta*, distant d'une demi-lieue environ de la capitale de la province, on m'amena un jeune homme de 18 à 19 ans, chrétien... Ses parents me dirent qu'il était possédé du démon... Un peu incrédule, je pourrais même dire à ma confusion, *trop pour lors, à cause de mon peu d'expérience* dans ces sortes de choses, dont je n'avais jamais eu d'exemple et dont néanmoins j'entendais souvent parler aux chrétiens, je les questionnai pour savoir s'il n'y aurait pas de la simplicité ou de la malice dans le fait. Voici ce qu'ils me dirent... »

Ici vient le récit des parents, dont voici la substance en deux mots : Le jeune homme, après avoir fait une communion indigne, avait disparu du village, s'était retiré dans les montagnes, et ne s'appelait plus lui-même que le traître Judas.

« Sur cet exposé et après quelques difficultés, reprend le missionnaire, je me transportai dans l'hôpital où était ce jeune homme, bien résolu de ne rien croire à moins que je ne visse des marques au-dessus de la nature, et, au premier abord, je l'interrogeai en latin dont je savais qu'il ne pouvait avoir aucune teinture. Étendu qu'il était à terre, bavant extraordinairement, et s'agitant avec force, il se leva aussitôt sur son séant et me répondit très-distinctement : *Ego nescio loqui latinè* (1). Ma surprise fut si grande que, tout troublé, je me retirai épouvanté, sans avoir le courage de l'interroger davantage.

« ...... Toutefois quelques jours après, je recommençai par de nouveaux commandements probatoires, observant toujours de lui parler latin, que le jeune homme ignorait ; et entre autres ayant commandé au démon de le jeter par terre sur-le-champ, je fus obéi dans le moment ; mais il le renversa avec une si grande violence, tous ses membres tendus et raides comme une barre, qu'on aurait cru, par le bruit, que c'était plutôt une poutre qu'un homme qui tombait... Lassé, fatigué de sa longue résistance, je pris la résolution de faire un dernier effort ; ce fut d'imiter l'exemple de Mgr l'évêque de Tilopolis en semblable occasion. Je m'avisai donc, dans un exorcisme, de commander au démon, en latin, de le transporter au plancher de l'église, les pieds les premiers et la tête en bas. Aussitôt son corps devint raide, et comme s'il eût été impotent de tous ses membres, il fut traîné du milieu de l'église à une colonne, et là (écoutez bien, Messieurs), *les pieds joints, le dos collé à la colonne, sans s'aider de ses mains*, il fut transporté en un clin d'œil au plancher, comme un poids qui serait attiré d'en haut avec vitesse sans qu'il parût qu'il agît. Suspendu au plancher, les *pieds collés et la tête en bas* (Vous acceptez le fait, M. Calmeil ?...), je fis avouer au démon, comme je me l'étais proposé pour le confondre, l'humilier et l'obliger à quitter prise, la fausseté de la religion païenne. Je lui fis confesser qu'il était un trompeur, et en

---

(1) Je ne sais pas parler latin.

même temps je l'obligeai d'avouer la sainteté de notre religion. Je le tins plus d'une demi-heure en l'air (*la tête en bas et les pieds collés au plafond*), et n'ayant pas eu assez de constance pour l'y tenir plus longtemps, tant j'étais effrayé moi-même de ce que je voyais, je lui ordonnai de le rendre à mes pieds sans lui faire de mal... Il me le rejeta sur-le-champ comme un paquet de linge sale sans l'incommoder, et depuis ce jour-là mon énergumène, quoique pas entièrement délivré, fut beaucoup soulagé ; chaque jour ses vexations diminuaient, mais surtout lorsque j'étais à la maison, il paraissait si raisonnable qu'on l'aurait cru entièrement libre... Il resta l'espace environ de cinq mois dans mon église, et au bout de ce temps il se trouva enfin délivré, et c'est aujourd'hui le meilleur chrétien peut-être qu'il y ait à la Cochinchine. »

Qu'en dites-vous, Messieurs ? Le fait vous paraît-il assez curieux ? Au point de vue du christianisme, c'est un de ces prodiges dont abondent les récits évangéliques et les annales de l'Église ; mais au point de vue médical, écoutez bien la conclusion *toute naturelle* que l'on en tire :

« On doit savoir gré au frère Delacourt, dit M. Calmeil, de n'avoir pas gardé le silence sur ce prétendu fait de possession, car ce missionnaire a décrit *à son insu* les phénomènes de la *monomanie religieuse ; et il est clair* pour tout le monde aujourd'hui qu'il n'a exorcisé qu'un homme atteint de *délire*... Espérons qu'une *méprise* pareille ne sera plus commise par les ecclésiastiques, qui se vouent aux missions » (1).

Vous l'entendez, Messieurs ; le docteur Calmeil est obligé d'admettre un tel fait, d'abord parce que l'autorité du narrateur lui paraît irréfragable, ensuite parce que ce n'est qu'un fait de plus à ajouter à mille autres du même genre. Mais ce qu'il faut bien constater, c'est que lorsqu'on se

---

(1) *Id. ib.*, p. 424.

trouve atteint de ce *certain délire* (*délire sans fièvre*, et qui vous laisse après des années parfaitement frais et dispos), lorsqu'on a, disons-nous, ce *certain* délire, il n'y a rien de plus naturel que de répondre pendant des mois *en latin lorsqu'on n'en sait pas le premier mot ;* que de grimper jusqu'au plafond d'une église, les pieds joints, le *dos contre la colonne et sans s'aider de ses mains ;* d'y rester suspendu par la *simple application des pieds* et la tête en bas ; de faire pendant une demi-heure de la controverse dans cette position peu commode, et d'être enfin rejeté sans la moindre blessure de ce plafond sur le pavé, et parfaitement guéri plus tard par le seul nom de Jésus-Christ ?

Quel délire, quel traitement... et *quelle méprise !*

Mais nous vous comprenons, Messieurs, vous n'acceptez pas, vous, un tel fait ; vous n'appelez pas cela une *névropathie,* vous l'appelez un *conte bleu.* Soit ; ce n'est pas contre vous que nous argumentons. Seulement, nous vous avons prévenus que pour rejeter les éléments du procès, vous seriez obligés de vous brouiller avec l'élite de la science, et nous vous avons tenu parole, car ce n'est pas là, notez-le bien encore une fois, une historiette isolée, une distraction de professeur ; non, c'est un *spécimen* admirable, choisi parmi mille autres, et celui qui nous le donne est le chef de toute une école qui va marcher sur ses traces.

Maintenant, abordons les grands sujets, et choisissons de préférence ceux qui, plus célèbres, plus ressassés si vous le voulez, sont par cela même le plus entachés de cette mensongère accusation d'imposture et réclament impérieusement un nouvel examen.

Laissons donc parler notre auteur, et ne citons que pour mémoire quelques-uns de ces avant-coureurs de la grande scène de Loudun, par exemple la prétendue folie des religieuses d'Uvertet, qui, « vers 1550, sous le nom de possession des nonnains, causa pendant longtemps un si grand étonnement dans le Brandebourg, la Hollande, l'Italie, et principalement en Allemagne (1). Singulière folie, en effet, que celle qui débutait ainsi : « D'abord elles étaient réveillées en sursaut, croyant entendre des gémissements plaintifs... Quelquefois elles se sentaient entraînées hors du lit et glissaient sur le parquet comme si on les eût tirées par les jambes.... Les bras, les extrémités inférieures se tordaient en tous sens... Parfois elles bondissaient en l'air et retombaient avec force sur le sol... Dans les instants où elles paraissaient jouir d'un calme parfait, il leur arrivait de tomber à la renverse, d'être privées de l'usage de la parole... quelques-unes, au contraire, marchaient sur les genoux, en traînant les jambes derrière elles. D'autres s'amusaient à grimper en haut des arbres, d'où elles descendaient *les pieds en l'air et la tête en bas* (*ibid.*, 256). Ces attaques commencèrent à perdre de leur intensité après une durée de trois ans. »

Le grand *Dictionnaire des sciences médicales* n'est pas moins explicite. « Cette épidémie des nonnains, dit-il, s'étendit sur *tous* les couvents de femmes de l'Allemagne, et en particulier des États de Saxe et de Brandebourg, et gagna jusqu'à la Hollande. Tous les miracles des convulsionnaires ou du *magnétisme animal* étaient familiers à ces nonnains, que l'on regardait comme possédées. Elles prédisaient, cabriolaient, grimpaient contre les murailles, *parlaient des langues étrangères*, etc. » (*Dict.*, art. *Convulsionnaires*).

M. Calmeil a bien soin d'ajouter de son côté, « que *toutes* attribuaient leurs souffrances à un pacte, et qu'elles désignaient celle qui leur avait *lancé le sort.* » Or, ceci est fort utile à noter, Messieurs, car, en fait d'épidémies, ne perdez jamais de vue *l'importation*, qu'il s'agisse de la peste, du choléra ou des névropathies mystérieuses.

Nous n'appuierons pas beaucoup sur l'épidémie nerveuse des enfants d'Amsterdam, consignée dans tous les ouvrages d'histoire et de médecine, et sur laquelle M. Calmeil semble

(1) Calmeil, t. II, p. 254.

admettre la narration rapportée par de Wier, narration qui nous les représente « comme grimpant sur les murailles et sur « les toits..., comme *parlant des langues étrangères*, sachant « ce qui se passait ailleurs, même dans le grand conseil de « la ville (p. 269), et vomissant pendant les exorcismes force « aiguilles, des épingles, des doigtiers à coudre, des lopins « de drap, des pièces de pots cassés, des verres, des che-« veux, etc., etc. » (p. 274).

Nous reviendrons plus tard sur ce dernier phénomène, que nous retrouverons dans plus d'une circonstance. Et notez bien que pas plus qu'aujourd'hui, il ne manquait alors d'esprits forts qui prétendaient que « ces enfants se jouaient « de la crédulité des simples ; qu'on n'aurait pas dû ajouter « foi à leur état de souffrance ; qu'il était absurde de croire « qu'ils ne pouvaient s'empêcher de miauler, de monter aux « arbres ; qu'ils en imposaient en assurant que le démon « entassait mille ordures dans leur estomac... » « Mais, dit « toujours M. Calmeil, a-t-on donc oublié que ce n'était pas « seulement les démoniaques d'Amsterdam, et que les pré-« tendus possédés et possédées se comportaient *partout* comme « les orphelins de la Hollande ? » (p. 278).

En effet, les religieuses d'Auxonne, comme la plupart des malades qu'on avait précédemment jugées possédées, laissaient échapper de leur bouche, après des conjurations réitérées, « des cheveux, des cailloux, des morceaux de cire, « des ossements, et jusqu'à des reptiles vivants. Ces objets « offraient aux yeux du clergé une preuve non équivoque « de possession » (t. II, p. 134).

Nous ne citerons aussi qu'en passant, ces religieuses de Louviers « qui, de l'état de sainteté passant tout à coup aux plus horribles blasphèmes, crachaient sur le saint-sacrement, se proclamaient démons, rattachant le point de départ de leur maladie à leur confesseur et directeur Picard, qui connaissait à fond tous les secrets de la magie (t. II, p. 118), et dont nous voyons plus tard le cadavre exhumé et la mémoire frappée d'excommunication par l'évêque d'Évreux, assisté de l'archevêque de Toulouse et des docteurs envoyés par la reine. »

Nous omettons enfin les démonopathies de Lyon, de Nîmes, de la Pouille, de l'Allemagne, du Puy en Velay et celles du diocèse de Bayeux, attribuées encore par les pauvres malades, à un curé indigne renfermé depuis à l'abbaye de Belle-Étoile. Nous ne discuterons donc aucun de ces faits précurseurs ou rivaux de Loudun, et nous garderons toutes nos forces et les vôtres, Messieurs, pour ces derniers phénomènes. Nous ferons seulement remarquer qu'il ne s'agissait plus ici, comme on le voit, d'un couvent ou d'un homme, d'un *Laubardémont* ou d'un *Grandier*, puisque le mal était général, et que toute *l'Europe en était là*.

§ Ier.

La vérité se fait jour, grâce à de nouvelles études. — Les ursulines de Loudun sont transformées de *comédiennes* en *malades*. — Urbain Grandier est transformé de *martyr* en *criminel infâme*. — La relation du protestant Aubin, sur laquelle étaient basés nos préjugés historiques, est déclarée calomniatrice et absurde.

Nous l'avouerons en toute humilité, nous partagions bien complétement l'erreur générale, lorsque le hasard nous fit rencontrer un jour, un ouvrage *sur l'extase* par le docteur Bertrand (1), cet aimable savant enlevé trop tôt à l'Académie des sciences, et nous restâmes trop frappé du nouveau jour sous lequel il envisageait tous ces faits, pour ne pas lui consacrer aujourd'hui quelques lignes. D'ailleurs, le docteur Calmeil s'appuyant sur cet ouvrage et nous y renvoyant sans cesse, nous ne pouvions nous dispenser de commencer par lui.

« On a beaucoup écrit, dit Bertrand (2) sur cette mal-

---

(1) Auteur des *Lettres sur la géologie*, petit chef-d'œuvre comparable pour le charme et pour la clarté, aux *Mondes*, de Fontenelle.

(2) *De l'Extase*, p. 339.

heureuse affaire ; cependant je ne crains pas d'avancer que *personne* jusqu'ici ne l'a considérée avec un esprit entièrement dégagé de préjugés et sous un point de vue philosophique... Vers l'an 1632, deux jeunes religieuses d'une des communautés de la ville de Loudun ayant été atteintes de violentes convulsions accompagnées de symptômes *bizarres*..., on les exorcisa..., on produisit sur elles l'extase, et le prêtre, dans cet état, leur ayant, suivant l'usage, adressé la parole en s'exprimant comme s'il parlait au diable même, elles répondirent en conséquence, et les diables, parlant par leur bouche, déclarèrent qu'*ils avaient été envoyés par un curé* de la ville appelé Urbain Grandier. Plus d'une raison devait fixer l'attention des religieuses sur ce prêtre, qui depuis quelque temps faisait grand bruit dans la ville. C'était, en effet, un homme d'un esprit cultivé, d'un extérieur agréable, et plus porté à la galanterie qu'il n'aurait été convenable à sa profession. Les aventures scandaleuses qu'on lui imputait faisaient le sujet des conversations... et quoique absous d'un interdit prononcé par son évêque, ce curé *n'en était pas moins un scandale* pour la plus grande partie des habitants de Loudun... »

Ailleurs Bertrand le représente « comme un *grand criminel*, et s'appuie *sur les aveux de ses défenseurs eux-mêmes* pour prouver que « ses ennemis n'auraient eu besoin *que de ses crimes précédents* pour le faire condamner à mort (1). »

---

(1) « Si les ennemis de Grandier avaient, comme on l'a dit, voulu le faire périr, ils avaient un moyen beaucoup plus facile de parvenir à leurs fins. Grandier, en effet, était accusé de *crimes* commis dans son église, crimes qui constituaient des sacrilèges que la loi aurait punis de mort, de *l'aveu même de ses défenseurs*. Plus de cent cinquante témoins déposaient contre ses mœurs ; il était donc beaucoup plus simple de s'arrêter à une accusation vraisemblable, et qui paraissait facile à prouver, que d'aller se jeter dans l'accusation de magie à laquelle on ne croyait plus guères ; et qui nécessitait un nombre si considérable de faux témoins ; un appareil de preuves si difficiles à rassembler, qu'il semble que jamais on n'aurait pu venir à bout d'une semblable entreprise » (*Traité du somn.*, 341).

« Grandier cependant, dit-il, n'avait pas craint de se faire proposer pour remplir les fonctions de directeur auprès de ces religieuses, et avait été refusé à cause de cette mauvaise réputation » (p. 358).

Bertrand passe ensuite à la maladie sans mentionner les détails de l'importation. C'est une faute philosophique, mais laissons-le continuer :

« Le mal ne resta pas renfermé dans la communauté ; plusieurs filles séculières de la ville tombèrent dans un état semblable à celui des religieuses, et furent également exorcisées. *La contagion gagna même les villes voisines...* Cependant on continuait les exorcismes, auxquels on donnait la plus grande publicité ; toutes les possédées, sans exception, s'accordèrent à accuser Grandier. Ce fut dans cet état de choses que Laubardemont eut *occasion* de venir à Loudun. Entrant, *à ce qu'il paraît*, dans les vues des ennemis de Grandier... il créa pour cet effet une commission de douze juges choisis dans les environs et parmi les *plus grands hommes de bien*. Le procès dura huit mois, pendant lesquels les religieuses ne cessèrent d'être exorcisées deux fois par jour. Le résultat de tout cela fut la condamnation et la mort de l'accusé » (p. 341).

« Il n'y eut pas sur l'affaire de Grandier la même unanimité d'opinion dans le public que parmi les juges... Tandis que les catholiques voulaient à tout prix voir des miracles dans ce que faisaient les religieuses, les protestants, qui n'étaient pas comme eux témoins de tous les exorcismes (1), prétendaient que tout ce qui se passait n'était qu'un *jeu* pour faire périr le malheureux Grandier, que les juges étaient gagnés, que les exorcistes étaient des scélérats, et que les religieuses ne faisaient que répéter en public une comédie qu'on leur avait fait étudier longtemps à l'avance. Cette dernière opinion est celle qu'on *a conservée* sur cette malheureuse affaire, surtout depuis la publication de l'histoire *des diables*

---

(1) Ils refusaient d'y venir sous prétexte de scrupules religieux.

de Loudun....... J'ai dit plus haut quelle estime on peut accorder à cet historien qui écrivit près d'un siècle après l'événement, et je crois avoir prouvé combien ses conjectures hasardées sans preuves sont *absurdes* (1) » (p. 342). « Que Laubardemont soit entré dans un complot infâme pour faire périr un innocent, je le le veux bien. Que les douze juges fussent aussi dans le complot, je l'accorderai encore, quoiqu'il soit bien difficile de concevoir comment douze juges (2) auraient pu se rendre coupables d'une pareille horreur; mais que les religieuses soient entrées dans ce complot, c'est ce que ma raison se refuse à croire. Jamais on ne me persuadera que, dans une communauté peu nombreuse, on ait trouvé huit femmes, huit jeunes filles aussi endurcies dans le crime, etc. » (*ib.*).

Bertrand examine ensuite comment on aurait pu les styler à une aussi effroyable comédie :

« Il aurait donc fallu, dit-il, que de longue main elles eussent étudié la langue latine pour répondre aux questions qui leur étaient faites dans cette langue... Il aurait fallu qu'elles se fussent étudiées longtemps à l'avance à feindre ces épouvantables convulsions... que les plus habiles saltimbanques ne sauraient imiter... Or, imagine-t-on rien de plus horrible que l'infernal rassemblement de huit femmes (vous oubliez les villes voisines) s'exerçant en secret à la plus épouvantable comédie? Et pourquoi? Pour conduire à une mort cruelle un malheureux prêtre innocent qu'elles n'avaient aucun intérêt à faire périr... Une pareille horreur ne se conçoit pas dans la nature... On répugnerait à la supposer dans un seul homme mû par le plus grand intérêt, comment l'imaginer dans huit femmes, huit jeunes filles?... Il résulte pour moi de l'ensemble de ces considérations, une

---

(1) Il s'agit ici du protestant Aubin, que le siècle dernier a si bien cru sur parole.

(2) Choisis surtout, vous venez de nous le dire, *parmi les plus grands hommes de bien* de la province.

preuve morale si forte, que mon esprit se refuse absolument à aller contre ce qu'elle établit » p. (346).

Jusqu'ici vous le voyez, Messieurs, Bertrand, tout philosophe qu'il soit, rend hommage, comme il le doit, à la véracité des religieuses.

« Mais, dit-il, si on consent à ne voir en elles que des filles malades et s'abusant elles-mêmes sur leur propre état, tout s'explique, tout devient facile à comprendre » (p. 347).

Ah ! facile ! nous allons voir. Et tout d'abord, puisque c'est si facile, pourquoi donc, M. Bertrand, remarque-t-on à chacune de vos lignes tout l'embarras qu'elles vous causent ? embarras qui paraît redoubler lorsque vous retrouvez tous ces phénomènes dans le rituel de ces exorcistes auxquels votre impartialité rend une complète justice en disant « qu'ils ne se décidaient pas à la légère » (p. 321).

Or, selon vous et selon le rituel, voici les phénomènes nécessaires pour toute possession :

1° *Faculté de connaître les pensées même non exprimées ;*
2° *Intelligence des langues inconnues ;*
3° *Faculté de parler ces langues inconnues ou étrangères ;*
4° *Connaissance des événements futurs ;*
5° *Connaissance de ce qui se passe dans les lieux éloignés ;*
6° *Développement de forces physiques supérieures ;*
7° *Suspension du corps en l'air, pendant un temps considérable.*

A l'exception de ce dernier phénomène, que vous n'avez pas constaté, mais que bien d'autres ont pu voir, et que nous allons retrouver tout à l'heure, vous constatez tout cela à Loudun, et vous êtes parfaitement d'accord avec le rituel ; seulement celui-ci ne trouve pas une seule explication naturelle et guérit surnaturellement, tandis que vous, vous déclarez l'explication facile, mais ne la donnez pas le moins du monde et ne guérissez jamais. Néanmoins, grâce à vous, un pas immense vient d'être fait : nous sommes enfin d'accord sur les symptômes ; ils sont réels, ils sont terribles, nous finirons par nous entendre sur la cause.

Maintenant écoutons notre savant manigraphe, le docteur Calmeil, l'historien tout spécial de ces cruelles maladies. Peut-être va-t-il trouver dans sa longue expérience le secret tant cherché.

Mais avant tout, n'oublions pas que c'est un médecin incroyant qui nous parle, et tâchons seulement, ne pouvant reproduire sa longue et intéressante narration, d'en extraire la pensée et les principaux détails (1).

Pour M. le docteur Calmeil, Urbain Grandier était donc, comme pour Bertrand, « un homme distingué par l'esprit, le talent, les avantages physiques; éclat des manières, mœurs faciles et galantes, procès scandaleux, inimitiés passionnées, alternatives de revers et de fortune, rien n'avait manqué à l'existence tour à tour enviée ou tourmentée de cet homme véritablement superbe » (t. II, p. 32).

« Non, ce ne fut pas Mignon, le directeur des Ursulines, qui leur suggéra l'idée de perdre Grandier... Les malheureuses en devenant hallucinées n'eurent plus sous les yeux d'autre image que la sienne..., et elles durent..., en raison de leur impuissance à la chasser par les macérations, le jeûne et la prière, le considérer comme un redoutable magicien.

« Quant à ces religieuses elles-mêmes, à la tête desquelles était comme abbesse madame Jeanne de Belfiel, issue de la maison du baron de Cose, on voyait figurer parmi elles, comme simples sœurs, madame Claire de Sazilly parente de Richelieu, les deux dames de Barbezieux de la maison de Nogaret, les deux dames d'Escoubleau de la maison de

(1) M. Calmeil nous permettra d'intervertir parfois l'ordre de ses assertions, notre cadre l'exigeant : mais jamais nous ne nous permettrons d'altérer le sens d'un seul mot, ou de l'isoler perfidement pour déguiser sa pensée. Nous ne le voulons, ni n'en avons besoin.

Sourdis. Ces dames ne le cédaient à aucune personne de leur sexe pour la culture de l'esprit, la politesse des manières, le soin qui avait présidé à leur éducation. Toutes se vouaient, en se conformant aux règles de leur ordre, à l'instruction des jeunes filles qui leur étaient confiées à titre de pensionnaires ou d'externes... Les écrivains protestants ont soutenu que ces religieuses s'entendaient avec les ennemis d'un homme dont on avait décidé la perte, et qu'elles n'avaient jamais éprouvé les symptômes d'une véritable monomanie convulsive; CETTE CALOMNIE EST RÉFUTÉE PAR LE SEUL EXPOSÉ DES FAITS, quelque défigurés qu'ils soient dans les récits des exorcistes et dans tous les mémoires qui traitent de l'affaire d'Urbain Grandier » (p. 8).

Un instant, monsieur Calmeil; pourquoi donc, s'il vous plaît, ces faits seraient-ils défigurés dans les récits des exorcistes? Du moment où vous admettez *la parfaite bonne foi* et de ces pieux exorcistes, et des pauvres malades, et de tant de témoins considérables, tels que princes, magistrats, évêques, docteurs, *tous parfaitement d'accord*, dites-vous, avec la masse des populations, comment pouvez-vous, à deux cents ans de distance, rectifier d'un trait de plume ce que vous appelez les *inexactitudes* de tant de procès-verbaux? Ne serait-ce pas par hasard parce que ces *quelques* inexactitudes gêneraient tant soit peu vos théories, et qu'après avoir blâmé cette méthode chez les autres, vous n'accepteriez à votre tour que des faits qui vous paraîtraient acceptables? Il n'y a pas de milieu cependant; quand il s'agit de faits qui durèrent *six ans*, à la clarté du soleil et en présence de plusieurs milliers de témoins, il faut supposer ou l'artifice dans leur production, comme l'ont fait les protestants, ou la sincérité des juges et la fidélité des rédacteurs. Or, puisque vous déclarez souverainement *absurde* la supposition d'artifice, acceptez bravement, comme votre célèbre confrère, la fidélité d'un compte rendu signé par cette masse de témoins réhabilités par vous-même.

Car vous le remarquez avec raison (p. 72) : « Il n'est que trop vrai que presque tous les médecins (appelés des villes, grandes ou petites, situées dans un rayon distant de vingt-cinq à trente lieues de la communauté), comptaient plus sur l'efficacité des exorcismes que sur la puissance de leur art, et que jamais la crédulité de leur esprit ne se montra d'une manière plus fâcheuse que dans les réponses qu'ils firent aux questions posées pendant le cours du procès... »

Mais, soit dit en passant, on interrogeait donc les médecins? on les consultait donc soigneusement? Oui, car on exigea d'eux jusqu'à *vingt-cinq* ou *trente* rapports différents. On avait donc envie d'avoir la vérité? Apparemment, à moins qu'on ne dise encore que tous ces médecins appelés de tant de lieux différents, étaient tous aussi gagnés par Laubardemont. Voilà pourtant où l'on va, avec ce malheureux système de *la jonglerie!* Épiscopat, magistrature, sainte austérité du cloître, autorité de la science elle-même, tout y passe, tout s'écroule à la fois sous l'inculpation toute gratuite du plus infâme et du plus impossible compérage.

Vous ne tombez pas dans cet écueil, vous, Monsieur, car vous gourmandez très-sévèrement et très-justement les docteurs de Montpellier, et entre autres le célèbre Duncan, appelés précisément pendant le procès de Loudun, à donner leur avis sur des accidents tout semblables qui se passaient dans le Languedoc et à Nîmes, tant le *compérage* avait les bras longs à cette malheureuse époque! Vous les blâmez vigoureusement d'avoir laissé entrevoir que les démoniaques (qu'ils n'avaient pas vus du reste) se jouaient impudemment de la piété du peuple. Vous déclarez, avec raison, leurs conclusions « tout à fait indignes d'une Université qui comptait dans son sein des hommes tels que Rivière, Lazzari, Ranchin, de Belleval, etc., et vous vous hâtez, au contraire, de justifier tous les médecins témoins et *partisans* cette fois *de la possession.* « Car, dites-vous, nulle part la *démonopathie* n'étant décrite comme l'expression d'une simple altération des fonctions naturelles, il fallait en venir à confesser que l'ensemble des accidents que l'on avait sous les yeux ne ressemblait positivement à rien de ce qui avait été signalé jusque-là par les pathologistes... et opter entre... l'explication par la jonglerie ou par la véritable possession » (p. 28). Or, selon vous, ceux qui ont voté *pour la jonglerie s'étant déshonorés*, les autres, en votant pour la possession, obéissaient ponctuellement à votre manière de voir.

Après l'établissement de cette base capitale, voyons donc maintenant ce que deviennent ces pauvres religieuses parfaitement bien portantes, ne l'oublions pas, *jusqu'au moment* où elles refusent Grandier pour directeur de leur couvent.

A *partir de ce moment*, les hallucinations commencent, et lorsque, après plusieurs semaines du silence le plus prudent, on se voit forcé d'en venir aux exorcismes, voici que les phénomènes changent tout à coup de nature en prenant *des proportions gigantesques*. « Telle religieuse, dit M. Calmeil, ... couchée sur le ventre, les bras tordus sur le dos, défie de la sorte le prêtre qui la poursuit avec le saint-sacrement; celle-ci, courbée en arrière, pliée en double, affecte de marcher la nuque posée sur les talons; celle-là imprime à sa tête des mouvements étranges... « Je vis une chose qui me surprit beaucoup, confesse le Père Surin, *et qui était ordinaire à toutes les possédées* : c'est qu'étant renversées en arrière, la tête leur venait aux talons et elles marchaient ainsi avec une vitesse surprenante et fort longtemps; j'en vis une qui étant relevée se frappait la poitrine et les épaules avec sa tête, mais d'une si grande vitesse et si rudement, qu'il n'y a au monde personne, quelque agile qu'il soit qui puisse rien faire qui en approche..... Quant à leurs cris, c'étaient des hurlements de damnés, de loups enragés, de bêtes horribles. On ne saurait imaginer de quelle force elles criaient. Souvent la langue des énergumènes pendait hors de la bouche, mais la noirceur, la tuméfaction et la dureté de cet organe disparaissaient aussitôt qu'il était rentré dans la cavité buccale. »

« Puis viennent les hallucinations visuelles qui leur font attribuer leur état à la présence et à l'obsession des esprits malfaisants..... Madame de Belfiel (et notez bien qu'elle n'a pas plus que les autres l'ombre de fièvre ou de folie), tout en répondant aux questions des exorcistes, *entend parler un être vivant* dans son propre corps, se figurant qu'une voix étrangère émane de son pharynx (p. 13)... *Et comment ces démoniaques auraient-elles douté* de la présence des diables dans leur corps, quand il leur semblait qu'une voix nettement articulée, et partant de leur intérieur, affirmait que les mauvais anges avaient pris possession de leur personne, ou quand cette voix allait jusqu'à indiquer le nom, le nombre et le lieu de la résidence des démons ?... » (p. 15).

« Souvent encore il y avait après la crise oubli complet de tout ce qui avait été dit pendant sa durée (1), et comme les exorcistes attestent que le diable endormait (2) quelquefois les religieuses soumises à l'exorcisme, l'état de ces filles ressemblait *peut-être* par instants à celui des somnambules magnétiques. »

« Lorsque la supérieure s'avisa de demander une neuvaine au Père Surin, elle venait de faire une dissertation qui avait duré deux heures. A la fin de ce discours, elle ignorait absolument tout ce qu'elle avait débité pendant son improvisation. Obéissait-elle alors à l'inspiration du somnambulisme ? Elle était certainement en extase quand sa figure parut prendre une teinte pourpre.... »

Ailleurs, M. Calmeil ajoute : « *Aujourd'hui la puissance magnétique* détermine une partie des effets dont on préten-

(1) C'est probablement là un des symptômes qui engagent les magnétiseurs à réclamer Loudun comme une de leurs œuvres les plus éclatantes.

(2) Second symptôme analogue.

dait alors rendre les démons responsables » (p. 29). A merveille ; mais auparavant il eût fallu nous dire ce que c'est que la *puissance magnétique ;* car nous ne sortons pas des pétitions de principes. On explique tous les prodiges par le magnétisme ; et lorsqu'il s'agit de magnétisme, on le nie contre toute évidence.

Continuons : « Au mois de mai 1635, Gaston d'Orléans, frère de Louis XIII, voulant juger par lui-même de l'état des Ursulines, se rendit à Loudun et assista à quelques séances des exorcismes. La supérieure, exorcisée par le Père Surin, adora d'abord le Saint-Sacrement, en donnant tous les signes d'un violent désespoir. Bientôt le Père, répétant le commandement qu'il avait déjà fait, mit le corps de la prieure dans une violente convulsion, tirant une langue horriblement difforme, noirâtre et grenée comme du maroquin sans être pressée des dents.... On remarqua, entre autres postures, une telle extension des jambes, qu'il y avait sept pieds d'un pied à l'autre... Elle demeura dans cette posture assez longtemps, avec tremblements étranges, ne touchant la terre que du ventre. S'étant relevée, il fut commandé encore une fois au démon de s'approcher du Saint-Sacrement.... Ayant proféré quelques paroles, il devint encore plus forcené, se mordant les bras.... Puis l'agitation cessa peu après, et la fille revint à elle, n'ayant pas le pouls *plus ému* que s'il ne se fût passé rien d'extraordinaire » (p. 23).

Mais voici que « le Père Surin, qui parlait à Monsieur, et qui allait faire l'exorcisme, sentit les attaques de l'un des diables, qui le renversa deux fois ; le démon, forcé de se retirer par le Saint-Sacrement qu'on lui appliquait, rentra tout à coup dans la prieure qui était à deux pas de là.... Au même instant, l'exorciste s'étant relevé, alla combattre le démon auquel le Père Tranquille demanda d'où lui venait cette audace de tourmenter le Père Surin. Il répondit en furie, s'adressant au Père Surin lui-même : « C'est pour me venger de toi. » Et l'on verra bientôt, ajoute M. Calmeil (p. 24), si le Père Surin *simulait* le délire de la possession (1). »

« La même religieuse exécuta aussi, sur la fin de l'exorcisme, un ordre que le duc venait de communiquer secrètement à l'exorciste. *Dans cent occasions*, on put croire, en effet, que les énergumènes lisaient dans la pensée des religieux chargés de combattre les démons » (p. 29).

Restons-en là. Voici donc à peu près le résumé de ce qu'on nous accorde. — Les faits sont vrais ; — les religieuses, les exorcistes et les juges ont été *absurdement calomniés*. Grandier est, selon M. Calmeil, un *prêtre libertin* et, selon Bertrand, un *grand criminel*; les médecins présents *durent* croire à la possession; ceux de Montpellier, en optant pour la jonglerie, *firent preuve d'ignorance*, car il ne s'agissait là *que* d'une maladie terrible et nouvelle, que, de nos jours, le *somnambulisme magnétique* rappelle quelquefois.

Il suffit. A nous maintenant de compléter l'exposition des faits, car si vous nous le permettez, monsieur Calmeil, nous vous reprocherons fortement d'avoir choisi, parmi toutes les dépositions sincères, celles qui pouvaient à la rigueur entrer dans votre cadre nosologique (2), et d'avoir laissé à la porte toutes celles qui ne s'y ajustaient pas facilement, infraction capitale aux conventions que nous avons signées en commençant.

A notre avis, en effet, vous auriez dû :

1° Vous étendre un peu davantage sur les débuts et les détails de l'importation *subite* d'une telle maladie, chez des religieuses jouissant jusque-là de la santé la plus brillante, car tout un couvent de pieuses nonnes ne tombe pas, *instantanément*, dans un état de *damnation anticipée* (ce sont vos expressions), sans une cause extérieure et pour le moins

(1) Rien ne fut plus réel que cette possession, invoquée par le P. Surin sur lui-même, mais que dire de l'historien protestant, qui n'admet *que* cette dernière, et ne permet plus cette fois que l'on en doute ? Ceux qui l'ont cru si docilement sur parole, le croiront-ils jusqu'au bout ?

(2) On appelle *nosologie* la classification des maladies.

déterminante, sans un agent de l'épidémie et de la contagion. Puis, du moment où toutes ces religieuses, dans leur extrême bonne foi (que vous reconnaissez encore), signalent à la justice ce Grandier que vous venez de sacrifier, un pareil scélérat, convenez-en, devient à bon droit fort suspect. Dans tous les pays du monde la justice s'en empare et l'amène sur ses bancs. Il fallait donc insister davantage sur les détails de cette prévention vraie ou fausse, car là pouvait reposer le mystère et tout le secret de la maladie.

2° Vous avez stigmatisé justement ce caprice de l'opinion publique, qui s'en va préférer au témoignage si positif de tant de gens considérables et de la plus haute probité, le témoignage d'un écrivain protestant, rédigeant son pamphlet plus d'un siècle après l'événement, arrangeant bien à son aise toutes ces calomnies que le docteur Bertrand déclare *absurdes* et que vous affirmez *bouleversées de fond en comble par la seule exposition des faits*. C'est fort bien, mais il eût été mieux encore et vraiment bien facile, de le convaincre sur-le-champ d'imposture en le prenant tout simplement par ses propres paroles. Tout le monde y aurait gagné, à commencer par vous, Monsieur; car il vous suffisait, par exemple, de lui objecter cet aveu qu'il nous fait dans un moment d'oubli : « *Toutes* les personnes, *réformées ou papistes*, avec lesquelles on a eu des entretiens à ce sujet, et qui avaient assisté aux exorcismes, sont demeurées d'accord de *tous* les faits relatifs à la possession des deux exorcistes, comme de *la plupart des autres faits* contenus dans la relation de ce qui s'est passé en présence de Monsieur, frère du roi (1). » En regard d'une distraction pareille, vous en conviendrez, toute l'autorité de son pauvre livre tombait; il s'écroulait sur sa base, et dès lors, vous, Monsieur, vous vous trouviez forcé de méditer un peu plus sérieusement sur ces mêmes faits, faits prodigieux il est vrai, mais d'autant plus irrécusables

---

(1) *Histoire des diables de Loudun*, p. 182.

que leur plus grand ennemi les déclarait authentiques : parmi ces faits *acceptés par tout le monde,* vous auriez remarqué surtout celui des hosties *transportées à commandement et sans moteur visible,* suivant l'ordre donné par le prince, et transmis *mentalement* par les exorcistes. Dès lors, vous auriez mieux compris que ce prince ait *signé* toutes ces affirmations en ajoutant verbalement « qu'il fallait être fou pour ne pas croire aux possessions. »

3° Cela vous eût encore facilité l'acceptation des faits équivalents, attestés par les évêques de Châlons, de Besançon, de Toulouse, de Rennes, de Rodez, etc., par des conseillers de parlement, comme M. Deniau, et surtout comme M. de Keriolet, qui se convertit à la peinture trop vraie que lui fit une possédée, de l'état le plus secret de sa conscience. A ces faits, serait venu se joindre celui de lord Montagu, cet Anglais protestant, qui, bouleversé de voir des stigmates et des mots s'imprimer en lettres de sang, et à son simple commandement mental, sur le front et sur les mains de la supérieure, se rendit à Rome pour y abjurer le protestantisme entre les mains du Saint-Père et y recevoir les ordres sacrés (1).

4° Il est un autre fait que vous passez encore beaucoup trop légèrement sous silence, c'est celui de la *suspension en l'air* pendant un temps déterminé, phénomène assigné par le rituel comme un des *criterium* de la possession, toutes les fois qu'on ne pouvait l'attribuer à l'Esprit saint. Or il est certifié, toujours *par ces mêmes autorités que vous déclarez véridiques* (ne l'oubliez pas), que la supérieure resta *pendant quelque temps* véritablement suspendue à *deux pieds d'élévation.* Ce phénomène transcendant produisit, à ce qu'il paraît, un effet immense parmi tous les assistants, et fut un des plus certifiés. Comment donc espérez-vous, Monsieur, pouvoir vous en tirer par cette phrase qui jure avec tous vos aveux ? « Faut-il conclure de ce que ces monomaniaques *mettaient*

---

(1) Voyez à ce sujet les Mémoires de Mme de Motteville.

tout en œuvre pour faire accroire aux assistants que les esprits déchus n'avaient pas manqué à l'accomplissement de leurs promesses, qu'elles n'ont jamais joué qu'un rôle de convention? » (p. 21). Prenez-y garde, monsieur Calmeil, l'auteur protestant si bien battu par vous tout à l'heure, va vous battre à son tour. Comment! vous établissez la *parfaite bonne foi* des religieuses pour tous les faits qui peuvent à la rigueur être expliqués par votre théorie, et pour ceux qui lui échappent vous admettez, *par exception*, que ces *religieuses mettaient tout en œuvre* pour en faire accroire au public!... Mais vous n'y pensez pas ; par cet expédient exceptionnel, vous sapez votre ouvrage par sa base, comme l'auteur protestant sapait le sien tout à l'heure ; et d'ailleurs, songez donc que dans ce dernier cas, il ne s'agit pas du secret des religieuses, mais bien de leur adresse. Comment donc auront-elles pu s'y prendre pour opérer ce tour de force que nous n'avons jamais vu tenter, nous, fût-ce par les plus habiles de nos acrobates? Ici, pas de méprise possible, le fait est des plus simples, et du moment où toutes ces graves autorités attestent l'*immense sensation* qu'il produisit, croyez-vous par hasard que nous pourrons nous contenter de cette assertion de notre posthume écrivain « que la supérieure reposait tout simplement alors sur la pointe de ses pieds ? » Comme il devient probable qu'après tant de précautions minutieuses prises par tant de gens éclairés, toute la ville, qui ne faisait qu'un avec eux, se sera laissé prendre à une simple pirouette! En vérité, il y aurait par trop de simplicité à supposer les gens aussi simples !

5° Il en est de même *des langues étrangères*. Ce phénomène, un des plus importants signalés dans le rituel et si fréquent à Loudun, ne semble pas vous préoccuper extrêmement. A peine lui consacrez-vous quelques mots. Malheureusement pour vous, ces mêmes témoins de si bonne foi sont toujours là, pour vous attester solennellement « que Mme la supérieure répondait d'abord en latin aux questions du rituel, mais que, dans la suite, elle et les autres répondirent EN

QUELQUE LANGUE qu'on jugeât à propos de les interroger ; si c'est vrai, que devient la *petite plaisanterie* de l'auteur protestant, sur le mauvais latin des religieuses? Ou bien encore l'historiette de la plume et des reliques? Faisons donc de l'histoire et non pas des lazzi, lorsqu'il s'agit d'une épidémie européenne. Or, dans les procès-verbaux, nous voyons plusieurs autorités très-graves certifier par écrit, avoir interrogé la sœur Claire de Sazilly en *turc*, en *espagnol*, en *italien*, et qu'à toutes elle répondit fort à propos; nous voyons le sieur de Nîmes, docteur en Sorbonne, et l'un des aumôniers du cardinal de Lyon, interroger *en grec* et *en latin* et obtenir des réponses en l'une et l'autre langue; le père Viguier, supérieur de l'Oratoire, à la Rochelle, interroger *en grec, pendant toute une après-dînée*, et obtenir des réponses parfaitement justes; nous voyons l'évêque de Nîmes commander en grec et obtenir le même résultat, ce qui fit dire publiquement à ce prélat « qu'il fallait être athée ou fou pour ne pas croire à la possession. » Nous voyons enfin des médecins interroger aussi sur des termes grecs de leur science, termes très-difficiles, connus uniquement des savants, et obtenir les explications les plus nettes (1).

Nous voyons mieux que cela; nous voyons un M. de Launay de Razelly qui avait demeuré en Amérique, attester que, pendant son voyage à Loudun, il avait parlé le langage de certains sauvages aux énergumènes, qui lui répondirent fort pertinemment, en lui révélant même des choses qui s'étaient passées dans ce pays.

Enfin nous voyons Urbain Grandier lui-même, sommé par son évêque de prendre l'étole pour exorciser la mère supérieure, qu'il disait savoir le latin, refuser de l'interroger en grec ni elle ni les autres, *quoiqu'elles lui en fissent le défi*, de quoi il resta fort confus (2).

(1) C'est l'auteur du Traité *de la Mélancolie* qui l'affirme. Plus tard nous entendrons M. Calmeil faire de cet auteur un éloge mérité.
(2) Procès-verbal est dressé de ce fait cité dans l'interrogatoire et dans l'extrait de la commission.

Pourquoi du moins ne vous retranchez-vous pas dans la distinction formulée par votre savant collègue M. Bertrand? Forcé de convenir que « presque toutes les possédées entendaient ces langues, bien qu'à l'exception *de deux ou trois* elles ne pussent pas les parler » il explique ce phénomène par *la pénétration magnétique* des pensées. Il est vrai que cette explication ne vous paraîtrait pas plus commode, mais encore une fois, les témoins n'affirmant, selon Bertrand, avec un minutieux scrupule que ce qu'ils ont vu (1), pourquoi vouloir corriger leur relation lorsqu'elle vous dit: « Dans la suite, les unes et les autres répondirent *en quelque langue qu'on jugeât à propos de les interroger?* » Vous ne vous êtes pas soucié, Monsieur, de la capitulation de Bertrand, la jugeant probablement peu avantageuse, mais alors, n'allez pas croire non plus avoir abordé les vrais phénomènes et dites-vous bien que tout est à recommencer.

6° Ce qu'il faudrait modifier encore, ce sont vos conclusions sur ce procès que vous appelez quelque part *inique et cruel*, conclusions formellement opposées à toute votre plaidoirie et qui, nous vous en prévenons, vous laisse encore bien loin de la logique protestante. Tout se tient dans une affaire semblable, et l'on peut dire qu'en pareil cas, il n'y a pas de circonstances atténuantes. Ainsi, l'écrivain protestant enveloppe, lui, tout son monde dans la prétendue conspiration de Richelieu; oui, tout son monde, depuis les ursulines jusqu'aux évêques, magistrats, médecins, etc. A ses yeux, c'est une vraie *franc-maçonnerie*, qui de tous les bouts de la France envoie ses émissaires à Loudun. Et il a raison de les mettre tous sur la même ligne, parce que dans une comédie, ou plutôt dans une tragédie semblable, tous les acteurs doivent être nécessairement dans le secret.

Mais du moment où nous admettons, avec Bertrand, que « toutes ces suppositions *sont absurdes;* » et avec Bayle, que « Laubardemont avait choisi les douze juges *parmi les plus*

---

(1) Bertrand. *De l'Extase*, p. 442.

grands hommes de bien, » (singulière manière, soit dit en passant, d'organiser une conspiration atroce); du moment où nous disons avec vous, Monsieur, que « toutes ces calomnies sont *complétement détruites* par la seule exposition des faits, » l'esprit de justice et de logique demandait beaucoup plus et vous laissait fort à faire.

Avant de qualifier le procès d'*inique* et de *cruel* il fallait reprendre en main toute la cause, et l'étudier sérieusement. Vous auriez vu, *clair comme le jour,* que, bien loin d'avoir monté toute l'affaire, Laubardemont et Richelieu y étaient restés bien longtemps étrangers, car tout le dossier se traduit en peu de mots, et nous allons vous en donner, à notre tour, la substance, telle que nous la comprenons.

Envahissement d'une maladie effroyable aussitôt après le refus fait à Grandier de l'agréer comme directeur du couvent, — mystère et *profond silence,* dans lesquels cette communauté si honorée jusque-là, cherche à ensevelir sa honte et ses cruelles épreuves (1). — Après *deux ou trois mois* de remèdes et de prières, puis enfin d'exorcismes secrets, puis enfin d'exorcismes publics et d'effervescence à Loudun, *la cour commence à s'en préoccuper un peu,* et la reine envoie sur les lieux l'abbé de Marescot, son aumônier, qu'elle charge de lui mander ce qu'il en pense. L'abbé fait son rapport, et ce rapport ne contient que ce que le procès établira plus tard. *Trois mois après,* seulement, M. de Laubardemont, intendant de la province, s'étant transporté à Loudun *pour la destruction du château,* mission qui venait de lui être confiée par Louis XIII, s'alarme de la fermentation générale des esprits, et comprend la nécessité de couper court au scandale. Interprète fidèle, à cet égard, du vœu de tous les habitants, il en informe Richelieu, qui jusque-là ne s'en était pas occupé; celui-ci en réfère au roi, qui charge

---

(1) La communauté fut ruinée par suite du retrait soudain de toutes les pensionnaires, et les religieuses furent longtemps réduites au seul travail de leurs mains.

Laubardemont, en sa qualité d'intendant, d'en connaître souverainement et sans appel, lui donne l'ordre d'arrêter Grandier, et de choisir dans les juridictions environnantes, les juges *les plus intègres et les plus habiles.* (Voyez quel guet-apens!) Que fait alors Laubardemont? il choisit précisément ses juges *parmi l'élite des magistrats.* — Ces juges se préparent au grand et pénible devoir qu'ils vont avoir à remplir, non plus comme aujourd'hui, par une *messe basse du Saint-Esprit,* mais par la réception publique des sacrements, les processions générales, la visitation des églises, et les prières des Quarante-Heures. Laubardemont, conformément aux ordres du roi, fait arrêter Grandier, mais en même temps, du consentement de l'évêque, il fait aussi, remarquez-le bien, séquestrer absolument les religieuses dans différentes maisons, les fait interroger séparément, en compagnie d'évêques et de docteurs ; il y apporte tous les soins possibles, s'enquiert de tous les précédents, les confronte les unes avec les autres, puis enfin, prenant en main les intérêts de l'accusé, lui expose toutes les charges qui pèsent sur lui, exige qu'il assiste à tous les exorcismes, ne néglige absolument rien de ce qui peut le convaincre ou le ramener, et lorsque après les *trente* rapports librement et très-soigneusement rédigés par les évêques, les docteurs et les médecins, Grandier est condamné au supplice, nous voyons toujours ce même Laubardemont s'attacher à ses pas, l'adjurer sans relâche, et ne l'abandonner à la justice qu'après avoir perdu toute espérance de repentir et d'aveu, de la part de celui qu'à tort ou à raison, il devait regarder, avec Bertrand, comme *un grand criminel* (1).

(1) Lorsqu'on examine à fond les principes et la marche de toutes ces procédures, on reste stupéfait devant le nombre des précautions prises et des preuves exigées dans l'intérêt de l'accusé. En voici quelques-unes : « Ces preuves devant être *plus claires que le jour, luce clariores,* on ne se contente plus des témoignages requis dans toutes les autres affaires; le nombre des témoins est doublé, et sur chacun d'eux on fait une très-sévère enquête; on récuse tous ceux qui ont eu de mauvais rapports avec le suspect; quelque-

Voilà la véritable histoire de Loudun, non plus celle que l'on invente à un siècle de distance, mais celle qui résulte de toute une masse de documents contemporains émanés de sources diverses et tous parfaitement identiques. Et l'on voudrait nous faire croire que ce long drame, cette longue succession de prodiges et de tortures était l'œuvre de je ne sais quel futile *compérage* entre un intendant de province et un ministre! Mais, ne nous lassons jamais de le répéter, l'histoire bien étudiée vous montrera toujours ces deux personnages n'entrant dans cette affaire que lorsqu'elle était déjà dans son plein, c'est-à-dire lorsque toute la province était en feu. Alors que signifient toutes ces déclamations sur une prétendue rancune de Richelieu, à propos d'un certain petit libelle? Rien, absolument rien. Que Laubardemont et Richelieu aient mis plus ou moins de sévérité dans l'accomplissement de fonctions qu'il leur devenait impossible de décliner plus longtemps, nous ne nous en soucions guère, car là n'est pas la question, la forme pouvant être blâmable sans que le procès fût *inique*. Mais, si vous voulez que nous vous disions toute notre pensée, lorsque nous voyons Laubardemont envoyer chercher en toute hâte, et la nuit, les exorcistes de Loudun, pour sa femme, prise à Loches, de la même maladie (1), lorsque nous le voyons conduire dans sa propre voiture, de Loudun à Paris, la supérieure du couvent, uniquement pour faire vérifier par la cour et par toute la capitale les stigmates sanglants imprimés

---

fois on force au serment, non-seulement toute une paroisse, mais encore tout le voisinage, *totam viciniam;* mais c'est surtout le faux témoin qu'on s'attache à frapper de terreur; pour lui, deux sortes de peines : les temporelles, qui le vouent sans miséricorde à la prison *perpétuelle*, et les spirituelles, qui le frappent d'excommunication et ne lui pardonnent qu'à la condition du jeûne au pain et à l'eau pour tout le reste de ses jours... Qu'on juge de la terreur que de telles menaces devaient faire naître dans ces siècles de foi, et des facilités qu'on devait rencontrer pour la *mise en scène* de ces prétendues *comédies!*

(1) M. Calmeil reconnaît que la contagion avait gagné cette ville.

sur les mains de cette femme que vous élevez vous-même au-dessus de tout soupçon ; lorsque nous le voyons enfin, conférer longuement de toutes ces merveilles avec ces hommes de Dieu dont vous reconnaissez aussi l'entière sincérité, et que nous entendons ceux-ci nous affirmer que ce même Laubardemont partageait toutes leurs vues, *rien que leurs saintes vues*, nous vous l'avouons, nous sommes plus que tenté de croire, nous sommes *certain*, que Laubardemont, coupable ou non dans les formes, coupable ou non dans d'autres procédures, est *complètement innocent dans celle-ci*, et qu'il doit figurer au premier rang parmi ces nombreuses victimes de calomnies qu'avec tant de raison vous déclarez *absurdes*.

Comment ! Loudun, l'œuvre de Laubardemont ! *quand toute l'Europe en était là !* quand, pour ainsi dire, au même moment, cette terrible contagion rayonnait à Chinon, à Louviers, à Auxonne, à Nîmes, dans le Labourd, puis se montrait simultanément en Italie, en Espagne, en Angleterre, en Hollande et dans toutes les parties de l'Allemagne ! et partout, notez-le bien, importée *par un seul* homme, partout offrant ces mêmes prodiges, étrangers, selon M. Calmeil, à toutes les maladies connues jusque-là ! Etait-ce donc aussi Laubardemont qui, après avoir fasciné sa province, fascinait toute l'Europe ? Mon Dieu ! quelle manière d'écrire l'histoire, et que le comte de Maistre avait donc raison d'affirmer que « depuis trois cents ans la nôtre n'était plus, sur toutes ces matières, qu'une longue suite de mensonges (1) ! »

Mais encore faudrait-il que ces mensonges eussent pour eux quelque apparence de vérité, et n'expliquassent pas Loudun par Richelieu, les camisards par Louvois, et Saint-Médard par les jésuites, car c'est abuser un peu trop de la facilité de ses lecteurs.

M. Calmeil, il faut le reconnaître, ne donne pas dans de

---

(1) *Soirées de Saint-Pétersbourg*, t. I.

pareilles sottises, il explique médicalement tous ces faits. Mais avant de discuter ses théories, passons à l'exposition d'une seconde épidémie, bien plus extraordinaire encore que cette dernière.

§ II.

Les Camisards, ou les trembleurs des Cévennes. — *Domination* de ces malheureux, par *une grande puissance* inconnue. — Magnétisme historique à grands effets. — Apologie nouvelle, par M. Bost.

Si vous consultez l'*Encyclopédie* et tous les auteurs du XVIII° siècle sans exception, si vous vous contentez de recourir à tous les lieux-communs de l'ignorance et des préjugés, ce seul nom de *camisards* réveille à l'instant tous les vôtres, et pour vous, leur histoire se résume en deux mots : intolérance odieuse de Louis XIV, et fanatisme de populations exaspérées par leurs persécuteurs.

Or, puisque la science s'empare encore une fois de ce sujet et déclare, tout en le mutilant comme les autres, qu'il n'a pas été compris jusqu'ici, puisque le roman lui-même (1) veut lui faire subir le même travestissement qu'il a fait subir à Loudun, il est temps que la vérité s'en occupe à son tour.

Eh bien! l'histoire à la main (et l'histoire protestante, entendons-nous bien), il nous serait bien facile de démontrer que tout en flétrissant les détails d'application comme ils le méritent et comme les ont flétris eux-mêmes tous les honnêtes catholiques, à commencer par le monarque, il n'en est pas moins vrai que son gouvernement n'avait usé, dans le principe, que du droit ou plutôt du devoir le plus sacré de légitime défense, devoir que remplirent et rempliront toujours, *sous peine de mort*, toutes les autorités possibles, mo-

(1) *Jean Cavalier*, roman nouveau de M. Eugène Sue.

narchiques, constitutionnelles ou républicaines, y compris celles de juin 1848. Que des conspirateurs armés du fer et de la torche s'appellent *camisards* ou *insurgés*, qu'ils inscrivent le *droit à la prière* sur une croix ou le *droit au travail* sur les plis de leur drapeau rouge, partout ils nécessiteront des représailles ou plutôt des répressions égales à leurs excès ; nécessités funestes et toujours mal jugées par l'histoire, qui, sous la dernière et terrible impression de la défense, perd de vue trop souvent la violence de l'attaque.

Mais cette thèse ne rentrant pas dans notre ordre du jour, nous n'irons pas, Messieurs, sortir d'une paisible discussion philosophique pour nous jeter, à deux siècles de distance, sur le terrain des récriminations politiques. Qu'il nous suffise de rappeler à propos de cette révocation de l'*édit de Nantes* qui donna naissance aux *camisards*, ces remerciements votés alors par toutes les les villes de France et inscrits sur tous les monuments de cette époque. Ils vous expliqueront ces mots du philosophe Saint-Lambert : « En agissant ainsi, Louis XIV n'avait fait réellement que céder *au vœu général de la nation*. » Convenez-en, Messieurs, il est assez piquant de voir la philosophie faire de Louis XIV le sujet le plus soumis du *suffrage universel*, comme il l'est aussi d'entendre dire au plus docte et au plus vénéré de tous les protestants, le célèbre Grotius : « Le gouvernement français paraissait suivre en cela le système politique que les gouvernements protestants avaient mis depuis longtemps à exécution contre leurs sujets catholiques ; et même, en comparant leur code pénal avec celui de la France, il serait facile de prouver que celui-ci se montra plus indulgent et plus tolérant (1). »

Notre unique rôle sera donc d'examiner les singuliers phénomènes, de nature psychologique ou autre, qui accompagnèrent cette vaste insurrection et lui donnèrent un cachet que nulle autre n'avait présenté jusque-là.

(1) *Hist. de B.*, l. XI, n° 15.

Avant de discuter ces faits, passons à leur exposition, telle que la science moderne commence à la rédiger, et hors de laquelle nous défions hardiment les historiens les plus habiles de comprendre jamais le premier mot à toutes les querelles religieuses qui ensanglantèrent cette époque.

Au moment où vers la fin du XVII° siècle, les ministres français réfugiés à Genève cherchaient à fomenter la rébellion chez tous leurs coreligionnaires restés dans la mère-patrie, on vit surgir d'une verrerie du Dauphiné (Peyra), et à la voix d'un homme sur lequel les ministres protestants *avaient imposé les mains*, cette trombe fanatique qui ravagea pendant plusieurs années une partie du continent, sous le nom de *camisards* ou *trembleurs des Cévennes*.

Rien de plus curieux que le *mode d'importation* ou *d'initiation*. « Quand un élève avait fait des progrès, dit l'abbé Grégoire, et se trouvait suffisamment prévenu contre *les abominations papistes*, un fanatique nommé Du Serre, — celui qui avait reçu la mission des pasteurs, — lui *soufflait* dans la bouche pour lui communiquer le don de prophétie en l'exhortant à le communiquer à tous ceux qu'il en jugerait véritablement dignes. Les autres disciples, stupéfaits, attendaient avec impatience le moment d'obtenir la même faveur. De là il sortit un essaim d'enthousiastes. Bientôt les prophètes pullulèrent de toutes parts ; on les comptait par centaines ; c'étaient quelquefois des enfants de sept à huit ans... Les fanatiques s'assemblaient dans les bois, les cavernes, les lieux déserts, sur les cimes des montagnes, au nombre de quatre ou cinq cents, quelquefois même de trois à quatre mille. Là ils attendaient l'*esprit* d'en haut... Puis le prophète soufflait dans la bouche des aspirants au don de prophétie, en leur disant : « Recevez le Saint-Esprit. » Alors ils prophétisaient à leur tour, tremblaient, se roulaient, écumaient...

« Ce fanatisme réduit en système, comptait quatre grades : l'*avertissement*, le *souffle*, la *prophétie*, et le *don*. Chaque troupe avait un prophète. On pillait, on brûlait les églises, on massacrait les curés ; environ *quatre mille catholiques et quatre-vingts prêtres furent égorgés* en 1704. Celui de Saint-André de Lancise fut précipité du haut de son clocher. Fléchier, l'illustre et pieux évêque de Nîmes, décrit dans une lettre pastorale tous leurs ravages et leurs *massacres*, que Villars, Berwick et divers généraux parvinrent enfin à calmer. » (*Hist. des sectes religieuses*, t. II, p. 117.)

S'il faut en croire ce même abbé Grégoire, si prévenu pourtant contre Rome et surtout contre Louis XIV, nous n'aurions donc eu de pitié jusqu'ici que pour des assassins incendiaires et d'indignation que pour les Villars et les Berwick, chargés de la défense du pays ! Ce serait malheureux, mais cette injustice ne serait peut-être pas sans exemple chez nous.

Quoi qu'il en soit, les camisards battus se rendent bientôt à Londres, d'où l'indifférence publique les ayant chassés, ils refluent sur l'Allemagne et la Suisse dont ils bouleversent toutes les têtes en y déposant le germe de ce fanatisme ardent qui les désole encore aujourd'hui.

Le voyageur Misson est celui qui, dans son *Théâtre sacré des Cévennes*, a donné le plus de détails curieux sur cette épidémie ; mais comme il en avait épousé la cause, il devient impossible peut-être de s'en rapporter complétement à lui. Remarquons seulement que lorsqu'il revint à Londres, on se demandait partout comment ce Misson, si incrédule à tous ces faits en partant pour l'Italie, était revenu si crédule en Angleterre. La réponse était facile ; c'est qu'il avait passé par la France et qu'ayant vu tous ces *prodiges*, il en avait fait des *miracles*.

Le docteur Bertrand, qui veut les juger en médecin et en savant, a donc le plus grand tort de commencer ainsi (p. 355) : « quelques paysans, plus fortement affectés que d'autres, ou plus éminemment doués de cette disposition organique qui favorise la production de l'extase... » Qu'on relise attentivement les relations historiques, qu'on remonte jusqu'aux sources, et l'on restera convaincu que, bien loin d'exiger une disposition organique, le véritable début, le mode d'importation était, comme l'a dit l'abbé Grégoire, *l'imposition des mains* ou bien *un souffle* qui saisissait d'abord celui qui le recevait, et puis *tous* ceux qui se le transmettaient. Voilà la vérité. Comment peut-on d'ailleurs expliquer, par un *organisme plus ou moins favorisé*, une *trombe* qui brise *tout* ce qu'elle touche, hommes, femmes, enfants, etc.? Prenons-y donc bien garde, et ne faisons pas d'un *envahissement* une question de *tempérament*, puisque la seule prédisposition était une adhésion morale.

La *Revue indépendante* de mars 1844 en jugeait plus sainement lorsque, en rendant compte d'un ouvrage publié récemment sur ce sujet par M. Peyrat, protestant, elle s'exprimait ainsi : « A coup sûr un voyageur inopinément témoin de pareilles scènes aurait fort bien pu se croire transporté hors de ce monde, parmi les lutins et les démons. Et ceux qui supposent que les facultés des extatiques ne sont autre chose que l'exagération de celles que présente un homme fortement passionné, nous semblent bien éloignés de la vérité.

Médecins, n'en doutez plus, ce que la *Revue indépendante* vient de vous dire, tout le monde vous le redira bientôt. Vous ne satisferez personne, sachez-le bien, lorsque après avoir examiné les faits, vous en tirerez la même conclusion que vos confrères de Montpellier, si plaisamment critiqués par Brueys, auteur contemporain et témoin impartial tant des faits en eux-mêmes que de l'embarras qu'ils causaient à toute la faculté. « Le nombre des jeunes prophètes, disait-il, s'étant élevé jusqu'à près de *huit mille* dans les Cévennes et le Languedoc, M. de Bàville, intendant de la province, ordonna à *ces messieurs de Montpellier*, qu'on appelle la Faculté de médecine, de s'assembler à Uzès, où l'on avait emprisonné une grande quantité de ces petits enfants, pour considérer leur état. Conformément à cet ordre, les médecins observèrent à leur manière la contenance de ces enfants, leurs extases et les discours qu'ils faisaient sur-le-champ et sans dessein. Je ne sais pas si ces fameux docteurs disputèrent en latin, ni s'ils se battirent, car il y avait matière à s'échauffer; mais je sais bien que, quoiqu'ils témoignassent être ravis en admiration d'entendre ces jeunes enfants sans lettres, prononcer des choses qu'ils n'avaient jamais apprises et citer la sainte Écriture fort à propos, ils décidèrent en *oracles fort ambigus*, et donnèrent à ces enfants le nom de *fanatiques*. Cela fut bientôt fait, n'étant pas difficile *à faire* »

En effet, pas n'était besoin pour arriver là, de consulter l'Académie.

Voyons maintenant ce que M. Calmeil pourra nous accorder au nom de la science moderne.

Le voici : « Probablement, dit-il, la première petite troupe de prophètes sortit de la montagne de Peyra, en Dauphiné, et *positivement* les inspirés étaient *maîtrisés* par une impulsion maladive.... Une fois le discours de l'apôtre protestant terminé, il s'approchait des néophytes qu'il estimait dignes de recevoir le don prophétique, et *soufflant* dans la bouche de l'un d'eux : Reçois, lui disait-il, le souffle du Saint-Esprit. *Tout de suite*, le nouvel élu se mettait à parler comme par inspiration (t. II, p. 282)... Tous les inspirés étaient pleinement persuadés que le Saint-Esprit s'*introduisait dans leur poitrine* au moment où ils se sentaient entraînés par une *puissance* qui les contraignait à prophétiser » (*id.*, p. 228).

Très-bien; voilà pour nous l'essentiel : adhésion, insufflation, et tout de suite le don prophétique.

Puis viennent les citations des fanatiques eux-mêmes, et, entre autres, celle d'Isabeau Vincent, dite la bergère du Cret, qui, à l'âge de dix-sept ans, avait inoculé à elle seule le don de l'esprit à *des cantons tout entiers*. « L'analogie, reprend M. Calmeil, qui existe entre l'état où tombait cette inspirée, et l'état où se trouvent la plupart *des somnambules artificielles*, est frappante (p. 30)... Mais hâtons-nous de déclarer que très-peu de prophètes ou de prophétesses ont offert des crises de somnambulisme aussi parfaites que celles de la bergère du Cret. Le transport prophétique constitue réellement un état pathologique particulier que les camisards savaient très-bien distinguer du somnambulisme naturel, bien différent du somnambulisme artificiel. »

« Ces somnambules (naturels), disaient-ils, parlent et gesticulent comme une personne qui est dans la rêvasserie ; les inspirés, eux, se sentent *saisis par une puissance invisible, inconnue, qui s'empare* de leur langue, de leurs lèvres, et leur fait prononcer des choses qui ne viennent pas d'eux » (p. 302).

« En résumé, la folie prophétique fit son apparition dans le Dauphiné et dans le Vivarais en 1688 ; elle se répandit bientôt dans une infinité de localités et persista sans interruption parmi les calvinistes, pendant près de vingt années. » (p. 307).

Voilà donc toujours la *puissance inconnue, envahissante et possédante* bien et dûment établie par M. le docteur Calmeil.

Maintenant passons à un autre adversaire ou plutôt à un autre interlocuteur, puisque nous ne voulons faire ici que de la conversation scientifique et non de la controverse irritante.

Nous avons donc là, sous les yeux, une nouvelle réimpression de la brochure de Misson, portant cette fois pour titre : LES PROPHÈTES PROTESTANTS, et publiée avec une préface et des notes très-curieuses de M. A. Bost (1).

Bien loin de faire la guerre à M. Bost comme historien, nous serons heureux de le voir appuyer nos propres récits, et nous croirons très-volontiers avec lui :

« Qu'il était tout aussi difficile à cette multitude de gens sans malice, et n'ayant jamais entendu que le patois, de faire un discours en français, qu'il le serait à un Français

(1) Cette publication récente ayant produit une assez vive sensation parmi les coreligionnaires de l'auteur, et même dans la presse philosophique, elle justifie davantage encore l'actualité de notre polémique.

qui ne ferait que d'arriver à Londres, de parler anglais »
(p. 44).

Comme lui, nous ne doutons pas un moment que « la poitrine de quelques adeptes restât en de certains moments invulnérable, comme si elle eût été de fer, aux coups de couteaux les plus pointus, au feu, et même aux balles de fusils déchargés à bout portant. » Nous le croyons, parce que nous allons tout à l'heure retrouver des milliers d'analogues toujours certifiés par la science, même la plus incrédule (p. 65 et 69).

Nous croyons très-fort que « Cavalier n'avait jamais pu regarder une église sans frissonner » (p. 92).

Qu'Élie Marion avait parfaitement raison lorsqu'il disait :

« Je proteste ici et je déclare, devant l'Être suprême, que je ne suis nullement sollicité ni gagné, ou séduit par qui que ce soit, à prononcer nulles autres paroles que celles que *l'esprit* ou *l'ange de Dieu* forme lui-même en se servant de mes organes ; et c'est à lui que j'abandonne entièrement, dans mes extases, le gouvernement de ma langue, n'occupant alors mon esprit qu'à penser à Dieu et à me rendre attentif aux paroles que ma bouche même récite. Je sais que c'est alors *un pouvoir étranger* et *supérieur* qui me fait parler. Je ne médite point ni ne connais pas par avance les choses que je dois dire moi-même. Pendant que je parle, mon esprit fait attention à ce que ma bouche prononce, comme si c'était un discours récité par un autre, mais qui laisse ordinairement des impressions plus ou moins vives dans ma mémoire. (p. 71).

Comme M. Bost, nous croyons que Clary supporta l'épreuve miraculeuse du feu, et que « toute l'assemblée fut témoin que les flammes qui s'élevaient beaucoup au-dessus de sa tête, l'environnaient de tous côtés, et qu'il y demeura jusqu'à ce qu'elles fussent éteintes et tout le bois consumé » (p. 117).

Nous croyons très-fort à ces mélodies merveilleuses qui

venaient parfois comme *du haut des airs* (p. 175). Nous y croyons parce que des mélodies non moins merveilleuses se font entendre à l'heure qu'il est, en 1853, aux États-Unis d'Amérique, et que savants, pasteurs ou magistrats nous l'affirment également.

Nous croyons très-fort aussi « que les papistes atteints de la maladie se mettaient à déblatérer contre la messe et contre Rome, » et nous en prendrons occasion de faire remarquer que ce n'était pas alors par « obéissance à leurs *habitudes* intellectuelles et spirituelles qu'ils en agissaient ainsi. »

Nous terminerons ici ce très-court exposé ; et avant d'engager la lutte avec les savants, nous adresserons quelques mots au prosélyte ardent que nous venons de combattre. Qu'il se rassure ; bien que nous soyons catholique, nous ne nous permettrons aucune conclusion du genre de celle que tirait la *Revue indépendante*, si peu suspecte cependant en fait de catholicisme. Ainsi nous ne dirons pas, comme elle : « que les habitudes de ces chefs à l'œil farouche, à l'air sombre, au poil hérissé, ne quittant la Bible que pour le fusil et le poignard, n'ayant en pensée que la destruction de Babylone, semblaient appartenir plutôt aux aventures *d'un chef de bandits*, qu'à la vie d'un prophète et d'un saint. » (*Revue indép.*, avril 1844).

Nous ne le dirons pas, parce qu'au fond de toutes ces horribles scènes, nous constatons un *entraînement* tyrannique. Nous allons plus loin, nous appellerions volontiers les camisards, des martyrs de leur foi, quoiqu'ils ne fussent martyrs que de l'erreur, et nous avouerons naïvement avoir été plus d'une fois édifié devant l'expression de ce dévouement, fanatique si vous le voulez mais aussi complet que désintéressé, qui leur faisait endurer les persécutions et braver la mort la plus terrible pour cette erreur qu'ils croyaient être la vérité. Tant il est vrai que le fameux argument de Pascal : « J'en crois fort des témoins qui se font égorger, » — argument dont chaque secte et chaque parti aurait pu se servir également — n'a de valeur que comme sincérité de témoignage et comme attestation de faits, mais nullement comme appréciations et comme conclusions doctrinales.

Ainsi, nous, catholique, nous croyons donner à M. Bost un grand exemple de justice et d'impartialité, en rangeant les camisards dans la classe de ces *ignorants invincibles*, de ces fanatiques de bonne foi, que l'Église elle-même prend tant de soin de distinguer des hérétiques proprement dits, et sans les juger en théologien, nous sommes sûr de ne pas nous tromper en affirmant qu'ils croyaient plaire à Dieu.

Mais nous serons en droit d'exiger la même justice à notre tour. Que M. Bost prenne l'histoire en main, non pas l'histoire écrite au XVIII° siècle, mais celle qui s'écrivait au XVII°; non plus cette fois uniquement celle des catholiques et des protestants, mais celle des hommes impartiaux de cette époque; qu'il examine et surtout qu'il pèse les suffrages, puis, qu'il nous dise, la main sur la conscience, s'il n'est pas vrai 1° que les prêtres catholiques n'employèrent d'abord, et en général, que les voies de douceur, d'instruction et de persuasion; 2° que les fanatiques, ou, si l'on veut, les croyants, bouleversèrent tous les esprits dans les provinces dont ils entreprenaient la régénération, et que les choses en étaient venues au point, qu'il n'y avait même plus, où ils étaient, d'administration possible (1).

Quant à la *nature* de l'agent inspirateur, nous lui demanderons pourquoi ce qu'il appelle le *Saint-Esprit* de ses coreligionnaires revêt précisément les caractères opposés à ceux du Saint-Esprit des catholiques? pourquoi, chez les camisards, comme chez tous les sectaires du monde, chez les quakers ou trembleurs, chez les sckakers ou pirouetteurs, chez les spiritains, les anabaptistes, les méthodistes anciens et mo-

---

(1) Leur nom, dit Édouard Charton, venait soit de leurs expéditions nocturnes, appelées camisades, soit de deux mots languedociens *camas-ard*, brûleurs de maisons.

dernes, etc., nous retrouvons presque toujours cet envahissement du système nerveux, ces contorsions, ces convulsions, ces coups et secousses effrayantes dont nous ne voyons pas la moindre trace dans nos pieuses réunions catholiques? Pourquoi donc ces dernières sont-elles les seules exceptées? M. Bost nous répondra sans doute que c'est parce qu'elles ne sont pas *visitées par l'esprit,* qui les en juge indignes; mais nous verrons plus loin, lorsque nous en serons à l'analyse, qu'il est embarrassé lui-même de ce symptôme exceptionel, qu'il cherche vainement à étendre à tout le monde; on le pressera davantage encore en lui demandant pourquoi, même dans ces premiers siècles, où, selon les aveux de sa religion, la sainteté était notre état habituel, rien de semblable ne se faisait observer chez ceux-là même qui voyaient les cieux entr'ouverts? Il nous semble que ce n'était l'habitude ni des Sébastien, ni des Pulchérie, même au moment de leur martyre, d'être *fouettés à terre* par l'esprit, de se rouler dans la poussière, de se tordre comme des démoniaques, en un mot d'offrir tous ces signes extérieurs de désordre que commencèrent à présenter les premiers hérétiques (Montan et les Gnostiques), signes qui servirent avec l'*oubli au réveil,* c'est-à-dire l'oubli après la crise, à les faire classer sur-le-champ parmi les faux prophètes et les inspirés de l'*autre* esprit (1).

Nous confierons ces scrupules à la loyauté de ses médita-

(1) M. Bost a bien pressenti l'objection, car, dans une de ses notes, il parle « des scrupules que peuvent faire naître dans une âme fidèle, *ces agitations corporelles* parce que, dit-il, elles accompagnaient ordinairement et accompagnent maintenant en tout lieu, chez les idolâtres ou les incrédules, les prédictions des pythonisses ou de ceux qui prétendent à une inspiration extraordinaire... A cela il est facile de répondre, ajoute-t-il, qu'il ne suffit pas qu'un vrai prophète ait quelque chose de commun avec un faux, pour en conclure qu'il est faux prophète lui-même... l'extase n'ayant pas de rapport nécessaire avec la religion... » D'accord; mais alors pourquoi convenez-vous « qu'il est très-vrai que les prophètes du *Nouveau Testament* ne nous offrent absolument rien de semblable? » Vous avez beau vouloir nous l'expliquer en ajoutant: « C'est parce qu'on ne décrit pas leur état. » Cette raison est bien mauvaise,

tions, et, s'il est juste, nous lui pardonnerons d'avoir terminé par les paroles suivantes un ouvrage qui s'annonçait, nous devons le dire, sous des auspices plus tolérants : « Bien des protestants croyaient que le jésuitisme était mort, mais *le boa* dormait; quelques-uns espèrent que l'incrédulité même nous délivrera de la superstition et du despotisme de Rome; chrétiens, ne vous y fiez pas! Je ne sais quelle combinaison se prépare, mais il se pourrait bien qu'avant peu nous vissions et les impies, et l'Église romaine, et, chose singulière! la grande masse des protestants, se ranger entre les chrétiens qui ne veulent que la Bible, et qui tout d'un coup se verront seuls » (p. 189).

Plaise à Dieu! plaise à Dieu! car si les impies et la grande masse des protestants font jamais cause commune avec l'Église romaine, vous ne voudrez pas rester tout seul, monsieur Bost, et nous fraterniserons tous avec bonheur, fût-ce dans les replis *du boa* (1).

car nous les voyons, au contraire, bien plus dans le détail de leur vie, et si jamais on n'a ouï parler de convulsions, c'est qu'ils n'en eurent jamais.

Alors vous êtes obligé de vous rejeter sur l'*Ancien Testament*, et vous nous citez Balaam. Mais vous oubliez que *l'homme aux yeux fermés et qui tombait à terre* (expressions qu'on n'a jamais remarquées, et qui en feraient presque un somnambule), était classé parmi les prophètes du démon, et qu'il dérogeait, pour cette fois seulement et forcément, à l'erreur. L'exemple de Saül ne nous paraît pas mieux choisi, puisque chez lui l'agitation corporelle, la convulsion était toujours le prélude de l'invasion démoniaque, comme l'apaisement résultant des sons de la harpe était celui du retour de l'esprit divin. Vous voyez donc bien que vos comparaisons tournent contre vous.

Maintenant, si nous passons au magnétisme, nous retrouvons encore cette tendance aux mêmes phénomènes. De là vient sans doute le nouveau nom de *transe*, que M. Du Potet, d'accord avec les magnétiseurs américains, donne à l'état magnétique. De là, probablement encore, cette opinion formulée dernièrement par un savant de Milan, que le magnétisme était un agent « essentiellement morbide. »

Enfin, si nous en arrivons aux faits tout récents des *chaînes humaines* développant l'*aimantation rotatoire*, nous voyons quelquefois des malheureux trembler encore le lendemain, par suite de l'influence spirituelle à laquelle ils se sont frottés. (Voyez les derniers chapitres.)

(1) Il faut que la réalité de ces terribles scènes lui ait paru bien inatta—

Continuons notre exposé ; nous passerons tout à l'heure aux analyses.

§ III.

Les convulsionnaires de Saint-Médard. — En dépit des deux vers de Voltaire, « ces faits merveilleux furent attestés et prouvés immédiatement sur les lieux, devant des juges parfaitement intègres ; on ne peut rien opposer à cette nuée de témoins. » (David Hume.)

Les siècles se succèdent, les événements se rapprochent et les mêmes causes, toujours subsistantes, soulèvent de temps en temps le rideau du théâtre pour rajeunir ces drames trop connus, sous de nouveaux noms et de nouveaux *décors* qui donnent facilement le change à nos souvenirs et à notre ignorance.

Nous voici donc arrivés à l'épidémie modèle, à celle que le XVIII° siècle a le plus complétement travestie, et que deux mauvaises rimes (il n'en faut pas davantage en France) ont fait ranger incontinent parmi les fables et les rouéries (1).

---

quable, pour que cette fois-ci, et par exception, M. le docteur Dubois (d'Amiens) veuille bien reconnaître que *la simulation n'y jouait aucun rôle*. Mais à qui pourra-t-il persuader que des épidémies toutes semblables, et dont les phénomènes sont littéralement calqués les uns sur les autres, soient réelles de ce côté-ci de la rivière et simulées sur l'autre rive ? Ce n'était pas des vérités de fait, que Pascal disait : « Vérités au delà des Pyrénées, erreurs en deçà. » Il est vrai que même à propos de ces phénomènes camisards, M. Dubois fait encore ses réserves et les trouve étrangement amplifiés. Nous, nous les trouvions au contraire étrangement mutilés, et nous avons prouvé qu'ils l'étaient. Que M. Dubois prenne soin de recourir aux sources historiques, et il pourra s'assurer que nous sommes resté encore en deçà de la vérité. Mais de grâce, qu'il ne se permette plus de choisir arbitrairement et au hasard, entre les innocents et les coupables, et d'appeler tour à tour blanc ou noir, à sa fantaisie, ce qui est exactement de même couleur. Car cette fois-ci, ce serait *plus qu'un crime*, ce serait *une faute*, oui une faute contre la logique, et celle-ci ne se pardonnerait pas chez un homme d'esprit.

(1)   De par le roi défense à Dieu
             De faire miracle en ce lieu.

On est attristé d'entendre M. Arago, dans l'article de l'Annuaire précédemment cité (1853), alléguer ces deux vers comme une des preuves de la faus-

Cette fois-ci, cependant, pour ceux qui regardaient d'un peu près, les embarras étaient inextricables, parce que l'évidence de ces faits était par trop éblouissante, et que, selon la remarque de M. le docteur Calmeil, « la population *tout entière* de Paris *était là* pour affirmer les plus étranges » (t. II, p. 373).

Comprenez dans cette population les médecins les plus rebelles, les historiens les plus graves, les magistrats les plus rigides, les personnages les plus haut placés, et vous serez contraints de reconnaître que *Saint-Médard* est l'enclume formidable sur laquelle viendront toujours se briser les dénégations du rationalisme le plus obstiné. Que faire, que dire, qu'opposer à des milliers de faits attestés, signés par des hommes comme Rollin, Folard, La Condamine, Toussaint, Hume lui-même, etc.? Rien, absolument *rien qui vaille*, comme dit Bayle.

Il ne reste donc plus qu'à se résigner, qu'à bien examiner ces faits, à ne pas les mutiler surtout, puis à mûrement analyser les théories proposées, si toutefois une seule d'entre elles peut mériter cet honneur.

Voyons d'abord ces faits (1).

Le diacre *Pâris*, mort en protestant avec énergie contre la bulle *Unigenitus* qui condamnait les jansénistes, avait été inhumé au petit cimetière de Saint Médard. Ses coreligionnaires se portèrent en foule sur sa tombe, y prièrent avec

---

seté des faits de Saint-Médard; nous possédons peu de vérités, mais à ce titre-là, et si la plus pauvre plaisanterie devait en décider, il n'en subsisterait pas une seule. Au reste, nous croyons le temps des plaisanteries définitivement passé, et nous savons que sur tous ces sujets ce n'est pas l'Académie des Sciences qui rit le plus en ce moment, ou du moins qui rit le plus franchement.

Quant à ces faits de Saint-Médard, M. Arago va pouvoir s'assurer une fois de plus s'ils étaient attestés uniquement *par plusieurs personnes distinguées*, et s'il n'y avait pas ici tout à la fois en fait de témoins, et *qualité* et *quantité*. (Voyez l'*Annuaire*, p. 434 et 435.)

(1) Ce même sujet a été déjà traité plusieurs fois au même point de vue et tout spécialement, il y a une vingtaine d'années, par M. M*** (de la Marne) dans le savant ouvrage intitulé « *la Religion constatée universellement.* »

ferveur, et bientôt proclamèrent l'apparition d'un premier miracle, qui fut promptement suivi de beaucoup d'autres. Toujours est-il que, selon le docteur Calmeil lui-même, « les pathologistes purent approfondir avec un intérêt mêlé d'étonnement la cause des guérisons presque toujours désespérées *qui s'effectuèrent en assez grand nombre sur ce tombeau* et sur celui de quelques fervents jansénistes » (p. 314).

« Plusieurs de ces miracles » (prenez-y garde, Messieurs, en ce moment c'est David Hume, l'*incroyance incarnée*, qui vous parle), « plusieurs de ces miracles furent *prouvés im-*
« *médiatement, sur les lieux,* devant des juges d'une intégrité
« indubitable, et attestés par des témoins accrédités, par des
« gens de distinction, dans un siècle éclairé, et sur le théâtre
« le plus brillant qu'il y ait actuellement dans l'univers... Où
« trouver ailleurs une aussi prodigieuse quantité de circon-
« stances qui concourent pour la confirmation d'un fait, et
« qu'*opposer à cette nuée de témoins,* si ce n'est l'*impossibilité*
« *absolue de nier* la nature miraculeuse des événements qu'ils
« attestent (1) ? »

Vous voyez que nous ne choisissons pas nos autorités parmi les jésuites.

Écoutons à présent la description que M. le docteur Calmeil va nous en faire, d'après le médecin Hecquet et l'historien Dulaure.

« La plupart des sujets, dit-il, que la gravité de leurs maux engageait à se rendre au cimetière de Saint-Médard, avaient à peine *senti le contact du marbre* de Paris, que leurs membres étaient agités de mouvements tumultueux (2). Tantôt, le patient en était quitte pour un accès convulsif déter-

---

(1) *Essai philosophique sur l'entendement*, p. 10.
(2) A ceux qui pourraient croire que *le froid du marbre* était pour quelque chose dans ce début, nous répondrions sur-le-champ, qu'un peu de terre ramassée auprès du tombeau, et délayée dans un peu d'eau et de vin, produisait exactement le même effet. Ainsi, cette fois, le *toucher* du marbre était le point de départ convenu, comme *l'imposition des mains* et *le souffle* dans la bouche des camisards.

miné par chaque nouveau pèlerinage à Saint-Médard ; tantôt il éprouvait une série d'accès dans l'espace de quelques heures. Le sol du cimetière était disputé par une multitude de filles, de femmes, d'infirmes, d'individus de tout âge qui se débattaient dans les convulsions. On rencontrait des convulsionnaires dans les rues voisines du cimetière, dans les cabarets où ils allaient chercher des rafraîchissements ; plusieurs femmes éprouvaient ensuite dans leurs familles de nombreux accès de convulsions (p. 325). Au bout de quelques mois, le chiffre connu s'élevait à *huit cents*. »

Un des premiers faits que signale M. Calmeil est celui-ci, et nous l'enregistrons parce qu'il offre une circonstance toute spéciale.

« Le 20 septembre 1734, la veuve Thévenet, espérant se débarrasser d'une surdité incomplète, se décide à boire et boit de l'eau tenant en suspension quelques molécules terreuses provenant de la fosse de Pâris.... puis elle commence une neuvaine en l'honneur du feu diacre. Le 29, elle entreprend une seconde neuvaine en invoquant *Pâris*. Les nuits suivantes elle se sent agitée, émue, en proie à un saisissement et à une frayeur extraordinaires.... Le 1er octobre, la malade annonce qu'il se passe en elle des choses étranges ; le 2, pendant une messe à laquelle elle assiste, elle perçoit dans toute son organisation une perturbation indéfinissable qui l'oblige à sortir dans un jardin où sa tête commence à être secouée *sans la participation de sa volonté....* Un frère de cette femme, chanoine à Corbeil, s'épuise en efforts superflus pour l'empêcher de se frapper.... Dans certains moments, elle fait des sauts violents comme pour s'élever jusqu'au plafond ; le désordre de ses vêtements prouve qu'elle méconnaît tous les sentiments de la pudeur.... Les mots qu'elle prononce n'appartiennent à aucune langue connue.... Mᵐᵉ ***, s'étant mise à genoux, récite une oraison à Pâris, pendant laquelle la dame Thévenet devenue encore plus furieuse..., sort du lit, et se met à sauter s'élevant à peu près jusqu'à *la hauteur du* *plancher...*, et ses deux seins, sortant de son corps, *tournaient d'eux-mêmes et s'entortillaient*, comme si quelqu'un les eût tordus avec la main..... Vers une heure après minuit, la servante, entendant toujours des hurlements dans la chambre des convulsionnaires, regarde par la fenêtre, et voit ces deux femmes en chemise, riant et jetant leurs bonnets de côté et d'autre.

« Pendant la nuit du 3 au 4 octobre, on crut que la veuve Thévenet allait expirer.... Le 4, craignant une fin prochaine, elle supplie le chanoine Mariette, son frère, de la confesser... A peine eut-elle commencé à accuser ses péchés, que les convulsions deviennent plus intenses.... Mais le mardi 5, le prêtre ayant dit à dessein que c'étaient là des mystères de Satan, la veuve Thévenet tombe dans les attaques les plus terribles. Le soir, elle consent cependant à remettre à son frère un manuel de piété (1), dont la lecture provoquait aussitôt le retour des paroxysmes convulsifs, et la nuit du 4 au 5 est exempte d'agitation.

« Le mardi 5 octobre, son frère, le chanoine, lui ayant fait des représentations sur son affreux état, elle se rend complétement. En présence de son confesseur janséniste...., elle remet à son frère le portrait du diacre Pâris, deux paquets de terre de son tombeau, un morceau de bois de son lit, qu'on jette au feu; puis elle fait profession de foi à l'église catholique..., *et elle n'éprouve plus ni agitation, ni mouvement convulsif*, ne conservant qu'un esprit sain » (p. 329).

M. Calmeil n'a pas craint de puiser ces détails dans le Père Lataste. Voici ce qu'il ajoute sur cette dévote, dont la conduite et la moralité avaient toujours passé pour irréprochables, et qui constitue, dit-il, au point de vue de la science, une des observations les plus intéressantes de Saint-Médard :

« Le 6 octobre, un sentiment de répulsion terrible enchaîne encore sa volonté quand elle cherche à franchir le seuil du

---

(1) Jansénique.

saint lieu (l'église), où elle était attendue... Il fallut recourir encore à des aspersions d'eau bénite pour soutenir son courage... (p. 329).

« On trouve réunis ici, dit M. Calmeil, tous les signes de l'hystérie, de l'extase, de la nymphomanie, de la théomanie, et une partie des accidents propres à la démonopathie » (p. 330).

Passons maintenant à une seconde observation : « La conversion du secrétaire des commandements de Louis XV au jansénisme s'annonça par un singulier genre d'agitation musculaire... Ce personnage, nommé Fontaine, très-opposé jusque-là, comme toute la cour, à la cause des appelants (1), étant à Paris au commencement de 1733, dans une maison où on l'avait invité à dîner avec une grande compagnie, se sentit tout à coup forcé, par *une puissance invisible*, à *tourner* sur un pied avec une vitesse prodigieuse, sans pouvoir se retenir, ce qui dura *plus d'une heure* sans un seul instant de relâche. Dès le premier instant de cette convulsion si singulière, un *instinct* qui venait d'en haut, lui fit demander qu'on lui donnât au plus vite un livre de piété. Celui qu'on lui présenta fut un tome des *Réflexions morales*, du Père Quesnel, et quoique Fontaine *ne cessât pas de tourner avec une rapidité éblouissante*, il lut tout haut dans ce livre tant que dura sa convulsion » (p. 332).

« Cette convulsion continua pendant *plus de six mois*... Elle lui prenait tous les jours à neuf heures et durait une heure et demie et deux heures de suite... Un grand nombre de personnes ont compté jusqu'à 60 *tours par minute*... Dans l'après-midi, Fontaine se sentait une force et un état de santé parfaits jusqu'au lendemain matin » (2) (p. 333).

(1) Les partisans du diacre Pâris.
(2) Nous n'avons pas besoin de faire remarquer que la contagion *tournante* ne date pas de 1853; rappelons seulement, qu'en fait de tours de force, la plus belle pirouette à l'Opéra ne dure pas une demi-minute, et que, d'un autre côté les secrétaires de la cour cèdent rarement à la tentation de perdre

M. Calmeil fait suivre ce récit des réflexions suivantes : « Quand l'espèce d'entraînement qui obligea Fontaine à *tourner* sur un pied commença à agir sur lui, on mit entre ses mains un livre de Quesnel. Il est donc probable que Fontaine se trouvait à dîner avec de fervents jansénistes, et l'on peut présumer avec quelque vraisemblance, qu'on avait parlé *avec enthousiasme* devant lui des convulsions et des miracles... Quoi qu'il en soit, le cerveau du secrétaire de la cour *subissait en ce moment une modification fâcheuse* » (p. 333). En effet, très-fâcheuse, car à la suite d'une pareille initiation, nous voyons Fontaine se livrer à toutes les austérités possibles, « entre autres à des jeûnes de dix-huit jours sans manger, et enfin de quarante jours pendant lesquels il ne se permit que de boire » (p. 335). A ce point que ce ne fut plus bientôt « qu'un squelette couvert d'une peau sèche et livide » (p. 337).

« Tout cela, dit M. Calmeil, dut, il faut en convenir, produire une grande impression sur l'imagination des partisans du miracle. »

Ensuite, venait chez les convulsionnaires, le fameux *état de mort*, qui durait deux ou même trois jours, et pendant lequel l'insensibilité devenait absolue.

Puis les improvisations, dans lesquelles le Tout-Puissant leur faisait développer, de la manière la plus lumineuse, l'importance des vérités condamnées par *la bulle*, car cette bulle du pape, la bulle *Unigenitus*, était toujours l'ennemi, le *delenda Carthago*.

Reprenons. « Tous les observateurs s'accordent donc à confesser, que le *souffle* de l'inspiration prophétique gourmanda

place et crédit. Au reste, nous pouvons encore invoquer ici l'attestation d'un pieux et savant ecclésiastique de notre connaissance. Cet ecclésiastique nous racontait qu'un jour, au moment de donner l'absolution à une femme âgée de soixante ans, et d'une dévotion très-suspecte, cette femme, entraînée aussi par *une puissance irrésistible*, se mit à tourner *sur son pouce* avec une rapidité éblouissante, et sans que rien pût l'arrêter. Singuliers effets qui se calquent exactement les uns sur les autres à un ou plusieurs siècles de distance !

plus d'une fois l'esprit des convulsionnaires jusque dans leurs accès de véritables extases » (p. 347).

« Quelques malades récitaient les prières les plus ordinaires sur le ton de l'inspiration, et le déréglement de leur imagination donnait souvent à cet acte de piété toute l'apparence d'un acte de dérision ou de scandale. Une convulsionnaire, dit un auteur, récite le *De profundis* en français avec une piété affectueuse qui édifie, mais avant que de le réciter, elle veut qu'on lui mette la tête en bas, les pieds en haut et le corps en l'air..., ce qui représente, déclare-t-elle gravement, que tout est renversé dans l'Église » (p. 350).

« Une convulsionnaire, surnommée l'Invisible, chantait les louanges de Dieu en faisant la culbute... Poncet en a vu une qui faisait ses prières en tirant la langue comme une possédée, et dont le visage était décomposé par d'horribles contorsions. (*Ib.*)

« Plusieurs théomanes parlaient comme si les lèvres, la langue, tous les organes de la prononciation eussent été remués par *une force étrangère*... Quelques-uns entendaient sortir de leurs poumons *une voix* autre que la leur; ils se comparaient à un écho ou à une personne qui ne dicte que ce qu'elle entend dicter. » (*Id.*)

« Les convulsionnaires qui entendaient dicter les termes de leur discours, fait observer M. Calmeil, soit intérieurement, soit en dehors de l'oreille, ressemblaient à *la plupart des somnambules, ou à nos hallucinés* » (354).

Enfin nous voici parvenus à l'effroyable chapitre *des grands secours*, ce *summum* des inventions démoniaques, dont le récit soulève l'indignation et resterait au bout de la plume s'il ne nous paraissait indispensable à l'entière démonstration de la vérité.

« Quelques convulsionnaires allaient jusqu'à se faire étendre et lier avec des cordes sur des croix de bois. Plusieurs d'entres elles, assure-t-on (c'est Dulaure qui parle en ce moment, t. VII, p. 436, et le célèbre chirurgien Morand, de l'Hôtel-Dieu, affirme en avoir vu trois exemples), se firent traverser les pieds et les mains par d'immenses clous de fer, qui allaient ensuite se fixer dans les branches et dans l'arbre de la croix, et, pendant cette espèce de martyre, elles trouvaient la résignation nécessaire pour admonester les assistants. D'autres se faisaient percer la langue et larder les chairs avec des épées... Ces tableaux, disait-on, faisaient ressortir la laideur du péché, qui n'avait pu être expié que par la souffrance d'une chair divine. »

Nous avons bien soin de le répéter, c'est l'historien Dulaure qui parle ici et qui parle D'APRÈS LE CÉLÈBRE CHIRURGIEN DE L'HÔTEL-DIEU, témoin oculaire.

Mais tout ceci se conçoit encore, parce que, à la rigueur, le fanatisme et son courage peuvent en expliquer une partie; mais voici ce qui ne se conçoit plus du tout, parce que toutes les lois de la physique s'y trouvent bouleversées de fond en comble.

« On a dit avec raison que ces théomanes se seraient fait ouvrir tout vivants, si l'idée qu'un pareil martyre pût être agréable à l'Être suprême se fût, par hasard, offerte à leur imagination. Ce ne fut pas sans quelque surprise néanmoins, qu'on les vit, dans le principe, courir par différents motifs, après les plus effrayantes tortures corporelles. Se serait-on résigné (dit toujours M. Calmeil), à croire jamais, SI LA POPULATION TOUT ENTIÈRE DE PARIS NE L'EUT AFFIRMÉ, que plus de cinq cents personnes du sexe aient poussé la rage du fanatisme, ou la perversion de la sensibilité, au point de s'exposer à l'ardeur du feu (1), de se faire presser la tête entre des planches, de se faire administrer sur l'abdomen, sur les

---

(1) Morand, le chirurgien de l'Hôtel-Dieu, décrit encore dans ses *Opuscules chirurgicaux* l'impassibilité avec laquelle la sœur *Sonnet*, appelée pour cette raison *la Salamandre,* se couchait et restait couchée, au travers d'un brasier ardent : « Scène remarquable, dit le *Grand Dictionnaire des sciences médicales,* en ce qu'on voit figurer parmi les nombreux témoins qui en certifient la réalité, un lord anglais qui en fut si frappé, qu'il se con-

seins, sur l'épigastre, sur toutes les parties du corps, des coups de bûche, des coups de pied, des coups de pierre, des coups de barre de fer? Les théomanes de Saint-Médard affrontaient pourtant ces épreuves... tantôt pour démontrer que Dieu les rendait invulnérables..... tantôt pour prouver que des coups, *habituellement douloureux*, ne leur procuraient que de douces jouissances » (p. 373).

Habituellement douloureux est bien dit, car on estime que près de *quatre mille* enthousiastes firent emploi de leurs forces, *pour piétiner, pour frapper sans relâche*, des infirmes et de toutes jeunes filles, qui imploraient la violence de leurs coups.

Mais avant d'essayer d'en donner une idée, nous sentons qu'il est nécessaire de remonter aux autorités historiques, à cette masse de témoignages assez irrésistibles, pour avoir pu forcer à ce point l'incrédulité moderne et l'avoir condamnée à enregistrer et discuter de pareils faits.

Laissons donc pour un moment MM. Calmeil et Bertrand, et appelons-en à d'autres noms, pour compléter notre exposé.

Empruntons nos derniers traits au grave magistrat Carré de Montgeron, et faisons-nous-le garantir par la parole peu crédule de Diderot : « Nous avons, dit celui-ci, de ces miracles prétendus, un vaste recueil *qui peut braver l'incrédulité la plus déterminée*. L'auteur, Carré de Montgeron, est un magistrat, un homme grave qui jusque-là faisait profession d'un matérialisme assez mal entendu, il est vrai, mais qui du moins n'attendait pas sa fortune de sa conversion au jansénisme. Témoin oculaire des faits qu'il raconte, et dont il a

vertit, et le frère de Voltaire, Armand Arouet, trésorier de la cour des comptes (Art. Convulsions.) »

Au reste, il y a seize cents ans que Jamblique décrivait toutes ces scènes dans son livre : *De mysteriis Ægyptiorum*... Chacune des pages de l'histoire nous les eût aussi montrées dans les fameuses *épreuves par le feu*... Mais il faut bien, pour que nous ayons confiance, que ce soient Hume et Dulaure qui se portent garants, et nous cautionnent la vérité!

pu juger sans prévention et sans intérêt, son témoignage est accompagné *de mille autres*. Tous disent qu'ils ont vu, et leur déposition a toute l'authenticité possible : les actes originaux en sont conservés dans les archives publiques » (1).

Le grand *Dictionnaire des Sciences médicales*, dans un article signé par un savant physiologiste, le docteur Montègre, cautionne ainsi le même auteur : « Carré de Montgeron entoura ces prodiges de témoignages si nombreux et si authentiques, qu'il ne reste, après les avoir examinés, *aucun doute* à former... Quelle que soit ma répugnance pour admettre de semblables faits (et l'on sait qu'elle est grande en général chez les médecins), *il ne m'a pas été possible de me refuser à les recevoir.* » (Art. Convulsions.)

Le docteur Montègre a raison, car, si ces faits étaient faux, attestés comme ils le sont, c'en serait fait à jamais du témoignage, et nous ne comprendrions plus, pour notre part, ce que signifierait dans le cours ordinaire des choses l'attestation d'un médecin, d'un savant, d'une académie, à plus forte raison l'institution du jury, etc. Sur toutes les questions, il n'y aurait plus qu'à se croiser les bras, et à douter même de sa propre existence.

Voici donc ces derniers faits *garantis* par le *Dictionnaire des sciences médicales*.

« Jeanne Moulu, jeune fille de vingt-deux à vingt-trois ans, étant appuyée contre la muraille, un homme des plus robustes prenait un chenet, pesant, dit-on, de vingt-cinq à trente livres, et lui en déchargeait, de toute sa force, plusieurs coups, toujours dans le ventre ; on en a compté quelquefois jusqu'à cent et plus. Un frère, lui en ayant donné un jour soixante, essaya contre un mur, et on assure qu'au vingt-cinquième coup, il y fit une ouverture. Ce fut en vain, dit Carré de Montgeron, que j'employais tout ce que je pouvais rassembler de forces... La convulsionnaire se plaignit

---

(1) Diderot, *Pensées philosophiques*.

que mes coups ne lui procuraient aucun soulagement et m'obligea de remettre le chenet entre les mains d'un grand homme fort vigoureux qui se trouvait parmi les spectateurs. Celui-ci ne ménagea rien. Instruit par l'épreuve que je venais de faire, il lui en *déchargea de si terribles, toujours dans le creux de l'estomac, qu'ils ébranlaient le mur* contre lequel elle était appuyée. La convulsionnaire se fit donner tout de suite les cent coups qu'elle avait demandés d'abord, ne comptant pour rien les soixante qu'elle avait reçus de moi... Je repris et voulus essayer contre un mur, si mes coups, qu'elle trouvait si faibles, et dont elle se plaignait si amèrement, n'y produiraient aucun effet. Au vingt-cinquième coup, la pierre sur laquelle je frappais, acheva de se briser. Tout ce qui la retenait tombait de l'autre côté du mur et y fit une ouverture de plus d'un demi-pied de large. Lorsque le chenet s'enfonçait si avant dans l'estomac de la convulsionnaire *qu'il paraissait pénétrer jusqu'au dos*, elle s'écriait avec un air de contentement peint sur son visage : Ah ! que cela est bon !... Ah ! que cela me fait du bien ! Courage, mon frère, redoublez encore de forces, si vous pouvez... Les coups assommants du chenet frappaient d'abord sur la peau, mais *sans y faire la plus légère meurtrissure.* »

Suivant l'exercice de la planche. « La convulsionnaire se couchait à terre, mettait une énorme planche sur elle, et faisait monter sur cette planche une vingtaine de personnes, équivalant au moins à un poids de *quatre milliers*. Elle trouvait encore que cela ne pesait pas assez. »

Puis venait l'exercice du caillou de vingt-deux livres, « que l'on déchargeait à tour de bras, et *cent fois* de suite, *sur le sein* de la convulsionnaire. A chaque coup toute la chambre était ébranlée, le plancher tremblait, et les spectateurs ne pouvaient s'empêcher de frémir, en entendant le bruit épouvantable que les coups faisaient sur le sein. »

« Quelqu'un ayant fait le récit de ces effroyables secours à un grand physicien, celui-ci soutint que les faits ne pouvaient être vrais, *parce qu'ils étaient physiquement impossibles...* On lui laissa tranquillement faire ses démonstrations, et à la fin on lui dit : « Venez voir. » Il y court. Saisi d'étonnement, il demande que ce soit lui-même qui administre le secours. On lui met aussitôt dans les mains les instruments de fer les plus forts et les plus assommants. Il ne s'épargne pas ; il frappe avec la dernière violence. Il enfonce dans les chairs l'instrument de fer dont il est armé, il *le fait pénétrer jusqu'au fond des entrailles.* Cependant la convulsionnaire *rit* de tous ses vains efforts. Tous les coups qu'il lui porte ne servent qu'à lui faire du bien, sans laisser la moindre impression, la moindre trace, le moindre vestige, non-seulement dans les chairs, *mais même sur l'épiderme de la peau.* »

« La Salamandre (celle qui restait couchée au travers du brasier) se mettait encore en arc renversé, la tête et les pieds posant à terre, et les reins soutenus en l'air par un pieu des plus aigus. Puis, au moyen d'une poulie, on laissait tomber à plusieurs reprises sur son estomac et du plafond de l'appartement, une pierre *pesant cinquante livres,* ses reins portant toujours sur la pointe. *La peau ni la chair n'ont jamais reçu la moindre atteinte.* »

« Une autre, du bourg de Méru, diocèse de Beauvais, assise à terre, le dos contre un mur, se fait donner dans le creux de l'estomac jusqu'à deux mille coups de pieds de suite. Elle prend une broche à rôtir, la plus forte qu'elle peut trouver, elle *en plaça la pointe dans le creux de son estomac* ou entre ses fausses côtes ; elle la fait ensuite pousser contre elle par quatre, cinq ou six personnes, de toutes leurs forces, en sorte que *ces broches plient souvent ou se faussent...* De même à sa gorge, à son front... Enfin, depuis deux mois elle se fait donner des coups d'épée par tout le corps ; quoique sa peau plie sous les pointes, et qu'il y reste quelquefois une petite marque rouge, néanmoins *la chair n'en est jamais percée* » (*Dict. des sc. méd.*).

Nous ne savons pourquoi M. Calmeil n'a pas voulu rapporter ce dernier fait. Lui paraît-il donc moins certifié que tous ceux qu'il accepte ? Nous ne le pensons pas, car, parmi les vingt et un témoins acteurs qui ont signé ce procès-verbal, on remarque des personnages de la plus haute distinction, tels que milord de Perth, maréchal de camp, M. le comte de Novion, des magistrats, des officiers du roi, des ecclésiastiques, etc., etc. Lui paraît-il trop inacceptable ? Allons donc ! quand on rapporte celui du physicien faisant pénétrer le fer *jusqu'au fond des entrailles*, sans pouvoir laisser le moindre vestige, *même sur la peau* (p. 377), quand on a accepté l'épreuve du caillou de cinquante livres, les crucifiements, l'épreuve du brasier, etc., etc., comment regarde-t-on encore à quelque chose ?

« M. H...., tout luthérien qu'il est, m'a attesté, dit le célèbre Caraccioli, avoir été conduit, au mois de septembre dernier, dans une maison de secouristes, et y avoir déployé toutes ses forces pour pouvoir faire entrer *son épée* dans tous les endroits d'un corps vivant, sans avoir pu jamais en venir à bout. Il m'a ajouté que MM. de La Condamine et Toussaint, personnages qui ne sont pas gens à croire au hasard, avaient tout examiné avec la plus sérieuse attention, et qu'ils étaient demeurés convaincus du surnaturel, *même au point d'en être effrayés*. Ils virent tous clouer la main d'une femme, et le clou qui passait au travers ; et aussitôt la plaie toute couverte de sang se referma et ne parut qu'une simple cicatrice de trois mois. Mais qu'ai-je besoin de ce témoignage ? Je connais plus de *mille* personnes, dignes de toute croyance, qui m'ont assuré le même fait, avec des circonstances si extraordinaires, qu'en me les rappelant je m'imagine quelquefois rêver. »

Ainsi donc, les jansénistes, les jésuites et de grands savants tombent parfaitement d'accord sur la réalité des faits et sur leur *surnaturel*. Les médecins modernes avouent aussi les faits, et font pour les expliquer *naturellement* des efforts surhumains... et complètement inutiles, nous allons le prouver tout à l'heure. Les magnétiseurs seuls, et à leur tête le savant docteur Bertrand, revendiquent tous ces faits pour leur agent extatique et mystérieux, et jusqu'à ces derniers temps n'y voyaient que l'action d'*un fluide*.

Tous se trompaient étrangement. Le Dictionnaire des sciences médicales ne laisse pas échapper non plus cette identité des faits magnétiques, avec tous ceux que nous venons de rapporter. Commençant par admettre la réalité des faits les plus bouleversants, le docteur Montègre avoue franchement qu'il ne peut les refuser, parce qu'ils *ne lui paraissent pas moins prouvés que tous les autres*. « Ce sont, dit-il, *les mêmes témoignages, et les faits sont d'ailleurs ici bien autrement clairs et précis*. Il s'agit moins de guérison que de faits apparents et extérieurs, sur lesquels il ne peut s'élever la *moindre* équivoque. »

Voilà ce que l'on appelle de la franchise et de la logique.

« Les phénomènes du magnétisme, reprend-il, et ceux que présentent les possessions et fascinations, se rattachent à ceux qui caractérisent les convulsionnaires, non-seulement *par la ressemblance la plus complète*, mais encore par *la cause* qui les détermine. *Il n'est pas un seul phénomène observé chez les uns qui ne se retrouve chez les autres*. »

D'accord; mais les faits sont entendus : passons maintenant aux théories qu'on en donne.

§ IV.

Théories névropathiques proposées à ce sujet. — Analyse et discussion.

A présent que ces faits, appuyés, dit-on, sur les autorités les plus juridiques, *sur les attestations les plus sacrées*, sont acceptés par les manigraphes les plus difficiles, nous pouvons, encore une fois, suivre le conseil de Bayle et ne plus nous occuper de ces dénégateurs obstinés qu'il déclare, quelque part, « indignes même d'une réponse. »

Laissez-nous, leur dirons-nous, laissez-nous nous entendre ou nous débattre avec ces savants de bonne foi, qui s'avouent subjugués par ces *nuées de témoins*, et qui comprennent parfaitement que la science même n'aurait plus qu'à se voiler et à s'envelopper dans son manteau, si la puissance du témoignage devait s'écrouler à ce point-là.

Il ne s'agit donc plus avec eux que d'une discussion *en famille* et *en petit comité* sur des bases acceptées à l'avance.

Commençons par ne pas nous inquiéter beaucoup des théories du docteur Bertrand, qui se réduisent en définitive à expliquer l'extase par l'extase, car ce n'est pas l'expliquer autrement que de dire avec lui : « L'homme est susceptible de tomber dans un état particulier... que l'on peut désigner sous le nom d'extase ; cet état, le même qui s'observait chez les possédés des siècles précédents... n'est pas une maladie proprement dite... *Une exaltation morale portée au plus haut degré y prédispose éminemment...* et cet état ne cesse de se reproduire journellement sous nos yeux dans les traitements des magnétiseurs, où il se maintient ignoré ou méconnu de nos savants depuis quarante ans » (p. 474).

Bertrand donne ici le signalement de la GRANDE PUISSANCE, mais c'est un passe-port bien incomplet, celui qui n'oublie que le lieu de la naissance et le nom du voyageur qui en est muni.

Ce n'est pas non plus expliquer cette puissance, que de l'attribuer, avec le docteur Montègre et le *Dictionnaire des sciences médicales* « à l'influence réciproque du moral sur le physique, » car enfin ce n'est pas précisément du *moral* que *cette broche* qui ne peut même effleurer l'*épiderme* d'un estomac, dans lequel cinq ou six vigoureux gaillards s'efforcent de l'enfoncer.

Cherchons ailleurs. On a beaucoup vanté le docteur Hecquet, témoin des faits de Saint-Médard, et auteur d'un traité fort estimé *jadis* sur leur naturalisme.

Voyons-le. « Cette contagion, dit-il, avait lieu par voie

« d'ondulations d'une personne à l'autre... Ainsi, d'une part
« les esprits agités et vivement poussés à l'habitude du corps
« dans le convulsionnaire, vont se heurter contre la peau du
« spectateur, et par là imprimer dans les esprits qui y sont
« une sorte de *trémoussement*... » (p. 39).

Et plus loin, après avoir dit que « c'est *un esprit* qu'il y a à examiner, il nous explique, *sans esprit*, le support des poids démesurés, « par la vertu *systaltique* des *solides* qui s'accroît alors, pour se soumettre les fluides soulevés contre les solides » (pag. 56). « L'infatigabilité (*sic*) aux milliers de coups de bûche et de barres de fer, assenés par des hercules dans le creux de ces estomacs de jeunes filles, s'explique par le parallélisme des fibres, etc. » Quant aux hurlements, « il les explique par l'histoire de Nabuchodonosor ; la divination, par l'antre de Trophonius ; les postures impossibles, par ce possédé qui marchait à la voûte d'un temple, la tête en bas, etc. »

Assez, assez! Et c'est là l'homme que M. le docteur Dubois (d'Amiens) nous citait dans son ouvrage sur le magnétisme, comme *ayant établi le naturalisme* des convulsions !...

Écoutons maintenant le célèbre docteur Foderé, que de sérieux travaux sur la pneumatologie médicale auront peut-être rendu plus clairvoyant.

Après avoir narré les principaux faits de Saint-Médard, « c'est, dit-il, avoir montré *bien peu* de critique (mieux que cela), que d'avoir attribué ce *délire de convulsions*, uniquement à l'érotomanie, comme le fait le docteur Hecquet, ou à l'action des jésuites, comme le fait M. Dulaure, puisque ce ne furent pas seulement des jeunes filles qui en furent attaquées, et qu'il fut partagé par des personnages graves et éclairés d'ailleurs. »

A merveille, mais qu'est-ce donc à vos yeux ? « *Cette explosion gigantesque de névroses* pourrait bien tenir à une *maladie du bas-ventre*, les borborygmes, les vers, etc. » Quoi ! des centaines de personnes de tout âge et de tout sexe, attaquées subitement et par le *simple contact d'un marbre*, de *maladies vermineuses*, et devenant aussitôt des thaumaturges de premier ordre ! « Oui, dit le docteur Fodéré, c'est une altération du *sens interne*, dont les fausses notions viennent d'une perversion naturelle des milieux *mandants* et des *sens recevants*. »

Comprenez-vous, Messieurs ? Quant à nous, notre *sens interne* ne nous révèle rien sur tous ces *milieux*.

Et M. Fodéré nous paraît d'autant plus inexcusable que son érudition lui fournissait une foule d'analogues sur lesquels il pouvait s'appuyer, et qu'il semble même, en certain endroit, adopter complétement l'explication donnée par Jamblique dans ses Mystères égyptiens, à propos de phénomènes tout semblables. « Leurs actions, disait ce gnostique, ne sont pas de l'homme, car ils passent partout sans qu'on les voie. Ils prédisent l'avenir et sont agités diversement *suivant le dieu qui les inspire*. De là, les uns se meuvent avec rapidité, ou de tout leur corps ou de quelques-uns de leurs membres.... Il en est qui paraissent transportés dans les airs, d'où ils retombent ensuite.... Leur âme semble se reposer, et UN DIEU EN AVOIR PRIS LA PLACE. » Encore une fois, monsieur Fodéré, il ne faut pas commencer par cette dernière théorie et la citer avec éloges, lorsque l'on veut lui substituer à quelques pages de là, celle des principes *principiants* et des maladies *vermineuses*.

Voyons donc enfin si nous serons plus heureux avec M. le docteur Calmeil, qui, venu le dernier, pourrait ou plutôt devrait être mieux inspiré. Voyons comment il va se tirer du mauvais pas dans lequel sa consciencieuse loyauté l'a forcé de s'engager.

Commençons par ce groupe de phénomènes qui caractérisent, selon lui, l'hystéro-démonopathie. « Assez souvent, dit-il, on voit encore à présent la lésion des sentiments religieux s'associer à la lésion des sens et à la perversion des mouvements volontaires; les hallucinations qui font croire à l'obsession diabolique, les tressaillements spasmodiques, les contractions musculaires disharmoniques, les convulsions générales momentanées, forment quelquefois encore aujourd'hui le cortége de l'aliénation religieuse affective » (t. I, p. 58). Plus loin, il dit encore : « La démonomanie et la démonopathie sont une variété de monomanie et un genre d'aliénation. » Nous allons voir ce qu'il en est, et nous n'oublierons, monsieur Calmeil, ni le principe posé par tous vos collègues, que ce n'est pas l'hallucination, mais bien *la confiance absurde dans l'hallucination*, qui constitue le commencement de la folie ; ni celui que vous posez vous-même en cent endroits, que ces malheureux ne pouvaient pas ne pas croire à une théorie forcément partagée alors, non-seulement par tout le clergé, mais encore par les médecins les plus distingués. Donc, si personne alors *ne pouvait n'y pas croire*, non-seulement il n'y avait pas folie à le croire, mais il n'y avait même pas déraison.

Commençons notre triple examen par Loudun, et prenons un fait au hasard. Lorsque la sœur Sainte-Agnès adjurée devant le duc d'Orléans d'adorer le Saint-Sacrement (après avoir, dites-vous, passé son pied derrière la tête jusqu'au front, en sorte que *les orteils touchaient quasi le nez*), eut proféré, tout en obéissant, ses épouvantables blasphèmes... le duc lui demanda incontinent après la crise, si elle avait quelque souvenance. « De quelque chose, répondit-elle, « mais pas de toutes ; quant aux réponses sorties de ma bou-« che, je les ai ouïes *comme si un autre* les eût proférées » (p. 27).

On n'a pas manqué de crier à l'imposture ; mais comme vous le dites fort bien, « cette religieuse n'en imposait pas, « seulement elle ne pouvait pas savoir que c'était *un effet* « *de sa maladie*... dans certaines affections nerveuses, la « personne qui parle croyant entendre parler une autre per-« sonne par sa bouche » (*Ibid.*). Eh ! voilà précisément la question, monsieur Calmeil. Voilà, répétons-le toujours, ce qui fait *que votre fille est muette*, et que cependant elle parle ! Mais, de grâce, *pourquoi* cela se passe-t-il ainsi dans cette classe d'affections nerveuses, selon vous, *toutes différentes* des autres ? Y a-t-il alors *dédoublement du moi*, comme le pensent encore beaucoup de psychologistes, ou véritablement y a-t-il *deux êtres* en un seul ? Nous avouons naïvement que lorsque l'un de ces deux êtres, tout en parlant latin, grec, hébreu, toutes les langues enfin, y compris celles des sauvages, blasphème, renie et cabriole, pendant que son associé n'a jamais su qu'adorer, prier, s'agenouiller et parler bon français, nous nous décidons pour la seconde hypothèse.

A un autre. Lorsque l'abbesse, madame de Sazilli, cette femme supérieure que vous vengez si justement, reçut aussi de l'exorciste l'ordre d'aller baiser le pied du ciboire, et qu'après avoir roulé par la chapelle, et fait plusieurs extensions de jambes, telles qu'elle touchait du périnée contre terre, elle s'en alla rampant et la langue énorme et pendante, obéir avec cris et tremblement, vous nous dîtes : « L'exorciste provoque ici, et à son insu, la catalepsie, les convulsions hystériques... Aujourd'hui, la puissance *magnétique* détermine une partie de ces effets. » Mais maintenant, nous voici tout en peine de l'exorciste. Ce n'est plus la possédée qui nous occupe, c'est le guérisseur. Où ce malheureux a-t-il pris cette effroyable puissance *magnétique* de faire hurler les gens, et de les faire se tordre et obéir en blasphémant ? Encore une fois donc, qu'est-ce que cette *puissance magnétique*, dont vos confrères se moquent, à laquelle d'ailleurs vous croyez à peine, et que vous vous gardez bien de définir ? Décidément nous n'avançons guère ; seulement vous convenez, qu'alors, madame de Sazilli agissait « *sans la participation de sa volonté*, ou sous l'empire d'une volonté pervertie par la maladie » (p. 29). C'est toujours bon à se rappeler.

Toujours est-il que c'est une maladie ; mais qu'est-ce que cette maladie ? Contagion nerveuse, répondez-vous, ou mieux, hystéro-démonopathie. Ce n'est pas là la question. Quelle était *la nature de cet agent épidémique et contagieux?* car, vous le savez mieux que nous, il y a toujours derrière ces deux mots, ou plutôt, malheureusement, ces deux choses, un principe, un agent, un *divinum quid*, un τὸ θεῖον. Or nous croyons que nous sommes précisément ici dans ce dernier cas, que c'est là le sens de cette expression d'Hippocrate qui vous a fait enfanter tant de volumes. Oui, τὸ θεῖον, autrement dit, surhumain! Et puisque nous sommes d'accord sur les symptômes de la maladie, c'est de son étiologie(1) qu'il faut nous occuper.

Vous le savez encore; pour faire de la bonne étiologie, il faut tâcher de remonter au point de départ; c'est à sa naissance qu'il faut étudier le fléau. Vous ne pouvez pas vous dissimuler que Grandier; « ce prêtre si scandaleusement « brillant, aux mœurs galantes, haineuses, et véritablement « superbe, » n'ait été le mauvais génie de toute cette affaire, ce sont là vos expressions, et elles sont justes. « C'est *à lui*, dites-vous, à sa connivence avec les puissances de l'enfer (p. 32) que les ursulines de Loudun attribuèrent le dérangement de leur santé. » Et vous remarquez avec raison que dans toutes les épidémies analogues il y avait *un importateur*. A Chinon, c'était Barré; à Louviers, c'était Picard; à Madrid, c'était Garcia; et vous attribuez à l'hallucination qui présentait aux victimes ces hommes acharnés à leur perte, le développement de leur maladie et la persévérance avec laquelle elles osaient les accuser. Mais puisque vous croyez à la bonne foi de ces religieuses, croyez-y donc une fois de plus; et surtout croyez-y, lorsque toutes vous affirment que la maladie, l'épidémie, la contagion nerveuse, si vous le voulez, fit son entrée dans le couvent, *précisément après que Grandier, refusé pour directeur, eut lancé ses bouquets par-dessus les murailles du couvent.* « Per flores, » disaient toutes les possédées; et le Père Surin ajoute : « Toutes celles qui le *flairaient* étaient

---

(1) Cause des maladies.

prises *à l'instant.* » Oui, nous qui croyons au magnétisme, mais qui l'expliquons, nous avons le droit de dire qu'il n'y a pas un seul magnétiseur qui ne reconnaisse ici *les auxiliaires* ou *les talismans* magnétiques. Plaisantez-en tant que cela vous fera plaisir, mais il n'en sera pas moins excessivement probable que *les fleurs* sont encore ici ce que *le souffle* est aux camisards, *la terre* de Saint-Médard aux convulsionnaires de Paris, *l'eau magnétisée* à Mesmer, *le morceau de craie* à M. Du Potet, lorsqu'il trace sur son parquet ses lignes magico-magnétiques, de même que dans l'ordre mystérieux opposé, nous voyons les médailles, les images miraculeuses, les amulettes de tout genre, devenir le *véhicule* de la sainte influence, pour les pieux croyants qui s'y confient (1).

D'ailleurs il faut bien qu'il y ait ici une influence *étrangère*, car avec votre simple *prédisposition* hystérique, vous n'expliquerez jamais cette soudaineté, cette simultanéité de l'explosion maladive dans le couvent; encore moins celle des milliers de victimes à Saint-Médard, et des huit mille dans les Cévennes. Qu'est-ce qu'une *prédisposition* hystérique qui se développe au premier *geste* du premier individu, et subitement, chez *une multitude* de gens de tout âge et de tout sexe? Et que diriez-vous de celui qui définirait le choléra, une prédisposition gastro-entéritique? Vous lui répondriez (au moins nous aimons à le penser), qu'il ne s'agit pas ici de ses symptômes, mais de sa nature, de son essence; et s'il hésitait encore, vous lui signaleriez ce géant voyageur, cet agent (mystérieux à sa manière) qui des bouches du Gange s'élance à la conquête du monde, le dévaste par étapes et le fauche en coupes réglées.

Ainsi, répétons-le bien; *les fleurs* de Grandier ont été, non pas l'*agent,* mais le *véhicule* de la contagion névropathique. Elles ont été l'auxiliaire, le propagateur, comme

(1) Quant au *fantôme* de Grandier, qui poursuit, à partir de ce moment, les religieuses, nous en retrouverons bientôt l'analogue au presbytère de Cideville, où nous le verrons surgir aussi tout à coup après le *toucher* d'un berger.

le ballot de laine est le véhicule de la peste. Or, contre ce genre d'épidémies, on pensait en ces temps-là, d'après l'Évangile et les apôtres, que les sacrements de l'Église étaient la seule mesure prophylactique (1), comme on voulait aussi que l'inquisition fût le lazaret, et l'exorciste le thérapeute.

Continuons en abrégeant.

Lorsque, sur la fin de l'exorcisme cité, la même religieuse exécute un ordre que le duc venait de communiquer mentalement à l'exorciste, vous l'expliquez ainsi : « *Dans cent occasions*, on put croire, en effet, que les énergumènes lisaient dans la pensée des religieux chargés de combattre les démons. Il est certain que ces filles étaient douées, pendant leurs accès..., d'*une pénétration d'esprit unique ;* mais souvent aussi cette pénétration les abandonnait » (p. 29).

Cela ne répond à rien. Dites-nous donc en quoi consistait cette *pénétration* unique? Ne serait-ce pas, par hasard, dans l'obéissance à tous les ordres tacites, soit du prince, soit des évêques, puis dans la révélation des plus profonds secrets des consciences, comme il advint à M. de Queriolet, puis dans le parler de toutes les langues, triple habileté que nous voyons attestée par une masse de témoins, selon vous, irrécusables? Si c'est là ce que vous entendez par *pénétration* unique, nous ratifions votre pensée, mais nous ne ratifions pas votre laconisme, car la chose demandait explication.

Plus loin, « mettant en avant, dites-vous, l'autorité des démons, elles trahissaient quelquefois sans scrupule les secrets de l'enfer » (p. 30). Sans scrupule! Comment en auraient-elles eu, puisque vous venez de nous dire « qu'elles n'en imposaient pas, et que c'était un *effet de leur maladie?* » C'est donc la maladie ou plutôt l'agent morbide qui, par elles et malgré elles, révélait ces secrets! Mais vos conclusions approchent. Attention ! « Tant d'actes déraisonnables,

(1) Détournante.

tant d'emportements, tous ces élans de fureur, ces blasphèmes, ces hurlements, cette association d'idées étranges... trahissent... » — Quoi, monsieur Calmeil? Achevez, nous vous en conjurons! — « trahissent... L'EXISTENCE D'UN MAL CRUEL. »

Oui, bien cruel, en vérité; mais après toutes vos prémisses, après tout ce que vous aviez dit et surtout entrevu, nous avions le droit d'espérer autre chose. Plus haut, nous avons dû vous dire tout ce que votre mérite d'historien nous laissait à désirer; permettez-nous d'ajouter que celui du philosophe nous paraît bien autrement incomplet.

Quant aux *trembleurs des Cévennes*, vous commencez par un rapprochement des plus curieux avec les anabaptistes, et là où la foule trompée par les lieux communs de l'histoire, n'aperçoit que le côté moral du fanatisme ou les pratiques d'une sainte réforme, vous voyez, vous médecin judicieux et de bonne foi, un tout autre ordre d'incitation. Pour vous, ce ne sont plus seulement des croyants passionnés, ce sont de véritables malades, et vous le prouvez admirablement.

«... Oui, tous ces inspirés qui se posaient en réformateurs du catholicisme romain, oui... ces nuées de prophètes qui choisissaient le plus dangereux des métiers... » (p. 261).

Oui, tous, tous étaient, selon vous, des *monomanes*; mais à présent il faut tâcher de nous donner une explication un peu plus rationnelle que pour Loudun, des causes premières ou de l'étiologie de cette terrible contagion.

C'est, direz-vous, « en première ligne l'enthousiasme religieux, le zèle des prédicateurs, la foi des élus, etc., etc. » Belle raison, vraiment! Nos Ravignan, nos Ventura, nos Lacordaire... ou si vous l'aimez mieux nos missionnaires de France, dont tant de fois on gourmanda et punit le prétendu fanatisme, n'ont-ils donc jamais prêché avec chaleur et conviction? Les saint Jérôme et les *Bouche d'Or*, les saint Bernard ou les Bridaine manquaient-ils donc aussi d'un certain enthousiasme ? Les martyrs qui bravaient toutes les morts à la voix de leurs apôtres, et qui voyaient constamment le ciel ouvert, ne devaient-ils pas être, n'étaient-ils pas éminemment *prédisposés au délire de la théomanie?* Pourquoi donc, encore une fois, n'offrent-ils jamais rien de comparable, et *ne rugirent-ils jamais comme des lions*, en se tordant dans des convulsions effroyables ? Pourquoi cette église romaine, si superstitieuse à vos yeux, est-elle si sobre, au contraire, de saintes extases, et si pure de ces folies convulsives que l'on retrouve à la tête et à la base de toutes les sectes qui lui sont opposées?

Continuons.

« Je ne connais, dites-vous, que l'hystérie et l'épilepsie qui puissent produire de semblables accidents » (p. 285). Et plus loin : « Tout bien considéré, on doit rapporter *au type hystérique* la plus grande partie de ces désordres » (p. 287). Mais vous oubliez que vous nous avez déjà dit pour Loudun « qu'il s'agissait de maladies tout à fait différentes de *toutes celles observées jusque-là.* » Et vous nous direz tout à l'heure que « tous ces médecins, témoins et partisans de la possession, étant des savants du premier ordre, excellaient surtout dans la connaissance des maladies nerveuses, et n'étaient pas loin de nous, en fait d'anatomie encéphalique; » par conséquent ils connaissaient aussi bien que vous, votre *type hystérique;* mais s'ils étaient unanimes à ne pas le reconnaître ici, c'est probablement parce qu'ils savaient, eux, distinguer, des névropathies normales, les névropathies mystérieuses. En effet, *votre type hystérique* ne nous expliquera jamais ce que vous nous donnez comme certain, par exemple « que ces catholiques qui se laissaient surprendre par la contagion... en fréquentant les assemblées des fanatiques... déblatéraient aussitôt contre la messe avec la même ardeur que les calvinistes; il ne nous expliquera pas non plus la conversion au catholicisme, de la plus fameuse de toutes ces prophétesses (Isabeau), conversion qui lui fit perdre subitement *toutes ses facultés prophétiques*, et lui enleva *comme avec la main*, jusqu'aux moindres traces d'affection maladive.

Singulière névrose, convenons-en, qui cesse à l'instant même en changeant de dogme et de pasteur ! Singulière contagion, que celle qui infuse dans l'esprit de ses victimes, subitement et de vive force, tout un *système* d'idées entièrement étrangères et nouvelles, et qui, dès qu'elle se retire, laisse revenir toutes les opinions habituelles et contraires. Or, quel peut être l'agent d'*une contagion d'idées?* Qu'est-ce, encore une fois, si ce n'est un agent intelligent lui-même, un ESPRIT, en un mot ?

Vous le voyez donc bien, votre *type hystérique* n'explique en rien les *camisards*.

Mais si nous ne nous trompons, Saint-Médard est le coup de grâce pour vos théories *purement névropathiques* et pour tout le rationalisme moderne. Il s'agit cette fois, comme vous nous le dites fort bien, de *vraies afflictions sociales*; on regrette seulement qu'après avoir si bien mérité de la vérité, en rétablissant tant de bases historiques indignement falsifiées, vous entrepreniez, pour les expliquer *naturellement*, un de ces travaux d'Hercule qui n'aboutiront jamais qu'à l'erreur.

Quel est en effet le point de départ? il ne s'agit plus ici, comme à Uvertet, d'une cuisinière qui *lance un sort* et qui avoue ses maléfices; ou comme chez le possédé de la Chine, d'une communion indigne; ou comme à Loudun, du *bouquet* de fleurs de Grandier; ou comme à Chinon, du mauvais prêtre Barré; ou comme à Louviers, du directeur Picard; ou comme à Peyra, du *souffle* du premier théomane : non, il s'agit d'un diacre mort en état d'opposition avec l'Église, et c'est la *terre* de sa tombe qui va servir cette fois d'*auxiliaire* magnétique (1).

Nous vous avons entendu raconter Saint-Médard, monsieur Calmeil, et cette fois il ne s'agit pour vous que « de

(1) Pourquoi donc le tombeau de sainte Geneviève, usé par vingt générations, n'a-t-il jamais rien produit de semblable? Quelle bizarre différence!

phénomènes musculaires, offrant une grande ressemblance avec ceux de l'*hystérie*; il ne s'agit que de *folie mystique d'initiation*, d'état morbide des agents de l'innervation, d'hallucinations... » Ah! nous vous arrêtons ici, et nous sommes bien tenté de vous rappeler vos aveux et d'affirmer avec vous que ce n'étaient plus alors les malades, *mais Paris tout entier* qui était halluciné; car (p. 373) vous nous dites : « Se serait-on résigné à croire jamais, si *la population tout entière de Paris* ne l'eût affirmé, que plus de cinq cents personnes du sexe aient poussé la rage du fanatisme, ou la perversion de la sensibilité, au point de s'exposer à l'ardeur du feu, etc. » Ainsi l'hallucination n'était pas chez les victimes : elle était chez ces *nuées de témoins* qui prenaient probablement alors un peu de phosphore pour un brasier ardent, et des coups d'éventail ou d'épingle pour des coups de broches, d'épées ou de barres de fer. Mais comme vous ne faites pas partie de ces hallucinés, Monsieur, et que vous croyez bel et bien à l'excellente qualité et du fer et du feu (et vous avez raison), il faut donc vous exécuter hardiment, et nous rendre compte, autrement que par un vocabulaire pathologique, des *énormités* que vous êtes forcé d'enregistrer. Ici le vague n'est plus possible, et puisque vous êtes médecin, nous faisons de notre côté appel à votre secours, *secours héroïque* cette fois, ni plus ni moins que tous ceux de Saint-Médard.

Par exemple, il ne faudra pas nous passer sous silence la *persistance infatigable et l'incombustibilité de la Sonnet* sur les brasiers ardents, — persistance qui lui avait fait donner par tout Paris le nom de Salamandre. — Il ne faudra pas non plus, après nous avoir parlé des broches et des coups qui venaient expirer dans les chairs, se contenter de nous dire : « Cette énergique résistance de la peau, du tissu cellulaire de la surface du corps et des membranes est *certainement faite pour causer de la surprise* » (p. 386). Il ne suffira pas de nous citer « plus de vingt occasions où l'on a vu de larges *ecchymoses* et d'innombrables contusions. » Des *ecchymoses*, grand Dieu! *Vingt* fois des ecchymoses lorsqu'il s'agissait de moyens capables d'enfoncer, pardonnez-nous l'expression, tout un régiment de cuirassiers! Des ecchymoses! « après quatre mille coups de bûche assénés par les hommes les plus robustes sur les plus délicates des jeunes filles! après la décharge dans le creux de leur estomac, d'une série de coups de chenet dont le vingt-cinquième culbutait le mur sur lequel la victime était appuyée! après la projection *cent* fois répétée du caillou de *cinquante livres* du haut du plafond sur le sein d'une jeune fille! après les écartelages, les danses furieuses d'une vingtaine d'énergumènes sur le ventre des inspirées, sur leurs yeux, sur leur gorge! (p. 374); après la torsion des mamelles à l'aide des tenailles et de tous les instruments inventés par l'enfer! Ah! des ecchymoses! Une vingtaine d'ecchymoses sur *huit ou dix mille épreuves* du même genre! Ah! de grâce, monsieur Calmeil, retirez-nous ce mot-là, car c'est probablement une faute d'impression, et il aura passé par mégarde! Il est vrai que plus loin, vous vous servez encore d'un autre mot et que vous appelez tout cela un *massage salutaire* (p. 367). Encore une faute d'impression probablement! retirez-la bien vite, pour que la clientèle n'aille pas s'imaginer que ce *massage* est dans les habitudes de la faculté de Paris et ne se retire pas à son tour. Grand Dieu! quel massage! C'est si bien une faute d'impression, que pour chercher un semblant d'explication à « cette énergique résistance de la peau, *si bien faite, dites-vous, pour causer de la surprise*, » vous vous reportez aux athlètes et aux boxeurs chez lesquels l'éréthisme de tout l'organisme, l'état de spasme, de turgescence des enveloppes charnues, développe la possibilité « de braver *jusqu'à un certain point* les dangers de leur profession » (p. 386). Vous avez été bien inspiré de dire *jusqu'à un certain point*, car ce point-là, nous le connaissons tous, et nous savons que vingt fois sur vingt-cinq, les *ecchymoses* suspendent forcément la lutte, et que les yeux enfoncés, les dents brisées et les membres luxés composent encore les meilleurs jours de ces *massages infiniment peu salutaires*.

Oh! non; vous avez beau appeler à votre aide toutes les ressources de votre érudition pathologique, et personne n'en a plus que vous, jamais, jamais vous ne pourrez vous tirer naturellement du mauvais pas historique dans lequel vous vous êtes imprudemment engagé.

Jamais, par de pareils expédients, vous ne parviendrez à nous expliquer comment cette veuve Thévenet, si rudement secouée et tordue tant que dure sa foi janséniste, se trouve *subitement* et *complétement* guérie, au moment où retournant à la foi catholique, elle remet à son frère le portrait du diacre Pâris et deux paquets de terre de son tombeau.

Vous ne vous expliquerez pas plus facilement, la conversion du secrétaire des commandements de Louis XV au jansénisme, de ce pauvre *inspiré sans le savoir*, condamné à *une pirouette de six mois* et à des jeûnes de quarante jours pour avoir lu un simple chapitre de Quesnel (p. 332). Grâces ineffables, assurément, mais grâces bien gênantes et surtout bien déplacées lorsqu'elles vous saisissent *inter pocula et liberos*, c'est-à-dire au milieu d'un grand diner. A cela que nous direz-vous, Monsieur? Rien, si ce n'est « qu'il est présumable qu'on avait parlé devant lui avec enthousiasme des miracles, etc. » (p. 333). Que dites-vous là? *pirouetter pendant six mois*, parce qu'on s'est exprimé devant lui avec un certain enthousiasme? Quel homme impressionnable et faible! Mais non, certes, il fallait qu'il fût aussi robuste que sa foi pour résister à toute cette miraculeuse gymnastique.

Vous avez donc bien raison de vous écrier : « Il faut en convenir... tout cela dut produire une grande impression sur l'imagination de partisans du miracle » (p. 338). Oui, une impression telle que nous doutons qu'ils vous eussent bien compris, si vous leur aviez dit, comme aujourd'hui, pour expliquer ce fameux jeûne de quarante jours, que « sa prolongation pourrait bien n'avoir pas d'aussi prompts inconvénients sur les théomanes que sur les hommes sains d'esprit » (p. 339), ils vous demanderaient sans doute comment « l'exemple des aliénés de votre service revenant à la vie après quelques abstinences prolongées » pourrait être ici de quelque poids ; et ils le comprendraient d'autant moins, que vous ajoutez incontinent « malgré cela, la plupart de ces aliénés de notre service, finissent par succomber » ce qui nuit tant soit peu aux rapprochements que vous vouliez faire.

« Plusieurs théomanes, dites-vous plus loin, parlaient comme si les lèvres, la langue, tous les organes de la prononciation eussent été remués et mis en action par *une force étrangère*. Il leur semblait qu'ils débitaient des idées qui ne leur appartenaient aucunement, et dont ils n'acquéraient la connaissance qu'au moment où leurs oreilles étaient frappées par le son des mots qu'ils se croyaient forcés d'articuler... ils se comparaient à un écho... » (p. 352).

Du moment où vous admettiez la réalité de ces affirmations, vous deviez vous trouver averti, et ne plus glisser aussi légèrement sur *le parler des langues étrangères*, phénomène que tout Paris vous attestait également, phénomène qui domine, à notre avis, tous les autres, et que vous passez néanmoins sous silence, à propos de Loudun comme à propos des Cévennes. Il fallait aussi nous expliquer la métamorphose de cet enfant auquel vous prêtez l'apparence d'un idiot, et qui « pendant la durée de sa convulsion représentait une personne ayant de grands talents naturels et l'éducation la plus parfaite » (p. 348). Il le faudra bien expliquer, car si la surexcitation cérébrale peut à la rigueur développer de grands talents, elle ne remplacera jamais l'éducation et les connaissances acquises.

Arrêtons-nous, car nous croyons en avoir dit assez pour prouver d'une part la reconnaissance par la science la plus avancée, de faits prodigieux dénaturés jusqu'ici, et de l'autre son impuissance à en donner *une seule* explication, qui ne soit mille fois moins explicative que le fait n'est prodigieux. Après M. le docteur Calmeil, personne, je crois, ne sera tenté d'en faire agréer une meilleure, et certes, s'il a échoué, c'est que l'entreprise était surhumaine.

Et cependant, en regard de ces insuffisantes théories, il avait les théories de ses premiers maîtres, il les sait par cœur, il les développe à merveille ; et ne croyez pas qu'il les méprise, il vous démentirait sur-le-champ. Vous qui parlez avec tant de pitié des ténèbres philosophiques et scientifiques des siècles qui sont derrière nous ; vous qui, sous le rapport médical surtout, vous croyez *illuminés* par rapport à ces grands hommes, vous avez ici la meilleure des leçons à recueillir. Lisez M. le docteur Calmeil, et voyez avec quelle justice il en parle ; voyez quel hommage il sait rendre à leurs travaux et même à celles de leurs théories qu'il combat aujourd'hui.

Permettez-nous encore quelques pages, et vous verrez si nous avions raison de dire en commençant qu'il n'y avait pas, à notre avis, un abîme infranchissable entre ses propres tendances et notre foi. Et si cette possibilité ne vous frappe pas, vous conviendrez au moins que la loyauté de sa philosophie ne lui permet jamais ce mépris pour les anciennes doctrines, qui paraît inspirer chacun de ses confrères.

On sait qu'il combat, comme eux, la doctrine *des esprits ;* mais on ne sait pas avec quelle réserve, et combien de circonstances atténuantes et presque favorables il insère dans son verdict d'accusation.

Ainsi, quand il parle des théologiens des derniers siècles, on rencontre fréquemment des phrases comme celles-ci : « Qu'on se donne la peine de consulter au moins quelques-unes des nombreuses dissertations théologiques composées depuis le règne de saint Louis jusqu'à celui de Louis XIV, qu'on daigne surtout parcourir quelques-uns de ces recueils qui servaient de guide aux ecclésiastiques... et ce ne sera pas sans surprise qu'on y apprendra à connaître le rôle que la théologie et la philosophie transcendante s'accordaient, pendant un temps, à faire jouer ici-bas aux êtres surnaturels.... Cette manière d'interpréter les effets qui s'opèrent dans la nature, *détruisait évidemment de fond en comble la théorie qui nous sert* actuellement.... Mais il était plus difficile qu'on ne le pense, aux théologiens du xv⁵ siècle (1), de ne pas se jeter à *corps perdu*, si on peut le dire, dans la métaphysique des causes surnaturelles (2).

« En effet, de quelque côté qu'ils portassent leurs regards... passé sacré ou profane, philosophie, poésie, croyances populaires ou témoignage des sens... *tout résolvait cette question par l'affirmative...* » (p. 91).

« *Ils étaient liés par le texte même des Écritures...* (3). En outre, le nombre *des faits particuliers* qui pouvaient sembler propres à démontrer ou à confirmer l'existence des essences spirituelles... *est presque effrayant* pour l'imagination...

« Il faut donc bien l'avouer, au risque d'encourir le reproche de vouloir tirer la logique des théologiens du discrédit où elle est aujourd'hui si justement tombée (4). Quand une fois on a admis sérieusement l'existence d'un grand nombre d'êtres spirituels, tout cet échafaudage de superstitions *n'est pourtant pas aussi absurde* qu'on est d'abord porté à se le figurer. Bayle, qu'on n'accusera pas trop de crédulité, a imprimé quelque part... « Je ne sais ce qui arrivera; mais il me semble que, *tôt ou tard*, on sera contraint d'aban-

(1) Et à ceux de tous les siècles.

(2) *Causes hypernaturelles* est mieux. Les esprits ne sont qu'un degré plus élevé dans la grande échelle des êtres et de la création. N'admettons-nous pas une multitude de causes inappréciables par les sens? Il ne s'agit donc que de savoir si parmi ces dernières il y en a d'intelligentes. Voilà tout.

(3) Avis à beaucoup de théologiens.

(4) C'est ce qui va bientôt arriver sans qu'on ait à craindre le retour aux bûchers de la politique. On peut retourner à l'Évangile et à Platon sans rétrograder jusqu'à Philippe II et même jusqu'à Louis XIV.

donner les principes mécaniques, si on ne leur associe les volontés de quelques intelligences, et franchement il n'y a pas d'hypothèse plus capable de donner raison des événements...

« A ce compte, il semblerait, répond M. Calmeil (p. 110); que le plus grand tort des théologiens était d'avoir *outré* les conséquences de la doctrine... et finalement on est bien *forcé de confesser* que cette théorie... ne pouvait paraître que séduisante à des spiritualistes renforcés. »

Et même... « ces anciens théologiens connaissaient pourtant, tant bien que mal, les principales destinations de l'appareil nerveux dans l'économie vivante, et ils avaient analysé avec assez de soin le mécanisme de l'action nerveuse, pendant les différents temps de chaque sensation... On juge même qu'ils possédaient passablement les principes de la théorie physiologique qui nous sert aujourd'hui à expliquer la manifestation des sensations morbides. »

Ceci est beaucoup, sans doute, mais ce n'est pas assez. Il fallait dire encore avec quel soin les rituels distinguaient les affections nerveuses, simples, telles que l'hystérie, l'épilepsie, etc., de celles qui pouvaient offrir le caractère magique; il fallait mettre certaines pages de pathologie cléricale en regard des accusations ordinaires d'ignorance, et ce ne serait pas sans étonnement qu'on parcourrait certains traités médicaux émanant des sacristies, et que l'on croirait plutôt l'ouvrage d'une plume contemporaine. Il fallait insister davantage encore sur l'excessive prudence avec laquelle le clergé recommandait de recourir aux médecins avant tout, et les précautions infinies qu'il enjoignait à ses membres pour ne jamais agir que sur le dire de ceux-ci. C'est donc, s'il y avait erreur et faute, c'est donc surtout sur les médecins qu'il convenait de la rejeter. Il nous reste à voir ce que M. Calmeil en va dire, et quelle opinion il va nous donner de ces esprits si *enténébrés*, disait-on. Parlons avec autant de vénération que l'on voudra de ceux qui leur succédèrent, mais voyons enfin ce que nous devons croire « de ces hommes éminents par leur talent et leur savoir (c'est M. Calmeil qui parle), placés tout à fait en dehors de la corporation du clergé, et parmi lesquels on peut citer surtout Barthélemy de Lépine, Fernel, Ambroise Paré, Bodin, Leloyer, Boguet, etc. »

« Fernel, qui s'est acquis l'immortalité, non-seulement par ses ouvrages de médecine, mais encore en procédant expérimentalement et par le calcul à la détermination de la grandeur de la terre, posséda quelques notions sur la frénésie, l'épilepsie, la manie, l'hypocondrie et la mélancolie, dont il admet plusieurs espèces... Selon lui, les possédés ressemblent aux maniaques ordinaires, mais ils ont le privilége de lire dans le passé et de deviner les choses les plus secrètes... Il a été témoin d'un cas de cette sorte... qui fut d'abord méconnu par les plus doctes médecins de l'époque (1). »

« Ambroise Paré, ce prince de la chirurgie moderne, décrit quels signes les démons peuvent donner de leur présence... mais insiste surtout sur l'entassement par eux, dans le corps des personnes vivantes, et notamment chez Ulric Neussesser, de clous, épines, cheveux, lames de fer, etc.

« Bodin n'a qu'un but, celui de démontrer que les démonolâtres ne déraisonnent pas, que leurs assertions ne dénotent aucun vice de la sensibilité. »

Wier, « qui n'est que trop versé dans la science des

---

(1) C'est le détail des faits qu'il faut lire. Lui seul met à nu la force et les raisons de la conviction. Voyez, par exemple, dans les *Œuvres universelles* de ce Fernel, le récit de la maladie d'un gentilhomme, « maladie contre laquelle, dit-il, nous fîmes tous nos efforts pendant deux mois, étant de plus de *cent lieues éloignés de la vraie cause...* lorsque, le troisième mois, l'esprit se déclara de lui-même, en parlant par la bouche du malade, du grec et du latin à foison, encore que ledit malade ne sût rien en grec. Il découvrit alors les secrets de ceux qui étaient là présents, et principalement des médecins, se moquant d'eux pour ce qu'il les avait circonvenus, et qu'avec leurs médecines inutiles ils avaient presque fait mourir leur malade, etc. » Ce fait se renouvelle tous les jours, mais aujourd'hui, *l'esprit* n'en avertit plus les médecins, et se contente de rire à part lui.

démons, n'en pose pas moins les vrais fondements de la pathologie mentale » (p. 190).

Leloyer, malgré ses convictions surnaturelles, émet néanmoins, dans son chapitre *des sens corrompus*, des remarques d'une haute importance sur les méprises possibles de la vue, de l'ouïe, etc.

Plus tard, « les Plater, les Sylvius, les Sennert, les Willis et les Bonnet ayant contribué à asseoir la physiologie et la pathologie intellectuelles *sur leurs véritables bases,* » (p. 359) peut-être va-t-il nous être permis d'espérer de leur part une réforme radicale sur les superstitions en question ?

Pas le moins du monde. « Félix Plater, qui discourt si bien sur la pathologie cérébrale, sur l'épilepsie, l'hypocondrie, la mélancolie, la manie, la chorée, n'en est pas moins convaincu, d'après ce qu'il a lui-même observé, que la folie démoniaque, tout en présentant *à peu près* les mêmes symptômes que la manie ou la mélancolie ordinaire, peut cependant en être distinguée par des signes presque certains » (p. 375). Ces signes sont : « Les courbures extraordinaires du corps, la *prédiction, la divination* des choses cachées, *le parler des langues non sues avant la maladie,* etc. » (p. 376). Et dès lors il renvoie ces derniers malades aux théologiens.

Et pourtant « l'ouvrage de Plater, dit M. Calmeil (p. 377), s'il était possible d'en retrancher ces passages, *paraîtrait avoir été composé tout récemment.* »

« Sennert, qui définit si bien la manie, une lésion de l'imagination et du raisonnement (p. 381), n'en reconnaît pas moins qu'il existe une variété d'extase qui est provoquée par des influences diaboliques (p. 383).

« Enfin Thomas Willis, dont les écrits concernant les différents genres d'affections convulsives, la manie, la mélancolie, la frénésie, le délire aigu, l'apoplexie, la paralysie, le cauchemar, le vertige, etc., représentent un traité *complet* de pathologie encéphalique ; Willis, qui excelle en général, dans la distinction des maladies en espèces,... avec lequel il y a continuellement et beaucoup à apprendre, tant ses connaissances en anatomie, physiologie, pathologie de l'appareil nerveux, sont des plus étendues (p. 388); Willis, savant du premier ordre (*Ib.*), névrotomiste aussi savant qu'habile, et qui, pour la première fois, s'empare de la stimulation, la fait voyager dans le cerveau, le cervelet, à travers le bulbe rachidien et la tige rachidienne, à travers toutes les subdivisions du système nerveux, etc. (p. 400); Willis enfin qui possédait, il y a près de deux siècles, la plupart des connaissances que nous sommes si fiers de posséder aujourd'hui (p. 406)... Eh bien ! Willis *en ce qui concerne l'action des esprits* sur l'économie humaine, ne s'en prononce pas moins et *sans restriction* pour l'avis des théologiens. Il ne répugne nullement à la raison de ce logicien sévère... d'admettre que l'âme peut être momentanément éclipsée, que les démons peuvent, en quelque sorte, en s'insinuant dans les couloirs nerveux, agir à sa place, au moins dans certaines limites, et il professe que c'est à l'action stimulante de ces êtres nuisibles, ou à celle des poisons subtils qu'ils ont l'adresse d'introduire dans l'organisme, que sont dues *mille lésions* fonctionnelles, et surtout celles que l'on note sur les véritables énergumènes » (p. 407).

Quel point de vue tout nouveau ! quelle réhabilitation magnifique ! Et c'est vous, savant du premier ordre, c'est vous, docteur Calmeil, qui la faites ! En vérité, de là à changer en lumières toutes les ténèbres du moyen âge il n'y a pas loin !

Terminons par l'examen de votre argument favori : « Aujourd'hui la puissance magnétique développe des phénomènes tout semblables... et l'état de ces malades ressemble *trait pour trait* à celui de nos somnambules magnétiques... » Mais lorsque nous cherchons à deviner votre opinion sur *cette* puissance et sur *ces* somnambules, nous nous apercevons que pour rendre l'analogie plus complète vous leur avez fait subir le même traitement qu'à vos malades, c'est-à-dire que vous les avez mutilés jusqu'à ce qu'ils s'ajustassent parfaitement sur vos théories. Ainsi pour vous, les ursulines acquéraient « *une pénétration d'esprit unique,* » et les somnambules conversent « sur des objets qui leur sont *presque* étrangers, » mais vous vous gardez bien de sortir de ce programme. De même encore que vous taisez chez les premières la révélation des choses secrètes, l'obéissance aux vœux tacites, le parler des langues étrangères, etc., de même aussi vous les refusez aux somnambules ; et c'est vraiment heureux, puisque dans le cas où une seule de ces mille citations (dont un grand nombre cependant émanent de vos pairs) eût trouvé grâce et crédit à vos yeux, vous déclarez solennellement « qu'il ne « vous répugnerait aucunement alors d'ajouter foi aux asser- « tions de Torralba, des possédées de Loudun, etc., mais « qu'il faudrait en même temps se hâter de jeter au feu tous « les écrits modernes sur l'aliénation mentale, car ils ne se- « raient plus alors que de pitoyables romans » (t. II, p. 475).

Non, non, monsieur Calmeil, ces romans renferment trop d'histoires, trop de recherches, trop de génie scientifique pour être ainsi sacrifiés, et, tous les autres le fussent-ils, les vôtres ne le seront jamais ; mais vous les compléterez, et vous ne craindrez pas de revenir à l'avis de ces grands maîtres si noblement vengés par vous tout à l'heure ; comme eux, vous finirez par séparer soigneusement des névropathies *normales,* des névropathies *mystérieuses* qui forment une classe toute spéciale, et se distinguent des premières, précisément par ces mêmes traits qui distinguent le *somnambulisme magnétique* du somnambulisme *ordinaire.*

Et si vous nous permettez de vous le dire, vous les distinguez déjà parfaitement, et vous n'êtes plus séparé de la vérité que par un cheveu ; car voici, par exemple, un fait que vous admettez, et qui à lui seul déciderait la question. C'est celui qui consiste dans l'accomplissement ponctuel de la prédiction somnambulique. Oui, vous l'admettez, puisque vous dites : « On s'aperçoit bientôt que si, dans de sem- « blables cas, les prédictions des somnambules *s'accomplis-*

« *sent ponctuellement*, cela tient... (voyons!) non pas à ce
« que les extatiques voient les mouvements qui se préparent
« à présent, soit dans leurs organes, soit dans les organes des
« autres, mais bien.... (voyons encore!) à ce que l'action
« du cerveau est pour ainsi dire reflétée par l'intermédiaire
« des nerfs, sur telle et telle partie, soit de leur machine
« soit de celle d'autrui (quel aveu!). C'est donc *parce que* le
« somnambule est convaincu maintenant *qu'il* aura un cer-
« tain jour la migraine, des attaques convulsives, ou parce
« qu'il a réussi à persuader qu'on aura tel ou tel accident,
« qu'en réalité tous ces accidents surviennent à *point nommé* »
(t. II, p. 483).

Ah! ceci, par exemple, devient un peu trop fort. Pour enlever aux somnambules la prévision de l'avenir, vous leur accordez la puissance d'influencer celui d'autrui!

Nous craignons bien que de *Charybde* vous ne soyez tombé dans *Scylla*, et que ce dernier abîme ne soit bien autrement profond que le premier.

Mais encore une fois, laissons donc là le magnétisme, qui peut nous offrir à coup sûr de fréquentes analogies, mais analogies en *miniature* auprès des larges traits que nous venons d'esquisser. Dissimule-t-il ses forces aujourd'hui, ou varie-t-il ses phénomènes suivant les temps, les individus, les théâtres? En un mot, y a-t-il identité parfaite, ou seulement une sorte d'élément spirituel et commun où les esprits bons et mauvais pourraient puiser également tour à tour? Là repose toute la question, et sans la résoudre entièrement dans ce mémoire, nous ne le terminerons pas sans l'avoir hardiment attaquée (1).

Notre but principal est atteint, et désormais nous n'aurons plus à continuer qu'une démonstration commencée. Devant

---

(1) On verra dans la suite de cet ouvrage combien de névropathies, toutes semblables, subsistent encore à l'heure qu'il est dans nos deux hémisphères, et combien de malheureux sont victimes, au xixe siècle, de l'oubli d'un vieux dogme et des obstacles qu'il savait opposer au fléau.

ces nouvelles et nombreuses confessions d'une science interdite et rendue, qui donc oserait continuer encore les pauvres railleries de Fontenelle et de Voltaire sur ce qu'ils appelaient les sottes crédulités du moyen âge? Vous l'avez entendu ; c'est la science la plus haute qui réhabilite ces sottises, et pendant que certains dépositaires de la vérité détournent eux-mêmes la tête en souriant, cette science nous y ramène, nous la retrace avec effroi, et se demande en tremblant si ces terribles ennemis ne se cachent pas aujourd'hui sous des dehors et sous des noms moins redoutables. Quelle leçon ! Le comte de Maistre nous prophétisait, il y a quelques années, « que nous ririons bientôt de ceux qui riaient naguère des ténèbres du moyen âge. » Or, répétons-le bien haut, la prophétie s'accomplit tous les jours, et, pour sa part, le docteur Calmeil vient de l'accomplir dans la science médicale.

CHAPITRE VI

DES MONOMANIES MYSTÉRIEUSES

ou

L'HOMME ENTRAINÉ PAR LES ESPRITS

―――――◆―――――

Grandes questions de jurisprudence psycho-morale. — Du libre arbitre et de l'irrésistibilité. — Gilles Garnier, Léger, le sergent Bertrand, etc. — La science avouant que ce dernier était sous la domination d'une *grande puissance fascinatrice*.

Sans changer en aucune manière, la question va revêtir, Messieurs, des proportions tellement effrayantes que la plume nous tremble déjà sous les doigts, et que, sans le devoir et la nécessité de tout dire, nos répulsions surmontaient notre courage.

Du somnambule *subjugué* par la fascination magnétique, de cet esclave enchaîné par la *grande puissance* du rapport de Bailly (1), nous passions rapidement tout à l'heure à cet halluciné que la science nous dit « ne plus s'appartenir à lui-même, mais bien *à quelque chose d'indéfinissable qui veut et qui connaît* (2). » A quelques pages de là, nous arrivions à cet *enfer anticipé* des théomanes (3) qui, sans fièvre ni délire,

---

(1) « *Tous* sont soumis à cette *grande puissance* dont le magnétiseur semble être le dépositaire. » Voyez Acad. et Mesm.
(2) Voyez M. le docteur Leuret, chap. *Des hallucin.*
(3) Voyez M. le docteur Calmeil, chap. *Des névropath.*

changeait à commandement l'innocence en cruauté, la sainteté en blasphèmes, la pudeur en cynisme ; puis enfin, de degrés en degrés, nous voici parvenus à cet apogée de l'*envahissement* mystérieux qui va plonger ses victimes, à froid et de vive force pour ainsi dire, dans l'abîme des plus exécrables forfaits.

Quel tableau, Messieurs, que celui de la volonté humaine, débordée sans qu'il y ait folie, et sombrant sans qu'il y ait passion !

Quel est-il donc cet *envahisseur* mystérieux, si faible tout d'abord et si peu redoutable que l'on joue tous les jours avec lui, mais qui bientôt va s'établir en maître, et qui, grandissant toujours en proportion des concessions qu'on lui fera, finira tôt ou tard par s'ériger en tyran ?

Sans prétendre décider aujourd'hui s'il est toujours le même et s'il ne porte qu'un seul nom, nous sommes profondément frappé de l'analogie de toutes ces invasions dans leur marche et dans leur progression. Véhémentes ou bénignes, cruelles ou supportables, désespérantes ou secourables (en admettant qu'elles puissent l'être dans les cas de magnétisme), il nous reste démontré, même par le langage de la science, qu'elles consistent toujours dans *une prise de possession* très-réelle, ordinairement temporaire, quelquefois trop durable, et plus ou moins absolue.

Changez les noms autant de fois que vous le voudrez, épuisez tous les vocabulaires, passez de la *manie sans délire* à la *folie instinctive*, et de celle-ci à toutes les monomanies possibles, toutes ces définitions pourront bien se succéder et même se contredire à leur aise ; mais le fait sera toujours là, et vous pourrez décrire ses innombrables variétés, sans jeter le moindre jour sur sa véritable cause (1).

---

(1) La plupart du temps, par exemple, cette expression de *monomanie* est le contraire exact de la vérité, car il est très-rare qu'à la manie homicide ne succède pas la manie incendiaire, à celle-ci la manie du suicide, etc., etc. Que devient alors le mot *monos*, qui veut dire *seul ?* Il s'agit, au contraire,

Il faut opter cependant, et reconnaître :

Ou, comme dit la science, *un second être* existant dans le premier, *véritable Sosie* luttant contre lui-même, se terrassant et se forçant, après s'être terrassé, à l'exécution de forfaits qu'il repousse, mais alors en même temps admettre deux intelligences chez un seul et même individu, puisque l'une connaît, devine et prescrit tout ce que l'autre ignore et refuse.

Ou bien, une influence étrangère, véritable usurpatrice du plus légitime des pouvoirs, celui de l'homme sur lui-même, prenant possession de son âme ou de son corps, souvent de tous les deux à la fois, et nous ramenant alors à ces *tentations surhumaines* de l'apôtre saint Paul, et à ces *malices spirituelles* de l'atmosphère, qu'il nous signale comme nos plus redoutables ennemis.

Or, de ces deux hypothèses, la seconde est de mille fois la plus probable, et nous allons voir encore la science obligée de se courber devant les hauts enseignements, que naguère encore elle rejetait si loin.

Choisissons au hasard parmi ces trop nombreux forfaits, désespoir aujourd'hui de la médecine et de la jurisprudence, puis, surmontant pour quelques instants l'horreur et la pitié profonde qui voudraient arrêter notre plume, laissons parler un de ces *monstres infortunés*, s'il est permis de s'exprimer ainsi.

Voici d'abord un père, un père jusque-là bon travailleur, fort doux, et qui vient cependant de tuer un enfant qu'il aimait avec passion.

« La nuit de mon crime, dit-il, je ressentis une anxiété si grande que je tremblais de tout mon corps... Je ne puis concevoir comment j'ai pu commettre un crime si atroce ; j'éprouvais une agitation, un trouble tels dans ma tête, et quelque

---

d'un véritable Protée qui change et multiplie ses armes et ses manies suivant l'inspiration de ses fureurs.

chose de si irrésistible en moi, que j'ai été obligé d'exécuter l'action. J'étais à jeun, je n'étais pas malade : je ne m'explique donc pas comment j'ai pu être frappé d'un si grand malheur... J'ai déjà eu deux fois cette horrible envie de tuer mon enfant ; la première, ce fut six semaines avant Pâques de cette année. Pendant que, l'hiver dernier, j'étais occupé dans ma chambre à fabriquer un traîneau, mon fils, comme de coutume, jouant près de moi, monta sur mon dos et me prit par le cou. Ma femme, croyant que l'enfant m'empêchait de travailler, l'appela ; mais je l'aimais tant que je souffris patiemment ses espiègleries, et que je le pris sur mes genoux pour plaisanter avec lui. Dans ce moment même je crus entendre une voix intérieure qui me dit : « Tu as beau faire, il faut que ce « garçon-là périsse ; il faut que tu l'assommes. » Je fus saisi d'une anxiété si extrême qu'elle fit trembler mon cœur, et, pour me délivrer de cette horrible pensée, je posai brusquement l'enfant à terre, sortis de la chambre et allai au moulin, où je restai jusqu'au soir et jusqu'à ce que mes mauvaises pensées fussent passées.

« Le second accès eut lieu un matin, peu de jours avant Pâques. J'étais encore couché près de mon fils ; ma femme était occupée à son ménage. Mon fils me demanda du pain ; je lui donnai de la galette qui lui fit grand plaisir et qu'il mangea avec avidité. A ce moment où je contemplais cet enfant avec un sentiment de tendre affection, je crus encore entendre une voix intérieure qui me disait tout bas : « Il faut tuer ton fils. » Je frémis de moi-même ; j'éprouvai de violentes palpitations, une sorte d'oppression dans l'intérieur de la poitrine, qui me firent sauter, plein de terreur, à bas de mon lit et courir hors de la maison. Je commençai à réciter mes prières, à aller à l'écurie, m'occupai de divers travaux, et fis tout mon possible pour chasser l'idée funeste qui m'obsédait. Je réussis en effet à redevenir mon maître, à recouvrer ma tranquillité d'esprit et à m'amuser avec mon enfant. Cependant, ma tristesse et mon anxiété se prolongèrent jusque vers midi. Dans aucun de ces deux cas je n'étais ivre, et même, plusieurs semaines auparavant, je ne m'étais pas enivré, pas plus qu'au troisième accès qui a coûté la vie à mon enfant » (1).

Nous supprimerons ici tous les détails qui dépasseraient nos forces, car nous ne savons pas si dans tous nos fastes judiciaires il peut se rencontrer rien de plus saisissant qu'un pareil récit, où la tendresse paternelle, la plainte douce et déchirante, contrastent si remarquablement avec la férocité de l'attentat. Cet homme était à jeun ; il n'était pas malade ; il lutte contre l'idée, recourt même à ses prières et redevient son maître ; puis, sans délire, sans folie, il se voit *obligé* de tuer *son* Charles...

Que M. de Boismont a donc raison d'appeler de pareils phénomènes des phénomènes *terribles* dans leur développement et illimités dans leur extension !... Au reste, ne perdons jamais de vue ce consolant aveu : « J'étais redevenu mon maître. » Il l'est redevenu deux fois ; nul doute qu'il n'eût pu le devenir encore une troisième : le libre arbitre est donc sauvé, et quoique *surhumaine*, pour parler comme l'apôtre, la tentation ne dépassait pas absolument les forces, au moins jusqu'à l'accomplissement du forfait, c'est-à-dire jusqu'à ce moment fatal, où l'homme n'étant plus *lui*, n'est pas plus responsable de ses actes que le malheureux hydrophobe qui, sans folie, se jette avec fureur sur ses amis les plus chers.

On a beaucoup disserté sur l'*irrésistibilité* de ces effroyables manies, et, comme il arrive trop souvent, des deux côtés on s'est trouvé dans le vrai et dans le faux tour à tour. Sans nul doute, il arrive un dernier instant où la volonté ne peut plus résister ; mais une seconde *avant cette dernière seconde* qui n'entre plus en ligne de compte, elle le pouvait encore. C'est l'homme qui se penchant imprudemment à la fenêtre perd enfin

(1) Voyez plusieurs manigraphes, et entre autres, le docteur Cazeauvielh.

l'équilibre et ne peut plus le rattraper. Direz-vous alors qu'il a été fatalement entraîné? Non assurément, si ce n'est quand il a perdu terre. « La vérité est, dit M. le docteur Moreau, qu'on est toujours *plus ou moins* libre, c'est-à-dire plus ou moins capable de résister à de telles impulsions, » mais d'ailleurs ne le fût-on plus du tout, nous ne voyons pas en quoi notre théorie changerait quelque chose au problème. Que la tentation plus ou moins *irrésistible* provienne du dehors ou du dedans, d'un virus, d'un miasme contagieux, d'une influence lunaire... ou d'un esprit, nous ne voyons pas que la question varie le moins du monde, et du moment où l'on admet avec nos médecins et nos légistes cette *irrésistibilité*, le libre arbitre se trouve toujours également compromis. Ce n'est qu'une cause de plus, cause terrible sans doute, mais après tout mille fois moins tyrannique que cent autres, auxquelles si souvent on ne peut *pas du tout* résister. Le cruel, au contraire, l'immoral, c'est de venir dire à l'homme : « tu as au dedans de toi-même, au fond de ton propre cœur, un ennemi qui, tôt ou tard, sera ton vainqueur, à coup sûr. » Voilà le crime absous à l'avance, voilà le désespoir justifié, mais dire à ce même homme ce que la foi lui répète tous les jours, c'est-à-dire : « veille et recours à tes armes... Éloigne cet ennemi qui tourne autour de toi. » Est-ce donc bien aggraver son destin ? Hélas ! pour un être entouré de périls, c'est un péril de plus, mais au moins ce péril naît d'une force étrangère, et il sait trop bien que toute sa vie n'est qu'une lutte contre les ennemis du dehors.

Sans entrer dans ces débats métaphysiques, la loi n'a donc à se préoccuper de son côté que d'une seule chose, à savoir, le *degré* de l'irrésistibilité. Elle doit bien distinguer surtout s'il s'agit d'une passion *favorisée*, ou bien, comme dans ce dernier cas, d'une violence *contre* sa propre passion. Tout est là, et jusqu'ici nous ne voyons pas qu'on ait assez appuyé sur cette distinction importante. Ainsi, quelle différence entre le monomane qui nourrit sa passion, qui cherche tous les moyens de l'assouvir, qui jouit et s'applaudit, et celui qui tue en *sanglotant* le pauvre enfant qu'il adore? Dans ce moyen âge que vous croyez si cruel, ce n'était jamais que la persévérance formelle et arrêtée pour l'avenir, que l'on punissait du dernier supplice, et vous allez voir que, plus cruels que lui, vous punissez le fait lui-même, indépendamment des remords et de l'horreur éprouvée par le coupable.

Nous le répétons encore cependant, tout est là. La question n'est pas dans l'*irrésistibilité*, elle est dans *le plus ou moins de résistance possible*.

« Une femme, mère de deux enfants et grosse d'un troisième, dit le docteur Cazeauvielh, éprouve… sans altération aucune dans ses facultés intellectuelles, une impulsion irrésistible au suicide. Elle s'écrie : « Retenez-moi, retenez-moi ; fermez ce puits, ou je me noie. » Elle est vivement agitée et fait tous ses efforts pour exécuter son horrible résolution. Les cris de ses enfants, les larmes de son mari et de ses parents ne font aucune impression sur elle; on a beaucoup de peine à la contenir, et ce n'est qu'au bout de vingt-quatre heures que cette terrible impulsion cesse entièrement de la dominer. Cette malheureuse femme, qui a senti plus tard toute l'affliction de ses parents et l'horreur de sa position, a avoué que dans le le moment de son agitation, les pleurs, les cris de ceux qui l'entouraient ne faisaient aucune impression sur elle, qu'elle était entièrement *étrangère* à cette scène de douleur, et qu'elle ne ressentait que le funeste penchant qui l'entraînait au suicide (*Du Suicide*, p. 51). » On s'indigne contre cette doctrine, on la dit désespérante; trouverait-on plus consolant, que cette infortunée ne fût pas *étrangère* à son crime?

Une autre malheureuse disait à M. Cazeauvielh : « Je suis bien misérable ! Non, jamais personne n'a été comme moi… L'autre jour, je m'approche du berceau, je regarde mon pauvre innocent; je crains de faire un mauvais coup, je m'en vais chez le menuisier mon voisin, puis je reviens *malgré moi* à la maison, car il faut que je vous le dise, *quelque chose* me poussait. Je me suis approchée de mon enfant, j'ai essayé de lui serrer le cou avec mes deux mains, mais les jambes m'ont manqué, je me suis trouvée abasourdie. »

Cette femme, toutefois, selon M. Cazauvielh qui range tout cela parmi les folies, fort à tort selon nous, « aime ses parents et son enfant, et ses facultés intellectuelles et affectives sont *intactes* » (p. 266). Elle gémit et elle lutte ; donc la loi doit se montrer indulgente et surtout prévoyante.

Quelle différence avec ce Gilles Garnier, dont Bodin nous a conservé l'épouvantable histoire ! « Histoire de notoriété publique et qui occupa toute la France, » nous dit Henri Camas, conseiller du roi Louis XIII. Gilles Garnier, appelé le loup garou (1), dit Bodin, prend une jeune fille de l'âge de dix à douze ans, la tue, tant avec ses mains qu'avec ses dents, mange la chair des cuisses et des bras. Plus tard, il étrangle un jeune enfant de dix ans et il en mange la chair ; plus tard encore il tue un autre garçon de l'âge de douze à treize ans avec l'intention de le manger, mais on l'en empêche. Il est condamné à être brûlé tout vif, et l'arrêt fut exécuté.

Comment faire ? pas de folie, aveux circonstanciés, intention formelle, crime d'habitude !...

Le moyen âge, dites-vous, fut aussi cruel qu'ignorant ! Mais attendez donc un instant, et sans mentionner ici tous ces monstres appelés Feldtmann, Lecouffe, Papavoine, Sévérac, et tant d'autres, dont nous pourrions grossir et attrister notre mémoire, consacrons quelques lignes à ce misérable Léger, que M. Cazeauvielh nous dépeint comme éprouvant, d'après ses propres aveux et dans les grottes où il se retirait (2), l'horrible besoin de manger de la chair humaine et de s'abreuver de sang. « Le 10 août, dit-il, il aperçoit une petite fille, court à elle, lui passe un mouchoir autour du corps, la

---

(1) Lycanthrope au xixe siècle. Les noms ne font rien à la chose.
(2) « Le possédé, dit l'Évangile, s'en va parmi les lieux secs et arides, les cavernes et les sépulcres. »

charge sur son dos et s'enfonce à pas précipités dans le bois...; la tue et l'enterre dans sa grotte. Arrêté trois jours après, aussitôt il déclare son nom, le lieu de son domicile, dit qu'il a quitté par un coup de tête son pays et sa famille. Dans sa prison il raconte comment il a vécu dans le creux des rochers. — Malheureux, lui dit un médecin, vous avez mangé le cœur de cette infortunée ? avouez la vérité. Il répond alors en tremblant : — Oui, je l'ai mangé, mais je ne l'ai pas mangé tout à fait. Dès lors il ne cherche plus à rien taire ; il reprend tout son sang-froid, et déroule lui-même la série de crimes dont il s'est rendu coupable. Il en révèle jusqu'aux moindres circonstances, il en produit les preuves, il indique à la justice et le théâtre du forfait, et la manière dont il a été consommé. Le jury n'a plus besoin d'interroger, c'est le criminel qui parle (1). Arrivé à l'audience, ses traits présentent l'apparence du calme et de la douceur ; ses regards sont hébétés, ses yeux fixes, sa contenance immobile ; il conserve la plus profonde impassibilité. Seulement, un air de gaieté et de satisfaction règne constamment sur son visage, même pendant la lecture de l'acte d'accusation. Après une demi-heure de délibération, le jury résout affirmativement toutes les questions d'attentat et d'homicide avec préméditation et guet-apens, et négativement celle relative à la démence (2). Léger a entendu son arrêt avec le même calme et la même impassibilité. Ne s'étant pas pourvu, il fut exécuté peu de jours après. »

Vous voyez donc bien que le moyen âge n'était pas plus sévère que vous, et qu'il ne punissait comme vous, que la préméditation, la persévérance volontaire en cet état, et ce qui lui paraissait avec raison bien plus coupable, la volonté positive et les moyens vrais ou faux de le faire naître.

Les médecins d'aujourd'hui conviennent de tout l'embarras

(1) Exactement comme chez tous les sorciers du moyen âge. C'est généralement reconnu.
(2) Quoique tous les médecins le réclament comme monomane.

qu'ils éprouvent. Pourquoi cet homme bien portant serait-il fou ? demandait-on à Georget. « Il est fou, répondait-il, parce qu'il ne peut pas n'être pas fou, se disant porté au meurtre par une volonté aveugle, *irrésistible.* »

Oui, Georget, tant qu'il fut à la tête du matérialisme négateur de Paris, ne pouvait comprendre l'absence de folie dans de tels actes sans but et sans cause apparente. Mais il est plus que probable qu'au moment où il écrivait dans son testament ces lignes qu'il n'avait osé publier de son vivant : « J'ai hautement professé le matérialisme, mais à peine avais-je mis au jour ce dernier ouvrage, que de nouvelles méditations ne me permirent plus de douter de l'existence en nous et hors de nous, d'un *principe intelligent* tout à fait distinct des existences matérielles. » Il est plus que probable, disons-nous, que Georget se serait rétracté et eût enfin compris la possibilité d'une folie causée par un principe mystérieux, *en nous et hors de nous* (Voir au chap. 11).

Quoi qu'il en soit, on avoue que « ces infortunés, sans que la folie soit nécessaire, sont entraînés, poussés par une idée, par *quelque chose d'indéfinissable* » (Cazeauv., p. 269). Voilà bien, convenez-en, l'*obsession* des théologiens. Mais bientôt on ajoute : « L'idée revient, revient sans cesse ; elle ne se tient pas pour battue ; elle s'empare de leur organisation. Alors ces malheureux ne s'appartiennent plus, ils appartiennent à..... — à qui donc, s'il vous plaît ? — à l'hallucination qui les gouverne » (*Revue des Deux Mondes*, Esquiros).

Voyons toutefois si vous ne vous rapprocherez pas encore davantage, et si vous ne proclamerez pas vous-mêmes l'identité absolue de votre *quelque chose* et de nos esprits.

On l'a remarqué avant nous, les grandes crises d'anarchie politique sont toujours précédées par des crimes anormaux ; il semble que le thermomètre satanique, pour parler comme Donoso-Cortès, remonte alors sur tous les points à la fois. Ces prédictions ou ces accompagnements terribles ne man quèrent pas plus à l'année 1848 (1) qu'à toutes les crises précédentes : affaire Praslin, affaire Léotade (2), incendies épidémiques (3), etc., il y en avait bien assez pour faire pressentir l'éruption d'un volcan. La terre tremblait.

Or, dans la même année, un crime ou plutôt une série de perversités inconnues à notre âge, se révélait tout à coup et leur auteur tombait entre les mains de la justice. Il s'agissait, cette fois encore, de l'une de ces monomanies classées autrefois dans la monstrueuse famille des *possessions démoniaques*, et l'on se retrouvait pour la première fois, depuis un siècle peut-être, en présence d'un violateur de sépulcres. On sait avec quelle rigueur ce crime, objet des anathèmes de la Bible, était réprimé par les lois, mais on ignorait complètement les horribles détails qui le constituaient d'ordinaire. Le sergent B... s'est chargé de nous les apprendre.

(1) Nous affirmons ici sur l'honneur, avoir su en novembre 1847, par la voie de somnambules, consultés il est vrai par d'autres que nous, que nous allions avoir la république ; qu'elle durerait trois ou quatre ans, etc., etc. Nous affirmons encore avoir su, au mois de mars 1848, alors que tout Paris tremblait sous la pression de ces deux cent mille souverains, que cet état d'anarchie durerait jusqu'aux *journées de la Saint-Jean*, mais que *dans ces deux journées un général* y mettrait fin et organiserait la république.

Plusieurs de nos amis, plus initiés que nous, savaient en outre qu'un pontife devait périr au même jour, et croyaient même pouvoir appliquer cette vague prédiction au Saint-Père. Toujours est-il que, retiré au fond de notre province, et n'attachant pas la moindre importance, comme nous le ferons toujours, à des avertissements si trompeurs, nous condamnions, à la fin de la journée du 23, et la voyante et la vision, lorsque la sanglante vérité et la réalisation des prédictions somnambuliques arrivèrent jusqu'à nous.

(2) Il nous est impossibe, puisque nous sommes en voie de réhabilitations, de ne pas rappeler ici les protestations solennelles d'innocence faites sur le seuil de l'éternité, par ce membre d'une institution qui ne joue pas d'ordinaire avec les redoutables vérités de la foi. Nous ne savons ce qu'on aura pensé à Toulouse de ce serment prêté sur l'Eucharistie, et en présence de la mort ; mais nous savons ce qu'on en a pensé à Toulon, où l'on avait étudié le martyr d'un peu plus près et un peu plus longtemps.

Aujourd'hui 26 sept., les journaux nous apprennent qu'un avocat de Toulouse va publier un mémoire pour la réhabilitation du frère Léotade.

(3) Incendies épidémiques ! Ce sera notre chapitre le plus curieux... lorsqu'on sera assez mûr... pour l'entendre.

Nous n'oserons en indiquer que quelques-uns, et nous laisserons parler l'accusé.

Dem. Quel était votre but?

Rép. Je n'en avais aucun; c'était une rage, une folie qui me poussait... J'éprouvais le besoin irrésistible de la destruction, et rien ne m'arrêtait pour me lancer dans un cimetière, afin d'y assouvir cette rage de mutilation et de lacération des cadavres, sans m'occuper ni sans rechercher le sexe. C'est une maladie chez moi...

Dem. Mais de semblables actes devaient vous faire horreur à vous-même?

Rép. *Oui, certainement, et plus qu'à tout autre, mais je ne pouvais m'empêcher* de recommencer, au péril de ma vie. Ainsi, je savais que la machine (un piége) existait pour m'atteindre et me donner la mort, je n'en ai pas moins franchi le mur. C'était un soir qu'il faisait une nuit très-profonde; il pleuvait et tonnait très-fort. En sortant du cimetière du Montparnase je me suis rendu au cimetière d'Ivry où j'ai commis les mêmes actes, et je suis rentré au Luxembourg vers trois ou quatre heures du matin.

Dem. Cette maladie vous prenait-elle souvent?

Rép. Environ tous les quinze jours; elle s'annonçait par des maux de tête,... cependant j'étais très-doux à l'égard de tout le monde. Je n'aurais pas fait de mal à un enfant. Aussi suis-je certain de n'avoir pas un seul ennemi au... de ligne. Tous les sous-officiers que je fréquentais m'estimaient pour ma franchise et ma gaieté.

Bertrand avoue plus loin avoir eu, malgré cette gaieté, de fortes tentations de suicide. Que devient alors la monomanie? Sans doute il y a bien là maladie, mais on n'a jamais prétendu que les possédés ne fussent pas malades; seulement on soutenait, et il n'était pas difficile de le prouver, que cet état *sans fièvre ni délire*, sans dérangement aucun des facultés intellectuelles, sans but et sans passion, contraire même à la passion des malades et leur causant une profonde horreur, n'était pas un état *naturel*, et que le malade n'était *tout à fait* libre, ni pour le choix, ni pour l'accomplissement du forfait.

Voyons si l'on nous dit autre chose aujourd'hui, non pas quand on se contente de juger de loin comme la foule, mais quand on descend au plus profond de la question.

M. le docteur Marchal de Calvi dans le service duquel B... avait été transféré, et qui avait obtenu sa confiance, est consulté par le tribunal, et après avoir complété les aveux de Bertrand, il laisse tomber ces paroles :

« Dans mon opinion, Messieurs, cet homme n'est pas responsable de ses actes; il n'était pas libre. Je sais combien cette opinion est grave, combien elle est contraire à l'accusé, car vous pourriez alors le condamner à une séquestration prolongée; mais je dis ce que je crois, je le dis devant Dieu et devant les hommes, après mûres réflexions.

« Vous remarquerez, Messieurs, que la monomanie n'exclut pas le raisonnement. C'est là une remarque de la plus haute importance... J'entrerai plus tard dans des détails propres à démontrer que si le malheureux qui est devant vous a accompli des actes qui inspirent une profonde, une insurmontable horreur, il doit être aussi l'objet d'une profonde et vigilante pitié... Vous me demandez si je pense que chez lui le mal, la monomanie fussent tels qu'il n'aurait pu résister à leur influence? Je réponds : « Je crois que Bertrand était SOUS L'EMPIRE D'UNE PUISSANCE QUI LE DOMINAIT... DANS LES TEMPS ANCIENS ON AURAIT APPELÉ CELA UN DÉMON... QUI LE POUSSAIT MALGRÉ LUI A COMMETTRE DES ACTES DONT NOS ANNALES MÉDICALES N'OFFRENT PAS D'EXEMPLE... » (Voir les débats, *Gazette des Tribunaux*, décembre 1848.)

Cette fois, Messieurs, nous sommes parfaitement d'accord et sur la chose et sur le nom, car il est aisé de s'apercevoir que le judicieux docteur trouve la synonymie parfaite; seulement le jury du xix° siècle, en condamnant au maximum de la peine le sergent B... repentant et complétement guéri, a dépassé de beaucoup la sévérité de ses prédécesseurs, qui ne punissaient, nous l'avons dit, que la persistance opiniâtre dans ce même ordre de forfaits qui soulève aujourd'hui toute votre indignation.

En fait de conclusions médico-légales, voici comme un de nos docteurs spécialistes formulait les siennes relativement au même procès :

« Loin de moi la pensée, disait-il, de regarder de pareilles monstruosités comme des actes de folie, et de leur chercher une excuse dans une maladie de l'entendement ou de la volonté. Ces hommes n'étaient pas plus fous... que tant d'autres dont l'humanité n'a qu'à rougir. Ce sont là, si vous le voulez, des monstruosités morales, mais ce ne sont pas des actes de folie... N'est-il pas évident que, dans un cas de cette nature, il eût fallu renvoyer l'accusé à l'examen des médecins spéciaux, les seuls compétents en pareille matière?... » (Docteur Lunier, *Exam. médico-légal.*)

Oui, sans doute, le médecin tout d'abord, car la question est complexe, c'est-à-dire physique dans ses effets et morale dans sa cause. Et c'est précisément ainsi qu'on agissait d'ordinaire, car vous avez pu voir, dans le chapitre précédent, que les médecins étaient *toujours les premiers* consultés, mais vous aurez pu voir aussi comment ces grands docteurs, les Plater, les Sennert, les Willis, si magnifiquement réhabilités par le docteur Calmeil, et depuis eux les Fernel et les Hoffman, déclinaient promptement leur propre compétence, et renvoyaient à qui de droit ces monstruosités morales qui trouvaient ordinairement, ou guérison dans l'Église, ou châtiment dans la loi civile, suivant le choix, on peut le dire, de leur propre volonté.

C'est précisément à ces conclusions qu'en arrivait, il y a quelques années, la *Gazette des Tribunaux*, après un long et sérieux travail sur les possessions des derniers siècles. Stupéfaite à la claire vue d'une vérité si nouvelle et si longtemps méconnue, elle s'écriait : « En présence d'aveux si complets de la part de *tous ces misérables* (elle eût pu ajouter : et de menaces si opiniâtres), ON NE SE SENT PLUS LE COURAGE DE MAUDIRE LEURS JUGES. »

Eh bien ! cette première lueur de justice et de réparation, nous ne craignons pas de l'affirmer, sera bientôt un foyer lumineux, et le siècle actuel ne prendra pas fin, avant d'avoir mis à nu et vengé toutes les calomnies historiques des siècles précédents.

Résumons-nous, Messieurs, et précisons bien en finissant, le point que notre discussion vient d'atteindre.

Nous avons constaté, dans cette première partie, l'action d'*une puissance mystérieuse*, mais une action subjective, c'est-à-dire agissant à l'intérieur de ses victimes. Bien que nos grandes autorités scientifiques aient plus d'une fois proclamé que cette puissance était indépendante et *étrangère* à la conscience de ces mêmes victimes, néanmoins l'intériorité (1) des phénomènes, a dû constamment donner le change à ce sujet, et faire croire que des effets tellement circonscrits devaient trouver leur cause dans la personne même qui les subissait, et lui appartenaient essentiellement.

Si donc nous pouvions maintenant démontrer l'*extériorité* de ces mêmes causes, le problème se trouverait tout à coup résolu, et vous entrevoyez immédiatement, Messieurs, toutes les sérieuses conséquences qui en découleraient, non plus seulement aujourd'hui comme philosophie religieuse, et appréciations historiques, mais aussi comme doctrines médicales et guérisons psychologiques. En effet, vous avez entendu M. le docteur Calmeil, déclarer avec la plus admirable franchise « qu'il faudrait alors brûler comme de pitoyables romans les écrits des modernes sur l'aliénation mentale » (*De la Folie*, t. II, p. 475). Vous avez entendu, au même instant,

---

(1) Le mot peut ne pas paraître français, mais on le trouvera dans *Bescherelle*.

M. le docteur Brierre de Boismont appeler la doctrine actuelle sur les hallucinations « la plus grande et la plus funeste des erreurs sociales » (*Voy*. Cʜ. ɪᴠ). Ces deux savants manigraphes ont raison pour une partie de ces travaux, car l'*extériorité* de nos causes mystérieuses étant une fois solidement établie, il faudra bien que les fausses théories reculent devant ce monde invisible et *objectif*(1) qui nous enveloppe, nous presse, nous influence à notre insu, et dont cependant la négation fait depuis trop longtemps la base de tous nos enseignements.

Nous allons donc essayer de l'établir.

(1) Extérieur.

FIN DE LA PREMIÈRE PARTIE.

DEUXIÈME PARTIE
PHÉNOMÈNES OBJECTIFS
(EXTERNES)

CHAPITRE VII

LIEUX FATIDIQUES
ou
DOMAINES PRIVILÉGIÉS DES ESPRITS

> Les hauts lieux. — Certaines sources, les lieux déserts. — Béthyles, ou pierres mystérieuses, élevées en commémoration d'un fait merveilleux. — Carnac. — Les animaux subissant, dans certains lieux fatidiques, la même influence que subissent ceux qui les guident, etc., etc.

Encore quelques pages, Messieurs, et nous abandonnerons avec bonheur toute cette pathologie terrible. Essayons toutefois, en prouvant l'*extériorité* positive et la *surintelligence* de ses causes, de porter les derniers coups au naturalisme qui ne veut pas les reconnaître.

« L'observation des phénomènes psychologiques, dit M. le docteur de Boismont, met hors de doute un fait affligeant pour l'homme, mais qui n'en est pas moins une vérité incontestable, c'est que (écoutez-bien, Messieurs), c'est que *les idées folles voltigent sans cesse autour de lui*, semblables à ces insectes qu'on voit tourbillonner par milliers, dans une belle soirée d'été » (p. 396).

La comparaison est fort poétique, mais cela ne nous suffit pas ; et comme ces messieurs viennent de nous dire que ces *idées* ont bien positivement une partie *matérielle*, ils vont se trouver condamnés à cette conclusion rigoureuse « que certaines hallucinations, névropathies, monomanies, etc., sont dues à *quelque chose de matériel et de fou* qui voltige autour de nous. »

Mais de grâce, qu'on veuille bien nous dire alors comment cette sorte de miasme ailé peut s'y prendre pour être fou ? Nous croyions, nous, que le mot *folie* supposait nécessairement celui d'*intelligence*, et qu'une idée folle, s'emparant de notre organisation au point de nous en ravir l'empire et de substituer *sa propre volonté à la nôtre* (1), ressemblait bien moins à *quelque chose* qu'à *quelqu'un*, ce qui nous ramenait précisément à ces sublances spirituelles que saint Paul nous dit aussi, *voltiger autour de nous*.

Vraiment, lorsque deux pensées si voisines pour le fond se trouvent en présence, n'y aurait-il pas un peu de mauvaise volonté à préférer celle dont tous les termes se contredisent, à celle qui se comprend parfaitement ?

Et notez bien que, tout en voulant substituer un être spirituel à *quelque chose* d'intelligent, nous sommes bien loin de vous dénier ce je ne sais quoi de matériel qui vous a donné le change. Nous tenons trop à *nos intelligences servies par des fluides* (2), pour vous les contester à présent ; nous renchérirons même sur vous tout à l'heure, et dans un prochain chapitre, nous confirmerons largement tous vos aperçus à cet

---

(1) Voyez ch. précédent : « Il y a désormais dans cet halluciné *quelque chose qui n'est pas lui, mais qui veut et qui connaît* « (Leuret).

(2) Par des fluides qui *leur sont naturellement unis, ou dont elles s'emparent et qu'elles emploient.*

égard : seulement nous remettrons à sa place tout ce côté matériel de la question, et pendant que vous en faites une *cause*, nous en ferons, nous, un *instrument*.

Pour notre part nous ne sommes donc nullement étonné de ce que vous nous racontez à propos du crime de Ravaillac, qui « après être sorti de sa prison d'Angoulême, un samedi après Noël, faisant sa méditation ordinaire dans son lit, les mains jointes et les pieds croisés, sentit *quelque chose* lui passer sur la figure et sur la bouche sans pouvoir en discerner la nature » (Michea, Délire, p. 14).

Voilà bien effectivement votre idée voltigeante, et avec un peu plus d'attention vous retrouveriez quelques détails semblables chez Châtel, Jacques Clément, Damiens lui-même ; oui, c'est l'*idée voltigeante* qui frôle de plus en plus près ses victimes, jusqu'à ce que faibles et vaincues, celles-ci lui donnent toutes les facilités morales et physiques de pénétrer dans cette place dont elles lui rendent les clefs, pour ainsi dire. « Ne lui livrez pas le passage, dit l'apôtre, NON DATE LOCUM DIABOLO, car il tourne, CIRCUIT, et trop souvent il entre ; « ET INTROIVIT IN JUDAM POST PRIMAM BUCCELLAM SATANAS, et Satan entra chez Judas *après la première bouchée* » (1).

Vous conviendrez, Messieurs, que rien n'est plus curieux que cette progression de rapprochements, entre les aperçus de la science la plus moderne et les révélations les plus anciennes.

Il y a quelques années, le docteur Esquirol, comprenant déjà, quoique vaguement, la nécessité des *influences extérieures*, et frappé surtout du caractère éminemment contagieux de ces singuliers miasmes, en était venu à se demander « si cela ne pouvait pas tenir à une disposition cachée de l'atmosphère ? » C'était un premier pas vers *les idées voltigeantes* d'aujourd'hui et vers les influences *spirituelles* de demain, car nous affirmerons toujours que celles-ci sont la conséquence nécessaires de celles-là.

---

(1) Paroles de la Passion, au moment de la Cène.

Maintenant nous allons poursuivre d'un peu plus près ces mêmes idées ; nous essaierons de les pousser, de les traquer jusqu'à certains réduits, où bientôt acculées, localisées, il nous deviendra plus facile de les approcher, de les reconnaître, de les appréhender au corps, en disant à coup sûr : « Voilà l'ennemi, voilà son repaire, voilà le foyer de l'épidémie. »

Une chose, en effet, nous a toujours frappé par-dessus toutes les autres, dans ces études hypernaturelles ; c'est *le foyer* des agents, car il est impossible de ne pas reconnaître des points de départ bien caractérisés, des lieux véritablement fatidiques (1), dans lesquels cet état, d'hallucination selon les uns, d'effets psychologiques selon les autres, d'influences spirituelles, selon nous, puise souvent ses premiers éléments : leur germe est déposé là, sort de là, peut se circonscrire et se laisser renfermer exactement, comme, dans un autre ordre d'influences, le germe épidémique se laisse aussi localiser soit dans les marais Pontins, soit à l'embouchure du Gange, soit aux atterrissements du Nil, etc.

Dans nos trois derniers chapitres, et sur la foi de nos plus savants manigraphes, nous avons vu ces épidémies qu'ils appellent démonopathiques (ils ne croient pas si bien dire) s'élancer d'un point précis, d'une caverne, d'une montagne, d'un désert ; puis, tantôt importées par un seul homme, tantôt communiquées par un souffle, se propager contagieusement d'un bout de l'Europe à l'autre et produire sur leur passage une interminable série de prodiges que l'on disait inexplicables.

Et on avait raison, car en dehors de notre théorie, il nous semble impossible de comprendre, par exemple :

Comment « après le double meurtre commis par Papavoine, une dame d'un rang très-élevé, ayant eu la curiosité

---

(1) On appelait ainsi dans l'antiquité les lieux où le Destin, la divinité *Fatum*, paraissait résider.

de visiter le lieu du crime, y fut prise à l'instant même de monomanie homicide » (1).

Comment « au camp de Boulogne, Bonaparte fut obligé de faire brûler une guérite dans laquelle toutes les sentinelles se brûlaient la cervelle » (*id*).

Comment « un invalide s'étant pendu à l'une des portes de l'hôtel intérieur, dans l'espace de quinze jours douze autres invalides s'y pendirent également, ce qui força le maréchal Serrurier, gouverneur à ce moment, de suivre l'avis du docteur Sabatier en la faisant murer... » (*id*).

On pourrait citer des milliers de faits du même genre, tous parfaitement constatés, et prouvant jusqu'à l'évidence l'insuffisance de l'imitation, cette explication si souvent proposée, car il paraît prouvé, aux yeux de nos grands maîtres eux-mêmes, que c'était bien ce *quelque chose*, *absorbé* par ces malheureux (2), qui les fascinait moralement et formulait dans leur intérieur cette tentation abominable et véritablement *surhumaine*.

Eh bien! reprenons pour un moment l'hypothèse de la *disposition cachée* de l'atmosphère, émise par le docteur Esquirol; reprenons-la, d'abord parce qu'on doit épuiser toutes les théories physiques avant de passer aux surnaturelles; ensuite parce que rien n'est plus rationnel et plus ordinaire qu'un gaz, un fluide enivrant les victimes qui le respirent, et par suite les entraînant à d'inguérissables folies. Mais quoi! un gaz, un simple gaz, inspirant à *tous* ces soldats, de caractère, d'âge, de tempéraments différents, exactement la même pensée, le même désespoir, la même résolution, et résolution ordinairement exécutée avec les mêmes détails! quelle épidémie singulière! car s'il est vrai que l'électricité, certains agents physiques, et même l'ivresse, puissent agir avec une certaine soudaineté, il n'est pas moins certain qu'ils

---

(1) Nous copions le *Grand dictionnaire des sciences médicales*.
(2) Expressions fournies par la science.

produisent des phénomènes très-variés suivant les individus qu'ils influencent, et suivant les cerveaux qu'ils excitent. Aux uns la même liqueur inspire la gaieté, aux autres la tristesse ; à ceux-là la colère, à ceux-ci la folie, et encore avec des milliers de nuances et à des degrés différents. Mais voyez donc ! Dans tous les cas précités et dans tous les cas semblables, uniformité parfaite de détails et d'effets sur une succession d'individus complétement différents ! Ainsi voilà un gaz qui a une propriété toute spéciale, celle d'inspirer la plus exécrable anthropophagie (1) ! Voici un miasme qui a le monopole du suicide, et du suicide par pendaison ; bien mieux par pendaison de telle et telle manière, *toujours la même*, on vous l'a dit (2) !

Voilà qui est bien nouveau ! Il y a donc *là, dans cette forêt, dans cette guérite* ou *à cette porte*, quelque chose d'arrêté, de décidé par une volonté aussi exclusive qu'opiniâtre ! Or, nous le demandons à la science, qui avoue dans tous les cas un *envahissement* impérieux, croirait-elle par hasard nous faire une immense concession, ou plutôt ne se croirait-elle pas soulagée d'un grand poids en changeant sa théorie *de la disposition atmosphérique faisant acte d'intelligence*, contre *les malices spirituelles et atmosphériques* du grand apôtre, ou bien encore en changeant ces tentations qu'elle appelle *irrésistibles* contre ces tentations que l'apôtre appelle *surhumaines ?* Où donc est la différence, s'il vous plaît ? nous ne la saisissons pas, ou plutôt, s'il y en a une, la voici : c'est qu'avec l'explication biblique, la science recueillerait sur-le-champ deux avantages : le premier, de rester d'accord avec les croyances, non pas seulement chrétiennes, mais universelles ; le second, de se comprendre enfin elle-même et de se faire comprendre aussi par les autres.

Tel sera notre dernier mot sur toute cette pathologie merveilleuse que nous allons enfin laisser derrière nous.

(1) Papavoine.
(2) Boulogne et les Invalides.

§ I⁽ʳ⁾.

Lieux fatidiques, temps antiques.

Maintenant agrandissons la question, et constatons, que toutes les influences spirituelles, bonnes ou mauvaises, faibles ou toutes-puissantes, avaient en général leur berceau, ou faisaient, pour ainsi dire, *élection de domicile* en des lieux plus spécialement favorisés. De là ces communications merveilleuses et locales qui, sous le nom de *théophanies*, ont donné tant de tourment, Messieurs, à vos illustres collègues de l'Académie des Inscriptions et Belles-Lettres. Que de travaux! que de recherches! que de vaines et fatigantes hypothèses, pour expliquer une vérité... si facilement explicable pour nous.

Ici, nous commençons par vous en prévenir, Messieurs, il faudra que vous ne vous montriez pas trop sévères en présence de la confusion apparente des faits, ou plutôt des souvenirs que nous allons vous rappeler le plus succinctement possible. Nous espérons surtout que cette confusion ne paraîtra jamais inconvenante, lorsque nous nous verrons forcé d'établir certaines analogies de forme et d'effet, entre des phénomènes, objet de notre vénération profonde, et les phénomènes de l'ordre contraire, objet de notre non moins profonde aversion. Nous serons très-sobre cependant de ces rapprochements qui nous répugnent, et pour y recourir nous aurons besoin de nous rappeler ces paroles de Bossuet (5ᵉ Élévat.) : « Saint Paul conserve aux anges déserteurs « eux-mêmes le titre de *vertus des cieux*, pour nous montrer « qu'ils en conservent encore la puissance comme un débris « de leur effroyable naufrage. » On ne confond pas par cela seul qu'on rapproche.

Si nous ne nous étions fait une loi de ne pas trop nous écarter dans ce premier mémoire des sujets abordés par la *science moderne*, il serait aussi intéressant que facile de passer en revue tous ces domaines privilégiés, tous ces grands centres d'influences surnaturelles signalés par l'histoire et par les écrits sacrés des nations. D'où voyons-nous en effet sourdre le plus souvent ces espèces de prodiges? Nous n'avons pas besoin de vous le rappeler, Messieurs, dans l'Ancien Testament et même pour le peuple de Dieu, c'était presque toujours sur les *hauts lieux* que s'établissaient les communications divines, et bien que les rois orthodoxes fissent continuellement raser les autels que l'on y consacrait à *Moloch* ou à *Bel*, il n'en est pas moins vrai que les Israélites disaient eux-mêmes en parlant de Jéhovah : « Notre Dieu est un Dieu de montagnes » « IN ALTIS HABITAT, » ce que l'Exode répétait en ces termes (1) : « Quiconque cherchait et *voulait trouver* Jéhovah, allait vers Hoel-Moed » et certes, les miracles d'Horeb et de Sinaï étaient là pour fortifier leur vénération pour ces montagnes sanctifiées. Oui, pour les Israélites c'était une vérité mille fois prouvée, que cette faveur marquée de la Divinité pour certains lieux plus augustes ou plus propices à la manifestation spéciale et privée d'une gloire qui remplit tous les mondes.

Mais c'étaient surtout les païens, qui plaçaient sur ces *hauts lieux* leur théologie tout entière. De là, ces dénominations d'Alpes *Pennines*, d'*Apennins*, de *Joux*, de *Jura*, de *Jorat*, etc., qui toutes se rapportaient à Jupiter et à toute cette cour céleste dont le psalmiste a pu dire sans se tromper : « *Omnes dii gentium dæmonia* (2). » De là encore, ces très-justes reprises que le christianisme crut devoir exercer à son tour sur cette partie de la création, en abattant les temples, en brisant les idoles, et en cherchant à sanctifier les cimes, tant par le culte du vrai Dieu que par les monuments d'une admirable charité (3). Enfin, vous voudrez bien ne pas oublier

---

(1) *Exode*, ch. III.

(2) « Tous les dieux des nations sont des esprits. » Ps. LXXV.

(3) Comme au Grand Saint-Bernard, dont le couvent a remplacé un ancien temple de Jupiter.

que dans l'ordre mystique inverse c'était aussi sur les *hauts lieux* que les magiciens allaient *imprégner* leurs magistères, et que Maxwel, l'un des premiers fauteurs du magnétisme au XVIe siècle, disait en propres termes : « C'est perdre son temps que d'aller chercher *cet esprit du monde* ailleurs que sur le sommet des plus hautes montagnes. »

De là encore ces amoncellements de pierres bizarres sur toutes les sommités de nos deux hémisphères; pyramides modestes il est vrai, mais de tous les pays. Oui, soit que nous les contemplions avec Strabon, groupées auprès du temple d'Hercule sur les côtes d'Espagne « et frappant de terreur, la nuit, tous les voyageurs qui n'osaient approcher *parce que les Dieux les habitaient* » (*Géogr.*); soit que nous les rencontrions avec nos missionnaires modernes sur toutes les montagnes de la Chine, avec quelques-uns de nos touristes sur les *passe-varek* des Lapons, avec quelques autres à Madagascar et à Ceylan, avec M. de Humboldt sur toute l'étendue du Mexique, et tout dernièrement encore, avec un jeune et très-savant voyageur (1) à la base des cimes principales du Chimborazo, soyez sûrs que toujours et partout, elles n'ont qu'un langage et ne signifient absolument qu'une seule chose.

Oui, vous échouerez toujours dans vos recherches, et toujours vous ferez de la fausse science, si, par delà toutes les hypothèses de mythes et de symboles adoptées aujourd'hui, vous vous refusez à voir, dans tous ces monuments, le mémorial d'*un grand fait* surhumain, et la constatation de quelque *théophanie* éclatante. Malheureusement c'est un parti pris chez nos archéologues comme chez tous les autres savants, de commencer par la négation de ces mêmes faits fondée sur leur impossibilité. Dès lors, comment pourraient-ils arriver, ne fût-ce qu'à l'approximation de la vérité ?

Cependant, si ces académiciens voulaient bien prendre un

---

(1) Don José de Caldas.

peu la Bible au sérieux, il est tel passage de la Genèse qui pourrait leur éclairer toute cette question des betyles (1), si longuement controversée dans leurs propres annales. Celui-ci par exemple :

« Jacob prit une des pierres qui étaient là, la mit sous sa tête et s'endormit »... « et il vit le Seigneur qui lui dit : Je suis le Seigneur... je vous donnerai à vous et à votre race, la terre où vous dormez... Votre postérité sera nombreuse comme la poussière de la terre... et toutes les nations seront bénies en vous, et *en celui qui sortira de vous* » (Gen. ch. 28).

« Et Jacob s'écria : Que ce lieu est terrible ! Vraiment, le Seigneur *est* en ce lieu et je l'ignorais ; ce lieu n'est pas autre chose que la *maison de Dieu* et la porte du ciel... » Et il y posa une pierre qu'il frotta d'huile, ainsi que le faisaient, ou le firent depuis toutes les nations en pareilles circonstances, et cette pierre s'appela béthel, c'est-à-dire *beth*, maison, *el*, de Dieu.

Nous entendons d'ici la science plus avancée, la science qui commence à convenir qu'il y a là *quelque chose*, nous accorder le fait comme elle nous accorde tous les autres, et s'en tirer encore par ses *hallucinations*. Eh bien ! soit ; va pour les hallucinations de Jacob à Béthel ! Mais encore une fois nous rentrons dans tous nos avantages, et nous demandons pourquoi, après avoir pris naissance dans tous ces lieux consacrés, la prophétie et les prodiges subséquents reportaient sans cesse à ce point de départ, ceux qui continuaient à s'en trouver favorisés.

Ainsi, (ch. 31, v. 13), nouvelle apparition. « Je suis le Dieu de Béth-el où vous avez oint la pierre. Sortez promptement de cette terre, et retournez au pays de votre naissance. » Puis enfin, sur son lit de mort, c'est encore au nom du Dieu de Béth-el que le patriarche (*halluciné* selon vous), va faire entendre à la terre ces magnifiques paroles : « Le sceptre ne

---

(1) Des pierres mystérieuses, juives, celtiques, druidiques surtout.

sortira pas de Juda, ni le prince de sa postérité, JUSQU'A CE QUE CELUI QUI DOIT ÊTRE ENVOYÉ, ET QUI SERA L'ATTENTE DES NATIONS, AIT PARU » (ch. 48, v. 3 et 49, v. 10).

Et voilà qu'après le délai prophétisé des quarante siècles, le sceptre échappe *pour la première fois* à Juda, lorsque paraissent le *désiré des nations* et la *Bethléem* du Nouveau Testament. Ainsi donc, votre hallucination avait, dans sa *surintelligence,* percé ces quarante siècles, après lesquels le christianisme se levait enfin sur le monde tout exprès pour lui donner raison.

Apprenons donc à expliquer les monuments mystérieux par les faits mystérieux, et la vraie nature de ceux-ci par tous les faits subséquents qui corroborent, vérifient, et font enfin comprendre le prodige.

Dans l'ordre mystérieux opposé, il en est de même encore, et puisque nous avons parlé de Carnac, rappelez-vous donc les savantes affirmations de ces hommes dont le savoir embrassait tant de questions, et auxquels leur sainteté ne permettait jamais un mensonge. C'était précisément à propos de cette thaumaturgie druidique, dont Carnac était un des principaux centres, que le pieux et savant saint Gildas écrivait dans le VI° siècle : « Merveilles diaboliques qui l'emportent presque *par leur nombre* sur toutes celles de l'Égypte. *Nous en voyons encore avec horreur* quelques-unes subsister sous des traits déformés, et infester *comme autrefois* nos déserts et nos masures abandonnées. »

Exténuez-vous de travaux, messieurs, les académiciens, enfantez des milliers de dissertations sur Carnac, nous ne cesserons de vous le redire, les bons habitants du voisinage, qui de temps à autre *voient probablement encore* les mêmes choses avec la même *horreur,* en sauront toujours plus que vous (1).

___

(1) En écrivant ces lignes, nous ne connaissions pas encore le très-savant ouvrage intitulé : *Dieu* et les *Dieux,* publié tout dernièrement par M. le chevalier Gougenot des Mousseaux *. Jamais jusqu'ici cette intéressante question

* Chez Lagny frères, éditeurs, rue Bourbon-le-Château, n° 1, à Paris.

Au reste, les montagnes n'étaient pas le seul domicile et les *Bethyles* le seul mémorial de ces pneumatiques influences. On sait quel rôle jouaient à leur tour *les bois consacrés* (*luci*), non plus seulement chez le peuple hébreu et sous les chênes de Mambré, mais encore chez les idolâtres, comme à *Dodone* et à *Cumes*, et chez ces mêmes druides qui venaient puiser sous leurs chênes des inspirations analogues probablement à toutes celles qu'ils recevaient à Carnac.

Mais le plus brillant chapitre de cette topographie thaumaturgique, était sans contredit celui des *fontaines merveilleuses*, parmi lesquelles figuraient en première ligne les fontaines *intermittentes*, avec toutes leurs guérisons.

Et ce n'étaient plus là, comme on l'a prétendu trop souvent, des guérisons médicales, opérées par la nature et la composition de leurs eaux, ce n'était plus le *soufre* ou le *chlorure de sodium* qui guérissait cette espèce de buveurs ; non, c'étaient des guérisons du même ordre que celles de la médecine d'attouchement, et que toutes ces guérisons des temples d'Esculape, « bien autrement nombreuses que les nôtres, » s'écriait Galien.

C'étaient en effet des fiévreux, auxquels il suffisait de tou-

---

des *Beth-el* et des *Bétyles*, n'avait été éclairée d'un tel jour. A une prodigieuse érudition, M. des Mousseaux joint cette précieuse sagacité d'esprit qui force cette érudition à conclure. Aussi, lorsqu'on a lu ou plutôt étudié toutes ces démonstrations si neuves et si profondes sur les pierres *animées* et *parlantes*, sur les *Beth-aven*, corruption et falsifications des *Beth-el*, sur la liaison du *sabéisme* et des *aérolithes*, ou *pierres-foudres*, sur l'antagonisme éternel entre le dieu-*soleil* et le mauvais *serpent*, etc..., on n'est plus étonné de voir le docte orientaliste Drach, bibliothécaire de la propagande, à Rome, emprunter plus d'une page à ce même livre, et dire en parlant de son auteur : « Cet écrivain ajoute à tout ceci d'excellentes réflexions et des investigations qui jettent *une grande lumière* sur cette matière si intéressante. » (Harmonie entre l'Église et la Synagogue, t. II, p. 446.)

Un tel suffrage pourrait dispenser de tous les autres, dans le cas où, par impossible, ceux-ci tarderaient à s'y adjoindre.

M. des Mousseaux ne pouvait oublier Carnac, en traitant à fond toute cette question des *Bethels*, et nous sommes heureux de le voir appuyer de son autorité nos simples aperçus. Pour lui donc, Carnac n'est que l'un de ces nom-

cher à cette eau pour être guéris complétement, c'étaient des paralytiques qui venaient y jeter leurs béquilles, etc., phénomènes irrécusables, lorsque l'on veut bien examiner leurs détails consignés sur une foule innombrable d'*ex voto*. Aussi, combien d'humbles chapelles érigées tout auprès de ces fontaines ! combien de pèlerinages chrétiens illustrés désormais par ces eaux, dont les pieuses bénédictions d'un évêque dépossédaient un jour l'ancienne Aréthuse ou la profane Égérie, au profit d'une humble patronne et d'une sainte fille de l'Église !

Et que l'on ne crie pas trop vite aux rapprochements sacriléges, si nous disons que les bonnes et les mauvaises influences offraient en apparence bien des phénomènes analogues. Ainsi, saint Jean vous explique en deux mots tout le mystère de la piscine de Jérusalem : « *Un esprit, un ange*, en venait remuer l'eau en *certains temps*, et celui qui descendait le premier après cette perturbation était guéri, quelle que fût sa maladie; » mais cela n'empêchait pas les Pères de nous avertir qu'en général les eaux doivent nous être suspectes, « parce que les esprits immondes y résident, *quia immundi spiritus aquis incumbunt.* » Et Bossuet, Bossuet, Messieurs ! en com-

breux *dracontia* « ou édifices consacrés *au serpent,* » la preuve en éclate à ses yeux dans les sinuosités qu'il décrit, sinuosités évidemment ménagées pour le calcul, et qu'il retrouve jusque dans les évolutions de ce *bal* annuel que les villageois exécutent encore dans leur voisinage; danse mystique rappelant celles que l'on croyait avoir été jadis exécutées par les pierres elles-mêmes, pierres *animées* s'il en fut jamais, et dont la dénomination vulgaire fut longtemps, ainsi que pour tous ses analogues, *la danse*.

Nous avons dit tout à l'heure que saint Gildas *voyait* encore *avec horreur,* de son temps, toutes ces *merveilles diaboliques;* on ne doit donc pas être très-étonné d'entendre, à quatorze siècles de distance, un savant chrétien, comme l'est M. des Mousseaux, terminer par ces mots un de ses plus intéressants chapitres : « Nier intrépidement qu'aucune apparition, aucun fait surnaturel se soit accompli par la vertu de ces pierres, c'est se raidir, sans autre auxiliaire que le *moi* de Médée, contre de bien nombreuses et bien puissantes traditions. » (*Dieu* et les *Dieux*, p. 496.)

Encore une fois, on est heureux de voir ses *pressentiments* légitimés dans un tel livre.

mentant ces paroles, ajoutait celles qui suivent : « Dans les fontaines cachées, dans les lacs et les ruisseaux souterrains, résident ces esprits de perdition, car l'Église primitive était imbue de cette créance, et nous a laissé la formule que nous prononçons encore, dans l'exorcisme des eaux baptismales » (1).

Encore une fois, nous savons bien que le naturalisme viendra nous faire observer, avec un annotateur de Lucrèce, que tous ces phénomènes se répétaient constamment sur des terrains abondants en vapeur, en eaux minérales, et surtout en soufre; que la Béotie, qui seule en comptait plus de vingt-cinq, que Dodone, Claros, Cumes, la fontaine intermittente de Jupiter Ammon, étant toujours enveloppées des mêmes exhalaisons, il devenait *tout simple* d'attribuer ces prodiges, et en particulier l'état singulier des Pythies, à ces mêmes exhalaisons ou vapeurs. Mais il ne nous sera pas difficile, le bon Plutarque en main, de leur démontrer que les agents chimiques n'étaient là qu'un adjuvant, ou plutôt le véhicule de l'esprit inspirateur. Effectivement, après avoir passé en revue tous les systèmes explicateurs de ces mystères, dont il reconnaît la source tarie (sans se douter qu'il parle comme l'Église et qu'il se fait l'écho des anciens prophètes), le philosophe de Chéronée prouve merveilleusement, qu'il y a trois actes dans tout drame de ce genre; 1° l'exhalaison tellurique (côté fluidique de la question); 2° l'état psycho-physiologique de la prêtresse (marche et effet de l'envahissement); puis 3° enfin, l'intervention, et, pour ainsi dire, le dégagement du dieu ou des esprits, « sans *la superintendance desquels*, ajoute-t-il, *on n'y comprendra jamais rien.* »

Il eût dû suffire en effet à nos rationalistes discoureurs, de bien suivre toutes les phases du phénomène pour s'en convaincre largement, et Fréret a bien raison de leur dire « qu'ils

(1) Sermon sur les démons. Voici la formule d'exorcisme : Je t'exorcise, créature de l'eau, afin qu'étant exorcisée, tu puisses déraciner et supplanter *eradicare et explantare*) l'ennemi avec tous ses anges apostats. »

n'ont jamais fait qu'effleurer la question. » Est-ce qu'il ne fallait pas que le trépied eût *remué*, que le laurier se *fût agité* violemment, que la victime se fût *secouée* d'elle-même (voyez tous les historiens); en un mot, qu'on eût eu révélation de *la présence* du dieu par un signe quelconque, pour que l'exhalaison tellurique amenât enfin la prophétie? Sans *le signe avant-coureur* de cette présence, signe souvent attendu et sollicité par plusieurs semaines de jeûnes et de mortifications, l'exhalaison tellurique n'amenait que des convulsions, et compromettait *vainement* la vie de la sibylle. Cette vapeur était si peu d'ailleurs d'une nécessité absolue, qu'à Dodone, par exemple, ce n'était plus seulement l'eau, c'étaient les *arbres*, c'étaient les *colombes*, c'était surtout l'*instrument de cuivre*, qui donnaient *le signal* convenu pour l'affirmation ou pour la négation de la présence mystérieuse, exactement comme le font aujourd'hui le tambour du Lapon, celui des jongleurs égyptiens, ou la télégraphie des *esprits américains*. (Voir au chapitre des électricités railleuses.)

Mais encore une fois, dira-t-on, pourquoi ces mêmes lieux, à vapeurs sulfureuses, et surtout à sources intermittentes, paraissaient-ils jouir d'un certain privilége en fait d'apparitions, de divinations et de prodiges, si ce n'est parce que ces apparitions se trouvent tout naturellement expliquées par la nature du fluide, par le jeu de la lumière sur la vapeur, etc., etc.? A merveille; mais les révélations mystérieuses, les divinations, et surtout *les réalisations subséquentes* des choses prédites et annoncées à ces mêmes lieux, qui nous expliquera leur fréquence, leur prédilection pour ces sources? Y aurait-il donc, par delà ces éléments matériels dont nos alambics et nos cornues ne saisissent en définitive que le grossier substratum, y aurait-il donc certaines vertus occultes, certains *esprits recteurs*, que la science, dans ses moments de bonne foi, appelle elle-même un *divinum quid*, un θεῖον insaisissable? Ne pourrait-on pas expliquer ainsi, et ce culte des forces secrètes de la nature, qui constituait l'ancienne idolâtrie, et cette *quintessence* occulte admise et poursuivie par des génies du premier ordre (1), et ces esprits *élémentaires* ou *recteurs* que l'apôtre saint Paul nous représente comme les premiers dieux des Gentils, et dont l'empire a été détruit par la venue de Jésus-Christ (2)?

Mais ce n'est ici, ni le lieu ni le moment, d'entamer cette question; disons seulement avec Bossuet : « Lorsqu'on voit dans les prophètes, dans l'Apocalypse et l'Évangile lui-même... l'ange des eaux, du feu, et ainsi de tous les autres... on voit tout de suite le fondement qui a pu donner occasion aux païens de distribuer leurs divinités dans les éléments et dans les royaumes pour y présider » (3). Rappelons-nous, avec Origène : « que les anges président à la terre, à l'eau et au feu » (4); avec saint Augustin, que « dans ce monde, à chaque chose est préposée une vertu angélique » (5); avec saint Chrysostôme, que « tous les astres eux-mêmes en sont dotés, et que la milice céleste ne signifiait pas autre chose » (6); enfin, avec Cicéron, que « *les plus grands et les plus nobles* de tous les philosophes ont toujours pensé qu'ici-bas, *tout*, même les choses naturelles, était régi et administré par des dieux » (7).

---

(1) *Numero quintum, ordine primum*, disaient les anciens kabbalistes; *âme du monde*, disaient toutes les philosophies, *spiritus mundi*, esprit du monde et *prince de cet air*, disaient les Écritures. Rapprochez tout cela de ce *grand fluide inconnu*, mais soupçonné à cette heure même, par les Becquerel et par les Arago. En vérité, comment peut-on se traiter avec tant d'intolérance et de mépris, lorsque sous des noms si divers on poursuit probablement la même chose? Ce qui nous paraît bien certain à nous, c'est que toutes ces recherches n'aboutiront jamais à un *simple* fluide.

(2) Dans un mémoire subséquent, nous analyserons le chapitre III de l'*Epître aux Galates*, et nous espérons prouver que tels versets de cette épître, mal traduits jusqu'ici, et cela de l'aveu de tous les commentateurs, ne signifiaient pas autre chose.

(3) Préface de l'*Apocalypse*, ch. XXVII.
(4) Hom., ch. VIII.
(5) *De div. quæst.*
(6) Hom.
(7) *De natura deorum.*

Or, quelle fin de non-recevoir absolue pourrait donc opposer à tous ces grands hommes notre chimie moderne, du moment où elle avoue sa complète ignorance sur le fond mystérieux des phénomènes ? En vérité, nous ne le voyons pas. Le comte de Maistre parle quelque part d'une chimie *beaucoup trop* pneumatique ; ne serait-ce pas à celle-ci même qu'il voulait faire allusion ?

Au reste, nous ne tenons en rien à la généralisation de cette idée, généralisation très-hypothétique nous l'avouons ; mais nous sommes certain, *absolument certain*, que plus d'une influence spirituelle accompagne, dans tel ou tel lieu, certains phénomènes réputés à tort purement physiques et chimiques.

§ II.

Un lieu fatidique au moyen âge.

Revenons une dernière fois à nos fontaines, et prouvons par un exemple célèbre, combien notre doctrine était jadis partagée par l'Église et lui causait parfois d'étranges embarras. Citons cette Jeanne d'Arc, pour nous l'instrument le plus brillant du génie protecteur de la France, et malgré tout notre enthousiasme pour cette vierge vraiment miraculeuse, osons risquer cette assertion toute nouvelle que « l'on n'a pas été juste, en rejetant uniquement sur la colère anglaise et sur le seul évêque de Beauvais tout l'odieux du jugement. » Le fait est que ce prélat, dont le partial emportement est au reste sans excuse, était néanmoins l'écho d'un très-nombreux parti et d'un grand nombre de collègues aussi pieux qu'éclairés. Comment n'a-t-on pas saisi, en lisant attentivement toutes les pièces du procès, l'embarras que ce procès devait causer à la théologie, en un mot toutes les préoccupations du clergé, des écoles, de la cour, au sujet du plus ou moins d'orthodoxie, des *esprits* inspirateurs de Jeanne d'Arc? Si, d'une part, son humilité, ses vertus, la grandeur des services rendus, l'amnistiaient à leurs yeux, si la majorité finissait par admettre la présence réelle des *saintes Marguerite* et *Katherine* dans les images apparues, de l'autre, une immense minorité, il faut bien le dire (et M. Calmeil a raison de le remarquer), devait fortement incliner pour une origine toute diverse. Et pourquoi cela ? Précisément en raison de *cet arbre des fées* et du voisinage de la *fontaine aux miracles*. Oui, rien n'est plus vrai ; quoique l'*Église* ait toujours condamné en masse toutes les pratiques superstitieuses, *certaines* églises ne paraissaient pas, dans le détail et dans l'application, tout à fait fixées sur la nature de ces influences surnaturelles. Comme aujourd'hui, il y avait parfois hésitation. Il en était un peu à cet égard comme des pratiques divinatrices que nous voyons défendues dans la Bible, mais auxquelles les patriarches eux-mêmes paraissaient s'abandonner quelquefois, si nous en jugeons par l'exemple de Joseph (1). Il en est de cela, enfin, comme des épreuves judiciaires, tant de fois condamnées et reprises. Il n'est donc pas étonnant de retrouver tout ensemble et l'*anathème des fontaines* et néanmoins le *dimanche consacré aux fontaines* (2). Mais pourquoi tant d'hésitations et de prudence, sinon parce qu'on était indécis sur l'efficacité du premier exorcisme et sur les dieux *actuels* de l'endroit, dieux dont la nature élémentaire ou angélique n'était pas bien clairement démontrée ?

Toujours est-il, que le procès de Jeanne d'Arc roulait (on ne l'a pas assez remarqué) sur ce point capital, et sans

---

(1) « Vous avez dérobé la coupe dont mon seigneur se sert pour deviner. » Les commentateurs les plus sincères ont tous reconnu là l'*hydromancie*. A la rigueur, il est vrai, cela pouvait être une simulation.

(2) Ce dimanche-là (quatrième de carême), en beaucoup de lieux, après la messe, on venait aux fontaines en chantant; on buvait de leurs eaux, et l'on ramassait des fleurs du voisinage. Cela s'appelait *faire ses fontaines* (*facere fontes suos*), ou célébrer le dimanche des fontaines. C'était probablement encore une cérémonie purificatoire, une continuation du premier exorcisme, appliqué aux *nymphes* de l'endroit, *gentis loci*.

excuser ici les *infamies* d'un Bedford et d'un Cauchon, nous nous croyons dans le vrai en affirmant qu'ils n'avaient fait que renchérir avec toute l'ardeur de la haine, sur l'opinion de la minorité peut-être mais d'une minorité très-imposante comme théologiens, comme membres des universités (1), et comme juges.

Pesez bien, en effet, cette question et ces réponses :

— Jean Beaupère : Qu'est-ce qu'un *certain arbre merveilleux* qui est près de votre village ? — Jeanne : Il y a assez près de Donrémy, un arbre appelé l'*arbre des dames*, d'autres l'appellent l'arbre *des fées*, près duquel est une fontaine. J'ai ouï dire que les personnes malades de la fièvre boivent de l'eau de cette fontaine et vont en chercher pour recouvrer la santé... Moi-même j'en ai été témoin. J'ai ouï dire aussi que les malades, quand ils peuvent se lever, vont à cet arbre pour se promener. C'est le beau *mai*, qui appartient à messire de Bourlemont. Quelquefois j'allais me promener avec d'autres filles, et je faisais, sous cet arbre, des bouquets et des guirlandes... J'ai plusieurs fois entendu dire à de vieilles gens, mais qui n'étaient pas de ma famille, que *les fées conversaient en cet endroit*. J'ai même ouï raconter à Jeanne, épouse du maire Aubery et ma marraine, *qu'elle y ait vu* lesdites fées, mais je ne sais si cela était vrai ou non. Pour moi, je n'ai jamais, que je sache, vu les fées *sous cet arbre*, et *ne sais si je les ai vues ailleurs ou non*... J'ai vu les jeunes filles suspendre des bouquets aux rameaux de cet arbre, *et moi-même en ai suspendu comme les autres*... J'ai ouï dire à mon frère qu'on disait dans mon pays, que j'avais pris mon fait sous l'arbre des fées, *mais cela n'est pas vrai*.

Convenez-en, Messieurs, avec toutes les idées d'alors sur les arbres et les fontaines douées d'un *merveilleux* plus ou

---

(1) Voyez la lettre de l'Université à Jean de Luxembourg, lettre par laquelle elle le félicite d'avoir appréhendé cette femme qui se dit la Pucelle, au moyen de laquelle l'homme de Dieu a été sans mesure offensé, la foi excessivement bléciée, et l'Église trop fort déshonorée... etc. (Lebrun, ch. III, p. 154).

moins suspect, il y en avait là plus qu'il ne fallait pour causer beaucoup d'indécision. Aussi le *malleus maleficarum*, ce rituel laïque de notre sujet, affirme-t-il que c'était alors l'opinion de *tous les hommes les plus pieux et des théologiens les plus distingués*, que Jeanne obéissait à un *esprit familier*. Ce serait assurément le cas de répéter : « *Salutem ex inimicis nostris*, c'est par nos ennemis que nous avons été sauvés; » Ce serait encore là une imitation de ce grand prêtre de Baal, forcé par Jéhovah de prophétiser pour Israël, de même que nous voyions tout à l'heure les terribles esprits de Loudun, travaillant, *par ordre divin*, à la conversion des pécheurs; mais nous ne consentirons jamais à ranger parmi nos ennemis *des voix* si bienfaisantes et si fidèles, et si *l'arbre des fées* était pour quelque chose, non pas dans les inspirations de Jeanne d'Arc, mais dans la transmission de ces influences, au lieu de donner à cet arbre fortuné le feuillage et les teintes suspectes des arbres de *Dodone*, nous nous le représenterions plutôt sous la forme auguste et sacrée des vieux chênes de *Mambré*. Telle serait donc notre conclusion à l'égard de Jeanne d'Arc. DIEU D'ABORD, et AVANT TOUT SA MISÉRICORDE SUR LA FRANCE, puis les instruments ordinaires de ses inspirations, LES ESPRITS servis à leur tour peut-être, par nous ne savons quelles influences endémiques, élémentaires et locales, semblables peut-être à celle de la piscine de Jérusalem, et d'autant plus remarquables, qu'elles semblaient avoir produit déjà, dans ce même lieu, de faibles ébauches de ce grand fait merveilleux (1). Quoi qu'il en soit, tenez pour bien certain que ce malheureux arbre entra pour beaucoup dans la condamnation de cette admirable et touchante héroïne, qu'on ne voulut pas croire sur parole, lorsqu'elle dit *n'avoir pas pris son fait sous l'arbre des fées*, comme le prétendait SON PAYS.

Il reste donc démontré, qu'il y avait fort souvent de véritables centres d'inspirations, des lieux vraiment privilégiés,

(1) Plusieurs jeunes filles de ce pays avaient offert, en effet, quelque chose d'analogue.

sur ces montagnes, dans la profondeur de ces bois, près de ces fontaines merveilleuses, topographie souillée dans l'origine, topographie dont le christianisme déposséda bientôt les maîtres, pour baptiser la terre et la sanctifier jusque dans ses éléments matériels.

Quant à ces philosophes trop prudents, qui même en tombant d'accord avec nous, craindraient de nous voir favoriser toutes les superstitions, en attachant ainsi des *vertus* ou de mauvaises *influences* à tel ou tel endroit, nous leur répondrons : Il ne s'agit pas de savoir si nous favorisons la superstition, mais bien si nous favorisons la vérité. Or, demeurons bien certains que le meilleur moyen de compléter celle-ci tôt ou tard, est de ne jamais tirer le rideau sur aucun de ses rayons. La superstition ! mais vous ne la guérirez pas plus, en niant des faits contre toute évidence, que vous ne convertirez un magnétiseur en taxant de charlatanisme tous les faits magnétiques ; vous serez même sûrs de produire l'effet directement opposé ; on perd toute confiance dans un médecin comme dans un pasteur, qui vous dénient *à priori* des faits surabondamment démontrés. Non, jamais on n'a guéri l'erreur par une erreur égale. La superstition ! mais plus que qui que ce soit au monde nous en avons l'horreur, car nous ne connaissons rien de plus triste que le rétrécissement, et à plus forte raison la dégradation, de ce qu'il y a de plus grand et de plus saint sur la terre. Et c'est précisément pour cela que nous tenons à bien démontrer à ces esprits vraiment superstitieux, que tout phénomène *surhumain* n'est pas *divin*, et que les merveilles réelles opérées dans tel ou tel endroit, sont bien loin de nécessiter toujours la grande intervention du Créateur. Mais surtout gardons-nous bien de leur dire qu'ils n'ont *rien* vu, *rien* obtenu, car avant tout il faut se courber devant l'évidence, et en la reconnaissant loyalement nous nous ferons écouter et pourrons ainsi sauvegarder la gloire de cet ineffable nom, que trop souvent on ne dégage pas assez de ces débats. Au reste, il faudra bien revenir tôt ou tard à cette méthode qui fut toujours celle de l'Église. Fondée sur le témoignage (*fides ex auditu*) celle-ci s'est toujours bien gardée d'émousser, même aux mains de ses ennemis, une arme si puissante, et dans l'intérêt le mieux entendu de ses propres *miracles*, elle ne leur a jamais dénié leurs *prodiges*.

§ III.

Lieux fatidiques dans les temps modernes.

Mais il est temps de retourner à la science moderne, et d'examiner avec elle quelques-uns de ces phénomènes qu'elle nous présente comme particuliers à certains lieux. Nous allons voir, Messieurs, si vous pourrez vous contenter de ses dernières explications par les *cauchemars* et par les *accidents de lumière*, explications qu'elle va risquer en désespoir de cause.

Dans tous les cas, veuillez bien ne pas l'oublier, c'est cette science, *elle seule*, qui nous ramène sur ce terrain malencontreux des *fantômes*, et comme elle nous y ramène *au nom de l'étude et de la loi* scientifiques, il faut bien que nous y marchions ou de bon gré ou malgré nous. Nous allons donc l'écouter, nous réservant tout simplement le droit de répondre à ses bien pauvres explications, par la démonstration de leur *pauvreté*. Nous nous contenterons d'un ou deux exemples, ne voulant pas nous arrêter indéfiniment sur un pareil sujet.

Cette fois-ci nous emprunterons notre *conte bleu* au grand Dictionnaire des sciences médicales qui l'élève à la dignité *d'histoire*, et le tient du docteur Parent lui-même. (V. t. IV, art. INCUBE.) Ce ne sera donc en ce moment, Messieurs, ni une *vieille femme*, ni un superstitieux *villageois* que vous allez écouter.

« Le premier bataillon du régiment de... dont j'étais chirurgien-major, dit le docteur Parent, se trouvant en garnison à Palmi, en Calabre, reçut l'ordre de partir à minuit de cette résidence, pour se rendre en toute diligence à Tropea, afin de s'opposer au débarquement d'une flottille ennemie qui menaçait ces parages. C'était au mois de juin, la troupe avait à parcourir près de quarante mille de pays. Elle partit à minuit, et ne parvint à sa destination que vers sept heures du soir, ne s'étant reposée que peu de temps et ayant souffert considérablement de l'ardeur du soleil. Le soldat trouva, en arrivant, la soupe faite et son logement préparé.

« Comme le bataillon était venu du point le plus éloigné, et était arrivé le dernier, on lui assigna la plus mauvaise caserne, et huit cents hommes furent placés dans un local qui, dans les temps ordinaires, n'en aurait logé que la moitié. Ils furent entassés par terre, sur de la paille, sans couvertures et par conséquent ne purent se déshabiller. C'était une vieille abbaye abandonnée. *Les habitants nous prévinrent* que le bataillon ne pourrait rester dans ce logement, parce que toutes les nuits il y revenait des *esprits*, et que déjà d'autres régiments en avaient fait le malheureux essai. Nous ne fîmes que rire de leur crédulité ; mais quelle fut notre suprise d'entendre, à minuit, des cris épouvantables retentir en même temps dans tous les coins de la caserne, et de voir tous les soldats se précipiter dehors et fuir épouvantés ? Je les interrogeai sur le sujet de leur terreur, et *tous* me répondirent que le diable habitait dans l'abbaye ; qu'ils l'avaient vu entrer par une ouverture de la porte de leur chambre, sous la forme d'un très-gros chien à longs poils noirs, qui s'était élancé sur eux, leur avait passé sur la poitrine avec la rapidité de l'éclair et avait disparu par le côté opposé à celui par lequel il s'était introduit.

« Nous nous moquâmes de leur terreur panique, et nous cherchâmes à leur prouver que ce phénomène dépendait d'une cause toute simple et toute naturelle, et n'était qu'un effet de leur imagination trompée. Nous ne pûmes ni les persuader ni les faire rentrer dans leur caserne. Ils passèrent le reste de la nuit dispersés sur le bord de la mer et dans tous les coins de la ville. Le lendemain j'interrogeai de nouveau les sous-officiers et les plus vieux soldats. Ils m'assurèrent qu'ils étaient inaccessibles à toute espèce de crainte, qu'ils ne croyaient ni aux esprits ni aux revenants, et me parurent toutefois persuadés que la scène de la caserne n'était pas un effet de leur imagination, mais bien la réalité. Suivant eux, *ils n'étaient pas encore endormis* lorsque le chien s'était introduit; ils l'avaient bien vu et avaient manqué d'en être étouffés au moment où il leur avait sauté sur la poitrine.

« Nous séjournâmes tout le jour à Tropea, et la ville étant pleine de troupes, nous fûmes forcés de conserver le même logement, mais nous ne pûmes y faire coucher les soldats qu'en leur promettant d'y passer la nuit avec eux. Je m'y rendis en effet à onze heures et demie du soir avec le chef de bataillon. Les officiers s'étaient, par curiosité, dispersés dans chaque chambrée. Nous ne pensions guère voir se renouveler la scène de la veille. Les soldats rassurés par la présence de leurs officiers qui veillaient, s'étaient livrés au sommeil lorsque vers une heure du matin et *dans toutes les chambres à la fois*, les mêmes cris de la veille se renouvelèrent, et les hommes qui avaient vu le même chien leur sauter sur la poitrine, craignant d'en être étouffés, sortirent de la caserne pour n'y plus rentrer. Nous étions debout, bien éveillés et aux aguets pour observer ce qui arriverait, et comme il est facile de le supposer, nous ne vîmes rien paraître. La flottille ennemie ayant repris le large, nous retournâmes le lendemain à Palmi ; nous avons, depuis cet événement, parcouru le royaume de Naples dans tous les sens, et dans toutes les saisons ; nos soldats ont été souvent entassés de la même manière, et jamais ce phénomène ne s'est reproduit. »

Voyons maintenant comment la science va se tirer de ce

pas embarrassant (1). D'abord, elle écarte l'accusation de jonglerie, parce qu'elle lui paraît ainsi qu'au docteur Parent *tout à fait impossible*; mais elle la remplace par l'explication suivante : Écoutez bien, Messieurs : « Il est présumable que la marche forcée que ces soldats avaient été obligés de faire pendant une journée très-chaude, en fatiguant les organes de la respiration, les avait affaiblis et disposés à éprouver ce *cauchemar*, favorisé d'ailleurs par la position gênée dans laquelle ils étaient obligés de se tenir couchés *tout habillés*, par la raréfaction de l'air et peut-être par son mélange avec quelque gaz nuisible. »

Et nous, nous dirons à notre tour : Gardez bien soigneusement votre explication pour une autre circonstance, car ce n'était ni la fatigue ni la chaleur de la route *puisque* le lendemain, *après toute la journée de repos, et toute la soirée si fraîche passée sur le bord de la mer*, le phénomène s'est exactement répété comme la nuit précédente.

Ce n'était ni la position ni la gêne des uniformes, *puisque des citadins en frac et des paysans sans habits* y avaient éprouvé de tout temps la même chose.

Ce n'était pas le *cauchemar du sommeil*, puisque, malgré la non-perception du phénomène par le médecin et le chef de bataillon, les sous-officiers et les plus vieux soldats avaient déclaré la veille *n'être pas endormis* lorsqu'il avait commencé à paraître, et que *dormeurs et éveillés, tous* avaient exactement vu la même chose.

Enfin ce n'était pas un effet exceptionnel dû à toutes ces circonstances réunies, puisqu'on avait eu soin de les prévenir que c'était *toutes* les nuits, et que déjà *plusieurs* régiments en avaient fait le malheureux essai.

Singulier *cauchemar*, qui a lieu *toutes* les nuits à la même heure, par conséquent par des températures différentes, et qui montre au même instant *à huit cents* hommes *endormis ou*

(1) Voyez le livre *Des hallucinations*, du docteur Brierre de Boismont, et plusieurs autres manigraphes.

non (ne l'oubliez pas) et répartis dans *bien des chambres différentes*, le même fantôme opérant le même effet.

Un journal scientifique disait, il y a quelques années : « Cet ordre de faits, bien attestés du reste, pourrait vraiment s'appeler surnaturel si la science n'en donnait une explication suffisante et logique. »

Que pensez-vous de celle-ci, Messieurs ? Vous déclarerez-vous satisfaits ? Il nous est permis d'en douter.

Passons à un second fait. Celui-ci a trait à un grand personnage politique, contemporain, et c'est encore M. le docteur Brierre de Boismont qui va le puiser dans l'ouvrage d'un médecin anglais, intitulé ANATOMY OF SUICIDE.

Tous, vous savez que le marquis de Londonderry, le célèbre lord Castelreagh, s'est suicidé dans un accès de folie ; mais vous ignorez très-probablement les antécédents bizarres et peut-être instigateurs de sa folie. Les voici tels que la science anglaise nous les donne, et soyez bien sûrs que, dans ce pays, elle n'oserait pas les affirmer ainsi si elle ne les tenait de la famille elle-même.

« Il y a environ quarante ans, le noble lord était allé visiter un gentilhomme de ses amis qui habitait, au nord de l'Irlande, un de ces vieux châteaux que les romanciers choisissent de préférence pour théâtre des apparitions. L'aspect de l'appartement du marquis était en harmonie parfaite avec l'édifice. En effet, les boiseries, richement sculptées, noircies par le temps, l'immense cintre de la cheminée semblable à l'entrée d'une tombe, la longue file des portraits des ancêtres au regard à la fois fier et méprisant (voilà bien de la poésie en pure perte), les draperies vastes, poudreuses et lourdes qui masquaient les croisées et entouraient le lit, étaient bien de nature à donner un tour mélancolique aux pensées.

« Lord Londonderry examina sa chambre et fit connaissance avec les anciens maîtres du château, qui, debout dans leur cadre d'ivoire, semblaient attendre son salut. Après avoir congédié son valet, il se mit au lit. Il venait d'éteindre sa bougie lorsqu'il aperçut un rayon de lumière qui éclairait le ciel de son lit. Convaincu qu'il n'y avait pas de feu dans la grille, que les rideaux étaient fermés, et que la chambre était quelques minutes avant dans une obscurité complète, il supposa qu'un intrus s'était glissé dans la pièce. Se tournant alors rapidement du côté d'où venait la lumière, il vit à son grand étonnement la figure d'*un bel enfant entouré d'un limbe*. L'esprit se tenait à quelque distance de son lit.

« Persuadé de l'intégrité de ses facultés, mais soupçonnant une mystification de la part d'un des nombreux hôtes du château, lord Londonderry s'avança vers l'apparition, qui se retira devant lui. A mesure qu'il approchait, elle reculait, jusqu'à ce qu'enfin, parvenue sous le grand cintre de l'immense cheminée, elle s'abîma dans la terre. Lord Londonderry revint à son lit, mais il ne dormit pas de la nuit, tourmenté de cet événement extraordinaire. Était-il réel, ou devait-il être considéré comme l'effet d'une imagination exaltée? Le mystère n'était pas facile à résoudre.

« Il se détermina à ne faire aucune allusion à ce qui lui était arrivé, jusqu'à ce qu'il eût examiné avec soin les figures de toutes les personnes de la maison, afin de s'assurer s'il avait été l'objet de quelque supercherie. Au déjeuner, le marquis chercha en vain à surprendre sur les figures quelques-uns de ces sourires cachés, de ces regards de connivence, de ces clignements d'yeux, par lesquels se trahissent généralement les auteurs de ces conspirations domestiques. La conversation suivit son tour ordinaire ; elle était animée, rien ne révélait une mystification, tout se passa comme de coutume. A la fin, le héros de l'aventure ne put résister au désir de raconter ce qu'il avait vu, et il entra dans toutes les particularités de l'apparition. Ce récit excita beaucoup d'intérêt parmi les auditeurs et donna lieu à des explications fort diverses. Mais (écoutez bien, Messieurs!) le maître du lieu interrompit les diverses commentaires en faisant observer que la relation de lord Londonderry *devait* en effet paraître fort extraordinaire à ceux qui n'habitaient pas depuis longtemps le château et *qui ne connaissaient pas les légendes de la famille;* alors, se retournant vers le héros de l'aventure : « *Vous avez vu l'enfant brillant*, lui dit-il, soyez satisfait, c'est le présage d'une grande fortune ; mais j'aurais préféré qu'il n'eût point été question de cette apparition. » Dans une autre circonstance, lord Castelreagh vit encore l'enfant brillant à la chambre des Communes, et il est très-probable que le jour de son suicide il eut une semblable apparition. »

Si ce dernier fait prouve peu de chose à vos yeux, Messieurs, c'est à la science qu'il faudra vous en prendre. Pourquoi l'enregistre-t-elle, si non parce qu'elle le croit exact? Il est bien évident, en effet, que si le médecin auteur de ce récit ne s'était pas assuré de la réalité de l'anecdote, *sa discussion anatomique du suicide* reposerait sur le vide, mais il était à la source, et ce récit n'a jamais été démenti par la famille du noble lord ; la science française s'en emparant à son tour, nous sommes bien forcé de l'écouter, et de lui demander, comment après tous ses aveux d'*idées voltigeantes*, de *folies endémiques*, d'*images matérielles et folles circulant dans l'atmosphère*, etc., elle pourrait nous affirmer qu'une de ces idées ou images ne s'est pas trouvée dans cette chambre, et que le point de départ de la folie, au lieu de résider uniquement dans le cerveau du malade, ne remontait pas au contraire à cette *idée* et à cette *image voltigeante?* Et comme elle n'est plus en droit, d'après ces précédents, de nous nier au moins cette possibilité, nous lui demanderons alors comment cette *idée voltigeante* prenait de temps immémorial, dans ce château, ou *plutôt dans cette chambre*, la forme d'un enfant lumineux, et surtout, comment on avait pu rester persuadé que cette vision annonçait toujours l'élévation, et plus tard la perte de celui qui venait de la subir, double prédiction réalisée encore cette fois-ci? (Voyez note 1, à la fin du chapitre.)

En attendant qu'elle nous réponde (et nous attendrons

bien longtemps), passons, Messieurs, à l'un des plus curieux engagements de notre sommaire, et disons quelques mots de ces hallucinations anormales, simultanément communes aux animaux et à leurs maîtres.

Que les animaux éprouvent, comme nous, des hallucinations physiques et d'*optique cérébrale*, cela ne peut pas ne pas être dû moment où ils possèdent un cerveau, un fluide hémato-nerveux, et surtout, du moment où ils sont sujets à des rêves comme les nôtres ; mais les voir influencés par nos agents mystérieux, les voir atteints et frappés de terreur par ces phénomènes, ou plutôt par *ce je ne sais quoi d'invisible*, qui nous rend à l'instant même divin ou thaumaturge, voilà qui devient plus curieux, et ne peut cependant nous laisser aucun doute.

Vous savez, Messieurs, et tout le monde sait que le don de *seconde vue* est endémique en Écosse, en Suède, aux îles Hébrides et dans toutes celles du Danemark. Eh bien ! interrogez à ce sujet tous les meilleurs observateurs, et choisissez-les parmi ces hommes de science, dont le docteur Johnson est le plus distingué, *tous* vous diront que les animaux *participent* à la vision, ou probablement à la perception de sa partie matérielle (car elle en a une). Le docteur Kerner, l'une des gloires philosophiques et littéraires de l'Allemagne, nous parle, dans un ouvrage que la *Revue des Deux Mondes* (1) déclarait, il y a peu d'années, « l'un des plus consciencieux et des plus intéressants de notre époque, » nous parle, disons-nous, de ces troupeaux d'animaux qui, sur les collines du Wurtemberg et dans le voisinage de Prevorst, se trouvaient subitement pris de terreur et d'agitations convulsives en même temps que les habitants, et surtout au moment même où la fameuse voyante dont il écrit l'histoire (madame Hauffe) était atteinte comme ceux-ci, de convulsions et *du don de seconde vue*. Ce détail est extrêmement intéressant, et Kerner

(1) Du 15 juillet 1842.

a raison de le rapprocher des phénomènes décrits par les auteurs que nous citions tout à l'heure. « On voit, dit-il, en Écosse et aux Hébrides, des chevaux, au milieu de l'ardeur et de la plus grande vitesse, s'arrêter tout court, lorsque le cavalier qui les monte éprouve une vision du même genre. Qu'il fasse jour ou qu'il fasse nuit, le cheval alors se refuse à passer outre et se couvre bientôt d'une sueur abondante qui témoigne assez de tout son effroi. »

Vous jugerez, Messieurs, de l'intérêt que nous causa cette affirmation du docteur Kerner, lorsque vous aurez vu jusqu'à quel point elle concorde avec un fait de notre propre pays, fait arrivé dans notre propre famille et dont nous pouvons garantir l'authenticité parfaite, sauf à nous entendre plus tard sur son explication.

Cette fois-ci nous descendrons encore, et nous ne craindrons pas d'arriver aux *lutins*. Vous voyez que nous avons des *esprits* de tous les ordres, et ces derniers venus prouveront tout aussi bien notre thèse du monde invisible, que leurs terribles aînés de la première partie.

Vous saurez donc, Messieurs, que dans notre voisinage se trouve un vieux manoir qui a la plus mauvaise réputation du monde, sous le rapport des Esprits. De tout temps on y a vu les gens de la maison se poser en victimes de ces espiègleries *surhumaines,* qui, malgré d'assez longs chômages ainsi que les *bruits*, les *coups*, et les *apparitions* n'y auraient jamais fait défaut complètement. Si les jeunes domestiques avaient de la peine à s'y faire, les vieux finissaient (à force de concessions, sans doute) par vivre en assez bonne intelligence avec leurs persécuteurs invisibles. Cependant ils se plaignaient encore, et ils n'étaient pas les seuls, car tout le pays peut se rappeler qu'en 1815 une famille anglaise ayant loué ce château mystérieux, se vit obligée de *déguerpir* au bout d'un certain temps, ne pouvant plus tenir à ces vexations mystérieuses et nocturnes ; nous-même, nous nous souvenons parfaitement avoir entendu parler, dans notre enfance, d'un *cer-*

tain chevalier armé de toutes pièces dont la seule pensée nous glaçait d'épouvante et d'effroi. Tout ceci, Messieurs, serait fort peu digne de votre attention sans le *détail* suivant, sur lequel nous voulons attirer toute votre attention, parce que nous le tenons d'une parente dont il n'est permis ni à nous, ni à aucun de ceux qui la connaissent, de suspecter un instant la parole ; elle était d'ailleurs d'autant plus incapable d'exagération, qu'elle avait toujours professé la plus complète incrédulité à l'égard de ces récits, contraires non-seulement à toutes ses idées, mais encore à la paix de sa maison. Voici donc ce qu'elle nous certifiait tout dernièrement encore : « Retournant à Paris, nous disait-elle, et ayant fait venir de la ville voisine deux bons chevaux pour conduire notre voiture jusqu'au premier relais, nous partons très-lestement de M*** et dépassons bientôt les avenues du château. Tout allait pour le mieux, lorsque cette voiture, lancée au grand trot, s'arrêtant subitement au milieu d'une plaine tout à fait nue, nous occasionne une assez forte secousse. Mon mari et moi, renfermés dans le fond de la calèche, nous supposons d'abord que quelque chose s'est dérangé dans l'attelage, mais bientôt nous sommes complétement détrompés, car les coups commencent à pleuvoir sur les malheureux animaux, qui se mettent à reculer en *renâclant*. Nous présumons qu'on aura envoyé des chevaux rétifs ou paresseux, et nous attendons tranquillement que *force reste à la loi* ; toutefois, la crise continuant, nous nous décidons à mettre la tête à la portière pour demander au cocher ce qui lui arrive. « Eh ! Madame, ce qui m'arrive ! mais vous ne voyez donc pas ce *cavalier qui me barre le chemin*, qui menace mes pauvres bêtes de sa lance et les empêche de passer ! » Et les coups de fouet de redoubler et les bêtes de reculer à outrance ! Puis au même instant : « Ah ! dit-il, Dieu soit loué, il disparaît.... » Et voilà que *d'elles-mêmes*, cette fois-ci, les pauvres bêtes détalent au grand trot, mais déjà *toutes couvertes de sueur*, et cherchant à fuir au plus vite, comme des animaux épouvantés. »

Voilà le fait, Messieurs, le fait dans sa nudité la plus complète, et vous voyez qu'il ne cadre pas trop mal avec les hallucinations de l'Écosse, de l'Allemagne, et avec les récits des savants distingués qui ont étudié ces phénomènes. Isolé, notre récit n'eût assurément rien signifié, mais concordant si parfaitement avec ceux d'un Kerner ou d'un Johnson, il devient fort curieux et mérite attention. Si l'on admettait ce phénomène, nullement officiel mais évident pour nous, ce serait donc, alors, l'*image voltigeante* de nos docteurs qui aurait simultanément influencé et les animaux et leur maître. Mais peut-on, nous vous le demandons, ne voir dans cette image qu'un simple *jeu de lumière*, lorsque tout à côté se font entendre mille espiègleries mystérieuses, comme celles que l'on entendait fort souvent dans ce château ?

C'est ce que nous livrerons à toutes vos réflexions. (V. la NOTE n° 2.)

NOTE Ire.

L'APPARITION DE LORD LONDONDERRY ! (p. 239.) Ce dernier ordre de phénomènes paraît tellement digne d'intérêt à la science et à la littérature actuelles, il est tellement à l'ordre du jour, que le docteur Moreau, dans un de ses derniers ouvrages sur la folie, prodiguait de grands éloges à l'un des rédacteurs de *la Revue de Paris*, qui venait de risquer quelques explications naturelles sur ce curieux sujet *des revenants*, sujet *qui n'est pas encore éclairci*, dit le docteur. Nous avons vu la sérieuse *Revue des Deux Mondes* payer aussi son tribut de croyance aux mêmes faits, à propos de la voyante de Prevorst; maintenant voici venir encore, et pour la troisième fois, *la Revue britannique*. Le numéro de décembre 1852 contient un très-long et très-intéressant article sur *les maisons hantées;* cet article nous fait plaisir, en nous prouvant que nos anciens ennemis d'Albion ont absolument les mêmes ennemis spirituels que nous, et en bien plus grand nombre encore, s'il faut en croire *la Revue*. Jusqu'à présent, la statistique, en s'occupant du recensement des forces respectives des deux peuples, avait négligé ce chapitre *des forces invisibles;* maintenant elle commence à réparer cet oubli, et, en cas de guerre, nous saurions (toujours grâce à *la Revue*) à qui faire un appel.

Selon elle, ces maisons seraient donc excessivement nombreuses en Angleterre, puisqu'elle nous cite, seulement comme les plus célèbres, celle du Airshire, celle de la rue Saint-James, une autre du West-End, une autre encore à Carlisle.... Puis la *Dame brune* du château du marquis de T***, dans le comté de Norfolk, dame aussi mystérieuse et d'origine aussi reculée que sa rivale la *Dame blanche*, du noble château d'Avenel. Et, à ce propos, nous ne pouvons omettre ce détail important : « qu'un des amis de l'auteur de l'article anglais, la vit *tout dernièrement* lui-même, comme tout le monde la voit depuis des siècles, c'est-à-dire venant à sa rencontre dans le grand corridor, et s'évanouissant tout à coup dans la spirale du grand escalier. »

Puis vient *Jenny la fileuse*, ce spectre qui suit partout chacun des membres de l'une des familles les plus distinguées de l'Écosse, et fait entendre l'éternel bruit de son rouet partout où s'arrête l'objet de sa persécution. Puis viennent les aventures bien connues de M. et Mme Siddons, celles de la mère de George Canning, etc., et surtout les merveilles de l'usine de M. Procter, située au hameau de Willington, au pied du chemin de fer de Newcastle-on-Tyne : « Là, dit *la Revue*, tous ceux *qui veulent véritablement voir, voient infailliblement*, et les récits de tous les visiteurs sont revêtus de *toutes les preuves d'authenticité possible.* »

Mais nous recommandons tout spécialement à nos lecteurs l'histoire de ce marchand d'Édimbourg qui achète, il y a six ans, un manoir bien connu à la porte de Londres, et qui bientôt se voit, ainsi que ses parents et ses domestiques, obsédé de visions et de fantômes qui racontent tous les détails *d'un infanticide* accompli là, *quatre-vingts ans* auparavant, détails ignorés jusqu'alors, mais que viennent confirmer, depuis, la déposition des plus anciens habitants de l'endroit, et même les archives de l'administration.

Au reste, notre auteur ne s'en tient pas seulement à l'Angleterre ; il passe en revue tous les châteaux étrangers, et principalement ceux des châteaux royaux où, de tout temps, ces mêmes phénomènes ont défié la sagacité de la police et les inspections les plus sévères. Ainsi, par exemple, il signale à l'attention de ses lecteurs cette *Dame blanche* de la famille royale de Prusse, fantôme que l'on dit être celui d'une princesse Berthe von Rosenberg, morte au XVe siècle. Singulière *jonglerie* que celle dont l'auteur reste *insaisissable pendant plus de cinq cents ans*, et dont l'à-propos paraît coïncider assez exactement avec la mort prochaine de ceux qui en sont les victimes, pour que quelques-uns de ceux-ci, entre autres l'un des derniers Frédéric, *ait cru pouvoir annoncer officiellement la sienne aussitôt* après cette vision, annonce fatale qui fut réalisée très-promptement. Selon cette même *Revue*, une princesse royale de Prusse aurait eu encore cette même vision dans une circonstance plus récente, au château de Neuhaus, en Bohême, et au château de Berlin.

Mais nous ne pourrions jamais en finir, si nous voulions rapporter une masse de faits toujours identiques, soit que nous les ayons recueillis dans des livres de science ou de littérature élevée (car pour les autres nous ne voulons même pas en entendre parler), soit que nous ayons interrogé sur leurs plus intimes détails d'honnêtes et sincères villageois. Oui, toujours, nous avons trouvé une conformité scrupuleuse entre les détails fournis par le philosophe distingué et ceux fournis par l'ignorant, et nous nous sommes demandé comment le hasard et l'imagination pourraient amener dans tous les lieux et dans tous les temps, des *romans* d'une similitude si parfaite. Il est, par exemple, un point qui nous paraît trop généralement établi pour ne pas dépendre de quelques *lois encore inconnues du monde invisible*, et le voici : c'est que ce fait *d'infanticide*, cité tout à l'heure par *la Revue britannique* comme l'objet de la vision chez le marchand d'Édimbourg, a de très-fréquents analogues, dans certains lieux où ont eu lieu un assassinat, un suicide, *une mort violente* en un mot. Vingt fois des témoins très-dignes de foi, et séparés les uns des autres par toutes les inégalités d'intelligence et de condition, nous ont affirmé, *qu'en certains lieux et à partir du moment de l'accomplissement d'un crime de ce genre*, les bruits, les plaintes, les soupirs n'ont cessé de se faire entendre, qu'au jour anniversaire ils devenaient intolérables, et que, d'année en année, ils allaient s'affaiblissant. Si vous nous faites votre réponse ordinaire, insuffisante et banale : « Imagination », nous vous demanderons ce qu'elle signifie dans ce dernier exemple de l'apparition *révélant à toute une maison* qui l'ignore, un infanticide et des noms propres, complètement inconnus de ces hôtes étrangers et nouveaux, qui ne peuvent plus les retrouver eux-mêmes que dans la mémoire des gens d'un autre siècle... Rapprochez tout cela maintenant des doctrines antiques sur les *ombres* demandant vengeance, ou des doctrines du moyen âge sur les *âmes en peine* demandant la sépulture et des prières, puis de quelques-unes de ces hallucinations si merveilleuses, rapportées, acceptées, discutées dans l'ouvrage du docteur de Boismont, enfin, de ces apparitions fluidiques si fréquentes et si frappantes entre magnétiseurs et magnétisés, et vous resterez convaincus qu'il y a derrière cette perpétuité de phénomènes tous semblables, un x inconnue, dont la formule nous échappe encore, mais dont la solution principale est pour nous dans ce mot : LES ESPRITS, soit que nous l'appliquions aux *âmes* séparées de leurs corps, ou bien aux anges et aux démons, distinction sur laquelle nous reviendrons plus tard, et que l'antiquité avait très-nettement formulée par les mots de αὐτο πρόσωπος, esprit propre, et ἑτεροπρόσωπος, esprit étranger.

Quoi qu'il en soit, on voit que monseigneur l'évêque du Mans et M. le docteur Moreau ont quelques raisons pour affirmer, le premier, que *la logique est pour l'existence des revenants*; le second, que cette question *est bien loin d'être aujourd'hui résolue*. (Voyez *Théologie* de monseigneur Bouvier, et *Du haschisch*, par M. le docteur Moreau.)

NOTE II.

ANIMAUX INFLUENCÉS !... (p. 242.) Pour obéir à notre résolution de mêler le moins possible les choses saintes et profanes, nous ne parlerons que dans une note, des rapprochements que la science moderne allemande se permet de signaler sans aucune mesure, entre ces faits relatifs aux animaux influencés, et celui de nos miracles bibliques que ce dernier siècle a rejetés avec le plus de dédain, c'est-à-dire l'*ânesse de Balaam*. Ici encore, on nous accusera peut-être d'imprudence; mais comment jamais espérer la vérité si l'erreur seule a le droit de tout dire, et de le dire sans réplique? La science allemande a, selon nous, un très-grand tort, celui d'établir une identité absolue là où il n'y *a qu'analogie de moyens*. Laissant donc de côté le discours prononcé par l'ânesse, discours que quelques commentateurs ont pu, sans trop s'écarter de l'orthodoxie, rapporter soit à l'ange, soit à Balaam lui-même, convenons qu'aux îles Hébrides et en Allemagne au XIXe siècle, sous un certain rapport et abstraction faite de la *qualité* des agents qui décide de tout en pareille occurrence, les choses se passèrent probablement de la même manière que quatre mille ans plus tôt sur les terres de Moab, avec cette légère différence, toutefois, que dans ce dernier cas l'animal est frappé le premier, au lieu que, dans l'autre, il y a simultanéité complète. En Écosse et au château de M***, les chevaux s'arrêtent, renâclant et reculant avec épouvante, pendant que le cocher les fouette et voit un cavalier armé. Sur les terres de Moab, l'ânesse recule, se couche *trois fois* devant *quelque chose d'invisible*, et ce n'est qu'après l'avoir frappée violemment que « Jéhovah ouvrant les yeux de Balaam, celui-ci voit à son tour l'ange qui se tient devant lui avec une épée nue dans la main, et barrant le sentier dans la vigne, sentier bordé par une cloison à droite et à gauche. » Et Balaam de s'incliner, de se prosterner sur son visage, et l'ange de Jéhovah de lui dire : « Pourquoi as-tu frappé ton ânesse trois fois? « Voici que je suis sorti contre toi, parce que ta voie est mauvaise devant « moi... et *l'ânesse m'a vu*, et elle s'est *détournée de ma face* ces trois fois « (voilà notre thèse confirmée), et si elle ne se fût détournée de ma face, je « t'aurais même déjà tué, et je l'aurais laissée en vie.... » Et Balaam dit à l'ange de Jéhovah : « J'ai péché, parce que je ne savais pas que tu te tinsses « contre moi dans le chemin, et maintenant, si cela est mauvais à tes yeux, « je m'en retournerai.... » Et l'ange de Jéhovah dit à Balaam : « Va avec ces « hommes, mais tu diras seulement ce que je te dicterai; » et Balaam s'en alla avec les princes de Balac. » (*Les Nombres*, XXII, 21-35.)

Nous le répétons encore, jusqu'ici les hallucinations naturelles et la *seconde vue* de nos docteurs suffisent parfaitement à l'explication du fait biblique; mais, à partir de là, il va devenir aussi difficile que pour les autres faits précités de se passer de la présence réelle d'un *esprit* pour les expliquer. Ainsi vous voyez ce même Balaam changer subitement d'esprit et parler *contre lui-même*, exactement comme les catholiques atteints de la contagion prophétique des Cévennes, se prenaient subitement à déblatérer contre eux-mêmes, contre le pape, contre la messe, etc. Ainsi encore, cet homme, ce magicien *præstigiator*, cet extatique *qui tombe et qui a les yeux ouverts**, ce faux prophète de Baal, qui se rend, attiré par la cupidité, des montagnes d'Aram à la demeure royale de Balac qui le fait venir pour maudire Jacob et

---

* Il faut voir dans la *Bible* de Vence et dans la Dissertation qui précède *les Nombres*, quelle peine on s'est donnée jusqu'ici pour découvrir le sens de cette expression : *L'homme qui tombe et qui a les yeux ouverts*. » Quand la science croira davantage au somnambulisme, elle fera de meilleurs commentaires; mais alors il faudra qu'elle aille plus loin encore, et *qu'elle ouvre les yeux* à son tour pour voir que, derrière le somnambulisme, il y a le monde *des esprits*, car le somnambulisme tout seul ne l'éclairerait pas davantage.

foudroyer Israël, cet homme, ennemi si décidé du peuple hébreu, se trouve *métamorphosé* tout à coup par l'hallucination prétendue, et s'écrie : « Comment maudirais-je celui que le Dieu fort ne maudit pas ? Et comment foudroierais-je celui que l'Être suprême ne foudroie pas ? Je suis venu pour bénir Moab, mais voici que *je ne puis* le bénir.... Voici un peuple (*Israël*) qui habitera seul, et qui ne sera pas réputé au rang des autres nations. Dieu l'a fait sortir de l'Égypte, et une force semblable à celle du Rhem habite en lui.... Qui pourra compter la poussière de Jacob, ou nombrer le sable d'Israël ?.... Il n'y a pas d'augures ni de devins dans Israël....

« Ce peuple s'élèvera contre ses ennemis comme un lion qui ne se reposerait pas jusqu'à ce qu'il ait dévoré sa proie.... »

Alors Balac dit à Balaam : « Ne le maudissez pas si vous le voulez, mais aussi ne le bénissez pas.... »

Et Balaam reprit : « Quand Balac me donnerait plein sa maison d'or et d'argent, je ne pourrais pas passer les ordres du Seigneur mon Dieu, pour inventer la moindre chose de *ma tête*, ou en bien ou en mal ; mais je dirai tout ce que le Seigneur m'aura dit. »

Et il reprend avec plus d'impétuosité que jamais : « Une étoile sortira de Jacob, un rejeton sortira d'Israël, et il frappera les chefs de Moab, il ruinera tous les enfants de Seth.... il possédera l'Idumée... Oui, il sortira de Jacob un dominateur qui perdra les restes de la cité.... Les Assyriens nous prendront un jour ; mais d'autres viendront d'Italie, ils vaincront les Assyriens, ils ruineront les Hébreux, et finiront par périr eux-mêmes. »

Après cela, Balaam se leva et s'en retourna en son lieu par le même chemin.

Quel drame !

Nous trouvons donc là tout ensemble un phénomène, *hallucinatoire* selon la science, une invasion, une *possession spirituelle* selon nous, et *une langue étrangère*, parlée par l'agent de cette possession ; car, remarquez-le bien, Messieurs, Balac savait parfaitement ce qu'il faisait, lorsqu'il persuadait à Balaam de changer d'air et de lieu * pour voir s'il ne serait pas autrement influencé. Oui, il avait ses raisons, lorsqu'il le menait dès le matin sur les hauts lieux de l'idole de Baal (XXII, 41) ; puis ensuite sur le haut de la montagne de Phasga (XXIII, 44) ; puis sur le haut de la montagne de Phogor (*id.*, 28) ; en lui disant chaque fois : « Laissez-nous vous changer *de lieu pour voir* si de là vous ne pourrez pas les maudire » (*id.*, 27). (Quel précieux détail pour notre thèse des lieux fatidiques !) Mais voici que le Seigneur met toujours les mêmes paroles dans la bouche de ce faux prophète converti, qui ne

---

* Cette question *des lieux occupés par les anges*, a beaucoup occupé tous les Pères. Ceux qui les disaient tout à fait *incorporels* ne comprenaient pas qu'ils *pussent avoir un lieu*; mais ceux qui leur assignaient une *certaine corporéité* (et c'était le plus grand nombre, comme nous le verrons aux conclusions) étaient bien forcés de leur assigner *un lieu*. Aussi saint Grégoire se range-t-il à cet avis, et saint Athanase, dans sa *Lettre à Serapion*, dit-il que les anges sont ἐν τόπῳ dans un lieu, mais que le Saint-Esprit n'y est pas. Qui donc alors était sur le Sinaï ? La Bible vous l'a dit : « Le Seigneur, sans doute ; mais le Seigneur s'expliquant *par un ange*. »

se lasse pas de répondre à ses maîtres : « Puis-je donc dire autre chose que ce que le Seigneur me commande ? »

Et voilà que ce que le Seigneur lui commande va se vérifier à la lettre ! Et voilà que les siècles se dérouleront avec obéissance jusqu'à ce qu'une étoile soit sortie de la maison de Jacob, et que toutes les prophéties se soient littéralement accomplies. *Hallucinations*, nous dites-vous ! bien, mais alors qu'entendez-vous par ce mot ? Phénomène de *seconde vue !* mais où donc s'en rencontre-t-il de semblables ?

Quant à nous, nous dirons avec saint Augustin : « Qui donc serait assez fou pour hésiter entre ce Dieu que les prophètes des païens sont forcés de reconnaître pour le Dieu véritable, et ces dieux que le vrai Dieu déclare méprisables et faux ? »

Enfin nous terminons, en rassurant les esprits scrupuleux qui craindraient que cette prédilection de la Divinité pour certains lieux n'enlevât quelque chose à la plénitude infinie de sa présence universelle. Nous leur répondrons, d'abord par ces paroles du célèbre Alexandrin Jamblique (*Des myst. égypt.*) : « Cette présence spéciale tient à la disposition qui se trouve en ces lieux et à ce qu'il y a dans les choses matérielles et corporelles certaines proportions ou analogies spirituelles qui ont un rapport bien marqué avec les dieux; » mais nous leur répondrons surtout par ces paroles du roi Salomon : « Il ne faut pas penser que la terre soit digne de servir d'habitation à Dieu, car si le *ciel* et *les cieux des cieux* ne sauraient le contenir, combien moins ce temple !... Daignez seulement, Seigneur, arrêter vos yeux sur cette maison..., etc. » Il nous semble que dans ces paroles du roi Salomon il y a plus qu'il ne faut pour rassurer complétement ces esprits généreux qui, dans leur soif de l'infini, nous crient sans cesse avec Diderot : « Élargissez donc votre Dieu ; » vœu chrétien, aspiration sublime, qui toujours seront aussi les nôtres, et que nous serons tous heureux de voir dépassés ici par ces paroles du grand Roi fils de David, parlant du *ciel* et *des cieux des cieux*, en termes que nos grands astronomes ne trouveront pas cette fois trop indignes de leur science.

CHAPITRE VII

RÉCITS DES VOYAGEURS CONTEMPORAINS

ou

LES ESPRITS RENCONTRÉS SOUS TOUTES LES LATITUDES

Ne craignez pas, Messieurs, que nous ayons en ce moment la mauvaise pensée de copier toute une série d'anecdotes, uniquement pour la dérouler devant vos yeux. Quoique ce chapitre, par exception, ne soit guère susceptible d'analyse, et que nous soyons pour peu de chose dans sa composition, vous pourrez remarquer néanmoins que nous avons choisi d'abord les faits les plus importants et les mieux garantis, puis ensuite, ceux qui se rapportent le plus directement à notre thèse. Pour nous, vous avez pu le voir, Messieurs, les faits ne sont jamais qu'un moyen, et la conclusion seule étant un but, nous avons soin d'élaguer tout ce qui n'y mène pas en droite ligne.

Mais, admirez la prévention et toute sa persistance. Une grande partie de ce que nous allons vous offrir est publié depuis longtemps, a été lu par bien des personnes, a été soumis à tous les contrôles de la science et de la critique. Eh bien! ce n'en sera pas moins du tout nouveau pour vous et pour le monde savant. Et pourquoi cela, sinon parce qu'il est arrêté, et convenu, que dans les journaux et les comptes-rendus académiques, alors même que l'on prodiguerait l'éloge au livre examiné, on sautera toujours à pieds-joints par-dessus toute narration *merveilleuse*, fût-elle le passage le plus intéressant de tout l'ouvrage. Ah! lorsqu'il s'agit, dans ces ouvrages, de quelque fragment de coquille inconnue, de quelque parcelle ou d'argile ou de ciment arrachée à quelque informe débris asiatique, à la bonne heure! Il n'y a pas, dans tout Paris, assez d'échos pour avertir l'admiration, et pas assez de burins pour reproduire la merveille. Mais des faits qui démontrent aux plus incrédules tout ce monde invisible, auquel on avait juré de ne plus croire! des faits qui peuvent jeter le plus grand jour sur l'origine de tous les cultes, sur une foule de problèmes, tourment des historiens, sur les destinées de l'âme humaine et sur les conditions de son épreuve ici-bas!... Allons donc! On saute bien vite ces malheureux feuillets qui font tache dans l'ouvrage admiré, on les saute en haine de la conclusion entrevue, et l'on retourne *à la coquille et au ciment!*

C'est bien autre chose encore, quand il s'agit d'aller voir par soi-même. On fait mille lieues volontiers, on envoie des commissions jusqu'aux confins du monde, pour enrichir nos musées scientifiques de quelques herbes ou d'une nouvelle espèce de fourmis; mais, pour voir un fait merveilleux!... on ne monterait pas dix degrés. Tout au plus, lorsqu'on espère s'en tirer avec les mots de magnétisme et d'extase, consent-on à faire partie d'une enquête plus ou moins sincère; mais pour une vraie merveille, pour un de ces phénomènes *surhumains* qui vous acculent et vous enlèvent toute possibilité de retraite, on se garde bien de s'y risquer, et à ceux qui vous disent : « Mais voyez, nous vous en conjurons, quelques heures vous suffisent, le chemin de fer vous y mène, » on répond dans notre France, aujourd'hui, comme l'aéropage à saint Paul : « Nous vous entendrons un autre jour, *audiemus iterum*. »

Nous en avons eu un triste exemple à propos des stigmatisées du Tyrol ; pendant plus de vingt ans, des témoins par milliers (1), des princes, des prélats, des philosophes, des médecins, des savants de toute espèce, sont venus constater, sur plusieurs points du même pays, des phénomènes qui mettaient en déroute toutes les dénégations de la science incroyante. Oui, toutes les académies de l'Allemagne ont entendu, comme celles de Trente et de Milan, les rapports de commissions présidées par leurs célébrités, et garantissant ces prodiges dont la permanence semblait faire appel à l'Europe (2)... Eh bien ! qui donc en France et parmi nous, Messieurs, à part quelques rares exceptions, s'est avisé de passer la frontière ? mieux que cela, de quitter la grande route, s'il traversait le Tyrol, pour monter au village de Tscherms ou de Kaltern ? Si vous ne pouvez nous citer un seul voyageur connu, un seul de nos savants, comment expliquerez-vous une telle indifférence ? Comment expliquerez-vous le profond silence de nos académies devant de tels prodiges attestés par tant et de si imposants témoins ? Là, cependant, vous auriez pu constater toutes les merveilles de l'ascèse et de la mysticité, des plaies saignantes à jour et heure prédits et que jamais *cautérisations ne purent arrêter ou fermer*, la divination, la pénétration des cœurs et des esprits, le parler des langues étrangères, puis dans les heures de pénitence, d'épreuve, ces mêmes phénomènes que M. Calmeil nous disait plus haut « avoir existé dans toutes les possessions du monde, c'est-à-dire la restitution de mille objets matériels, tels que verres, crins, morceaux de peigne,

---

(1) Dans une même semaine on en compta quarante mille.

(2) Voir à ce sujet les rapports ou dépositions de Marchesani, des docteurs Overberg von Druffel et de Léonard dei Clochi, dont la relation, lue à l'Institut de Lincoln, se trouve insérée dans le tome LXXXIV des *Sciences médicales de Milan*. Voir le compte-rendu dans le *Journal de médecine de Salzbourg*, les relations de lord Shrewsbury, celle de l'abbé Cazalès, de Goërres, d'Antonio Riccardi, des évêques de Trente et de Munster, etc., mais surtout celles de Kant et du docteur Strauss.

clous, etc. » objets qui n'avaient jamais été ingurgités, faits vérifiés par l'administration elle-même dont les surveillants, au nombre de trente-un, ne quittèrent, pendant un très-long espace de temps, ni jour ni nuit, le chevet de ces saintes et miraculeuses martyres.

Herder, le philosophe, était mieux disposé, et se trouvait probablement dans un jour de franchise, lorsqu'il laissait échapper ces paroles: « On croit avoir tout expliqué quand on a traité tous ces faits d'impostures; mais les voyageurs les plus expérimentés n'ont pu voir sans étonnement certains prodiges de ce genre qu'ils auraient hésité à croire s'ils n'en avaient été les témoins (1). »

Une fois cependant, une seule fois, vous avez bien voulu vous préoccuper d'un rapport du docteur suédois *Souden*, sur une épidémie très-singulière, qui se répandit dans toute la Suède en 1842. Nous savons que le mémoire fut lu à l'Académie de Médecine; mais ce mémoire était-il bien exact? N'avait-on pas mutilé tous les faits comme on le pratique chez nous d'ordinaire? Nous l'ignorons complétement; mais ce dont nous sommes certain, ce que nous ne savons que trop, c'est qu'il n'a pas fixé longtemps l'attention de la Faculté, et qu'elle s'est hâtée de l'envoyer dormir dans ses cartons avec le fameux rapport magnétique de 1831. À son défaut, nous allons vous donner, Messieurs, d'après le récit de M. Drahn, ancien militaire, une courte mais suffisante description de ces faits pour le moins très-bizarres. Elle vous prouvera que si le moyen âge est perdu dans la nuit du passé, les phénomènes qu'il a décrits ne laissent pas que de reparaître au grand jour du présent. Voici cette notice :

« Le 20 septembre 1841, une jeune fille de seize ans, Lisa Andersdocter, qui jusque-là n'avait jamais été malade, ni fanatique, ni scrupuleuse, commença à souffrir de la poitrine et de la tête, et *chanta*, malgré elle, toute la journée, des airs

---

(1) *Herder*, t. II.

que pour la plupart *elle ne connaissait pas*, si bien qu'elle en fut même empêchée de manger. Bientôt des paroles s'ajoutèrent à ses airs, et elle chanta des psaumes avec une voix bien plus claire qu'elle ne l'avait dans son état de santé.

« Quelques semaines après, l'envie lui prit de tenir des discours religieux. Elle ne prêcha d'abord que tous les dix ou douze jours, et jamais quand elle fut seule. La curiosité et l'intérêt attirèrent bientôt une foule de monde, qui augmenta dans la même mesure que son zèle et ses discours. Elle tombait souvent dans des espèces de vertiges ou d'extases ressemblant à un sommeil magnétique, où l'on supposait qu'elle recevait des révélations. Alors elle commençait à murmurer une chanson, puis elle s'éveillait, et après quelques convulsions plus ou moins fortes, elle se redressait sur son lit, ordinairement très-brusquement, et commençait à prêcher : Au nom du Père, etc.

« Elle prêcha avec tant de zèle et si longtemps qu'elle baignait pour ainsi dire dans sa sueur, ce qui l'affaiblit beaucoup. C'est ce qui lui arriva plusieurs fois par jour, mais surtout vers le soir. Elle parlait ordinairement sur la conversion, y ajoutant quelques singularités sur le dernier jugement, sans cependant en déterminer le temps ; elle annonça aussi qu'elle ne tirait pas ses paroles de son propre fonds, mais que le Saint-Esprit lui inspirait immédiatement chaque parole sans qu'elle pût rien y ajouter ou en ôter (1).

« ... Les successeurs ne manquèrent pas, et toutes préten-

---

(1) Ainsi, *début par un choc* dans la poitrine, comme nous l'avons vu pour les camisards; puis des airs qu'*elle ne connaît pas*, et une voix étrangère, comme nous l'avons vu pour Loudun, *un esprit* lui dictant *forcément* tout ce qu'elle prononce, comme au tombeau de Saint-Médard, enfin, *oubli complet au réveil*, comme à la sortie de tout sommeil magnétique.... « Car, dit Aubin Gauthier (d'accord en cela avec tous les magnétiseurs), depuis soixante ans que l'on magnétise à Paris, *on n'a jamais vu une seule* somnambule offrir une exception à cette règle. » Nous nous permettrons, nous d'ajouter « excepté dans quelques cas déterminés, et en forçant la nature du phénomène. »

dirent avoir des révélations, parler en extase, et, à leur réveil, *ne rien savoir de ce qui s'était passé.*

« Il n'y a pas de province aujourd'hui dans toute la Suède, surtout dans la partie méridionale, qui ne soit infectée de cette épidémie morale, comme on se plaît à l'appeler, malgré les efforts du gouvernement pour en arrêter la propagation.

« Clergé, médecins, hommes de police, tout a été mis en mouvement pour réprimer le mal, mais tous se sont vus obligés de s'avouer vaincus vis-à-vis *de l'esprit (blanc ou noir*, je ne sais), qui s'est emparé des enfants du Nord.

« Au clergé, outre une pluie de pierres, à laquelle ordinairement le ministre ne sait se soustraire qu'au moyen de la vitesse de son cheval, on lance quelques textes de l'Apocalypse sur la *bête de l'abîme*, et on lui prouve que la prophétie de Joël : « Dans ces derniers temps, vos fils et vos filles pro« phétiseront, » trouve maintenant son accomplissement. Le peuple, jaloux de la liberté d'expliquer l'Écriture à sa manière, donne généralement raison à ces filles, dont les sermons sont à sa portée, comme il l'exprime, tandis qu'il ne comprend pas le curé. Déjà même un grand nombre de membres du clergé, appelés pour cela *Laesareprester*, sont partisans de ces filles prêcheuses, et reconnaissent par conséquent leur mission divine. L'archevêque d'Upsal lui-même parle très-favorablement de ces prophétesses (1).

« Quant aux médecins, ils ont considéré l'envie de prêcher de ces filles comme une *maladie provenant du magnétisme animal*, comme une chorée, etc., développée surtout par l'orgueil, qui joue toujours un si grand rôle dans l'intolérance et l'esprit de secte. Ils ont cru, en conséquence, devoir employer le moyen presque infaillible en Suède pour toutes les maladies, *purgare et repurgare*....

« .... La police n'atteint pas mieux son but... La sévérité

---

(1) Il faut bien croire que le clergé ne serait pas tombé dans une telle méprise, s'il n'avait vu là que ces phénomènes convulsifs auxquels la science voudrait bien réduire toute l'histoire.

même a été telle que tout le monde en était indigné. Il paraît, en effet, que les baïonnettes en sont un accessoire (1). »

Maintenant quelle fut la conclusion de nos académiciens? Nous l'ignorons encore, seulement nous trouvons celle-ci dans M. Brierre de Boismont : « La plupart des médecins qui ont vu ces paroxysmes les ont assimilés *au somnambulisme ou sommeil magnétique*, sans qu'aucun d'eux ait cru pouvoir déclarer positivement que ces paroxysmes appartenaient à cet état (2). »

Ainsi, la plupart les assimilent et... aucun d'eux n'en est sûr!... Puis on en reste là, et lorsqu'on vient parler *magnétisme*, on vous répond : hasard ou jonglerie!

Que de lumière! et surtout que de soins et d'empressement pour la faire!

Comme voyageur, l'amiral Dumont-d'Urville en arrivait exactement aux mêmes conclusions. C'est ainsi qu'il décrit l'inspiration des prêtres de Tonga, dans l'Océanie : « Ils paraissent éprouver tous les phénomènes organiques que l'antiquité a signalés dans les pythonisses et les sibylles, et que *le magnétisme* a reproduits d'une manière qui désarme l'incrédulité (3). » C'est fort bon à savoir, mais cela ne nous explique rien.

Seulement, étonnez-vous, après cela, d'entendre un autre voyageur (4) décrire ainsi les faits et gestes d'une tribu de sorcellerie fort célèbre en Algérie : « La fête n'a lieu qu'une fois l'année, quelques jours avant l'ouverture du Rahmadan (carême des Musulmans). Les membres de cette tribu se répandent alors dans les villes pour y célébrer leurs mys-

---

(1) Comment au xix⁰ siècle, et dans un pays de *libre examen*, renouveler les dragonnades! Mais au moins, on se le rappelle, les camisards contre lesquels celles-ci s'exerçaient, joignaient à leurs extases et aux inspirations de leur Saint-Esprit, le fer, la torche et la dévastation. (Voyez la *Pastorale* de Fléchier et tous les rapports du temps.)

(2) Page 249.
(3) *Voyage autour du monde*, t. II, p. 80.
(4) M. Ch. de Coubertin.

tères, célébration qui est entièrement pour la satisfaction de leurs consciences, car elle est publique et gratuite. Au son du tamtam, dont les modulations, uniformes d'abord, lentes ensuite, puis accélérées graduellement semblent seconder merveilleusement les inspirations de l'esprit et redoubler leur courage, ils dansent autour d'un foyer ardent, sautent à des hauteurs prodigieuses avec des contorsions qui sembleraient impossibles, et que *le magnétisme* seul peut expliquer. Les bras se tordent dans des directions que la structure musculaire de l'homme semblerait rendre impossibles, les cheveux se hérissent, la tête se renverse en arrière, les pieds se crispent violemment, au point que leurs ongles entrent dans les chairs, et ils continuent de la sorte jusqu'à ce que les forces leur manquant, ils tombent et roulent exténués sur la terre. En outre, et tout en dansant ainsi, ils avalent des scorpions vivants, tiennent dans leur bouche un énorme charbon ardent, et s'entortillent les bras de serpents venimeux aux dents *non limées*, dont ils excitent la fureur au prorata de leur enthousiasme. »

Cette description est parfaitement conforme à celle que tous les voyageurs ont donnée de ce *bala* des nègres amené aussi par certaines pratiques occultes, et par suite duquel toute la population nègre finissait par tomber en convulsions, à ce point qu'en 1786, François de Neufchâteau, procureur général alors à la Martinique, fut obligé de l'interdire sous les peines les plus sévères.

M. Ferdinand Denis, auteur d'un ouvrage sur le Brésil (1), dit que « chez les Tupinambas le culte des dieux et des génies semble avoir été confié plus spécialement à une classe d'hommes désignés sous le nom de Pagés et de Caraïbes. C'étaient à la fois les devins et les médecins de ce peuple, ses voyants, ses prophètes. Il y a mieux, et comme le fait très-bien observer M. de Humboldt, le nom de Caraïbe sem-

(1) Inséré dans l'*Univers pittoresque*.

ble indiquer que chez ces peuples sauvages, une nation privilégiée aurait renouvelé l'antique usage des Chaldéens qui remplissaient l'office de devins chez les peuples du voisinage. Ce qui confirmerait dans cette opinion, ce sont les épreuves terribles auxquelles les Piaches ou Piayes eux-mêmes étaient soumis chez les Caraïbes avant d'être investis de cette dignité, et qui se renouvelaient avec des formes très-adoucies chez les nations Tupiques. Les Caraïbes, Piayes ou Pagés sont représentés comme habitant des cabanes séparées et obscures, où nul n'était assez hardi pour entrer.

« ..... Comme médecins, les Pagés avaient connaissance de certaines plantes utiles dont ils cachèrent toujours les propriétés aux Européens et qui leur firent opérer certaines cures remarquables. »

Mais encore une fois, quelle est la raison de cette prodigieuse influence ? car vous sentez bien que le *jus de tabac* et la *fumée de certaines plantes* ne suffisent pas à conférer un semblable pouvoir. — La raison ? la voici : « Comme tous les indigènes de cette partie de l'Amérique du Sud, ils paraissent avoir employé une sorte de *magnétisme animal*, et ce fait serait curieux à examiner, surtout chez les Caraïbes de la Guyane et les Tupinambas, s'il n'était environné de mille jongleries ridicules..... Quel qu'en fût le résultat, au reste, il ne faut pas croire que le droit d'exciter une telle confiance fût acquis sans nul effort. Chez certaines tribus, *l'initiation* (il y en avait donc une ?) avait un caractère de barbarie qui en Europe ferait peut-être reculer les plus courageux. »

Étonnez-vous encore après cela, lorsque vous entendrez d'autres voyageurs vous raconter les manœuvres, ou plutôt les *charmes* employés par ces bandes de voleurs indiens qui parviennent à enlever de malheureux enfants et à les *stupéfier instantanément* au point de les empêcher de reconnaître et même de voir jusqu'aux membres de leur propre famille (1).

---

(1) *Prop. de la foi.*

Tous, nous avons pu voir à Paris des magnétiseurs rendant, conformément à notre volonté tacite, certains objets et même des personnes complètement invisibles à leurs somnambules. Il paraît, si nous en croyons nos missionnaires et nos voyageurs, que ce pouvoir merveilleux *court les rues* à Calcutta comme à Londres, à Kanton comme à Paris.

Voici ce que raconte à ce sujet M. le docteur Esdaille, chirurgien civil au service de la compagnie des Indes Orientales.

« Dans les premiers jours de juin 1845, je vis en traversant le bazar de Hooghly, un rassemblement considérable devant le bureau de police. J'en demandai la cause ; il me fut répondu qu'on venait d'arrêter un homme qui volait un enfant et que les parties étaient dans le corps de garde, ce qu'entendant j'entrai aussi et je vis un garçon de dix à douze ans assis sur les genoux d'un homme qu'on disait son libérateur. Il avait l'air hébété, à moitié stupide et un œil gonflé ; c'est pourquoi j'ordonnai de le conduire à l'hôpital. Alors on me montra l'accusé : il me dit qu'il était barbier, et à l'appui de son assertion me présenta un paquet qui contenait ses outils. J'examinai très-soigneusement ce paquet, mais je n'y trouvai rien autre chose que les instruments ordinaires d'un barbier.

« Le garçon reprit bientôt connaissance et me raconta, avec l'apparence de la plus grande bonne foi, et sans hésiter nullement, le fait suivant : ce récit je le lui ai entendu répéter devant le magistrat et sans aucune variation. Il déclara, qu'étant allé le matin dans un champ voisin de la maison, un étranger quitta le chemin pour venir à lui et l'aborda en marmottant des *charmes*, lui prit la main et *presque aussitôt* lui passa l'autre *transversalement* devant les yeux. Là-dessus il perdit connaissance et il se souvient seulement que l'étranger l'emmena, mais sans contrainte ; il se sentait *obligé* de le suivre. Quand il revint à lui, il était à la porte de Chandernagor, à deux milles du lieu où cet homme l'avait accosté. Il n'en savait pas davantage.

« Il n'avait ni bu, ni mangé, ni fumé avec cet homme, et son maître et ses amis disaient tous que c'était un garçon adroit et d'une conduite régulière, n'ayant jamais eu d'attaques de nerfs ni de promenades nocturnes » (1).

Ceci va trouver maintenant sa confirmation et en partie son explication dans le fait suivant, rapporté par le *Glaneur indou-chinois,* journal de Malacca, du 2 juillet 1820.

« La curiosité publique a été vivement excitée depuis quelques jours par la découverte d'une bande de voleurs d'enfants des deux sexes. Cette découverte a été faite par le zèle d'un tisserand en soie, qui, en se promenant dans les rues de Kanton, reconnut l'enfant de son maître perdu depuis quelques jours. L'enfant tourna sur lui un regard stupide et refusa de le reconnaître.

« Le tisserand l'emmena de force chez son père. Il restait toujours comme sous le charme de la stupidité; mais on n'eut pas plus tôt appelé les prêtres de Bouddha, et pratiqué les cérémonies efficaces, célébrées en pareille occasion, que *le charme disparut,* et que l'enfant, en versant des larmes abondantes, reconnut son maître et son père. L'affaire et le miracle furent immédiatement communiqués au gouvernement, qui fit cerner le rendez-vous des voleurs d'enfants. On trouva six hommes et trois femmes qui faisaient ce métier depuis plus de vingt ans. Ils avaient enlevé pendant cette époque plusieurs milliers d'enfants; il n'en restait plus que dix dans la maison, tous sous l'influence du même *charme* stupéfiant, qui, comme celui jeté sur l'enfant du tisserand, disparut *par les prières et les cérémonies* des prêtres de Bouddha. »

Maintenant si l'on nous demandait comment les prêtres païens de Bouddha peuvent exercer une telle puissance contre des esprits *du même maître,* nous répondrions avec l'Évangile que « le fort chasse un autre fort. » Triste expulsion puisque, dans ce cas, « le fort chassé revient avec sept

---

(1) *Mesmerism in India,* by James Esdaille.

autres *forts* plus méchants que lui, et que le dernier état de cet homme devient pire que le premier, » (1) ce qui n'arrive pas ou arrive beaucoup moins, lorsque *le fort* est chassé par une puissance tout à fait légitime. Le jour où l'on voudra rendre littéralement l'esprit et le sens de nos Évangiles, on pourra s'assurer que toutes les fois que le mot *fortes* est employé dans l'Écriture, il désigne les esprits ou les *mauvais elohim*, dont la racine *el* ne signifie rien autre chose que les *forces spirituelles*. On ne s'avisera plus alors de traduire l'Évangile du *fort armé* par ces mots *un homme armé*, traduction que nous avons là sous les yeux, et qui amène le contresens le plus ridicule et le plus complet qui fut jamais. Pourquoi donc prend-on si bien son parti de ne pas se comprendre soi-même? Mais revenons à nos voyageurs, et cette fois-ci voyons si nos missionnaires ne seront pas beaucoup plus explicites et ne jetteront pas beaucoup de clarté sur ces aveux forcés, qu'on obscurcit encore par tous ces accessoires de fumigations, de plantes, etc., habilement mais trop légèrement jetés sur un fond qui peut fort bien s'en passer.

Voyons si, dans ces Lettres édifiantes que Voltaire déclarait le livre le plus intéressant de son époque, et si dans les Annales de la Propagation de la Foi qui pourraient bien mériter dans le nôtre la même épithète, nous ne découvrirons pas quelque chose de plus net et de plus décidant.

« Les apparitions du démon, dit le savant Bruguière, évêque de Capse, mort récemment aux portes de la Corée (2), ont lieu dans ces pays si fréquemment et d'une manière si publique, qu'il y aurait de la mauvaise foi si l'on s'obstinait à les nier. Il faudrait donc accuser d'imposture et les vicaires apostoliques et tous les missionnaires, qui témoignent non-seulement avoir vu *de leurs propres yeux* les effets des opérations du démon, mais encore les avoir examinées avec

(1) Saint Matthieu.
(2) A Pié-Liou, village de la Mongolie. (Voyez *Ann*., t. II, p. 352, et t. V, p. 129.)

toute l'attention dont un homme instruit et prudent peut être capable. « Il n'est pas possible, disait dans le siècle dernier un autre missionnaire, le père Bouchet, de nier que le démon n'ait un véritable pouvoir sur les Gentils, et que ce pouvoir ne cesse aussitôt qu'ils ont fait quelque démarche pour embrasser la foi chrétienne. J'ai connu, ajoutait-il, des ecclésiastiques qui arrivaient aux Indes *fort prévenus contre les obsessions*, mais ce qu'ils voyaient de leurs propres yeux les convainquait bientôt, et ils étaient les premiers à faire remarquer aux autres, toutes les circonstances qui en démontraient la certitude (1). »

Mais comment, dira-t-on, comment s'opéraient donc ces démonstrations que la science voile prudemment sous ce mot si vague d'*effets nerveux?* Comment? Le voici, car rien n'est plus facile que d'arriver à la quintessence du mystère en le dépouillant de ses ornements superflus. Ainsi, l'un de ces missionnaires vous parle « d'idoles qui s'agitent d'elles-mêmes (2) »; un autre vous parle « de ces berceaux de feuillage et de ces grands linceuls que l'on voit se suspendre dans les airs, sans aucune sorte d'attache, et cela au simple commandement (3) », ou bien encore « d'objets fixés solidement contre la muraille et auxquels on ordonne de s'en éloigner rapidement. » (Nous verrons plus loin la même chose opérée magnétiquement.) Un autre vous parle de *transport matériel* d'individus d'un lieu dans un autre fort éloigné du premier. « JE VIS, dit un missionnaire, un Indien que j'allais baptiser, transporté tout d'un coup du chemin qui le conduisait à l'église, dans un autre (4). »

Nous verrons aussi cette même chose opérée magnétiquement, et cette fois au grand étonnement du médecin magnétiseur.

(1) *Lettres édifiantes*, t. VII, p. 304.
(2) *Id.*, t. VI, p. 277.
(3) *Id.*, t....., p. 270.
(4) *Id.*, t. VII, p. 303.

Et quelles chicanes, quelles dénégations voulez-vous opposer à un homme comme le père Bouchet, qui aurait souffert mille morts plutôt que de se permettre la moindre altération de la vérité, et qui vient vous dire : « Au moment où j'allais le baptiser, *je l'ai vu* transporter. » Et si vous vous rejetez sur l'illusion, comment cette illusion se renouvelle-t-elle plusieurs fois et chez beaucoup d'autres?

Voici toutefois qui devient plus explicite encore. Nous emprunterons ce récit à l'auteur des trois volumes sur *l'accomplissement des prophéties* (1), ouvrage bien autrement important que le nôtre, bien autrement savant, mais que nous ne connaissions nullement lorsque nous avons entrepris notre travail.

« On lit, dit-il, dans un mémoire sur la Cochinchine, écrit par le missionnaire de la Bissachère, qui avait passé un grand nombre d'années dans ce pays, une histoire fort curieuse... C'était la coutume dans la province de Xu-Ngué, sous les prédécesseurs de Gia-Long, qui est mort il y a seulement vingt-huit ans, d'inviter en certaines solennités, à des joutes et à des concours publics, les *génies* tutélaires les plus célèbres des bourgs et des villes du royaume, comme pour lutter entre eux et faire assaut de considération et de puissance. L'épreuve consistait à ébranler une longue et pesante barque, garnie de huit rangées d'avirons, qui était posée à sec au milieu de la salle où se faisait le concours. Là, les juges et le peuple, se tenant debout et à quelque distance, on voyait à l'appel de chacun *des génies* dont les titres étaient placés sur la barque, l'immense machine s'agiter, s'avancer et reculer d'elle-même; il y avait des génies qui la poussaient de plusieurs pieds, d'autres de quelques pouces seulement; quelques-uns en faisaient mouvoir tous les avirons et d'autres la moitié. Mais le plus fameux de tous, celui qui faisait aller et revenir plus aisément la barque, c'était le génie tutélaire

---

(1) M. A. D'Orient, quai Malaquais, 15.

du village maritime de Ké-Chan, adoré sous le nom de Kon-Leo-Hanh... Aussi le temple qui lui est dédié est-il fort riche par les dons de la munificence des princes et de la multitude d'offrandes qui y sont apportées de toutes parts... Ce sont là, dit le missionnaire, des faits publics, que des *milliers* de témoins oculaires attestent » (1).

Un autre missionnaire nous parlera encore d'un arbre habité par les génies et qui, lors de son abatage par la population convertie, articulera nettement les mots de *grâce* et de *pardon* (plaintes mystérieuses, que nous entendrons encore au presbytère de Cideville).

Mais l'intervention diabolique la plus caractérisée et en même temps la plus efficace, puisqu'elle soutient tout un culte dont l'origine se perd dans la nuit des temps, c'est la prétendue métempsycose de Bouddha. D'après les derniers documents relatés par nos missionnaires, cette métempsycose paraîtrait n'être autre chose en définitive qu'une possession perpétuelle sautant du Bouddha vivant au Bouddha qui lui succède. « Bouddha est mort, vive Bouddha! » Vous avez, Messieurs, tellement entendu parler de ces incarnations rivales de l'incarnation chrétienne, on s'est si habilement servi des premières, pour infirmer le respect dû à la seconde, et la science s'est demandé tant de fois ce qu'il fallait croire de tant de prodiges, que vous ne serez pas fâchés probablement, d'entendre enfin à ce sujet l'opinion toute récente d'un vénérable missionnaire parti de France fort peu crédule, et fort disposé à rejeter sur l'imposture et le compérage tout ce que l'on racontait de merveilleux à ce sujet. Nous voulons parler du voyage au Thibet, entrepris et exécuté dans ces dernières années par MM. Huc et Gabet. Il est superflu, nous le pensons, de vous parler de l'immense intérêt attaché à cette publication, car ce n'est pas là seulement un livre de foi, mais un ouvrage aussi spirituellement

(1) Voyez le *Voyage aux Indes orientales*, de F. Renouard de Sainte-Croix, à la suite de la LXXXᵉ lettre.

écrit que riche en documents de tous les genres, et destiné désormais à enrichir toute bibliothèque digne de ce nom.

Laissons donc parler notre intéressant et aimable historien (Voy. t. I, p. 277).

« Les Tartares, dit-il, croient d'une foi ferme et absolue à toutes ces diverses transmigrations. Ils ne se permettraient jamais d'élever le moindre doute sur l'authenticité de leurs *chabérons*. Ces Bouddhas vivants sont en grand nombre, et toujours placés à la tête des lamaseries les plus importantes. Quelquefois ils commencent leur carrière modeste dans un petit temple et s'entourent seulement de quelques disciples. Peu à peu leur réputation s'accroît dans les environs, et la petite lamaserie devient bientôt un lieu de pèlerinage et de dévotion. Les lamas voisins, spéculant sur la vogue, viennent y bâtir leur cellule, la lamaserie acquiert d'année en année du développement et devient enfin fameuse dans le pays.

« L'élection et l'intronisation des *Bouddhas vivants*, se font d'une manière si singulière qu'elle mérite d'être rapportée. Quand un lama *s'en est allé*, c'est-à-dire quand il est mort, la chose ne devient pas pour la lamaserie un sujet de deuil. On ne s'abandonne ni aux larmes ni aux regrets, car tout le monde sait que le chabéron va bientôt reparaître. Cette mort apparente n'est que le commencement d'une existence nouvelle, et comme un anneau de plus ajouté à cette chaîne indéfinie et non interrompue de vies successives. C'est tout bonnement une palingénésie! Pendant que le saint est dans un état de chrysalide, ses disciples sont dans la plus grande anxiété, car leur grande affaire c'est de découvrir l'endroit où leur maître ira reprendre sa vie... Tout le monde se met alors en prières, et pendant que la lamaserie, veuve de son Bouddha, redouble ses jeûnes et ses oraisons, une troupe d'élite se met en route, pour aller consulter le Tchurtchun ou devin fameux dans la connaissance des choses cachées au commun des hommes... Quand le Tchurtchun a obtenu tous les renseignements nécessaires, il récite quelques prières, ouvre ses livres de divination, et prononce enfin son oracle pendant que les Tartares qui sont venus le consulter écoutent ses paroles, à genoux et dans le plus profond recueillement. « Votre grand lama, leur dit-il, est revenu à la vie dans le Thibet, à tant de distance de votre lamaserie; vous le trouverez dans telle famille. » — Quand ces pauvres Mongols ont ouï cet oracle, ils s'en retournent pleins de joie annoncer à la lamaserie l'heureuse nouvelle.

« Il arrive souvent que les disciples du défunt n'ont pas besoin de se tourmenter pour découvrir le berceau de leur grand lama. C'est lui-même qui veut bien se donner la peine de les initier au secret de sa transformation. Aussitôt qu'il a opéré sa métamorphose dans le Thibet, il se révèle lui-même en naissant, et à *un âge où les enfants ordinaires ne savent encore articuler aucune parole* : « *C'est moi*, dit-il avec l'ac-
« cent de l'autorité, *c'est moi* qui suis le grand lama, le
« Bouddha vivant de tel temple; qu'on me conduise dans
« mon ancienne lamaserie : j'en suis le supérieur immortel...»
Le *prodigieux bambin* ayant parlé de la sorte (1), on se hâte de faire savoir aux lamas du soumé désigné que leur chabéron est né à tel endroit, et on les somme de sa part de venir voir.

« Puis viennent les pèlerinages sacrés, entrepris par les membres des familles royales, par les mandarins, par la multitude elle-même des croyants, qui tous se font un devoir de franchir ces épouvantables solitudes pour apporter leur encens et leurs hommages à ce nouveau Messie de la superstition.

« Mais, reprend M. Huc, le jeune chabéron n'est pourtant

(1) Qu'on veuille bien se reporter à ces enfants camisards de quinze mois, dont de graves témoins écoutaient et rapportaient tout à l'heure les prophéties. Au reste, est-ce donc plus étonnant que d'entendre nos somnambules improviser des dissertations sur toute science possible et avec des expressions techniques? Du moment où l'on ne parle *pas de soi-même*, trois ans ou un siècle sont exactement la même chose.

pas salué et proclamé grand lama *sans un examen préalable*. On tient une séance solennelle où le Bouddha vivant *est examiné* devant tout le monde avec une attention scrupuleuse. On lui demande le nom de la lamaserie dont il prétend être le grand lama, à quelle distance elle est, quel est le nombre des lamas qui y résident. On l'interroge sur les usages et les habitudes du grand lama défunt et sur les principales circonstances qui ont accompagné sa mort. Après toutes ces questions, on place devant lui divers livres de prières, des meubles de toute espèce, des théières, des tasses, etc. Au milieu de tous ces objets il *doit démêler* ceux qui lui ont appartenu dans sa vie antérieure (1).

« Ordinairement cet enfant, âgé tout au plus de cinq ou six ans, sort victorieux de toutes ces épreuves. Il répond avec exactitude à toutes les questions qui lui ont été posées, et fait sans aucun embarras l'inventaire de son mobilier. « Voici,
« dit-il, les livres de prières dont j'avais l'habitude de me
« servir; voici l'écuelle vernissée dont j'avais l'usage pour
« prendre le thé, etc. » Et ainsi du reste. »

Jusqu'ici nous avons entendu l'écrivain spirituel, le voyageur français et peu croyant; nous allons entendre maintenant le juge impartial et l'homme de bonne foi.

« Sans aucun doute, les Mongols sont plus d'une fois les dupes de la supercherie de ceux qui ont intérêt à faire un grand lama de ce marmot. Nous croyons néanmoins que

---

(1) Soyez sûrs qu'en fait d'enquêtes sur une question de jonglerie et de bonne foi, tous les hommes se valent les uns les autres, et qu'un Thibétain, pour peu qu'il soit intelligent, vaut à cet égard tous les académiciens de Londres et de Paris. Nous retrouvons encore ici toutes nos questions et réponses de somnambules, et même celles qui, résolues et données par plusieurs de nos faux prophètes et imposteurs contemporains, ont entraîné à leur suite tant de séides, auxquels la piété et la lumière ne manquaient certes pas. La foule ne comprend ni la chute ni l'erreur de ceux-ci; mais, par la même raison, elle ne comprendrait pas non plus celle des élus et des parfaits devant les prodiges de l'antechrist. C'est une langue dont elle n'a pas le premier mot, mais qu'elle devrait au moins s'abstenir de parler.

souvent tout cela se fait de part et d'autre avec simplicité et bonne foi. D'après les renseignements que nous n'avons pas manqué de prendre auprès de personnes dignes de *la plus grande confiance*, il paraît certain que tout ce qu'on dit des chabérons ne doit pas être rangé parmi les illusions et les prestiges. Une philosophie purement humaine rejettera sans doute des faits semblables, ou les mettra sans balancer sur le compte des fourberies lamanesques. Pour nous, missionnaires catholiques, nous croyons que *le grand menteur*, qui trompa nos premiers parents, poursuit toujours dans le monde son système de mensonge. Celui qui avait la puissance de soutenir dans les airs Simon le magicien, peut bien encore aujourd'hui parler aux hommes par la bouche d'un enfant, afin d'entretenir la foi de ses adorateurs (1). »

A la bonne heure ! et puissent nos scèptiques français (nous n'excluons pas les ecclésiastiques) s'éclairer un peu à ces aveux d'un missionnaire fortement prévenu, avant de quitter la France, contre tout cet ordre de faits et d'idées.

Arrière donc Dupuis et Volney ! arrière toutes nos élucubrations académiques et scientifiques sur l'origine des cultes, sur l'idolâtrie en général ! Tous aujourd'hui, nous déraisonnons à perte de vue sur tous ces graves sujets ; oui, tous, depuis Fontenelle jusqu'au bon Rollin lui-même, et ce rationalisme *à tout prix* nous a condamnés à ne jamais éviter une erreur, à ne jamais rencontrer une vérité.

Jusqu'ici, Messieurs, vous avez pu vous reporter, comme nous vous le faisions remarquer dans une des dernières notes, à ces jeunes enfants des camisards qui prophétisaient aussitôt qu'ils avaient reçu le souffle des fanatiques. Maintenant nous allons retrouver au fond de l'Asie les imitateurs de ces convulsionnaires de Saint-Médard, que la science nous a montrés bravant impunément le feu et les mille inventions de la barbarie la plus délirante.

---

(1) *Voyage* de M. Huc, t. II.

Vous vous rappelez peut-être ce mot de M. le docteur Calmeil :

« On a dit avec raison que ces théomanes se seraient fait
« ouvrir tout vivants, si l'idée qu'un pareil martyre pût être
« agréable à l'Être suprême, se fût par hasard offerte à leur
« imagination (1). »

Eh bien ! Messieurs, vous allez vous convaincre, pour peu que vous vouliez ajouter un peu de foi aux assertions de notre digne missionnaire, que ces prodiges, auxquels Hume ne trouvait même pas qu'il fût possible d'opposer une dénégation et que la science cherche inutilement à expliquer aujourd'hui, vous allez vous convaincre, disons-nous, qu'ils sont toujours *permanents* aux pieds de l'Himalaya, et vous cesserez peut-être de vous étonner de l'asservissement éternel de ces pauvres nations, à des fascinations de cette nature.

Notre missionnaire se dirigeant sur Lassa, rencontre donc une foule de pèlerins qui se rendent à la lamaserie de Rache-Tchurin. Chemin faisant on cause, on s'informe, et bientôt il apprend que le but du pèlerinage est de satisfaire l'abominable curiosité de voir un lama Bokte qui *s'ouvrira le ventre, prendra ses entrailles*, les placera devant lui, puis rentrera dans son premier état.

« Ce spectacle quelque atroce et dégoûtant qu'il soit, dit M. Huc, est néanmoins *très-commun* dans les lamaseries de la Tartarie. Le Bokte qui doit faire éclater sa puissance, comme disent les Mongols, se prépare à cet acte formidable par de longs jours de jeûne et de prière. Pendant ce temps, il doit s'interdire toute communication avec les hommes et s'imposer le silence le plus absolu. Quand le jour fixé est arrivé, toute la multitude des pèlerins se rend dans la cour de la lamaserie, et un grand autel est élevé sur le devant de la porte du temple. Enfin le Bokte paraît. Il s'avance grave-

---

(1) *De la folie*, t. II, p. 372.

ment au milieu des acclamations de la foule, va s'asseoir sur l'autel et détache de sa ceinture un grand coutelas qu'il place sur ses genoux. A ses pieds, de nombreux lamas, rangés en cercle, commencent les terribles *invocations* de cette affreuse cérémonie. A mesure que la récitation des prières avance, on voit le Bokte *trembler* de tous ses membres, et entrer graduellement dans des *convulsions* frénétiques. Les lamas ne gardent bientôt plus de mesure, leurs voix s'animent, leur chant se précipite en désordre, et la récitation des prières est enfin remplacée par des cris et des hurlements. Alors le Bokte rejette brusquement l'écharpe dont il est enveloppé, détache sa ceinture, et saisissant le coutelas sacré, *s'entr'ouve le ventre dans toute sa longueur*. Pendant que le sang coule de toute part, la multitude se prosterne devant cet horrible spectacle, et on interroge ce frénétique sur *les choses cachées*, sur *les événements à venir*, sur la destinée de certains personnages. Le Bokte donne à toutes ces questions des réponses qui sont regardées comme des oracles par tout le monde (1).

« Quand la dévote curiosité des nombreux pèlerins se trouve satisfaite, les lamas reprennent avec calme et gravité la récitation de leurs prières. Le Bokte recueille dans sa main droite du sang de sa blessure, le porte à sa bouche, souffle trois fois dessus, et le jette en l'air en poussant une grande clameur. Il passe rapidement la main sur la blessure de son ventre et tout rentre dans son état primitif sans qu'il lui reste *la moindre trace* de cette opération diabolique, si ce n'est un extrême abattement. Le Bokte roule de nouveau son écharpe autour de son corps, récite à voix basse une courte prière, puis tout est fini, et chacun se disperse, à l'exception des plus dévots, qui vont contempler et adorer l'autel

---

(1) Ainsi, tremblement nerveux, insensibilité physique et divination ! Qui ne reconnaîtrait pas dans notre somnambulisme magnétique une miniature de ce qui se passe en grand à Rache-Tchurin et se passait à Saint-Médard ? Les proportions seules varient à l'infini, mais les éléments sont identiques.

ensanglanté que vient d'abandonner le saint par excellence.

« Ces cérémonies horribles se renouvellent assez souvent dans les grandes lamaseries de la Tartarie et du Thibet. Nous ne pensons nullement qu'on puisse mettre toujours sur le compte de la supercherie tous les faits de ce genre, car, d'après tout ce que nous avons vu et entendu parmi les nations idolâtres, nous sommes persuadé que le démon y joue un grand rôle. Au reste notre persuasion à cet égard se trouve fortifiée par l'opinion des bouddhistes les plus instruits et les plus probes que nous ayons rencontrés dans les nombreuses lamaseries que nous avons visitées.

« Tous les lamas indistinctement n'ont pas le pouvoir des opérations prodigieuses. Ceux qui ont l'affreuse capacité de s'ouvrir le ventre, par exemple, ne se rencontrent jamais dans les rangs élevés de la hiérarchie lamanesque. Ce sont ordinairement de simples lamas, mal famés et peu estimés de leurs confrères. Les lamas réguliers et de bon sens témoignent en général de l'horreur pour de pareils spectacles. A leurs yeux, toutes ces opérations sont perverses et diaboliques. Les bons lamas, disent-ils, ne sont pas capables d'exécuter de pareilles choses. Ils doivent même se bien garder de chercher à acquérir ce talent impie.

« Nous avons connu un lama qui, au dire de tout le monde, remplissait à volonté un vase d'eau au moyen d'une formule de prière. Nous ne pûmes jamais le résoudre à tenter l'épreuve en notre présence. Il nous disait que, n'ayant pas les mêmes croyances que lui, ses tentatives seraient non-seulement infructueuses, mais l'exposeraient peut-être à de grands dangers (1). Un jour il nous récita la prière de son

(1) N'est-ce pas une des propositions de Mesmer que « certaines personnes possèdent une propriété si opposée (au magnétisme), que leur seule présence détruit tous les effets de ce magnétisme dans les autres corps » (1er Mémoire, XVIIIe proposition)? et nous en voyons tous les jours la vérité dans nos séances somnambuliques. Tous les Pères de l'Église affirmaient aussi que les démons se taisaient devant eux et les épicuriens. Mais « qu'on mette à mort, s'écriait Tertullien, qu'on mette à mort le premier d'entre nous qui ne forcera pas ces

sié-fa, comme il l'appelait. La formule n'était pas longue, mais il nous fut facile d'y reconnaître une invocation directe à l'assistance du démon. « Je te connais, tu me connais, disait-il. Allons, vieil ami, fais ce que je te demande. Apporte de l'eau et remplis ce vase que je te présente. Remplir un vase d'eau, qu'est-ce que cela pour ta grande puissance? Je sais que tu fais payer *bien cher* un vase d'eau; mais n'importe, fais ce que je te demande, et remplis ce vase que je te présente. Plus tard, nous compterons ensemble. Au jour fixé, tu prendras tout ce qui te revient. » Il arrive quelquefois que ces formules restent sans effet. Alors la prière se change en injures et en imprécations contre celui qu'on invoquait tout à l'heure. »

Maintenant, voyez ce que c'est qu'un missionnaire, et comprenez un peu tout le respect que l'on doit à sa parole.

« Le fameux sié-fa, qui attirait un si grand nombre de pèlerins à la lamaserie de Rache-Tchurin, nous donna la pensée de nous y rendre aussi et de neutraliser par nos prières les invocations sataniques des lamas. Qui sait? nous disions-nous, peut-être que Dieu a des desseins de miséricorde sur les Mongols du pays des Ortous; peut-être que la puissance de leurs lamas, entravée, anéantie par la présence des prêtres de Jésus-Christ, frappera ces peuples et les fera renoncer au culte menteur de Bouddha pour embrasser la foi du christianisme! Pour nous encourager dans notre dessein, nous aimions à nous rappeler l'histoire de Simon le magicien, arrêté dans son vol par la prière de saint Pierre et précipité du haut des airs aux pieds de ses admirateurs. Sans doute, pauvres missionnaires que nous sommes, nous

démons à confesser le nom de Jésus-Christ, et à sortir de ces corps qu'ils possèdent! » Quant aux épicuriens, ces démons se gardaient bien aussi de troubler leur scepticisme; aussi les voyait-on, comme nos esprits forts de l'Académie des Sciences, conclure de ce qu'ils ne voyaient rien, qu'il n'y avait rien à voir! Et ils enfantaient aussi de gros volumes pour nier tous les faits et pour les rendre *acceptables*. De toutes les dupes, ils étaient les plus dupés.

n'avions pas la prétention insensée de nous comparer au prince des apôtres, mais nous savions que la protection de Dieu, qui se donne quelquefois en vertu du mérite et de la sainteté de celui qui la demande, est due souvent aussi à cette toute-puissante efficacité inhérente à la prière elle-même.

« Il fut donc résolu que nous irions à Rache-Tchurin, que nous nous mêlerions à la foule, et qu'au moment où les invocations diaboliques commenceraient, nous nous placerions sans peur et avec autorité en présence du Bokte, et que nous lui interdirions solennellement, au nom de Jésus-Christ, de faire parade de son détestable pouvoir. Nous ne pouvions nous faire illusion sur les suites que pourrait avoir notre démarche; nous savions qu'elle exciterait certainement la haine et la fureur des adorateurs de Bouddha, et que peut-être une mort violente suivrait de près les efforts que nous pourrions faire pour la conversion des Tartares; mais qu'importe! nous disions-nous, faisons courageusement notre devoir de missionnaires, usons sans peur de la puissance que nous avons reçue d'en-haut, et laissons à la Providence les soins d'un avenir qui ne nous appartient pas.

« Telles étaient nos intentions et nos espérances; mais les vues de Dieu ne sont pas toujours conformes aux desseins des hommes, lors même que ceux-ci paraissent le plus en harmonie avec le plan de sa providence. Ce jour-là même il nous arriva un accident, qui, en nous éloignant de Rache-Tchurin, nous jeta dans les plus cruelles perplexités.... (1). »

Vous déplorerez avec nous, Messieurs, que cette grande et belle expérience n'ait pu être tentée : un surnaturel à partie double! une lutte thaumaturgique rappelant celle de Moïse et des magiciens de Pharaon, ou bien encore celles des premiers jours de l'Église!... Et cela en plein XIXe siècle! quelle joute et quelle épreuve! quelle réponse à ceux qui nous disent chaque jour : « On ne voit plus ni possessions ni miracles! »

---

(1) Tome Ier, p. 342.

Que voulez-vous? On n'a plus assez de foi pour en voir et pour en faire, et, quand il s'en fait, on les cache. Pourquoi donc ne s'est-il pas trouvé un seul prêtre en présence des prodiges de *Saint-Médard*, animé de la même foi que notre généreux et savant missionnaire?

Il serait encore bien intéressant de parler ici de l'arbre de Koun-Boum, c'est-à-dire de *l'arbre aux dix mille images*, qui, portant sur chacune de ses feuilles des caractères thibétains parfaitement formés, est seul au monde de son espèce, dit-on; de cet arbre qui faisait *monter la sueur au front* de notre soupçonneux voyageur, stupéfait de trouver un prodige plus bouleversant que tous les autres, là où il cherchait une jonglerie plus palpable.... Mais il ne nous a pas tout dit: imitons sa réserve.

Vous l'avez vu, Messieurs, et nous avions raison de vous le dire en commençant: nos voyageurs modernes s'accordent parfaitement avec nos missionnaires pour affirmer la réalité de tous ces faits, et *tous* les dégagent entièrement du soupçon de jonglerie, soit que les premiers, comme l'amiral Dumont d'Urville, les attribuent au *magnétisme animal*, soit que les seconds brisent comme verre toutes les explications physiologiques, en racontant, par exemple, la lutte des bateaux qui se meuvent sur la grève à l'appel des génies; soit enfin qu'un très-savant académicien, comme nous vous le prouverons dans la seconde des notes qui vont suivre, ait éprouvé par lui-même l'efficacité de ces secrets et de ces évocations. Viendrez-vous nous demander encore, et jusqu'à la fin des temps, des faits, et des faits bien prouvés? Encore une fois, que voulez-vous de mieux en ce genre que des centaines de faits rapportés par des amiraux, des missionnaires et des académiciens? et nous faudra-t-il donc transporter en masse tous nos corps savants à l'autre extrémité du monde, pour dresser, séance tenante, tout autant de procès-verbaux auxquels vous ne croiriez pas davantage?

NOTE I.

Universalité de ces prodiges ! (p. 273.) Ces faits couvrent encore la terre aujourd'hui, et, pour s'en convaincre, il suffirait de parcourir le tableau historique et analytique que M. Ferdinand Denis a publié dans ces dernières années, sur les sciences occultes : « Les hommes, dit-il, qu'on est accoutumé de nos jours à regarder comme les plus sauvages et les plus complétement séparés du reste des nations, les Esquimaux, les Pécherais de l'extrémité de l'Amérique et les habitants de la Nouvelle-Hollande ont des devins qui conservent sur eux une grande influence.... Il y a encore des sorciers de très-bonne foi à Tongatabou, au Brésil, et même chez les nations hyperboréennes.

« Les Caraïbes, ainsi que le fait fort bien observer M. de Humboldt, semblent revêtus, dans le Nouveau-Monde, du caractère qu'on attribuait dans l'antiquité aux Chaldéens.

« Des sortiléges, et particulièrement l'envoussure, qui consiste à faire périr lentement une personne éloignée, fait digne d'attention, ajoute M. Denis, en ce qu'il se rattache au magnétisme animal, se retrouve encore aujourd'hui, avec les mêmes détails d'exécution chez tous les sauvages de l'Amérique du Nord, et M. Reynaud prouve, dans ses *Monuments musulmans*, qu'il remonte à la plus haute antiquité chez les Orientaux.

« Quant au magnétisme animal, *il est pratiqué partout* dans le Nouveau-Monde, et les phénomènes de l'extase se retrouvent de la manière la plus remarquable chez les Hindous, les Kamtchadales, les Yakoutes, et beaucoup d'autres peuples du Nord; puis à Otahiti, aux îles Sandwich, dans la Polynésie.... Marmer, ce jeune voyageur si longtemps accusé de mensonge, mais bien justifié aujourd'hui, fut témoin, à Tongatabou, de faits extraordinaires d'extase religieuse : « C'est une chose généralement reconnue à Tonga, que « quelques personnes sont favorisées par *les dieux* de leurs inspirations; le « dieu, qui les inspire, se trouve alors dans la personne du prêtre inspiré, qui « devient capable de prophétiser l'avenir. »

Qu'est-ce encore que ces épidémies convulsives « qui ont lieu à Constantinople parmi les derviches hurleurs, et qu'un voyageur anglais a observées naguère dans le plus grand détail?.... « Dans l'état de mort apparente dans « lequel ils sont tombés, ils poussent d'horribles hurlements, mais bientôt « ils se relèvent, brandissant d'un air impassible des barres de fer rougies au « feu, ou font couler leur sang en se déchirant avec des instruments tran- « chants... preuves, selon eux, de leur pouvoir merveilleux? » Qu'est-ce enfin, pour rentrer dans notre Europe, que ces danses convulsives qui, vers le commencement de ce siècle, semblaient avoir envahi l'Allemagne, et qui, dans une seule petite ville du duché de Luxembourg (Epternach), avaient gagné jusqu'à *deux mille neuf cent soixante-quatorze* malades? Rapprochez tous ces documents de l'épidémie convulsive et prophétique racontée dans les premières pages de ce dernier chapitre, et vous resterez convaincus que le *magnétisme animal est au fond de toutes ces choses*, et que, dans notre ignorante simplicité, nous regardions comme des rêveries et des inventions du moyen âge, des phénomènes *qui couvrent encore la terre* aujourd'hui. M. Ferdinand Denis le reconnaît expressément. Maintenant, libre à lui de trouver que les nouveaux travaux sur l'extase expliquent tout cela *fort naturellement*; nous avons vu à l'aide de quelles mutilations et de quels raisonnements.

NOTE II.

ÉVOCATIONS FAITES AVEC SUCCÈS, PAR UN MEMBRE DE L'ACADÉMIE DES SCIENCES (p. 273). Avant de commencer un de nos derniers récits, nous disions : « Qu'est-ce pour notre science moderne que des milliers de témoins attestant un fait qui lui répugne ? » En voici un cependant qu'elle aura peine à récuser, car il ne s'agit plus cette fois-ci d'un pauvre missionnaire, mais bien d'un membre très-distingué de notre Académie des Sciences, le comte Léon de La Borde. Nous le puiserons dans son admirable *Commentaire sur l'Exode*, commentaire inspiré sur les lieux, et soutenu par l'érudition la plus vaste. Abandonnant pour un moment les sujets élevés de sa controverse, le savant auteur se repose, et repose ses lecteurs par l'anecdote suivante qui, du reste, rappelle toutes ces superstitions égyptiennes si souvent mentionnées et condamnées dans la Bible.

« J'étais établi au Caire depuis plusieurs mois (1827), quand je fus averti un matin, par lord Prudhoë, qu'un Algérien, sorcier de son métier, devait venir chez lui pour lui montrer un tour de magie qu'on disait extraordinaire. Bien que j'eusse alors peu de confiance dans la magie orientale, j'acceptai l'invitation, c'était d'ailleurs une occasion de me trouver en compagnie fort agréable. Lord Prudhoë me reçut avec sa bonté ordinaire et avec cette humeur enjouée qu'il avait su conserver au milieu de ses connaissances si variées et de ses recherches assidues dans les contrées les plus difficiles à parcourir : combien de gens se seraient affublés à moins, d'un pédantisme intraitable ? Achmed, le sorcier, me dit-il, n'est pas encore ici; mais voici un narguilé, et nous allons boire le café en l'attendant.

« Le sorcier vint en effet; une première séance eut lieu, et l'on prit jour pour une seconde, mais cette fois chez un autre magicien.

« Nous fûmes exacts au rendez-vous; nous congédiâmes nos âniers, et nous montâmes par un escalier rapide, à un second bien aéré, simplement orné, mais muni d'assez bons divans et de tapis encore neufs. Achmed nous reçut poliment et avec une gaieté affable; un enfant fort gentil jouait près de lui : c'était son fils. Peu d'instants après, un petit noir, d'une bizarre tournure, nous apporta les pipes. Au reste, tout cet intérieur respirait la tranquillité, l'aisance et le bien-être.

« Il ne fut question que de choses indifférentes tant qu'on n'eut pas apporté le café; après l'avoir bu, la conversation s'engagea sur les occupations, sur l'art

du maître de la maison. Il nous raconta qu'il tenait sa science de deux cheiks célèbres de son pays, et ajouta qu'il ne nous avait montré que bien peu de ce qu'il savait faire; et alors, au milieu d'une longue nomenclature de secrets et d'effets extraordinaires, opérés par de petits papiers écrits, et les recettes les plus saugrenues, j'en remarquai plusieurs qui se rattachaient à des connaissances de physique, que je n'aurais pas soupçonnées en Égypte, et d'autres qui, à n'en pas douter, étaient produits par le pouvoir d'*un magnétisme* violent : « Je puis en outre, disait-il, endormir quelqu'un sur-le-champ, le faire
« tomber, rouler, entrer en rage, et, au milieu de ces accès, le forcer à
« répondre à mes demandes, et à me dévoiler tous ses secrets. Quand je
« veux aussi, je fais asseoir la personne sur un tabouret isolé, et, tournant
« autour avec des gestes particuliers, je l'endors immédiatement; mais elle
« reste avec les yeux ouverts, parle et gesticule comme éveillée. » En me disant cela, il exécutait des gestes, de manière à ce que je pusse remarquer que c'étaient les mêmes mouvements de *rotation* et d'attraction qui sont employés par nos magnétiseurs. Il obtenait, disait-il, par ce moyen, les résultats les plus étonnants. Il eût fallu le voir opérer, s'assurer des sujets avec lesquels il se mettait en rapport; j'en avais l'intention, et il eût été intéressant de suivre attentivement les connaissances si variées de cet homme, mais sa mort subite m'en empêcha. Au reste, dans ce jour, il n'était question que de me confier le secret *des apparitions dans le creux de la main*. Nous réglâmes nos conventions, etc. »

Ici vient le secret de ces mêmes conventions, secret que nous sommes trop discret pour divulguer ici, et qui, d'ailleurs, ne différant pas beaucoup de ceux du *Petit-Albert* et de la *Poule-Noire*, n'apprendraient pas grand'chose à nos lecteurs.

Viennent ensuite, les expériences assez nombreuses tentées par M. de La Borde, à terre et sur mer, et couronnées d'un plein succès.

« De toute cette concordance d'observations et d'expériences, il résulte un fait bien positif, c'est que, sous l'influence d'une *organisation particulière* (mais non, puisque cela s'achète et que vous employez le premier venu), et par l'ensemble de cérémonies, parmi lesquelles il est difficile de distinguer celles qui aident à l'opération, de celles qui n'en sont pour ainsi dire que le cortége d'apparat, des enfants ramassés partout, sans aucune préparation, sans qu'on puisse admettre de fraude, *voient dans le creux de leur main, avec la même facilité qu'à travers une lucarne*, des hommes se mouvoir, paraître et disparaître, qu'ils appellent (sans les connaître), et qui se produisent à leur commandement, avec lesquels ils s'entretiennent, et dont ils conservent le souvenir après l'opération.

« J'ai rapporté le fait, mais je n'explique rien ; car, même après avoir *produit moi-même* ces effets surprenants, je ne me rends pas compte des résultats que j'ai obtenus. *J'établis seulement de la manière la plus positive et j'affirme* que tout ce que j'ai dit est vrai ; et, après douze années qui se sont passées depuis que j'ai quitté l'Orient, je fais cette déclaration, parce que, laissant de côté la réalité absolue des apparitions, et même une exactitude quelconque dans les réponses, je ne puis admettre qu'on m'ait trompé, et que je me sois trompé moi-même sur des faits qui se sont répétés *vingt fois*, *sous mes* yeux, *par ma volonté*, devant une foule de témoins différents, en vingt endroits divers, tantôt entre les quatre murs de ma chambre, tantôt en plein air, ou bien dans ma cange su le Nil. » (Voyez la *Revue des Deux Mondes*, août 1840.)

Moquez-vous maintenant, Messieurs, des *évocations* de Cagliostro, et des *secondes-vues* de nos somnambules!

Vous en avez la preuve, pour attester et reconnaître le merveilleux, nos voyageurs modernes sont, comme nous vous le disions au sommaire de ce chapitre, parfaitement d'accord avec nos missionnaires apostoliques. On peut donc le dire avec toute espèce d'assurance : la philosophie et ce qu'on appelait la superstition se sont embrassées étroitement.

CHAPITRE IX

RETOUR AU MESMÉRISME

ou

L'INTERVENTION D'UN ESPRIT ÉTRANGER, RECONNUE EN PRINCIPE

———⋅◆⋅———

AVEUX A CET ÉGARD DES PLUS CÉLÈBRES MAGNÉTISTES
ANCIENS ET MODERNES.

Ici, Messieurs, l'illusion n'est plus possible, et ces derniers chapitres ont, il nous semble, établi jusqu'à la dernière évidence, l'indépendance et l'*extériorité* de toutes ces causes, mais comme en même temps on semble les rattacher toutes au magnétisme animal, il devient urgent d'examiner sérieusement l'opinion qui réduirait celui-ci à une simple faculté, ou tout au plus à une sorte d'instinct ou d'esprit intérieur.

Sans juger le moins du monde, comme nous nous y sommes engagé, la valeur morale et curative du magnétisme animal, nous ne pouvons cependant pas nous taire sur des contradictions si choquantes en apparence ; car, vous venez de vous en convaincre, c'est à chaque phénomène bien *extérieur*, bien indépendant, que les narrateurs, les juges et les patients eux-mêmes, tournent aussitôt les yeux vers la science de Mesmer et font appel à ses lois.

Il ne s'ensuit pas, il est vrai, que cette cause extérieure

soit toujours nécessaire ; il s'ensuit encore moins qu'elle soit toujours démoniaque ; mais enfin elle donne beaucoup à réfléchir, car lorsqu'on découvre dans un livre nouveau, des plagiats, des emprunts multipliés, l'auteur est bientôt mis en demeure de prouver que ces plagiats ne sont pas les seuls, et que tout le reste ne vient pas de la même source.

Ce dernier règlement de compte avec le magnétisme, nous nous sommes promis de l'ajourner jusqu'à notre second mémoire.

Aujourd'hui, nous tâcherons seulement de nous assurer si cette intervention extrinsèque est admise en principe ; nous verrons, s'il est vrai que les dépositaires du fameux secret vendu jadis par Mesmer n'aient jamais reconnu dans leurs opérations quelque puissance *étrangère*, quelque chose d'*emprunté* au monde et à l'ordre mystérieux *extérieur*.

Et d'abord, avant de les consulter, vous devez vous rappeler encore une fois, Messieurs, que cette expression de *puissance* magnétique était celle du rapport de 1784, rédigé par Franklin, Bailly, etc. Tout en niant l'existence d'un fluide que leurs sens n'avaient pu saisir, les rapporteurs ajoutaient : « On ne peut s'empêcher de reconnaître à ces effets prodigieux, *dont on ne peut se faire une idée, même en les voyant*, UNE GRANDE PUISSANCE... DONT CELUI QUI MAGNÉTISE SEMBLE ÊTRE LE DÉPOSITAIRE. (V. Ire part., ch. II.)

DÉPOSITAIRE ! Donc étrangère à l'homme ! car jamais dépôt ne fut à vous (1).

Mais comme il ne s'agit ici que d'une expression empruntée à leurs ennemis, laissons parler les magnétistes eux-mêmes, et voyons si dans leur esprit ce *dépôt* n'est pas toujours le résultat d'un *emprunt*, cet *emprunt* n'eût-il été fait que pour aider, pour seconder leurs ressources personnelles.

Pour ne pas remonter fastidieusement au déluge et en ap-

---

(1) Même en étant recélé dans vos coffres.

peler à tous les prêtres de l'antiquité qui, eux aussi, avaient leurs évocations et même leurs gestes évocateurs, contentons-nous d'en appeler succinctement à ces savants du xvi° siècle, qui, les premiers, murmurèrent ce mot de magnétisme et le firent renaître au moment même où tout renaissait dans les sciences et dans les arts. Les plus distingués de ces anciens magnétistes étaient Wirdig, Robert Fludd, Maxwel, Kircher et Van Helmont, puisque nos magnétiseurs modernes les signalent encore aujourd'hui comme leurs pères et comme leurs maîtres.

Eh bien ! qu'était-ce pour eux que le magnétisme, si ce n'est l'*âme du monde*, l'*esprit de l'univers*, les *influences célestes*, etc., etc.? Pour les uns, ce principe réside *dans la lumière, vel lux, aut in luce;* pour les autres, dans l'air le plus pur, *in œthere purissimo;* pour tous, c'est un *esprit* qui pénètre tous les corps et les anime de sa vertu.

Écoutez Maxwel : « Celui qui regarde la lumière comme étant l'*esprit universel*, ne s'éloigne pas beaucoup de la vérité. Celui qui peut agir sur l'esprit vital de chaque individu peut le guérir à quelque distance que ce soit, *en appelant à son secours l'esprit universel*..... Si vous savez employer des corps imprégnés de l'*esprit universel* (mais comment tous ne le seraient-ils pas, puisque, selon vous, il pénètre tous les corps?), vous en tirerez un grand secours, car c'est en cela que consiste tout le secret de la magie. — « Mais, encore une fois, comment s'en emparer? » dit avec raison Bertrand ; et Maxwel de lui répondre, 300 ans à l'avance : « C'est perdre son temps que de chercher cet esprit salutaire *autre part que sur le sommet des plus hautes montagnes.* » Vous le voyez, nous voici revenus aux *hauts lieux*.

Libavius son disciple était du même avis; il reconnaît aussi que les magiciens n'opéraient qu'en réfléchissant cet esprit : « En réfléchissant *cet esprit principe du magnétisme*, comme on réfléchit la lumière dans une glace, on peut en diriger l'action sur un individu.

Pour Wirdig, pour Robert Fludd, le magnétisme est également un *esprit vaguant dans l'air, per aerem vagans;* pour Kircher, « c'est par l'*intermède* de cet agent subtil que l'âme immatérielle est influencée. »

Une fois leur magistère imprégné de *cet esprit principe*, peu commode alors à saisir et que l'on n'avait pas tous les jours sous la main (à moins que l'on n'habitât le sommet des Hautes-Alpes), ils procédaient à leurs compositions alchimiques, ils fabriquaient cet *onguent magnétique* qui guérissait subitement et *à distance* les plaies les plus profondes ; et ces *talismans,* infaillibles opérateurs de tant de prodiges, et ce *sel du sang,* composition dans laquelle il entrait du sang de la personne éloignée ; et dont l'éclat ou l'obscurcissement témoignait de l'état actuel de cette dernière ; et *cette lampe de vie,* qui brûlait ou s'éteignait dans les mêmes conditions ; et cet *alphabet sympathique,* gravé sur les deux bras qui voulaient correspondre, et dont chaque lettre touchée se traduisait *à distance,* par une piqûre sur la lettre correspondante ; enfin, tous ces mille et mille secrets des sciences occultes qui, tout absurdes qu'ils nous paraissaient hier, ne le sont pas plus, en définitive, que tous ceux qui se pratiquent aujourd'hui sous nos yeux ; absurdités scientifiques qui ne laissent pas que d'embarrasser terriblement certains savants, comme ils embarrassaient déjà dans ces temps-là des savants du premier ordre, tels, par exemple, que Bayle et le chancelier Bacon (1).

Pour Van Helmont, le magnétisme « n'était pas précisément l'air, mais une certaine forme assesseur de l'air, et, pour ainsi dire, sa compagne et son épouse. » C'était cet

---

(1) *La poudre de Digby* surtout paraissait les confondre. Elle guérissait *en peu d'instants* les blessures les plus désespérées, entre autres celle de J. Howel, savant connu par plusieurs ouvrages, et cela *en présence de la cour, des médecins et de Bacon.* On le répète, les faits étaient constatés, et l'admiration était à son comble. Mais, lorsqu'on venait à acheter ce *vitriol calciné* chez un pharmacien qui, probablement, n'avait pas eu le temps de *s'emparer de l'esprit du monde,* il ne produisait plus rien.

esprit qui réveillait, soit au moyen de l'onguent, soit au moyen de la poudre, etc., la vertu magique de l'homme, *endormie dans le sang depuis le péché*, vertu qui est elle-même, dit-il, une sorte d'écoulement de cet *esprit* du *monde* (1).

Et Van Helmont s'efforce de prouver que *cet esprit du monde* n'a rien de commun avec le démon ; comme Goclénius, il reproche aux théologiens le rapprochement qu'ils en faisaient avec le *spiritus et princeps mundi* de l'Évangile ; mais le jésuite Robert soutient la thèse démoniaque, et la soutient, à ce qu'il paraît, avec une telle force d'argumentation, que Deleuze lui-même, dans les *Annales du Magnétisme*, t. III, p. 168, avoue « qu'il le réfute à merveille. Il suit, dit-il, Goclénius pied à pied, discute toutes ses propositions et combat tous ses témoignages. On ne peut nier que la réfutation de Robert ne démontre la faiblesse des assertions de Goclénius. »

Quoi qu'il en soit, on voit que dans ce temps-là, le magnétisme était loin d'être une *faculté pure et simple*, et jamais *elle* ne se déployait sans l'*assistance avouée d'un esprit erratique*, *per aerem vagante ;* nous allons voir que Mesmer n'a jamais dit autre chose.

Bien loin de prétendre, en effet, que le magnétisme fût *l'action de la volonté* sur le fluide nerveux, Mesmer dit positivement, comme ses maîtres du xvi° siècle, « que ce magnétisme part d'un principe universel, *sidéral* même, et c'est, dit-il, *en s'insinuant dans* la substance des nerfs qu'il les affecte immédiatement » (prop. 6 du premier mémoire).

Plus tard, dans son deuxième mémoire, il explique tous

---

(1) Nous sommes étonné que Van Helmont n'ait pas rappelé, pour appuyer cette théorie très-curieuse de *la magie du sang*, ces paroles de l'Évangile : « Vous êtes heureux, Simon-Pierre, parce que ce n'est *ni la chair ni le sang qui vous ont révélé toutes ces choses.* » Ce ne sont pas les seules expressions de l'Écriture qui spiritualisent les œuvres de *la chair*, et nous aurions bien des choses à dire à ce sujet.

ces effets magnétiques, tels que pressentiments, prévision, etc., « par *la médiation* de fluides de différents ordres (premier mémoire) qui existent entre l'éther et la matière élémentaire, et qui se trouvent *aussi supérieurs à l'éther*, que celui-ci peut l'être à l'air commun » (deuxième mém., p. 94).

Ainsi pendant qu'un grand nombre, et même le plus grand nombre des magnétiseurs actuels, ne reconnaît que *deux* agents, *la volonté et le fluide nerveux*, Mesmer en reconnaissait *trois*, la volonté, le fluide nerveux *et le magnétisme animal;* bien plus, loin encore de définir le magnétisme, la sécrétion du fluide nerveux, c'était l'action, mieux que cela, *l'insinuation d'un agent supérieur*, dans la substance intime des nerfs, par la médiation des fluides supérieurs à l'éther (premier mémoire).

Et comment sans cela aurait-on pu s'expliquer l'existence de leur fameux *secret?* Que nos magnétiseurs modernes essaient donc de vendre *cent louis*, comme le faisait Mesmer, un simple acte de la volonté, on leur rira au nez. Mais Mesmer vendait autre chose et faisait positivement *un appel au fluide universel*, appel avec une baguette ou avec *l'index* tourné tout simplement vers le ciel. C'était un signe. Voyez à ce sujet le discours du baron de Marivetz à ses confrères, les membres de l'Académie des Sciences, et ses réticences en raison de *la parole donnée*, dit-il, *par tous ceux qui sont initiés*, et dont la devise est *sacra sacris*, c'est-à-dire, « les choses saintes aux saints uniquement » (*Arch. du Mag.*, t. II, séance du 17 juin 1784).

Voyez encore les aveux du docteur Doppett, qui trahit, lui, très-résolûment le secret payé, et qui avoue « qu'il ne consistait *que* dans cette sorte d'appel *digital* au fluide universel. »

Encore une fois, voilà pour le moins une *faculté* bien secondée.

Pour le docteur Deslon, ce premier disciple de Mesmer, « le fluide magnétique *sortait de la terre;* c'est pour cela qu'il paraissait, disait-il, abonder principalement dans les régions polaires, où la terre aplatie offre une surface moins profonde à son émission. » (*Procédés de Deslon*, publiés par Ricard, p. 207.)

Pour l'abbé Faria, ce magnétiseur terrible dont la seule présence faisait évanouir les somnambules qui l'appelaient *l'ennemi de leur repos*, le magnétisme n'était l'œuvre *ni* de la volonté *ni* d'*aucun* fluide. Faria n'a que du mépris pour les fluidistes, et, selon lui, « les procédés magnétiques, quels qu'ils soient, ne sont que la cause occasionnelle *qui engage la cause réelle et précise, à se mettre en action.* » (Voyez *Du Sommeil.*)

Aujourd'hui, pour le docteur Teste, « c'est une manifestation déterminée quoique méconnue, de *l'âme universelle* (première leçon). Plus loin, le même auteur nous parle de cet *envahissement étranger*, de cette *cause* narcotique qui subjugue sourdement comme une sorte d'agent toxique (1) *dont on n'est pas le maître de se débarrasser* (p. 280). Il nous parle encore de l'intervention fatale d'un *pouvoir fascinateur* (p. 36); et plus loin enfin il explique ainsi les convulsions : C'est la résistance à *l'agent extérieur*, à la puissance mystérieuse et *étrangère* à l'organisation, qui vient prendre possession du corps (p. 53).

En Allemagne, le magnétisme est aussi regardé comme l'action d'un agent extérieur. Ennemoser, de Stuttgard, tout en déclarant « qu'il ne veut pas s'occuper des explications « surnaturelles, parce que, dit-il, la science *ne veut pas en* « *entendre parler*, et que pour lui c'est un parti pris d'évi- « ter ce champ-là; » Ennemoser, disons-nous, convient toutefois que « la cause magnétique se trouve *entre* les influences spirituelles et matérielles mixtes, et que sa sphère est entre la céleste et la naturelle. » Quant au célèbre Eschenmayer, de Tubingen, il affirme *l'extériorité* de « ce principe extraordinaire, qui résiste à toutes les forces physiques, mé-

---

(1) Empoisonneur.

caniques et chimiques, et qui, pénétrant dans la substance des corps, *comme un être spirituel*, triomphe même du feu. » (Voyez, pour toutes ces opinions allemandes, l'ouvrage d'Ennemoser.)

Que sera-ce lorsqu'à toutes ces autorités anciennes et modernes, nous ajouterons tout à l'heure l'autorité par excellence, celle de M. le baron Du Potet et de son journal, seul organe, en ce moment, du magnétisme parisien? Que sera-ce, disons-nous, lorsque nous lirons, dans quelques-unes de ses pages, le désaveu le plus franc et le plus complet de ses anciennes théories naturalistes, et les aveux formidables de ses nouvelles et trop mystérieuses associations? Mais n'anticipons pas, et contentons-nous d'affirmer, pour le moment, ce qui résulte de ces premiers aveux, c'est-à-dire que :

LES EFFETS DU MAGNÉTISME ANIMAL NE SONT PAS SIMPLEMENT DUS, COMME ON LE RÉPÉTAIT JUSQU'ICI, AU DÉVELOPPEMENT D'UNE FACULTÉ HUMAINE, MAIS, D'APRÈS LES MAITRES EUX-MÊMES, IL FAUT Y RECONNAITRE, AVANT TOUT, L'INTERVENTION (POUR LE MOINS TRÈS-FAVORISANTE) D'UNE CAUSE EXTRA-NATURELLE OU SURHUMAINE.

Maintenant nous allons essayer de prouver par les faits ce que nous venons d'appuyer sur des textes.

CHAPITRE X

FAITS TRANSCENDANTS DU MAGNÉTISME

ou

L'INTERVENTION DES ESPRITS DÉMONTRÉE PAR LES FAITS

§ Ier

Magnétisme magique. — Auxiliaires magnétiques. — Fauteuil *tournant* sans moteur visible. — Somnambules cessant de peser à volonté, ou cloués sur un parquet. — Pouvoir du magnétisme sur l'atmosphère. — Montius. — Créations fantastiques. — Transformations apparentes. — Miroir magique de M. Du Potet. — Ses aveux d'une évocation mentale, d'une *redoutable puissance*, dont *il a senti les étreintes*, d'un esprit de *Python*, dont sa conscience lui défend de révéler le siége mystérieux, etc. — Sorts lancés à volonté. — Transport instantané d'un lieu dans un autre.

Nous l'avons déjà dit, Messieurs, si le magnétisme animal ne nous avait signalé que l'existence d'un fluide purement matériel et physique, la science tout entière ne se serait jamais révoltée contre lui. N'est-elle donc pas, précisément, à la recherche de ce *roi* des fluides? Les travaux les plus modernes, les découvertes les plus récentes ne semblent-elles pas lui frayer la voie de jour en jour? Quel est, en effet, le physicien qui reculerait devant un éther général dont tous nos impondérables ne seraient que des modifications? Quel serait encore le chimiste qui refuserait d'admettre les *affinités* et les *combinaisons* de deux fluides par cette seule raison qu'ils émaneraient de deux personnes différentes ? Quel serait surtout le physiologiste qui pourrait rejeter avec mépris, soit les caprices et les bizarreries d'une force nerveuse dont il admet déjà l'existence, soit une puissance vitale dont il a toujours enregistré les merveilleux effets, sous les noms de forces *médicales*, d'*instinct*, d'*archée*, d'*âme animale*, etc. ?

Allons plus loin; si les magnétiseurs avaient pu restreindre le rôle de ce fluide à celui d'un agent excitateur ou narcotique troublant assez l'état physiologique de l'homme pour développer en lui des facultés psychologiques latentes et ignorées jusque-là, le nombre des incrédules eût diminué rapidement; car, mieux inspirée aujourd'hui, la science ne se déconcerte plus à cette seule idée que, sous l'influence de certains agents extérieurs, l'âme peut se dégager plus ou moins des organes et manifester des facultés tout à fait inconnues. Tout cela se réduirait pour elle à une simple excitation cérébrale, favorisant plus ou moins les développements de l'intelligence humaine.

Mais encore une fois, il ne s'agit pas *de tout cela*; c'est en dehors du somnambulisme et de l'extase qu'il nous faut mettre à nu le phénomène, et nous demander : pourquoi cet homme dont l'état est parfaitement normal et n'a subi aucune modification appréciable, se trouve-t-il investi tout à coup d'une sorte de pouvoir thaumaturgique qui ne se révèle pas chez les autres? pourquoi sa volonté, sans qu'on en devine la raison, et sans le secours de la confiance et de la foi, produit-elle des effets ou curatifs ou désastreux qui sortent tout à fait des voies ordinaires? (1) pourquoi sa main, douée

(1) Voyez Bertrand : « On réussit *avec* la volonté, *sans* la volonté, *avec* une volonté contraire. » Et M. Gauthier dit (*Traité*, p. 240) : « Dans tout ce que Mesmer a enseigné, on voit l'homme matériel mû par des causes fécondes; nulle part on ne le voit mû *par sa propre* volonté. » C'est vrai, et ce n'est pas assez remarqué; nous croyons, nous, que la théorie de la volonté eût paru fort insuffisante à Mesmer lui-même.

d'un pouvoir exceptionnel et merveilleux, soulage-t-elle le malade par ces frictions *mystérieuses*, si bien distinguées par les anciens des frictions *ordinaires?* pourquoi cette main se laisse-t-elle entraîner à de mystérieux *courants?* (1) pourquoi enfin, et comment, peut-elle communiquer à tous les éléments, aux arbres (2), à l'eau, à tous les objets qu'elle choisit, une puissance *exécutive* qui révèle, non plus un simple fluide, mais un ministre d'une intelligence et d'une fidélité tout à fait exceptionnelles (3) ?

Comme on le voit, il n'y a rien là du somnambulisme, et tout se passe à l'état de veille. Donc cette force est toute la merveille de la chose; ou elle est intelligente par elle-même, ou elle a par derrière elle un souffleur (*spiritus rector*) qui la gouverne et la soutient. Cependant on s'y méprend tous les jours, et tous les jours les causes sont oubliées pour les effets.

Deleuze, qui pendant longtemps voulait que l'on rejetât « comme erroné tout ce qui ne serait pas d'accord avec les

---

(1) C'est M. de Bruno qui les a le premier signalés : « J'entends par là, dit-il, ces courants qui sortent des parties affectées, et.... sur lesquelles vous dirigez votre action.... J'avoue que je n'ai pu me rendre raison de ces détours circulaires dans lesquels *ma main était entraînée* et suivait des *courants* qui décrivaient des lignes courbes d'un grand diamètre... Ces courants, dans leur direction, rencontrent souvent *un mur*, etc. » Beaucoup de magnétiseurs ont reconnu cette vérité fondamentale de leur art.

(2) « Il n'y a pas une feuille de mon arbre, disait M. de Puységur, qui ne communique la santé. »

(3) Pour peu que l'on soit initié (et qui ne l'est pas aujourd'hui?), on doit savoir que l'on nomme *auxiliaires magnétiques*, tout objet magnétisé qui sert de véhicule à l'influence occulte *déposée* sur lui par le magnétiseur : c'est le *talisman* des anciens. Quelquefois ce talisman doit opérer tel ou tel effet sur la personne à laquelle on l'envoie, suivant telle ou telle circonstance ; il faut donc que *cette influence voyageuse* se rappelle, fût-ce à deux cents lieues et à des mois de distance, toutes les recommandations du commettant ; pendant que celui-ci sommeille, oublie et ignore, il faut qu'elle n'oublie rien, elle, qu'elle pèse tout, et qu'elle se décide toujours *suivant les circonstances*... Et que l'on ne croie pas que toutes ces *folies* ne soient crues que par les superstitieux du magnétisme ; il n'est pas, au contraire, *un seul* magnétiseur qui n'y croie fermement, et, sur ce point Deleuze, Koreff et Grégory, professeraient exactement la même doctrine ; n'avons-nous pas vu les savants chi-

lois de la physique » (1), et qui soutenait que « les somnambules n'avaient jamais de connaissances étrangères à leur état de veille » (2), avait reculé plus tard, sous prétexte que le temps n'en était pas venu, devant la publication des faits merveilleux. Le docteur Koreff nous avait fait pressentir les mêmes faits, et grondait Deleuze de sa timidité trop prudente (3). Ricard nous avait déclaré que « lorsque le jour serait venu, il publierait des faits qui abîmeraient tous les systèmes reçus jusque-là » (4), et le docteur Teste nous en signalait quelques-uns, « qui bouleversaient de fond en comble, disait-il, jusqu'au magnétisme lui-même » (5).

Or, on assure que tous ces faits se sont produits, et pour notre part nous avouons que malgré toutes les recommandations des prudents, leur connaissance nous a toujours paru absolument nécessaire pour bien juger le magnétisme.

Qui pourrait connaître un homme en étudiant uniquement l'embryon? Qui pourrait connaître le chêne en dissertant sur

---

mistes Bogros et Loeventhal, après avoir fait fondre des morceaux de soufre et de colophane magnétisés, rester stupéfaits, de leur trouver six mois après cette fusion, les mêmes qualités magnétiques? N'avons-nous pas vu tout à l'heure, la cour d'appel des Deux-Sèvres absoudre le magnétiseur Ricard, condamné par le tribunal de Bressuire, pour avoir donné des consultations, d'un bout de la France à l'autre, sur *une simple mèche de cheveux;* et n'avons-nous pas entendu, depuis, la plupart de nos tribunaux, déclarer, tout en les punissant, que ces faits, *ne pouvant plus être classés parmi les jongleries, il devenait impossible de leur appliquer l'article 406 du Code pénal?* Encore une fois, ces folies élémentaires du magnétisme sont constatées comme tout le reste par *les plus imposantes autorités*, et, ce que nous comprenons le moins, c'est que, devant la *surintelligence du moindre auxiliaire magnétique*, on persiste à soutenir, comme le fait la majorité des magnétiseurs, que l'agent magnétique n'est qu'un simple impondérable, développant seulement par la surexcitation de merveilleux phénomènes psychologiques.

(1) Préface de l'*Hist. critique*.
(2) *Ibid.*
(3) *Lettre d'un médecin étranger.*
(4) *Traité du magnétisme animal.*
(5) *Magnétisme expliqué.*

le gland qui le renferme? Personne ; on laisse pousser l'un et l'autre, et plus tard on estime leur valeur.

C'est ici que nous allons visiblement échapper aux côtés physique et physiologique de la question, ou plutôt les compléter en leur adjoignant celui que déjà nous avons désigné par l'épithète de *métapneumatique*, c'est-à-dire surhumain, pris indifféremment, en bonne ou en mauvaise part.

Mais c'est encore ici, Messieurs, que nous sentons mieux que jamais combien nous aurons besoin de votre longanimité. Hélas! nous le savons, il n'y aurait pas un écolier dans Paris qui ne se trouvât en droit, du haut de sa raison fortifiée par le préjugé général, de rougir pour nous de l'*aplomb* de nos récits. Nous sera-t-il permis du moins de nous retrancher dans notre rôle de narrateur impartial? La justice l'exigerait, et cependant, après tout, si vous nous demandiez à l'avance ce que nous pensons de la réalité de tous ces faits, nous vous répondrions loyalement que nous y croyons parfaitement : 1° parce que, selon les expressions du docteur Brierre de Boismont, « lorsque ces faits ont pour garants des hommes instruits, dignes de foi, dont la moralité est incontestable, le scepticisme n'est plus possible et la divergence n'est plus que dans l'explication (1); » 2° parce que nous avons été témoin nous-même de plusieurs faits analogues; 3° enfin, parce que, rentrant parfaitement dans notre théorie et la justifiant en tous points, nous ne comprendrions pas qu'ils ne se fussent jamais présentés sur la scène magnétique. Maintenant donc nous dirons aux incroyants absolus, veuillez passer votre chemin, et ne perdez même pas une minute à nous lire; et quant aux croyants modérés, quant à ceux qui mesurent les faits à la taille de leur foi, foi dont ils se sont tracé le cercle avec leur propre compas, nous serons en droit de leur dire : Vous croyez au magnétisme ordinaire; vous croyez, parce que

---

(1) *Des hallucinations*, p. 265.

vous l'avez vu, au somnambulisme lucide ; vous courbez la tête devant un diagnostic merveilleusement exact formulé sur une *simple mèche de cheveux*, à deux cents lieues du malade, vous croyez aux désignations grecques et techniques des remèdes ordonnés en songe par un paysan illettré que vous douez par cela même du don des langues étrangères (1), vous croyez à mille choses de ce genre ; pourquoi ne croiriez-vous pas un peu plus ? N'avez-vous pas déjà brûlé tous vos vaisseaux ?

Eh bien ! Messieurs, il en est toujours ainsi du magnétisme, et du moment où vous mettez le pied sur son domaine, du moment où vous avez franchi la frontière antiphilosophique, vous pouvez et vous devez vous attendre à tout. Il ne faudra donc pas vous étonner qu'il y ait des faits ordinaires, des lieux communs pour les faibles et les timides, puis des faits plus avancés pour les catéchumènes, suivis enfin de faits transcendants pour les initiés et les adeptes.

Ainsi, par exemple, il ne faudra pas être plus étonnés que nous le sommes en ce moment, en parcourant les quelques notes inédites sur le magnétisme que nous avons là sous les yeux.

Nous les tenons d'un saint et respectable prêtre (2), longtemps professeur de philosophie chez les jésuites, et regardé pendant cinquante ans par ceux-ci, comme un de leurs théologiens les plus sages et les plus habiles. Et l'on sait qu'ils connaissent la valeur de leurs hommes.

Eh bien ! dans ce manuscrit signé de lui et malheureusement incomplet, nous trouvons les deux expériences suivantes. Voulant un jour prouver à plusieurs prêtres, mais

(1) Nous savons fort bien qu'on l'explique par une prétendue lecture dans l'esprit du magnétiseur ; mais nous savons aussi, que tous les jours des magnétiseurs, et nous pourrions les citer, restent confondus devant des choses et des mots auxquels ils sont tout aussi étrangers que leurs somnambules eux-mêmes. Que devient alors l'explication ?

(2) Le père Barrat.

surtout à un magnétiseur, que le fluide dont celui-ci se croyait le directeur exclusif, écoutait aussi d'autres ordres; il s'en empare mentalement et se propose de le faire obéir contrairement à la pensée de la somnambule et de son maître. Comment s'y prend-il? Auprès de lui se trouvait en ce moment un pan de rideau, garni de ses anneaux; à l'insu de ses deux magiciens, il détache donc et serre fortement ceux-ci dans ses deux mains;... suspend sa pensée, puis, au moment où l'on y pense le moins, il émet une simple intention, et voilà que malgré ses efforts les anneaux lui sont violemment arrachés et lancés à l'autre extrémité de la chambre... Il émet une autre intention (ne soyez pas trop étonnés, Messieurs), et voilà que le fauteuil auquel il commande, se met à *tourner*, à rouler tout seul sur le parquet et à parcourir l'appartement à la grande stupéfaction des témoins, de la somnambule, et surtout du magnétiseur, qui se trouvaient dépossédés subitement et de leur propre fluide, et des théories qui faisaient leur orgueil; et dépossédés, par qui? par un profane, par un philosophe, ennemi du magnétisme, qui ne *s'était même pas mis en rapport avec eux*, et qui, depuis, ne s'est jamais retrouvé la moindre puissance magnétique.

Ce manuscrit, nous le tenons, Messieurs, à votre disposition; il est signé, nous le répétons, par un des hommes les plus saints et les plus éclairés, que non-seulement les jésuites, remarquez-le bien, mais que les prêtres les plus instruits de la capitale aient toujours honorés et consultés de préférence (1).

Peut-être alors serons-nous un peu moins embarrassé pour vous affirmer que, nous-même, sur un simple signe que nous transmettions à un magnétiseur, son somnambule, porté sur

---

(1) Il n'y a pas un mois encore que le récit de ce fait aurait soulevé d'indignation tout un salon d'esprits forts; aujourd'hui c'est un fait banal, c'est un lieu commun! Et, ce lieu commun, on le trouve *parfaitement naturel*, bien que l'on n'en connaisse pas la cause! Mais au moins, frappez-vous donc la poitrine en pensant à votre intolérance d'hier.

nos propres épaules, devenait *à notre volonté* infiniment plus léger, ou nous écrasait de tout son poids ; si nous vous affirmons encore, que, sur un simple signe de nous à son magnétiseur, placé à l'autre extrémité de la chambre, ce somnambule, dont les yeux étaient hermétiquement bandés, se laissait rapidement entraîner, ou bien, obéissant à notre nouvelle intention, demeurait tout à coup si bien cloué sur le parquet, que courbé horizontalement, et ne reposant plus que sur l'extrémité de la pointe des pieds, tous nos efforts (et nous étions quatre), ne le faisaient plus avancer d'une seule ligne. « Vous attelleriez dessus six chevaux, nous disait le magnétiseur, que vous ne le feriez pas bouger davantage. » Et vraiment c'était bien, là aussi, le premier pas qui coûtait. Enfin, à notre volonté encore, nous le rendions ou complétement sourd, ou complétement aveugle, ou complétement insensible.

Vous en conviendrez, Messieurs, nous n'avions vraiment plus de raison suffisante pour crier au mensonge, lorsqu'après avoir vu, comme tout le monde, des somnambules soulevés de terre par la volonté de leur magnétiseur, d'autres témoins venaient nous affirmer en avoir vu *voler* autour des lustres d'un salon magnétique *très-avancé*, ce qui nous reportait à Simon le Magicien, dont l'Académie des Sciences n'a probablement jamais entendu parler, mais dont vous vous êtes occupés plus d'une fois, Messieurs (1), et que les constitutions apostoliques (2), vous le savez, nous représentent *volant* au-dessus du Forum, et précipité par les prières de saint Pierre.

Alors nous nous étonnerons beaucoup moins, lorsque nous verrons des magnétiseurs insinuer comme Ricard l'a fait, par exemple, non pas qu'ils sont capables de faire la pluie et le beau temps, — il ne veut pas aller jusque-là, — mais qu'il peut, et mieux est, qu'il a pu, sur la place du Pérou, à

---

(1) *Acad. des inscriptions et belles-lettres.*
(2) Liv. vi, vers 9.

Montpellier, et en présence de témoins, *influencer* le beau temps et la pluie en faisant par le temps le plus sec et le plus pur, pleuvoir sur la feuille de papier que sa main déployait (1). Nous ne nous en étonnerons pas trop, disons-nous, car nous retrouvons, à toutes les pages de nos rituels théologiques et de nos recueils de jurisprudence, à commencer par ceux de Justinien, nous retrouvons, disons-nous, ce pouvoir mentionné comme appartenant et de droit et de fait aux magiciens dont presque tous nos magnétiseurs réclament, comme on le sait, l'héritage. Ce pouvoir, nous le retrouvons encore signalé chez tous nos voyageurs modernes, et en particulier dans un des derniers numéros de *la Propagation de la Foi*, « comme un *attribut irrécusable* du pouvoir magique chez toutes les nations idolâtres » (2).

Vous permettrez ensuite, Messieurs, qu'on vous signale la puissance de Montius, ce peintre original qui, à l'aide de son magnétisme, mit plus d'une fois en déroute les tribunaux et les corps savants de la Belgique, tournant la tête des présidents d'académie, des professeurs de physique, des inspecteurs de l'université, des journalistes, etc., soit en les rendant somnambules au premier roulement de son tambour, soit en leur faisant apparaître, dans la cuvette d'or de sa montre, tous les êtres vivants ou morts qu'ils désiraient évoquer ou revoir. Vous ne vous en étonnerez pas trop, puisqu'un de vos savants collègues de l'Académie des Sciences, M. Léon de La Borde, vient de vous raconter des faits parfaitement analogues, dont il a été le témoin et l'acteur (3).

(1) Ricard, *Traité du magnétisme*, p. 339.
(2) *De pluviis cœlo devocatis, per magos, plena sunt Veterum monumenta.* Les annales des anciens sont remplies de ces récits de pluies obtenues par le pouvoir magique (Delrio).
(3) Rien ne peut donner une idée du déplaisir que cause aux *sages* du magnétisme, la vue de semblables collègues. M. Aubin Gauthier, par exemple, dont la modération, la science et le véritable talent d'écrivain, rappellent souvent le vénérable Deleuze, son modèle et son maître, M. Gauthier s'indigne

Nous irons plus loin et nous ne contredirons pas trop Ricard, lorsqu'il nous parlera de ce compagnon de sa captivité, qui avait vu des magiciens égyptiens « créer et développer sous ses yeux des reptiles apparents et de prétendus serpents », car cela *court les rues* dans les annales de la sorcellerie, même dans quelques-uns de nos villages, et nous n'y ferions pas attention peut-être, si la Bible ne nous revenait en mémoire (1). Mais comment oublier ces magiciens de Pharaon, qui, par leurs enchantements, *incantationibus suis,* couvraient toute l'Égypte de grenouilles ou changeaient leurs propres verges en serpents (2), prodiges qui semblaient balancer les miracles de Moïse, jusqu'au moment décisif où les magiciens vaincus s'inclinaient en disant : « *Cette fois-ci*, c'est le doigt de Dieu qui agit : *Digitus Dei est hic* » (3).

M. de La Borde, encore une fois, a pris soin de justifier le côté magique de la question, en nous disant : « Ces magiciens des Pharaons d'Égypte sont les pères et fondateurs d'une nombreuse secte dont nous examinerons seulement les derniers rejetons, pour ne pas entrer trop avant dans l'histoire de la magie, sujet qu'il est aussi difficile d'épuiser qu'il est tentant de l'aborder (4). »

A plus forte raison n'accorderons-nous pas à M. le docteur Teste, que « tout le magnétisme soit bouleversé de fond en comble par les expériences qu'il rapporte, et qui consistent, « soit dans *l'invisibilité complète* de personnes ou d'objets

---

contre les pratiques de Montius, dont « le règne cessera, dit-il, lorsque le gouvernement le voudra bien. » Mais, interpellé sur les faits eux-mêmes dont il vient d'être le témoin, la vérité lui arrache ce jugement : « Beaucoup de personnes traitent M. Montius de charlatan ; je puis assurer que *tous* les sujets que j'ai vus chez lui étaient vraiment somnambules. » (*Magnét. cathol.*, p. 213.)

(1) M. Munck, dans un ouvrage récent sur la Palestine (p. 93), fait une remarque assez intéressante, c'est qu'un des mots les plus usités pour désigner la magie, a le plus intime rapport avec celui du serpent. Voyez aussi le dernier analogue cité en note au chapitre Cideville.
(2) *Exode*, chap. vii, vers. 12.
(3) *Id.*, chap. viii, vers. 19.
(4) *Commentaire sur l'Exode*, p. 22.

magnétisés (1), soit dans la *transmutation* apparente des substances alimentaires, jusqu'à faire croire par exemple à ceux qui boivent un verre d'eau, qu'ils boivent un verre d'orgeat, à ceux qui ne tiennent qu'une tasse vide qu'ils prennent une glace à l'ananas (p. 417) ; soit dans la *soustraction* imaginaire des marches d'un escalier, soustraction qui ne permet plus au malheureux somnambule de descendre plus bas ; soit par ces *barrières*, toujours imaginaires, qu'il refuse de franchir, et contre lesquelles il se plaint qu'on lui brise l'estomac » (p. 421).

Comment ! toutes ces expériences bouleverseraient le magnétisme de M. le docteur Teste ? Cet aveu témoigne assurément de sa complète bonne foi, mais il nous permettra de lui dire à notre tour : « Eh quoi ! vous êtes docteur en Israël, et vous ignorez toutes ces choses ! » Mais tout ceci c'est le magnétisme en personne, ou plutôt ce sont quelques-unes des mille et une fantaisies que le Protée imagine. Et le docteur Teste de s'écrier encore : « Les expériences que je viens de décrire ne prouvent toutes qu'un seul fait, mais elles le prouvent à mon avis d'une manière péremptoire, c'est que positivement il existe un fluide, et que ce fluide est une substance matérielle » (p. 415). Eh mon Dieu ! entendons-nous bien. Mais certainement il existe dans la nature un fluide, matrice et synthèse de tous nos impondérables, fluide lumineux, vital, véhicule et moyen de toutes nos volontés, de tous nos actes, base de tous les corps, instrument de toutes les âmes, et dont les combinaisons diverses, la répartition plus ou moins parfaite ou viciée, doivent être aussi des causes fréquentes de maladie ou de santé. Sans doute les dérangements de nos facultés mentales, les hallucinations de tous les sens, ne tiennent le plus souvent qu'au jeu désordonné de ce fluide. Mais encore une fois, la question n'a jamais été là ; ce fluide maté-

(1) Nous avons entendu nos respectables missionnaires et le docteur Esdaille nous raconter des faits semblables. L'anneau de Gygès est donc de tous les siècles.

riel n'expliquera jamais rien à lui tout seul, pas même comme stimulant de facultés psychologiques. Il est même si peu nécessaire que « beaucoup de magnétiseurs sincères et de bonne foi, dit M. Lovy, sont tout étonnés d'obtenir la transmission de la pensée sans le concours du fluide et de produire *toute espèce de phénomènes magnétiques sans magnétisme.* » (*V. Jour. du magnét.*, t. III.)

Il y a longtemps déjà, qu'un saint docteur de l'Église (1), tout étranger que l'on fût, à son époque, aux premiers éléments de physique, avait pressenti l'existence de ce fluide, et même en faisait, comme vous, l'instrument nécessaire de tous ces faits. Car c'est à propos de ces prestiges et des magiciens de Pharaon, qu'il proclame la nécessité « d'un principe universel, répandu dans tous les éléments, et qui contient la semence de toutes les choses corporelles et sensibles, lorsque leurs principes sont mis en action à temps et par des agents convenables, lesquels agents néanmoins ne sauraient être nommés créateurs, puisqu'ils ne tirent rien du néant et qu'ils déterminent seulement les causes naturelles à produire leurs effets au dehors. »

Ainsi donc, même du temps de saint Augustin, on reconnaissait un fluide, mais encore une fois, *qui est-ce* qui met en jeu ce fluide, d'une manière si étrangère à l'action *normale* de la volonté? Voilà le problème.

Quant à cette distinction entre les substances *réelles* créées par Moïse et les substances *apparentes*, que ses adversaires avaient su manifester, tout repose sur elle, et c'est là le *criterium*. Pendant que ceux-ci produisaient des hallucinations artificielles, comme nos magnétiseurs, Moïse produisait, lui, des *réalités* substantielles, comme dans un ordre plus élevé, on vit plus tard l'Église opposer à leurs *apparentes* transmutations de substance le dogme, cette fois-ci surnaturel et divin, de la transsubstantiation réelle.

---

(1) Saint Augustin, *Cité de Dieu.*

Donc, le prisonnier de M. Ricard, et certains témoins cités plus haut, auraient fort bien pu, *sans bouleverser* le magnétisme, créer *en apparence* et voir naître autour d'eux toute une ménagerie formidable.

Et les expériences magiques de M. le baron du Potet! Auriez-vous donc été, Messieurs, assez prévenus contre le magnétisme pour n'avoir jamais eu la tentation de les suivre ou de les entrevoir, pour le moins? Là vous auriez été témoins d'effets bien extraordinaires, et toujours, ce qui est fort essentiel, en dehors du somnambulisme.

Là, vous auriez vu des hommes et des femmes de tout âge et de tout rang, devenir momentanément fous ou convulsionnaires, non plus cette fois à la suite de magnétisations directes comme aux baquets de Mesmer, car il n'y en a pas l'ombre, ni par imitation, car ils sont isolés, mais tout simplement parce que le magnétiseur a tracé au charbon deux ou trois lignes sur le parquet, et que sa volonté les entraîne ou les enchaîne forcément sur ces lignes, ou plus simplement encore parce qu'il leur présente son miroir magique, sorte de petit carton sur lequel il a bien entendu *fixer les esprits animaux* qui doivent à leur tour appeler *des esprits ambiants et semblables à eux* (1), afin que des communications s'établissent entre eux et qu'il en résulte une sorte d'alliance. Aussi à peine le voyant, qui n'est plus somnambule cette fois, mais qui n'est autre que vous-même, si vous le voulez, ou votre voisin, ou votre ami, à peine le voyant improvisé, disons-nous, a-t-il jeté les yeux sur ce miroir *vraiment fatidique*, que son regard se fixe, s'enflamme, que tous ses membres tremblent et se dérobent sous lui, qu'il semble dévorer des yeux quelque chose qui bientôt excite sa fureur ou fait couler ses larmes, jusqu'à ce que le magnétiseur effrayé lui-même, lui enlève, souvent avec la plus grande peine et parfois à ses risques et périls, le carton fatal dont *les esprits*

---

(1) Expression de M. du Potet.

animaux, *aidés par les esprits ambiants*, le fascinent et le possèdent.

Rien de plus triste, rien de plus déplorable, mais en même temps, rien de plus intéressant pour celui qui veut sonder la question, que de semblables scènes, où, nous le répétons, *sans somnambulisme et sans passes aucunes*, le magnétisme est mis à nu et prouve en même temps la toute-puissance de ses effets et l'insignifiance de ses procédés ordinaires.

Aussi M. du Potet, qui le premier, nous l'avons dit plus haut, a ramené la science académique sur son terrain, par les expériences de l'Hôtel-Dieu et par son habile et infatigable propagande, M. du Potet, qui, dans plusieurs ouvrages malheureusement trop répandus, avait professé les doctrines les plus matérialistes, et par conséquent les plus opposées à celle des *Esprits*, M. du Potet est-il revenu complétement sur ses pas, puisqu'il nous a dit à nous-même, et nous pouvons le répéter, « qu'à ses yeux il y avait de la magie jusque dans le plus petit fait magnétique ; » et, pressé par nous d'expliquer ce qu'il entendait par *magie*, il ajoutait : « Assistance de causes occultes. »

Aussi ne serons-nous plus étonné que ébloui par le nouveau point de vue où il s'est placé, M. du Potet prenne aujourd'hui pour devise ce mot d'un somnambule : « Ne vous étonnez de rien, » et qu'il s'écrie : « Trop longtemps les magnétiseurs sont restés dans le cercle expérimental tracé par nos devanciers. Il faut maintenant le franchir hardiment, résolûment » (1).

---

(1) Laissons-le donc décrire lui-même une de ses expériences magi-magnétiques, après quoi nous suivrons les progrès de ses propres étonnements et même de son effroi :

MIROIR MAGIQUE.

« Pour cette opération, nous prenons un morceau de braise, nous traçons un cercle plein, en ayant soin que toutes ses parties soient noircies. Nos *intentions* sont bien formulées, aucune hésitation dans nos pensées : nous voulons que les *Esprits animaux* soient fixés dans ce petit espace et y demeurent

Que M. du Potet cependant ne se fasse pas illusion. Sa découverte de la force magi-magnétique n'en est pas une; il n'y a d'autre progrès dans ses expériences que celui d'avoir mis à nu, une fois de plus, et plus explicitement peut-être, la nullité des théories rationnelles magnétiques, et d'avoir démontré une fois de plus encore, qu'il faut autre chose que des fluides matériels ou des manifestations phychologi-

enfermés; qu'ils y appellent des *Esprits ambiants* et semblables, afin que des communications s'établissent entre eux, et qu'il en résulte une sorte d'alliance. L'expérimenté une fois attiré vers ce point, une pénétration intuitive, due au rapport qui s'établira entre les Esprits qui sont en lui et ceux fixés sur le miroir magique, doit avoir lieu; il doit voir les événements et tout ce qui l'intéresse comme s'il était dans l'extase ou dans le somnambulisme le plus avancé, bien que l'expérimenté soit libre de ses facultés comme de son être, et que rien chez lui ne soit enchaîné. Ce n'est peut-être pas là toute notre pensée, mais nous n'avons point de termes pour l'exprimer autrement.

« L'opérateur doit se tenir à distance, sans qu'aucune influence de sa part vienne désormais s'ajouter, se joindre à ce qui a été fait tout d'abord. Cette expérience est neuve pour nous comme pour toute l'assemblée, qui se compose, ce jour-là, de quatre-vingts personnes. Tous les yeux sont ouverts, c'est en plein jour, sur un parquet qui n'a reçu aucune préparation, qui n'est revêtu d'aucun enduit, que le rond est tracé, et le charbon qui a servi est déposé sur la cheminée, où tout le monde est libre de l'examiner. Aucun parfum, aucune parole, enfin rien que ce rond charbonné, et l'*occulte puissance qui y a été déposée* au moment du tracé, tracé qui a demandé quatre minutes de préparation seulement. Durant ce court espace de temps, des rayons de notre intelligence, poussés par d'autres rayons, ont formé un foyer invisible, mais réel; nous sentons qu'il existe, au trouble inconnu que nous éprouvons, *à l'ébranlement de tout notre être*, plus encore à une sorte d'affaissement résultant de la diminution de la somme de nos forces. Voici ce que l'on observe.

« Plein de confiance en lui, sûr de l'impuissance de cette magie, un homme de vingt-cinq à vingt-six ans s'approche du rond fatidique, le considère d'abord avec un regard assuré, en examine les circonvolutions, car il est inégalement tracé, lève la tête, regarde un instant l'assemblée, puis reporte ses regards en bas à ses pieds. C'est alors qu'on aperçoit un commencement d'effet : sa tête se baisse davantage, il devient inquiet de sa personne, tourne autour du cercle sans le perdre un instant de vue; il se penche davantage encore, se relève; recule de quelques pas, avance de nouveau, fronce les sourcils, devient sombre et respire avec violence. On a alors sous les yeux la scène la plus étrange, la plus curieuse : l'expérimenté voit, à n'en pas douter, des images qui viennent se peindre dans le miroir; son trouble, son émotion,

ques, pour donner le dernier mot de l'art qu'il professe, dernier mot que le plus humble sacristain de la plus modeste église, ou le berger de son village connaissait peut-être avant lui.

Il a beau nous dire, que « c'est un fluide, et que ce fluide ne saurait être autre chose que cette production singulière, résultat de l'air que nous respirons et des matériaux divers qui

plus encore ses mouvements inimitables, ses sanglots, ses larmes, sa colère, son désespoir et sa fureur, tout enfin annonce, prouve le trouble, l'émotion de son âme. Ce n'est point un rêve, un cauchemar, les apparitions sont réelles : devant lui se déroule une série d'événements représentés par des figures, des signes qu'il saisit, dont il se repaît, tantôt gai, tantôt rempli de tristesse, à mesure que les tableaux de l'avenir passent sous ses yeux. Bientôt même, c'est le délire de l'emportement, il veut saisir le signe, il plonge en lui un regard terrible; puis enfin il s'élance et frappe du pied le cercle charbonné, la poussière s'en élève, et l'opérateur s'approche pour mettre fin à ce drame rempli d'émotions et de terreurs. Pour un instant, on craint que le voyant n'exerce sur l'opérateur un acte de violence, car il le saisit brusquement par la tête, et l'étreint avec force : quelques paroles affectueuses et les procédés magnétiques apaisent, calment l'âme du voyant, et font rentrer dans leur lit ces courants vitaux débordés.

« On entraîne dans une pièce voisine l'expérimenté; mais avant qu'il ait repris entièrement ses sens, on lui ôte le souvenir de ce qu'il a vu, et l'on achève de le calmer. Il ne lui reste bientôt qu'une douleur dans la partie supérieure du crâne, qui disparaît d'elle-même au bout d'une demi-heure. Malgré tout, il conserve une vague pensée, une préoccupation de l'esprit; il cherche à se rappeler; il sent qu'il s'est passé en lui quelque chose d'étrange; mais quoi qu'il fasse, sa mémoire ne peut lui fournir un trait, une figure de tout ce qu'il a vu : tout est confus en lui, et les interrogations nombreuses qu'il subit n'amènent aucune révélation.

« Rêvons-nous? sommes-nous nous-même sous le charme d'une illusion? Avons-nous bien vu ce que nous venons de décrire? Oui! oui! nous l'avons vu, saisi, plein de calme et de raison; tout est réel, et nous restons bien au-dessous de la vérité, ne pouvant entièrement la peindre dans ce récit, car les mots nous manquent quoique notre mémoire soit fidèle.

« Cette expérience a porté dans tous les esprits la conviction qu'une découverte venait de se révéler, et que le magnétisme allait certainement s'ouvrir une nouvelle route. Les faits déjà si curieux offerts par le somnambulisme sont dépassés, car ici l'homme est éveillé. »

Maintenant, Messieurs les savants, discutez longuement, savamment sur la composition des *miroirs magiques* de l'antiquité; rien de mieux; mais auparavant, venez donc voir un moment ce que c'était et ce que cela est.

le constituent » (t. IX, p. 613); il a beau s'écrier : « Pourquoi voulez-vous faire intervenir je ne sais quelles divinités, pour des œuvres si simples? Pour moi, l'agent n'est autre que celui des mouvements... (t. IX, p. 603).

Tout cela peut être et même est vrai jusqu'à un certain point (plus tard nous verrons comment); mais toute la vérité n'est pas là, et le problème ne varie pas; il est toujours ainsi posé : pourquoi ce *principe des mouvements* que nous possédons tous apparemment, ne nous rend-il thaumaturges ou devins que sous le drapeau magnétique, abstraction faite de tout somnambulisme et même de tous procédés, comme on peut le voir dans la note précédente? Et si la *puissance* et la *surintelligence* magnétiques étaient à l'état latent dans *ce principe* des mouvements, qui donc investit M. du Potet du talent de les faire jaillir et parler? Comment donc s'y prend-il pour garrotter ce Protée et le forcer à s'expliquer? Tout est là.

Maxwel disait, il y a plus de trois cents ans, à propos des mêmes faits : « Tout consiste à s'emparer du fluide universel. » Mais s'il était universel, *pourquoi* donc s'en emparer? Et s'il le fallait absolument, *comment* donc s'en emparer? La question est encore la même aujourd'hui.

Aussi M. du Potet ne peut-il plus faire un seul pas en avant sans rencontrer la négation de son rationalisme, et rien n'est vraiment plus curieux que le désarroi profond de tous ses enseignements, en présence des nouveaux faits qui le débordent de toutes parts, soit à l'étranger, soit autour de lui, soit dans ses propres mains.

Ainsi, tantôt nous l'entendons s'écrier : « Plus de doute, plus d'incertitude, la magie est retrouvée... Je sépare de moi une force, il y a émission... Cette force est réelle, quoique non visible encore. Déposée sur un corps quelconque, elle s'y fixe comme une essence, puis bientôt elle exerce son action sur ce qui l'environne, et la magie commence, c'est-à-dire que des phénomènes extraordinaires viennent nous frapper d'étonnement; *ce n'est pas ce que nous avons voulu* qui se manifeste ; non, nous sommes *tout à fait étrangers* dès lors à ce qui se passe » (t. VIII, p. 140 et 188).

Tantôt il renouvelle la même injonction : « N'ayez pas, dit-il, la prétention d'agir *par vous-même, cela nuirait à l'expérience* et en dénaturerait les résultats (t. VIII, p. 215).

Plus loin, à propos d'un peu de poussière qu'il a ramassée dans un cimetière, et à l'inspection de laquelle ses voyants improvisés aperçoivent cinq squelettes et les décrivent, il s'écrie : « Non, non, il y a ici quelque chose qui dépasse notre raison ; le SURNATUREL se montre, lorsque je voudrais en nier l'existence » (t. VIII, p. 263).

« ...Ai-je bien vu, dit-il ailleurs, ces étranges choses, les ai-je vues en plein jour, offertes à mes regards par des gens qui n'avaient point pris d'opium? Je le certifie, et des centaines de personnes appuieraient au besoin mon témoignage (1). Les sujets soumis aux épreuves sont-ils malades et en proie à quelque accès de fièvre? Pas le moins du monde ; ils se portent parfaitement. Font-ils du moins des études, des recherches sur les choses occultes? Nous pouvons garantir qu'ils sont tout à fait étrangers à cet ordre de travaux. Mais encore, ils ont été soumis à de nombreux accès de somnambulisme magnétique, et le magnétiseur a pu leur inoculer ses propres idées? Il n'en est rien absolument ; aucun précédent, aucune fréquentation, si ce n'est pendant la séance (2), et je puis affirmer que ce que voient les magnétisés *n'est pas dans ma pensée*, par une bonne raison, c'est que mon esprit n'a jamais pu croire, *jusqu'à ce jour*, aux prodiges surhumains de la

---

(1) Tout Paris pouvait se rendre à ces conférences dominicales. Nous y avons été souvent nous-même dans le but unique d'observer les faits avec soin. Que de fois n'y fûmes-nous pas attristé, effrayé même, en voyant des vieillards de notre connaissance, occupant un rang très-distingué dans le monde, se livrer, malgré leurs quatre-vingts ans, à ces expérimentations formidables qui, en agitant tous leurs membres, semblaient être pour eux le signal ou plutôt le début des dernières convulsions !

(2) Le magnétisme n'a donc d'action que sur ceux qui s'y exposent ou y consentent.

magie, et que ma surprise égale celle de tout assistant » (t. VIII, p. 260.) On voit qu'il y a un pas immense de franchi.

Mais écoutez; voilà qu'il nous promet à présent la révélation d'un secret, et qu'il se demande en tremblant s'il est sage de *réveiller l'esprit de Python et d'apprendre aux hommes où il repose*. « ..... Un instinct secret, ajoute-t-il, ma conscience, me crie que je fais mal de toucher à ces choses » (t. VIII, p. 260.).

Aussi, de temps en temps pousse-t-il un cri d'effroi, et maudit-il jusqu'au somnambulisme lui-même; mais bientôt, acculé par une masse de faits de plus en plus pressante, obligé de convenir, que le magnétisme et le somnambulisme ont presque toujours prélude aux manifestations évidemment surnaturelles d'Amérique, stimulé peut-être par cette annonce toute récente, que M. Jos. Barthet, magnétiseur de la Nouvelle-Orléans, aurait découvert dans l'ordre moral et physique le moyen formel et positif d'entrer en rapport avec le monde invisible (1), et dans tous les cas, se rappelant qu'il a promis *la révélation d'un secret*, il se décide et brûle ainsi ses vaisseaux :

« Il me semble entendre des magnétistes dire : « Bah!
« est-ce que tout n'est pas découvert? N'avons-nous pas le
« somnambulisme et l'extase? Que peut-il y avoir de plus? »

« IL Y A, CE QUE VOUS N'AVEZ PAS DEVINÉ; car, marchant à tâtons, comme des colins-maillards, ce qui était à côté de vous, ce qui vous touchait, vous ne le voyiez point. — Mais qu'est-ce donc enfin? — Je vais livrer ce grand secret à votre pénétration : PAR UNE SORTE D'ÉVOCATION MENTALE, PAR UN APPEL MYSTÉRIEUX, L'ESPRIT QUE VOUS ÉVOQUEZ, ayant besoin, pour communiquer avec les mortels, de se servir des organes de ceux-ci, *s'empare sans plus de façon de leur domicile*, et fait bientôt mouvoir les bras, la main, et celle-ci trace sur le pa-

---

(1) Voyez le *Journal du magnétisme* du 20 novembre 1852.

pier, sans que le cerveau soit de la partie, les réponses aux demandes que vous avez adressées (1). »

On ne saurait être plus clair et plus franc. Quant aux scrupules, ou plutôt aux terreurs éprouvées tout à l'heure par le successeur de Mesmer, voyons si elles ne seraient pas largement justifiées dans un très-explicite et dernier passage.

« Qu'une trombe renverse et éparpille les habitations, qu'elle déracine les arbres séculaires et les transporte au loin, qui s'en étonne maintenant?

« Mais qu'un élément, inconnu dans sa nature, secoue l'homme et le *torde* comme l'ouragan le plus terrible fait du roseau, le lance au loin, le frappe en mille endroits à la fois, sans qu'il lui soit permis d'apercevoir son nouvel ennemi et de parer ses coups, sans qu'aucun abri puisse le garantir de cette atteinte à ses droits, à sa liberté, à sa majesté; que cet élément ait des favoris et semble pourtant obéir à la pensée, à une voix humaine, à des *signes* tracés, peut-être à une injonction, voilà ce que l'on ne peut concevoir, voilà ce que la raison repousse et repoussera longtemps encore; voilà pourtant *ce que je crois, ce que j'adopte;* voilà ce que j'ai vu, et je le dis résolûment, ce qui est une vérité pour moi A JAMAIS DÉMONTRÉE.

« *J'ai senti les atteintes de cette redoutable puissance.* Un jour, qu'entouré d'un grand nombre de personnes, je faisais des expériences dirigées par des données nouvelles qui m'étaient personnelles, cette force,—UN AUTRE DIRAIT CE DÉMON,— évoquée, agita tout mon être; il me sembla que le vide se faisait autour de moi et que j'étais entouré d'*une vapeur légèrement colorée.* Tous mes sens paraissaient avoir doublé d'activité, et, ce qui ne pouvait être une illusion, mes pieds se

(1) Ceci fait allusion aux attestations de M. et Mᵐᵉ Simmons qui ont tant occupé l'Amérique, comme nous le verrons plus loin, et entre autres à celle du *crayon mystérieux*, qui écrivait tout seul et devant eux des lettres entières transcrites avec le style et l'écriture, et signées du nom d'un fils qu'ils venaient de perdre et qu'ils regrettaient profondément. (Voyez à ce sujet les journaux américains de la fin de cette dernière année.)

recourbaient dans leur prison, de manière à me faire éprouver une très-vive douleur, et mon corps, entraîné par une sorte de tourbillon, était, *malgré ma volonté*, contraint d'obéir et de fléchir. D'autres êtres, pleins de force, qui s'étaient approchés du centre de mes opérations magiques, pour parler en sorcier, furent plus rudement atteints ; il fallut les saisir à terre, où ils se débattaient, COMME S'ILS EUSSENT ÉTÉ PRÈS DE RENDRE L'AME.

« Le lien était fait, LE PACTE CONSOMMÉ ; une puissance occulte venait de me prêter son concours, s'était soudée avec la force qui m'était propre, et me permettait de voir la lumière.

« C'EST AINSI QUE J'AI DÉCOUVERT LE CHEMIN DE LA VRAIE MAGIE. »

Voilà donc où en est arrivé, en 1853, à Paris, ce même magnétisme qui débutait, en 1784, par l'athéisme et la négation de toutes les puissances spirituelles. M. Arago a donc quelque raison de nous dire « qu'on n'a pas le droit d'invoquer le fameux rapport de 1784 contre le somnambulisme moderne, attendu que la plupart des phénomènes groupés aujourd'hui autour de ce nom n'étaient ni connus, ni annoncés en 1784... et que le physicien, le médecin, le simple curieux, qui se livrent aujourd'hui à des expériences de somnambulisme..., PÉNÈTRENT DANS UN MONDE ENTIÈREMENT NOUVEAU, dont ces savants illustres ne soupçonnaient pas même l'existence (1). »

Oui, monsieur Arago, rien n'est plus vrai, ils commencent à y pénétrer, et vous venez d'avoir un léger aperçu de ce monde, pour peu que vous ayez écouté l'organe le plus avancé et le plus accrédité du magnétisme moderne, celui, en un mot, que vos savants collègues, convertis à la nouvelle science, à savoir les Reichenbach, les Gregory, les Elliotson, etc., adoptent comme dépositaire et propagateur de leurs

---

(1) *Annuaire du bureau des longitudes* pour 1853.

nouvelles idées. Voilà donc où en est arrivé *le maître*, celui qui se pose en successeur de Mesmer. Maintenant, libre à vous, monsieur Arago, de sacrifier toute la première période du magnétisme à la seconde, et de réclamer pour celle-ci toute la tolérance philosophique que vous refusez à celle-là, mais sachez bien que vous donnez ici dans l'erreur la plus inconséquente, puisque vous prenez pour une grande différence de fond, une simple différence de symptômes.

Soyez-en bien persuadé, au lieu d'être un nouveau monde, c'est toujours le même monde, mais, pour bien le comprendre, il vous faut à votre tour changer le vôtre et si vous nous répondez que celui dans lequel nous voulons vous introduire n'existe pas, nous vous répéterons : « CELUI QUI, EN DEHORS DES MATHÉMATIQUES PURES, PRONONCE LE MOT *impossible*, MANQUE DE PRUDENCE, » et ces paroles émanent d'une autorité trop haute pour que vous puissiez les récuser. (Voy. *l'Annuaire de* 1853, paroles de M. Arago sur Bailly.)

Quant à M. du Potet, dont nous bénissons du reste la franchise, ne pèche-t-il pas à son tour contre toute logique, et qui pis est, contre toute justice, lorsqu'il tonne contre les vieilles superstitions, la croyance aux prétendus sortiléges, etc.? Lorsqu'un homme foudroie un incrédule, en lançant sur lui une force *évoquée*,... et lorsqu'il ajoute : « Les jambes de ce jeune homme fléchissent à l'instant ; une sueur froide le couvre, il succombe, on soutient son corps, où il semble ne rester que la chaleur... Mais changeant brusquement la position de l'expérimenté, nous le soutenons, SUR UN SIGNE DIFFÉRENT DU PREMIER, petit à petit il revient à la vie,... etc. (t. VIII, p. 65); cet homme, disons-nous, cet homme qui *tance ainsi les sorts*, a-t-il bien le droit de nier encore les sortiléges, et d'appeler *vieilles superstitions* les doctrines salutaires qui foudroyaient aussi ce qui révoltait tout à l'heure jusqu'à sa propre conscience ? (*ibid.*) (1).

(1) « Nous no pouvons plus en douter, dit-il ailleurs, ce que nous pratiquons aujourd'hui, c'est précisément ce qui se trouve défendu à toutes les

Au reste, ces faits de magnétisme transcendant ne sont pas réservés à M. du Potet; il est peu de magnétiseurs qui ne soient parfois restés confondus devant un écart subit, devant une *sortie* folle de l'agent qu'ils maniaient tous les jours, et qu'ils avaient cru jusque-là le plus raisonnable du monde.

C'était là ce que presque tous les chefs entendaient par ces faits que, suivant eux, « il n'était pas encore temps de divulguer, et qui devaient plus tard abîmer tous les systèmes reçus. »

Faut-il à présent, Messieurs, parler de faits magnétiques bien autrement surprenants? Faut-il, par exemple, vous parler de TRANSPORTS DANS LES AIRS, opérés par un médecin de notre connaissance, le docteur Ch....? Faut-il vous parler de...? Non, car vous ne le croiriez pas; « vous n'êtes pas encore assez forts pour porter toutes ces choses, » et cependant vous ne feriez en les croyant, qu'accepter la répétition, aux portes de Paris (1), d'un fait qu'un pieux missionnaire, cité dans l'un de nos derniers chapitres, avait observé près de Kanton, et qu'il vous garantissait en ces mots : « Au moment *où j'allais le baptiser*, JE LE VIS sur-le-champ transporté à *une grande distance* par une puissance invisible. » (Voy. ch. II, IIe partie.) Et puisque le bon missionnaire ajoutait, que : « ces faits n'étaient pas rares dans les pays idolâtres, et qu'il n'était pas seul à les avoir observés, » pourquoi ne voudriez-vous pas que la même puissance ait pu les répéter une fois de plus, aux portes d'une grande ville, dans laquelle elle compte tant d'adorateurs, de ministres et d'incrédules?

Mais encore une fois, vous n'êtes pas assez forts, Messieurs, et la même raison nous oblige à ajourner jusqu'aux jours de votre émancipation intellectuelle, d'autres faits qui, sans être magnétiques, se relient peut-être à ceux-ci, faits

pages de la Bible, et ce que les prêtres de tous les siècles ont si sévèrement réprimé. »

(1) Aux Batignolles, en plein midi, mais visible seulement pour les initiés, au milieu desquels la transportée venait tomber.

bien autrement importants encore, puisqu'ils vous donneraient le mot, la clef de quelques fléaux désolants (1), qui viennent périodiquement jeter la consternation dans nos populations et braver la vigilance des magistrats.

§ II.

Magnétisme ultra-spiritualiste. — Invocation de la sainte Vierge et des anges. — Le docteur Billot. — Sa controverse avec Deleuze. — Deleuze se rend à ses raisons. — Apport miraculeux d'objets matériels. — Protestation catholique du docteur Billot sur sa propre doctrine.

Mais, de ce que le magnétisme vient de se montrer à nous dans toute sa franchise et sous son jour le plus suspect, est-ce à dire pour cela, qu'il en soit toujours de même, et qu'il ne nous apparaisse jamais sous un aspect plus consolant ?

Non certes, car il est telle autre de ses formes qui *semble* pour le moins inspirée et presque sanctifiée par un esprit tout contraire (peut-être n'en est-elle que plus dangereuse) ; nous voulons parler de ce magnétisme spécial, qu'on appelle spiritualiste, et qui nous paraîtrait mieux défini MAGNÉTISME ILLUMINÉ.

Le mesmérisme comptait bien peu d'années, que déjà il pouvait dire comme Tertullien aux païens : « Voyez, nous sommes d'hier, et voilà que nous remplissons vos bourgs et vos cités, etc... » Oui, déjà, et malgré la double condamnation des Académies parisiennes, il couvrait une partie de l'Europe. L'Allemagne surtout et la Suède avaient adopté, avec leur enthousiasme ordinaire, un art qui s'harmoniait merveilleusement avec leur caractère et leur génie, mais, comme cela devait être encore, l'imagination des hommes du Nord ne tarda pas à faire subir une sorte de métamorphose à ce nouveau-né du philosophisme moderne ; grâce à elle, tout l'appareil physique de la chose disparut très-

---

(1) Il ne s'agit pas ici de maladies.

promptement; les passes elles-mêmes, regardées comme *l'enfance de l'art*, furent reléguées parmi les vieux errements d'un matérialisme grossier, et, pour une grande partie des adeptes, tout finit par se rapporter uniquement à la prière et à la foi.

Selon les auteurs de cette doctrine (1), dit Deleuze (qui en rend compte sans l'adopter (*Hist. crit.*, t. II, p. 295), « ce qu'il y a de physique dans le magnétisme, n'est que secondaire et instrumental; ce qui en fait le principal est de l'ordre moral et spirituel. Il y a deux manières de magnétiser; l'une physique, l'autre surnaturelle. Le principe qui donne de l'activité à la première, c'est le désir du magnétiseur d'opérer sur le malade, et la confiance qu'il a en lui-même; le principe de l'autre, c'est le même désir, mais soumis à la volonté de Dieu, dont le magnétiseur implore la bénédiction, si toutefois la guérison est conforme aux vues de la Providence, dans laquelle il met toute sa confiance. Le désir de l'un n'a en vue que le bien naturel; l'autre a principalement en vue le bien spirituel qui en est l'âme, et qui, seul, peut le rendre utile, les maux physiques étant la suite du mal moral. L'homme, par l'usage qu'il fait de son libre arbitre, se dispose à recevoir des influences de vertu par les anges, ou de vice et de folie par les démons, et toutes les maladies sont la suite des influences que l'homme s'attire de l'enfer par ses passions déréglées. Il serait contraire à l'honnêteté et à la charité, de faire aucune application de ce principe aux individus. La magnétisation est un acte dont le désir du magnétiseur pour le bien du prochain est le moteur, et dont l'effet est d'écarter l'influence des esprits de maladie. Il y a même quelque analogie entre le magnétisme et l'imposition des mains dont le Seigneur accorda le don aux membres de son Église du temps des apôtres, et dont la promesse semble n'être pas bornée

---

(1) Celle de la Société exégétique de Stockholm.

aux premiers chrétiens, comme on le voit par les termes de cette promesse : « Ce sont ici les miracles qui accompagneront ceux qui auront cru ; ils imposeront les mains aux malades, et ceux-ci seront guéris. » Tant que les magnétisés ont des paroxysmes douloureux, on voit que *l'esprit de maladie* est encore présent, mais ce dernier ne peut parler par l'organe du malade. Ainsi, lorsque celui-ci devient somniloque, c'est la preuve (et quelle preuve !) qu'un esprit tutélaire a chassé l'esprit de maladie, ou qu'il a du moins dompté son influence, et que c'est lui qui parle par l'organe du malade. Lorsque le mauvais esprit est chassé, il arrive souvent que des esprits de différents ordres et plus éclairés les uns que les autres, se succèdent chez le somniloque.... Le somnambulisme enfin est un état d'extase, pendant lequel sont révélées des vérités plus ou moins sublimes, que l'homme ne pourrait découvrir, livré à lui-même et dans son état naturel.... Je crois inutile, dit Deleuze, de m'appesantir plus longtemps sur ce système, dont les membres de la Société exégétique voient la preuve dans l'Écriture, dans les discours des somnambules et surtout dans les écrits de Swedenborg, qu'ils regardent comme inspirés de Dieu. »

Voilà quel était le programme de cette Société, et Deleuze est bien loin de prétendre qu'elle restât, comme efficacité curative, en arrière de celle de Paris ; au contraire, il reconnaît ailleurs (1) que « si elle portait des fruits beaucoup plus précieux et plus abondants que les autres, c'était à la confiance et à la foi qu'elle le devait. »

Quoi qu'il en soit, ces théosophes du Nord ne restèrent pas sans écho dans notre France. A Paris même, une société semblable n'avait pas tardé à s'établir, et l'on sait qu'elle

---

(1) *Examen des doctrines mystiques* (Deleuze). Il faut savoir encore que, d'après la Société de Stockholm, tous ces somnambules étaient inspirés par les *âmes des trépassés*, superstition que nous allons voir renaître tout à l'heure, en Amérique, en Allemagne et en France.

était présidée par la duchesse de Bourbon, princesse aussi distinguée par la supériorité de son esprit que par le saint éclat de ses vertus.

Lyon suivit bientôt l'exemple de la capitale; plusieurs villes du Dauphiné et du Midi de la France, Avignon entre autres, eurent aussi leurs sociétés mystiques, leurs magnétiseurs ascétiques, tranchons le mot, leurs illuminés.

Mais qu'est-ce donc qu'on entend par ce mot? et que pourraient avoir de commun des esprits véritablement illuminés, avec les esprits véritablement enténébrés que nous plaignons depuis si longtemps?

Il est curieux, à ce sujet, de se rappeler les paroles d'un homme illustre, le comte de Maistre, qui les a vus de bien près, et qui se trouvait par la nature de son génie et l'orthodoxie de sa foi catholique, dans le milieu le plus favorable pour les bien juger. Écoutons-le : « Vous avez donc décidément peur des illuminés, cher ami, écrivait-il; mais je ne crois pas, à mon tour, être trop exigeant si je demande humblement que les mots soient définis, et qu'on ait enfin l'extrême bonté de nous dire ce que c'est qu'un illuminé, afin qu'on sache de qui et de quoi on parle, ce qui ne laisse pas que d'être utile dans une discussion. On donne ce nom d'illuminés à ces hommes coupables qui osèrent, de nos jours, concevoir et même organiser en Allemagne, par la plus criminelle association, l'affreux projet d'éteindre en Europe le christianisme et la souveraineté. On donne ce même nom au disciple vertueux de saint Martin qui ne professe pas seulement le christianisme, mais qui ne travaille qu'à s'élever aux plus sublimes hauteurs de cette loi divine. Vous m'avouerez, Messieurs, qu'il n'est jamais arrivé aux hommes, de tomber dans une plus grande confusion d'idées. Je vous confesse même que je ne puis entendre de sang-froid, dans le monde, des *étourdis* de l'un et de l'autre sexe crier à l'illuminisme, au moindre mot qui passe leur intelligence, et avec une légèreté et une ignorance qui pousseraient à bout la patience la plus exercée » (1).

D'où venait, Messieurs, cette incertitude et ce double point de vue chez le comte de Maistre, sinon de ce qu'il avait étudié la question et qu'il savait parfaitement que l'illuminisme et la piété marchaient souvent dans les mêmes voies, tout en arrivant plus souvent encore à des résultats bien différents ? C'est qu'il savait aussi combien méritent ordinairement d'indulgence les illusions basées sur des aspirations généreuses ; c'est, qu'enfin, il aspirait lui-même à cette époque entrevue par son génie, où « la science actuelle devait être incessamment honnie par une postérité vraiment *illuminée*, qui parlerait de notre *stupidité* actuelle comme nous parlons aujourd'hui de la superstition du moyen âge (2). »

Ainsi, pour le comte de Maistre, l'illuminisme était l'initiation ou l'entrée dans cette route, simple d'abord, mais bientôt à deux voies, une bonne et une mauvaise, l'une remplie de grâces, l'autre parsemée d'écueils, port de salut pour les uns, port désastreux pour les autres ; c'était, en un mot, le commerce plus ou moins orthodoxe, plus ou moins ténébreux avec les puissances surnaturelles et avec ce monde des Esprits à la croyance duquel nous allons tous nous trouver ramenés tout à l'heure.

Reste à savoir maintenant dans laquelle de ces deux classes d'illuminés il eût placé ceux dont nous nous entretenons en ce moment.

Voyons donc un peu ce qui se passait dans cette dernière société des théosophes d'Avignon. Nous extrayons ce fragment de procès-verbal d'une lettre particulière à nous adressée par le chef de l'école :

« Le directeur fait à haute voix, les sociétaires étant réunis et tous à genoux, la prière suivante et générale :

---

(1) *Soirées*, t. II, p. 329.
(2) *Soirées*, t. II, p. 275.

† « Dieu tout puissant, — Dieu bon, — qui remplissez et gouvernez l'im-
« mensité des mondes que vous avez créés, — que votre saint nom soit loué,
« que votre volonté soit faite, — que tout ce qui reçut votre souffle immor-
« tel, respecte et suive votre sainte loi; — conservez-moi la santé de l'esprit,
« afin que je ne cesse de vous glorifier, et celle du corps pour travailler, secou-
« rir les miens, aider mon prochain, et servir ma patrie. — Je suis homme et
« faible, donnez-moi la force d'éviter le mal; si je succombe, donnez-moi
« le repentir. — Ne punissez point à cause de moi mes ennemis, auxquels je
« pardonne, etc., etc. »

« On récite ensuite le *Veni Creator* et le psaume LVII : *Exsurgat Deus, et dissipentur inimici ejus*, etc., afin d'éloigner l'adversaire. »

Jusqu'ici tout paraît irréprochable; c'est le *droit de réunion* catholique exercé dans toute sa plénitude et toute sa pureté.

Mais c'est maintenant que la scène va se modifier un peu, et que l'on va faire entrer une sorte de manœuvre mesmérien, armé d'un tube en verre, destiné à déverser le fluide magnétique sur la personne que l'on veut endormir.

Avant de souffler dans son tube, ce magnétiseur *gagé* doit répéter à part lui la prière suivante :

† « Anges de lumière, — Vierge céleste, — Esprits immortels, — Ministres
« des volontés de mon Dieu, venez à moi, je vous implore; — secourez-moi,
« — guidez mon inexpérience, et préservez-moi des pièges tendus par le
« méchant sur la route ténébreuse. — Et toi, que le ciel a commis plus spé-
« cialement à ma garde, Ange tutélaire, mon ami, mon guide fidèle, — con-
« duis et soutiens-moi dans ce pénible voyage à travers le désert, etc. »

Alors, le magnétiseur dirige son action sur la personne qu'il faut magnétiser; mais à son tour celle-ci fait la prière suivante :

† « O toi, par qui tout a été fait, et par qui tout sera détruit pour retour-
« ner à la source première, — principe émané du sein de l'Éternel, — Ame de
« l'univers, — divine Lumière, — *c'est toi* (la lumière) *que j'invoque à mon
« aide;* — oui, viens, *fluide* créateur, viens pénétrer mes sens amortis... —
« Et vous, augustes Messagers du Très-Haut! — Anges de lumière! Esprits
« célestes! — vous tous, Ministres des volontés de mon Dieu! — venez à moi,
« j'implore votre assistance; — hâtez-vous, venez m'éclairer et me guider; —

« portez à Dieu ma prière; il connaît mes désirs : je veux soulager mes
« frères, les fortifier, les maintenir ou les rendre justes devant lui. — Augustes
« Messagers du Très-Haut, je vous implore... — Et vous, Fils unique, égal au
« Père, qui régnez avec le Saint-Esprit, en l'unité d'un seul Dieu, dans tous
« les siècles des siècles... *Amen.* »

Ensuite, prière de la somnambule ou du voyant lorsqu'il voit la lumière; après quoi, l'on attend qu'il parle, et la séance commence; si c'est pour cas de maladie, le malade *prend rapport*, etc.; si la séance n'a d'autre but que de corroborer la foi et l'instruction des fidèles, on écoute les avis salutaires qu'il plaît à Dieu de donner par la médiation des messagers de sa volonté, etc., etc.

En voilà bien assez, Messieurs, pour vous donner une idée succincte de ces *appels* aux Esprits, appels toujours plus ou moins téméraires, il nous semble, lorsqu'ils sont faits en dehors de l'Église, et dans une forme qui lui a toujours été inconnue.

Voilà donc comment se préparait la scène; voyons maintenant comment se passaient les séances.

Dans cette même société des théosophes d'Avignon, le président choisit un jour pour remplir les fonctions de secrétaire un médecin distingué du voisinage, homme éclairé, membre de plusieurs sociétés savantes, honorable sous tous les rapports, mais imbu malheureusement (c'est lui qui nous l'apprend) des doctrines du matérialisme le plus... complet. Le médecin hésite, accepte par curiosité, se présente au secrétariat, le sourire sur les lèvres, le mépris au fond du cœur, et rougissant, probablement à part lui, de se trouver en si pauvre et si folle compagnie.

Néanmoins, il se promet d'examiner et d'enregistrer fidèlement tout ce qui va se passer sous ses yeux. Une première séance l'étonne, une seconde le confond, une troisième le bouleverse, et voilà que sa complaisance d'un moment va décider de toute sa vie; voilà qu'une suite de faits évidents le convertissent, et le font passer en peu de temps et successivement, du mépris voltairien à la foi mesmérienne, de la foi mesmérienne à la foi catholique, et de la foi catholique au spiritualisme illuminé, qui pendant vingt ans le rend adepte, témoin, et rapporteur éclairé, des prodiges qui s'opèrent autour de lui. Ceux qui connaissaient ces prodiges, s'étonnaient que des documents aussi curieux pour l'histoire du magnétisme restassent ensevelis dans les ténèbres, et certes ils y seraient restés toujours sans une circonstance tout à fait fortuite.

Mais, vers 1829, une controverse assez vive s'étant engagée sur le magnétisme, entre le célèbre Deleuze et les rédacteurs de *l'Hermès*, M. le docteur Billot, persuadé que la vérité n'était d'aucun des deux côtés, entra en correspondance avec le premier, avec cet homme si parfait et si distingué que vous avez tous connu, Messieurs, et auquel, par conséquent, vous avez presque tous accordé votre estime. Cette correspondance resta quelque temps inédite, puis enfin elle parut au grand jour, et malgré son immense intérêt, elle produisit peu d'effet, tant nous sommes éloignés encore des jours prédits par M. de Maistre.

Malgré son immense intérêt, disons-nous, car il était difficile d'être plus neuf sur un sujet épuisé déjà dans plus de neuf cents ouvrages; il était difficile d'être plus serré dans ses preuves, d'une clarté plus élégante dans son style, d'une logique plus pressante au point de vue de son auteur, et d'offrir enfin un plus grand nombre de faits, propres à saper dans sa base, la seule doctrine adoptée jusque-là, celle du fluide purement matériel.

Cette théorie nouvelle et victorieuse, que pouvait-elle être cependant? Sur quels faits transcendants pouvait-on l'asseoir et l'appuyer? Nous allons vous en laisser juges, Messieurs, en ne vous garantissant, pour notre part, que la pureté et la valeur scientifique et morale des deux principaux acteurs et témoins de ces mêmes faits, qui se sont répétés, ne l'oubliez pas, pendant quinze ans, sous leurs yeux, dans leurs mains et sous leur patronage.

Encore une fois qu'y trouvons-nous? D'abord, hâtons-nous de le dire, une profession de foi très-catholique, qui promet à l'avance de s'en rapporter au jugement de l'Église et de respecter ses censures, ensuite ; tout ce que l'on peut attendre d'un auteur, qui, des expériences les plus simples, des faits les plus élémentaires, vous mène avec une froideur et une logique inexorables à des expériences plus curieuses, puis de celles-ci à d'autres bien autrement avancées, et de ces dernières enfin, à celles qui constituent la *grande science* théo-psychologique que vous retrouvez au fond de toutes les religions de l'antiquité, de toutes les doctrines, pythagoriciennes, platoniques, alexandrines, science mystérieuse, qui vous a tant de fois occupés, Messieurs, et qui sous les noms de théurgie et de théophanies, nous a valu dans vos archives tant de remarquables travaux.

Là vous trouverez, et gardez-vous de sourire (car nous le répétons, la forme grave et pour ainsi dire philosophiquement désintéressée de l'ouvrage ne vous le permettrait pas,) là vous trouverez des expériences conduites avec beaucoup d'art et de soin, des dialogues fort singuliers entre le médecin et l'esprit magnétique d'une paysanne grossière et complétement illettrée, dialogues qui jettent plus de jour sur la vraie théorie du magnétisme que tous les ouvrages *ex professo*, publiés à ce sujet; dialogues d'autant plus remarquables que cette villageoise à peu près idiote, par l'entremise de laquelle l'agent magnétique s'exprime et s'explique, n'est même pas en somnambulisme (1).

Tantôt c'est une saignée qui s'arrête ou qui coule à la volonté de l'opérateur ; « arrête-toi, cesse de couler », dit-il

---

(1) Ainsi, par exemple, interrogée par le médecin sur le mode d'action de l'agent magnétique sur elle-même, cette fille qui ne comprend pas, hors du magnétisme, la question la plus simple, répond : « l'Esprit agit sur l'esprit, c'est-à-dire sur l'âme qui est moi, et *moi* j'obéis à son impulsion, et fais exécuter à mes organes les mouvements que vous voyez. Si je résiste, l'Esprit agit fortement sur mes organes, si Dieu le permet. » (Tome Ier, p. 60.)

au sang, et le voilà arrêté.... « qu'il coule! » et voilà qu'il jaillit encore. « Continuez, dit-il aux témoins, amusez-vous à le faire arrêter et couler alternativement, imitant en ceci le jeu de la fontaine intermittente. Après ce jeu répété plusieurs fois, abandonnez l'émission sanguine à la discrétion, au caprice du moteur, ne vous donnez pas de souci pour l'arrêter entièrement et pour fermer la veine, mais soyez attentifs, et vous verrez que lorsque l'esprit jugera l'émission sanguine suffisante, M..... éprouvera une secousse semblable à une commotion électrique, et que la veine sera parfaitement close » (t. I, p. 94).

Tantôt (mais ceci deviendrait plus sérieux, si nous ne retrouvions pas des faits analogues, rapportés par des savants du premier ordre, et que vous récuserez plus difficilement), tantôt, disons-nous, c'est l'aliment qu'elle va porter à sa bouche (aliment défendu par son guide mystérieux), qui *saute* en présence du docteur et de tous les gens de la maison, jusqu'au plafond de l'appartement, et ne peut plus se retrouver (p. 89) (1).

Tantôt, ce sont des extases qui laissent bien loin derrière elles toutes celles de nos séances parisiennes; ce sont les stigmates de la rédemption, qui se trouvent appliqués tout à coup sur plusieurs somnambules; ce sont des obsessions et des possessions dissipées d'un seul mot (p. 227).

Tantôt, enfin, oserai-je vous le dire, Messieurs?... Et pourquoi pas, puisque nous voguons à pleines voiles sur l'océan

(1) Sans parler ici d'une multitude de faits analogues, et dont nous pourrions citer les témoins; sans rappeler encore cette Angélique Cottin qui fit, il y a huit ans, le désespoir de M. Arago, et qu'on se hâta d'abandonner sur le prétexte le plus futile, nous pouvons invoquer ici le témoignage de Kerner, ce poëte philosophe, médecin éclairé, chrétien consciencieux, en un mot l'une des gloires de l'Allemagne. En parlant de cette voyante de Prevorst, dont il a écrit la merveilleuse histoire : « Nous pouvons affirmer, et de nombreux témoins peuvent affirmer avec nous, dit-il, qu'à chaque instant les objets qu'elle tenait à la main lui étaient enlevés par une main invisible » (p. 21); et nous garantissons, nous, que ce phénomène n'a rien de commun avec tous ceux des affections nerveuses, de la chorée, par exemple.

des impossibilités? Tantôt enfin, ce sont des objets matériels qui, dans l'endroit le plus clos, loin de toute main habile ou profane, viennent tomber, on ne sait d'où, sur les assistants ébahis. C'est une plante, une plante étrangère, *et que l'on chercherait en vain dans le pays*, qui vient se déposer tout exprès sur les genoux du malade, au moment même où une somnambule en prescrit l'emploi médical. Tantôt, enfin, ce sont des reliques et des ossements de martyrs, qui probablement ont suivi la même route, et que l'on voit apportés par une colombe, comme la sainte ampoule, etc. Et notez qu'ici l'hallucination n'explique rien, puisque les objets subsistent encore.

Eh bien, Messieurs, ce ne sont pas tous ces faits-là qui méritent le plus votre attention; c'est l'embarras qu'ils causent à l'adversaire qui les combat. En vain le rationaliste Deleuze, ce sage et prudent défenseur du magnétisme naturel, appelle-t-il à son aide les plus spécieuses raisons des premières théories; en vain cherche-t-il à faire rentrer la question dans le cercle physiologique et physique dont il ne voudrait pas sortir. Son interlocuteur le presse, le force d'avancer malgré lui d'aveux en aveux, lui arrache des concessions importantes, jusqu'à ce que, écrasé sous le poids *de faits irrécusables*, il soit, pour ainsi dire, obligé de se rendre, et de s'incliner devant les forces logiques de son adversaire.

Voilà, Messieurs, ce que l'on ignore généralement, et ce que les partisans des doctrines de Deleuze se sont bien gardés de proclamer, c'est-à-dire sa défection du camp magnético-rationaliste.

Mais veuillez en juger vous-mêmes. Après avoir employé tout un volume de controverse, à soutenir que le principe du magnétisme est physique, et que, par suite de son emploi, les facultés latentes de l'âme humaine se développent et se manifestent, il finit par convenir que l'intervention des êtres spirituels dans les phénomènes du magnétisme, lui paraît démontrée (voy. la Lettre du 6 novembre 1831); mais il n'en reste pas là, et bientôt, frappé de cette idée que « le principe doit être le même dans *tous* les cas, et que si les phénomènes du dernier degré doivent être attribués à la communication avec des esprits, les plus simples devraient avoir la même cause (t. II, p. 27), » il hésite, et ne sait plus où il en est. « Vous ne sauriez imaginer, dit-il, combien je suis contrarié de ne pouvoir vaincre les obstacles qui me retiennent ici... Je vous déclare que je ne puis douter des faits que vous me racontez, ni même supposer qu'il y ait la moindre exagération dans ce que vous me dites. Vous avez, d'ailleurs, une logique extrêmement forte, vous accumulez les preuves, et si je ne puis admettre votre système et toutes les conséquences que vous tirez des faits que vous avez vus, ce n'est pas que je ne reconnaisse la justesse de votre esprit et la sincérité de vos opinions, mais c'est parce que je trouve des objections également appuyées sur des faits, et qui, pour moi, sont sans réplique... Vous ne sauriez croire à quel degré se porte ma considération pour vous, pour votre dévouement au bien, pour l'élévation de vos sentiments et pour tous les talents dont toutes vos lettres me donnent des preuves. Mais VOUS ME TRANSPORTEZ DANS UN MONDE NOUVEAU, et je ne puis renoncer à des idées, à une manière de voir que j'ai adoptées depuis trente ans... Vous me demandez si je n'ai pas vu des faits analogues à ceux-là; je dois vous répondre que non, mais des personnes dignes de toute confiance m'en ont raconté, quoique en petit nombre. En voici un entre autres qui m'a singulièrement étonné, à cause de la circonstance et de l'à-propos.

« J'ai eu ce matin la visite d'*un médecin* fort distingué, homme d'esprit, *qui a lu plusieurs mémoires à l'Académie des Sciences*. Il venait pour me parler du magnétisme. Je lui ai raconté quelques-uns des faits que je tiens de vous, sans pourtant vous nommer. Il m'a répondu *qu'il n'en était pas étonné*, et m'a cité *un grand nombre* de faits analogues que lui ont présentés plusieurs somnambules. Vous jugez que j'ai été bien surpris, et que notre conversation a eu le plus grand intérêt. Entre autres phénomènes, il m'a cité celui d'objets matériels que la somnambule *faisait arriver devant lui*, ce qui est du même ordre que la branche de thym de Crète et autres objets arrivés miraculeusement devant vous.

« Je ne sais que penser de tout cela, mais je suis bien sûr de la sincérité de mon médecin, comme je le suis de la vôtre. Les somnambules dont il m'a parlé n'ont jamais été en communication (prouvée, apparemment) avec des êtres spirituels, mais il ne croit pas que la chose soit impossible. Quant à moi, il m'est impossible de concevoir que des êtres purement spirituels puissent mouvoir et transporter des objets matériels : il faut des organes physiques pour cela (1). Je n'ose plus rien nier cependant » (t. II, p. 27).

Vous voyez, Messieurs, qu'on peut être médecin très-distingué, *lire même des mémoires à l'Académie des Sciences*, et croire à *l'apport miraculeux d'objets matériels*, ce qui justifie notre précédente assertion, que la Faculté de médecine, et même l'Académie des Sciences, renfermaient dans leur sein plus d'un *faux frère* qui pactisait secrètement avec l'ennemi.

Enfin, la dernière lettre de Deleuze au docteur Billot semble être le cri d'une défaite : « J'ai en vous, lui dit-il, une confiance sans bornes, et je ne puis douter de la vérité de ce que vous avez observé. Vous me paraissez destiné à changer les idées généralement adoptées sur le magnétisme. Je désirerais vivre assez pour voir cette heureuse révolution, et pour bénir le ciel d'avoir été introduit dans le monde des anges. »

« .... Je sais bien que tous vos lecteurs ne seront pas convaincus, mais, n'y en eût-il qu'un sur cent, ce serait déjà beaucoup, et votre admirable doctrine finirait par se répandre. Cela ne peut avoir lieu que peu à peu, car les préjugés que nous avons depuis l'enfance mettent obstacle à l'adoption d'une doctrine nouvelle » (3 août 1831).

---

(1) Toujours la même objection, comme si l'esprit n'agissait pas sur les

En effet, Messieurs, ce médecin dont parle Deleuze, et qui *lisait des mémoires à l'Académie des Sciences*, avait raison ; ces faits n'étant pas rares, le livre du docteur Billot ne servit qu'à leur donner un élan plus marqué ; non pas qu'il devînt plus aisé de les montrer à l'Académie, non, car ainsi que le faisait encore remarquer Deleuze, « du moment où l'on voudrait rendre ces faits publics, ils s'évanouiraient complétement ; » mais ils se multiplièrent dans les *sanctuaires* magnétiques et parmi les adeptes, au point d'y opérer toute une révolution. Aussi, dans l'année 1845, effrayé de ce bruit sourd d'innovation et de réforme, l'aréopage magnétique se rassemble ; les sages, les rationalistes se concertent ; on pressent que la doctrine court les plus grands dangers, et qui pis est, le plus mortel de tous, le ridicule. On défend alors de s'occuper de spiritualisme, on nomme des somnambules jurés, on soumet à leur lucidité l'appréciation des faits transcendants, on oppose école à école, inspirés à inspirés ; mais voilà que des somnambules et des autorités irrécusables viennent accuser des faits absolument semblables à ceux que l'on voudrait condamner ! Comment faire ? car si l'on brise en famille et à son propre profit, l'autorité *des dieux du foyer*, comment la rétablira-t-on au dehors ? Bref, en 1845, le monde magnétique faisait aussi sa révolution ; sans que M. Arago s'en doutât, il inclinait son axe, et tandis que la foule en restait toujours à Mesmer et à Deleuze, presque tous les magnétiseurs s'en allaient confesser désormais, sinon la nécessité, au moins la possibilité du *surhumain* magnétique (1).

Maintenant, Messieurs, si vous nous demandez encore

organes, objection, au reste, que notre théorie *des intelligences servies par des fluides* anéantit complétement.

(1) Voyez entre autres dans le journal *le Somnambule* et dans la *Revue magnétique* par M. Aubin Gauthier, toutes les discussions qui eurent alors lieu à ce sujet ; discussions dans lesquelles les docteurs Chambellan et Wiessiecké, M. Possin et son somnambule Ferdinand, vinrent prêter au docteur Billot l'appui d'une adhésion fondée sur leurs propres expériences.

une fois, quelles sont nos conclusions et notre opinion personnelle sur ce dernier magnétisme spiritualiste, nous vous répondrons une fois de plus, que ne jugeant même pas aujourd'hui le magnétisme vulgaire, nous n'aurons pas la prétention de juger le magnétisme ultra-spiritualiste.

Plus tard, l'examinant à fond comme les autres, nous verrons jusqu'à quel point on peut avoir confiance dans ces auxiliaires hyperphysiques, dont, à l'exemple du docteur Billot, nous nous contentons d'affirmer aujourd'hui l'existence et l'intervention.

Toujours est-il, que, par la sincérité et l'élévation de son langage, par le caractère et les lumières connues de son savant auteur, par l'extrême intérêt de tant de récits merveilleux, le livre de M. le docteur Billot laisse bien loin derrière lui tous les ouvrages magnétiques publiés jusqu'ici, et si jamais l'Église condescend aux demandes réitérées qui lui sont faites d'un jugement doctrinal sur ces matières, nulle part elle ne pourra trouver des matériaux plus importants, des principes au fond plus catholiques, et surtout, le cas échéant, un auteur mieux disposé à l'acceptation respectueuse, de ses censures ou de son approbation (1).

Nous ne terminerons pas ce chapitre de nos faits transcen-

---

(1) *Recherches psychologiques*, 2 vol., chez Germer Baillière, 7, rue de l'École-de-Médecine.
Notre impartialité et la considération dont nous faisons profession pour M. le docteur Billot, nous font un devoir d'insérer la réclamation suivante, qu'il vient de nous adresser :

« Je regrette bien, Monsieur, que dans votre savant ouvrage sur *les Esprits*,
« vous m'ayez classé parmi les magnétiseurs. Ce qui vous a donné le change à
« cet égard, ainsi qu'à beaucoup d'autres, c'est le titre de mon livre : *Corres-*
« *pondance avec Deleuze*, etc., tandis que j'aurais dû l'intituler : *Les grandes*
« *vérités révélées à l'homme plongé dans le sopor clairvoyant* (vulgò som-
« nambulisme). On aurait vu alors que, bien loin de rentrer dans les pratiques
« et théories toutes matérialistes de *Mesmer*, je ne recevais d'autres inspira-
« tions que celles des vrais *esprits de lumière*.

« Vous avez pu vous convaincre en effet, Monsieur, par les papiers que je
« vous ai envoyés en preuve de ce que j'avance, que le langage si élevé, si

dants sans dire quelques mots des évocations néoromantiques de Cahagnet. Proudhon affirmait dernièrement que cette nécromancie était la véritable *coque du magnétisme*, mais cette fois-ci, le libre et terrible penseur n'aura pas été compris facilement ; et nous ajouterons : pourquoi n'est-il pas toujours resté sur un terrain semblable ! En effet, la plupart de ses lecteurs et des nôtres, plus préoccupés de la terre que du ciel, et de la vie que de la mort, ne se doutent guère que l'on professe, en plein XIX° siècle, à Paris, comme on le professait dans quelques universités du moyen âge (1), l'art d'*évoquer les trépassés*, ou pour le moins leurs images. Mais ici, nous nous trouvons dans un grand embarras, et ce n'est pas sans dessein que nous venons de formuler cette dernière et bizarre alternative, *les trépassés ou leurs images*. Contentons-nous de ne faire allusion ici qu'à la dernière hypothèse, puisque, après tout, c'est elle qui se réalise d'*ordinaire*, et qu'elle est à la portée de tous les curieux qui veulent en voir la réalisation. On le pressent déjà, cette espèce de psychopompie (2), exercée par M. Cahagnet, est absolument du même ordre que cette série d'apparitions provoquées par le comte de La Borde, en Égypte, et dont nous vous avons donné plus haut le récit détaillé. Eh bien donc, ce qu'un membre de l'Académie des Sciences a opéré par lui-même, à

« moral de ces derniers, ne pouvait plus se trouver confondu avec celui de
« ces somnambules de profession qui déshonorent tout à la fois, à Paris et
« ailleurs, la *religion* dont elles affectent le langage, la *science* dont elles
« faussent toutes les bases, et la société qui les croit sur parole. Quoique bien
« vieux, j'espère avec l'aide de Dieu, vivre encore assez de jours pour bien
« établir la différence qui me sépare de tant de théories erronées, et pour pro-
« tester, dans le cas où les miennes seraient condamnées à Rome, de ma sou-
« mission aussi prompte et aussi entière que peut l'être celle d'un fils respec-
« tueux envers sa mère. »

« Daignez agréer, Monsieur, etc.

« BILLOT, *docteur-médecin*.

« Cadenet, 13 novembre 1853. »

(1) Entre autres celle de Tolède.
(2) Art d'évoquer les morts.

l'aide de figures et de paroles cabalistiques, de quel droit viendrait-on le dénier à M. Cahagnet? Pourquoi ce qu'on affirme à l'Institut serait-il mensonge au delà des ponts? D'ailleurs, nous le répéterons encore, ces faits couvrent maintenant un continent tout entier, et dans la secte des spiritualistes américains, il n'est pas un seul adepte qui n'évoque à sa volonté, tous les membres de sa famille, *ou du moins leurs images*, qui ne les soumette aux examens les plus minutieux, et, pour mieux constater leur identité, ne se fasse donner par eux les renseignements les plus secrets, les plus ignorés du public sur leur existence passée et privée. Ils font plus encore : nous verrons que souvent ils obtiennent d'eux quelques lettres tracées sous leurs yeux, soit par le somnambule qui sert d'intermédiaire, soit, comme dans le cas de M. Simmons, PAR UN CRAYON QUI MARCHE TOUT SEUL, et qui, dans le tracé de ces caractères ou de cette signature si bien imités, commet jusqu'aux moindres fautes d'orthographe que commettaient pendant leur vie les personnes regrettées et évoquées.

Étonnez-vous maintenant de la vogue et de l'empire exercé par des comte de Saint-Germain et par des Cagliostro, même sur les esprits *les plus forts* du siècle qui se vantait d'en offrir davantage; étonnez-vous encore, de ce que des esprits de cette trempe, et si remplis de tous les préjugés contraires, pouvaient se laisser duper par des niaiseries semblables!

Si vous voulez acquérir quelques notions un peu justes sur un pareil sujet, lisez toute cette histoire de Cagliostro, non plus cette fois dans nos dictionnaires biographiques, historiques, etc., qui tous déraisonnent à l'envi en semblables matières, mais lisez sa vie rédigée en italien, lisez surtout les pièces émanées du saint-office; consultez parmi ces pièces les dépositions de sa femme et ses propres aveux; méditez enfin tous les considérants du jugement prononcé, et vous verrez avec quel sérieux sont traitées, par les successeurs de saint Pierre, ces mêmes questions que vous regardez comme si misérables. Parcourez encore les volumineuses annales de la Société exégétique de Stockholm, dont nous vous parlions tout à l'heure, et vous finirez peut-être par comprendre quelque chose au mot de Proudhon contre la *coque nécromantique;* puis enfin réfléchissant à ces anathèmes lancés, et même à ces condamnations frappées à toutes les pages de la Bible contre les nations qui pratiquent *ces abominations*, vous vous étonnerez un peu moins et de la révolution française et de cet aveu de Louis Blanc « qu'elle fut secondée par ces révolutionnaires mystiques (Mesmer, Saint-Martin et Cagliostro), qui s'attaquaient *silencieusement aux bases* de l'ancien monde moral. »

Et nunc intelligite! Et maintenant, comprenez que, sous toutes ces rêveries s'agite un monde occulte, dont l'action bienfaisante ou malfaisante décide, à votre insu, de vos intérêts les plus chers, quelquefois même du destin des nations, l'histoire n'étant, suivant un des penseurs les plus distingués de notre époque (1), « que la lutte incessante des nations et des individus contre les puissances invisibles. »

NOTE.

Nous disions tout à l'heure « l'art d'évoquer les morts *et* celui de faire apparaître leurs images. »

Ce dernier, ajoutions-nous, est celui « qui se pratique d'*ordinaire;* » ce qui ferait supposer que l'autre se pratiquait quelquefois.

Effectivement, c'est bien là notre pensée. Dans le second mémoire, il faudra s'occuper sérieusement, *et pour cause*, de toutes ces questions, que les *esprits frappeurs* auront malheureusement trop développées.

Il faudra bien s'occuper, disons-nous, de cet art sacrilège ainsi défini dans la Bible : « Que personne ne s'avise de demander *aux morts* la vérité; *nemo quæral a mortuis veritatem* » (Deutér.), art impie qui se pratiquait par le moyen des *ob* et des *pythons*, mais qui semblait amener toujours une

(1) Frédéric Schlegel (*Philosophie de l'histoire*).

apparition très-*réelle*, dont celle de Samuel peut être regardée comme l'exemple le plus tragique. Si l'on a pu rester longtemps partagé dans l'Église, sur le plus ou moins de réalité de cette apparition, le doute a cessé d'être possible, le jour où le concile de Trente a rangé parmi les livres canoniques celui de l'Ecclés®, qui déclare positivement que « Samuel, après s'être endormi, éleva la voix du sein du sépulcre, et prophétisa après sa mort ». Nous analyserons, à ce sujet, une très-curieuse dissertation de Fréret. Il faudra chercher encore à comprendre ce que signifiaient, dans la Bible et chez toutes les nations, ces expressions de *accire manes, sublimare manes, suscitare spiritus animarum*, exciter, réveiller *les esprits des âmes* des morts. Pour nous, toute la partie instrumentale du magnétisme est dans ce mot, *esprit de l'âme*, que nous voyons toujours assimilé à ceux de πνευμα, souffle, *ombre, char de l'âme, principe vital*, δυνάμεις τρηπτιχη, en hébreu *nephesch*, etc., etc. Il faudra surtout étudier la question des *lares* et des *pénates*, dieux qui, selon la remarque du savant Montfaucon, paraissaient quelquefois représenter *une certaine puissance de l'âme*. « Ce que nous appelons le *génie*, dit un ancien, c'est ce qui devient Dieu, après la mort. » De là ce modèle d'inscription : « Aux Dieux mânes de... qui *vécurent* tant d'années. »

Il y a là tous les éléments d'une science nouvelle.

Nous tâcherons de comprendre l'excessive sévérité de toutes ces lois, décrets, canons, etc., qui punissaient de mort ou d'excommunication ceux qui troublaient *la paix* des tombeaux.

Et ces défenses portées, dans le concile d'Elvire, « d'allumer des flambeaux dans les cimetières, usage qui peut, dit-il, *inquiéter les esprits des âmes* qui y résident. »

Et cet usage, pratiqué souvent, mais cette fois par l'Église, et seulement pour des motifs *de la plus grande importance*, d'aller passer la nuit auprès des tombeaux des saints, pour les interroger et recueillir leurs réponses. (Voyez Nicép., VIII, ch. 23.)

Et cette opinion de tous les Pères, formulée ainsi par saint Justin et par Gaudence, évêque de Brescia : « C'est par *les morts* seuls que le paganisme et les idoles se sont élevés sur la terre. »

Tout cela, et ce que nous voyons en Amérique aujourd'hui, pourrait en effet jeter beaucoup de jour sur tous ces *dieux* des nations, dieux *aériens* qui avaient en même temps *existé sur la terre*, contradiction apparente qui, sous le nom et d'*évhémérisme*, enfanta tant de disputes chez les anciens et chez les modernes.

Mais il n'est pas encore temps d'aborder ces questions. A chaque jour suffit sa peine. Aujourd'hui nous nous restreignons à la démonstration d'agents *mystérieux* et *surintelligents ;* demain, nous les spécifierons et tâcherons de rendre à chacun d'eux, et son vrai nom et son vrai sens.

AVIS

CONCERNANT LE CHAPITRE SUIVANT

Le chapitre qui va suivre fut composé il y a deux ans et distribué à un très-petit nombre d'exemplaires, dans le pays même où les faits s'étaient produits. Deux raisons nous y avaient *contraint :* avant tout, le désir très-vif de compléter la justification d'un prêtre calomnié, ensuite la nécessité d'expliquer un témoignage que l'on nous reprochait amèrement.

Nous présumions de nos forces, car si le succès fut complet près des esprits sérieux, il n'avait pas gagné ces esprits plus difficiles qui, lorsque *leur siége est fait*, comptent l'évidence pour fort peu de chose, et pour *zéro* les bonnes raisons.

Ainsi donc, absous par la justice *officielle*, M. le curé de Cideville, dont on va lire l'histoire, était resté pour tous ces juges *officieux* et sans mission, l'auteur de ses propres persécutions, persécutions assez sensibles cependant, pour qu'il les ressente encore aujourd'hui.

Quant à l'auteur de la défense, on ne lui pardonnait, comme on le pense bien, ni son intervention, ni la franche exposition de ses croyances. On eût dit vraiment que cette brochure, bien que sa forme et sa rédaction la rendissent complétement inintelligible pour le peuple, allait multiplier les sorciers sur ses pas, et faire reculer l'humanité de trois siècles pour le moins.

Le jour approche, cependant, où les rôles vont se trouver intervertis et les dédains moins faciles. Hélas ! nous serons trop vengés par les faits !

Quand nos *tables tournantes*, dont nous signalions dès ce moment le début en Amérique, auront porté chez nous les mêmes fruits que sur ce continent, quand on donnera au mystère son véritable nom, quand l'Académie des Sciences, bien cruellement mystifiée ou plutôt aveuglée en ce moment, se verra débordée par les prodiges qui s'opéreront à sa porte et chez les personnes les plus recommandables de Paris, quand on aura constaté dans toute l'Europe la *surintelligence mystérieuse* que, *seule*, l'Académie ne veut pas voir...; quand enfin on comprendra le sens de cette invasion et de ces nouveaux *signes*, les plus redoutables de tous ceux qui puissent effrayer les nations...., alors peut-être voudra-t-on bien nous pardonner *des prévisions* et des études, qui, depuis longtemps, avaient pour but de prévenir, et cette mystification honteuse de la *science* et ces méprises cruelles dont tant de personnes gémiront tôt ou tard (1).

(1) Quel que soit, au reste, le point de vue auquel on se place en ce moment, tout le monde reconnaît si bien l'intime connexion de tous ces phénomènes, que, malgré l'entière obscurité de la brochure de Cideville, plusieurs revues et de journaux l'ont présentée comme en étant le *specimen* le plus complet. La *Revue Britannique* y a vu *la solution du problème*[1]; la *Gazette* a déclaré, par la plume de M. de Lourdoueix, que la science, interpellée, avait répondu « avec plus d'embarras que de certitude[2]; » la *Patrie* l'a donnée *en entier*[3]; l'*Univers*, le *Journal des Villes et des Campagnes*, la *Voix de la Vérité*, en ont dit quelques mots. Et si nous le faisons remarquer, c'est pour que l'on ne vienne pas nous dire plus tard, lorsque la vérité générale sera reconnue : « A Cideville, c'était bien différent. » Tout le monde reconnaît, au contraire, que c'est *positivement la même chose*, avec cette seule différence toutefois, que les faits du presbytère sont bien autrement curieux et *inexplicables* en raison de leur diversité, et de plusieurs phénomènes tout à fait exceptionnels.

1. Voyez numéro d'avril. — 2. Du 10 mai. — 3. Du 26 mai.

CHAPITRE XI

LE PRESBYTÈRE DE CIDEVILLE

EN 1851 (1)

OU LES ESPRITS AU VILLAGE

Un sortilége pris sur le fait. — Tables *volantes* sans chaîne et sans petits doigts. — Avant-coureurs brillants de l'épidémie actuelle. — Fluides constatés. — Vision de fantômes. — Flammes jaillissantes. — Phénomène encore inobservé, consistant dans la répercussion et le contrecoup de blessures, *à distance*.

§ I.

Rappel aux conditions du débat.

Nous n'aurions rien fait jusqu'ici, Messieurs, si nous ne parvenions pas maintenant à vous faire comprendre toute l'étendue et surtout toute *la portée* de notre sujet. Il est bien des mystères dont la profondeur ne se révèle que par un dernier mot, bien des drames qu'une dernière parole éclaircit.

(1) Cideville est une commune du département de la Seine-Inférieure. Voltaire étant venu visiter son ami l'*aimable* Cideville, posa la première pierre de son église.

. . . . . . On ne s'attendait guère
A voir *Voltaire* en cette affaire.

Nous allons donc vous montrer cette fois, *l'attouchement magnétique* produisant tous les phénomènes de l'antique sorcellerie, mais au lieu d'expliquer *celle-ci* par *celui-là*, peut-être serez-vous bien tentés cette fois-ci de faire exactement le contraire.

Si nous n'étions complétement rassuré par le peu de popularité d'un mémoire académique, peut-être hésiterions-nous à publier un pareil récit; mais les faits que nous allons vous raconter, offrent une telle analogie avec ceux qui bouleversent toutes les têtes en ce moment, ils nous paraissent jeter tant de lumière sur tous ces nouveaux venus, que nous regardons comme un véritable devoir de vous les communiquer.

Vous saurez donc, Messieurs, qu'au mois de février 1851, un procès, dont les incroyables détails semblaient nous reporter à trois siècles en arrière, se plaidait et se jugeait très-sérieusement à l'une des justices de paix de la *Seine-Inférieure*. C'était un procès de sorcellerie : un presbytère, un berger et un prêtre, tels étaient le théâtre, l'acteur et la victime, du plus singulier drame qui pût venir insulter au XIXe siècle, et jeter à sa philosophie le plus audacieux des défis.

L'agitation fut grande, la discussion fut ardente, et néanmoins, grâce à la justice et à la défense de sa cause, au grand nombre de ses témoins, et surtout, disons-le bien vite, aux aveux du vrai coupable, le prêtre accusé finit par triompher, et triompher si complétement, que, malgré les menaces d'appel et de réappel formulées à l'audience, ses adversaires ont pris le sage parti d'en appeler tout simplement... à la philosophie, seule et dernière consolation de tous les bons droits incompris.

Quant à nous, simple témoin déposant dans cette affaire, nous serons plus à l'aise au milieu de vous, Messieurs, que devant notre auditoire normand, et nous allons vous livrer l'exposé bien officiel de l'affaire, en nous en faisant le plus responsable de tous les éditeurs.

Veuillez donc écarter, encore une fois, toute idée préconçue, et laissez-nous vous rappeler avant de commencer, quelques paroles de Bayle, ce roi de la dialectique, cet aïeul vénéré de Fontenelle et de Voltaire : « Voilà de ces choses, disait-il (précisément à propos de sorcellerie), voilà de ces choses qui *mettent à bout* la philosophie, car on ne saurait inventer aucun bon système qui puisse en rendre raison. C'est ce qui oblige les philosophes *à nier tout court* les faits de cette nature, qui sont si fréquents dans les livres et plus encore dans les conversations. Mais il faut avouer que ce parti (de nier tout court) a bien *ses incommodités*, et qu'il ne contente pas l'esprit de ceux qui pèsent exactement le pour et le contre. Les épicuriens sont donc *très-ridicules* de nier tout cela, et n'ont aucune bonne raison à donner.

Il allait bien plus loin encore. « Je ne sais, dit-il, ce qu'il en arrivera ; mais il me semble que, *tôt ou tard*, on sera *contraint* d'abandonner les principes mécaniques, si on ne leur associe les volontés de quelques intelligences ; et franchement, il n'y a pas d'*hypothèse plus capable* de donner raison des événements que celle qui admet une telle association » (Art. Plotin). « Tous ont nié les esprits, dit-il encore ailleurs, et franchement cela ne devrait être permis qu'à ceux qui veulent tout expliquer par la puissance de l'âme ; mais prouvez-leur l'existence des mauvais esprits, et vous les verrez bientôt *forcés de vous accorder tous vos dogmes.* »

Belle leçon, avons-nous dit plus haut, donnée par le plus savant des incrédules à ces théologiens indifférents qui tremblent devant ces questions *surannées!*

Nous espérons donc, Messieurs, que vous tomberez d'accord avec nous, pour préférer au scepticisme obstiné, la méthode vraiment philosophique, et qu'au lieu de dire avec le premier : « Cela ne se peut, donc cela n'est pas, » vous direz avec la seconde : « Le fait existe, donc il se peut (1). » Mais

(1) C'est ce que l'ancienne École appelait juger « *ab actu ad posse*, au lieu

s'il devait en être autrement, nous vous demanderions la permission de terminer ces *précautions de rapporteur* par une anecdote moins sérieuse, qui cependant, au point où nous sommes parvenus, ne devrait plus renfermer qu'un conseil inutile.

A la cour d'un roi de Siam se trouvait, vers le milieu du dernier siècle, un ambassadeur hollandais. Le roi l'aimait beaucoup et le consultait souvent sur les *us et coutumes* de l'Europe. Un jour, en présence de toute la cour, la conversation étant tombée sur la différence des climats, le diplomate eut le malheur d'aborder sans *précautions philosophiques*, d'abord le chapitre de cette neige, qui pendant plusieurs mois, ensevelit son pays sous un vaste et blanc linceul, puis celui de la glace qui durcit la mer à tel point, que toute la population la traverse alors à pied sec. A ces mots la figure du monarque s'altère, son front se rembrunit; on le voit, *les faits ne lui paraissent plus acceptables;* il manifeste d'abord quelques craintes sur la santé de son ami, mais rassuré par son docteur, il se lève et laisse tomber ces paroles : « Monsieur l'ambassadeur, jusqu'ici je vous avais regardé comme le plus honnête homme du royaume, mais aujourd'hui, de deux choses l'une : ou votre raison vous fait défaut et vous ne pouvez plus rester à ma cour; ou vous êtes un imposteur, et dans ce cas vous êtes indigne d'y paraître; sortez donc à l'instant, et ne rentrez jamais dans mes États. »

Puis, se rappelant les faits *inacceptables* qui venaient de lui être racontés et la colère faisant place à la gaieté, le malheureux monarque est saisi d'un fou rire si violent, si violent, que, séance tenante, il s'évanouit et meurt dans les bras de ses courtisans, victime du *rejet sans examen*.

« de juger : *ab posse ad actum.* » Il est assez singulier qu'on ait renoncé à cette méthode au moment même où l'on prenait pour devise l'*observation* et l'*expérience*. C'est précisément à partir de ce moment que l'on a commencé à biffer tous les faits qui gênaient, et à jeter au feu les observations de tous les siècles, observations qu'il va falloir maintenant rétablir. Heureusement on avait conservé la *minute*.

Encore une fois, nous espérons bien ne pas produire sur votre esprit, Messieurs, un si désastreux effet; car auprès de vous, nous le savons, les causes sérieuses sont écoutées sérieusement.

A nous maintenant d'aborder celle-ci avec quelque courage, courage assez facile cependant, puisque, après tout, c'est le greffe de la *justice de paix* du canton d'Yerville que nous allons laisser s'exprimer.

§ II.

Résumé des dépositions des témoins.

Il s'agit donc uniquement, Messieurs, de vous faire entendre les témoins. Mais, pour ne pas vous fatiguer, nous ne vous donnerons que le résumé fidèle de leurs dépositions, dont l'ensemble vous sera remis en même temps que ce mémoire, avec les noms propres de tous les témoins (1).

Commençons par rapporter à l'avance, seulement pour mémoire et sans en garantir la teneur, les bruits vagues qui, dit-on, avaient cours avant l'apparition des premiers phénomènes, et semblaient en faire présager les approches :

Selon ces bruits, vers les premiers jours du mois de mars de l'année 1849, M. le curé de Cideville aurait rencontré chez un de ses paroissiens malades un individu, nommé G..., auquel tout le pays accordait depuis longtemps une réputation de guérisseur émérite et de docteur ès-sorcelleries. Un premier malade paraissant s'être assez mal trouvé du traitement mystérieux (2), M. le curé aurait cru devoir cette fois formuler un blâme énergique en renvoyant le guérisseur. Tout en serait resté là, mais comme, de son côté, dame justice

---

(1) Il ne suffit pas de les fournir à l'Académie; nous les tiendrons encore à la disposition de tout lecteur qui voudrait les connaître, et qui les trouvera chez notre éditeur, M. Vrayet de Surcy, rue de Sèvres, n° 2.

(2) Il en était mort.

se mêle de beaucoup de choses en ce pays, G... se voit un jour appréhendé au corps et condamné, pour méfaits du même ordre, à une ou deux années de prison. Il rapproche aussitôt le blâme du curé de la correction de la justice, prononce, dit-on encore, quelques menaces contre l'ennemi qu'il soupçonne, et plus tard, lorsque l'heure de la vengeance est arrivée, le berger Thorel, son disciple et son ami, fait entendre à son tour que M. le curé pourra bien s'en repentir, et que lui, Thorel, ne sera dans tout cela que le mandataire de son maître et l'exécuteur de ses hautes œuvres.

Deux enfants sont élevés au presbytère de Cideville. L'un a douze ans, l'autre quatorze ; tous deux se destinent au sacerdoce ; tous deux sont fils d'instituteurs honnêtes, religieux, considérés dans le pays, et paraissent avoir hérité de toutes les bonnes qualités de leurs parents ; tous deux enfin sont une consolation et peut-être une cause d'aisance pour le curé qui prend soin de les élever, les chérit et se promet bien de les garder le plus longtemps qu'il le pourra.

Que vont devenir en tout ceci ces deux pauvres enfants ? Vont-ils servir d'instrument à la vengeance annoncée ? On ne pourrait rien préciser à ce sujet, sans les aveux subséquents du coupable ; seulement on voit à une vente publique et grâce à la foule qu'elle entraîne, le berger s'approcher du plus jeune des enfants, qui du reste ne le connaît pas le moins du monde, et, peu d'heures après... les événements commencent.

Voici maintenant ce qui résulte des dépositions de vingt témoins assignés, interprètes fidèles de beaucoup d'autres non convoqués et qui n'eussent pas été moins explicites (1).

Tout aussitôt après la rentrée de cet enfant, une espèce

---

(1) Dans la brochure publiée au moment du procès, nous avions cru devoir consacrer les caractères italiques aux dépositions *enregistrées*, et les caractères ordinaires aux dépositions *orales* ; mais il en résultait un grave inconvénient, celui de donner une plus grande importance aux premières qu'aux secondes, pendant que cette importance était la même. Nous allons donc cette fois, les confondre, en affirmant QU'IL N'Y A PAS UN MOT dans le récit suivant qui n'ait été solennellement prononcé à l'audience ou qu'on ne soit prêt à

de *trombe* ou bourrasque violente vient s'abattre sur le malheureux presbytère, puis, à la suite de cette bourrasque, des coups semblables à des coups de marteau, ne cessent de se faire entendre dans toutes les parties de la maison, sous les planchers, sur les plafonds, sous les lambris.

Tantôt, ces coups sont faibles, brefs et saccadés, tantôt ils sont d'une force à ébranler la maison, qui paraît vouloir tomber *en démence* (ruine), comme nous entendrons le berger le prophétiser dans un moment de franchise. Ces coups prennent même une telle extension, qu'on peut les entendre à deux kilomètres de distance, et qu'une grande partie des habitants de Cideville, *cent cinquante personnes*, a-t-on dit, se rendent au presbytère, l'entourent pendant de longues heures et l'explorent en tous sens, sans pouvoir en découvrir la cause (1).

A ce phénomène déjà si remarquable viennent encore s'adjoindre mille autres, qui le sont bien davantage. Ainsi, pendant que ces bruits mystérieux poursuivent leur incessant concert, pendant qu'ils se font entendre à chaque point

affirmer encore aujourd'hui devant témoins ; nous nous en sommes tout récemment assuré.

Les caractères italiques n'auront donc que leur signification ordinaire, celle d'attirer plus spécialement l'attention sur tel ou tel passage.

(1) Il est difficile, à propos de cette bourrasque, de ne pas se rappeler ce début des obsessions sataniques dans Job (chap. I, vers. 19) : « Alors un vent impétueux s'étant levé tout à coup du côté du désert, vint ébranler les quatre coins de la maison. »

Il est difficile aussi de ne pas se rappeler à ce propos, les prières de l'Église dans la bénédiction des édifices : « Mets en fuite, Seigneur, tous les esprits malins, tous les fantômes, et tout esprit qui frappe (*spiritum percutientem*), et défends-leur l'entrée de cette maison. »

Assurément, nos bazars, nos halles et gares de chemins de fer, qui réclament avec un si louable empressement les bénédictions du clergé, ne se doutent guère de tout ce qu'ils demandent, et encore moins que le premier but de ces prières soit de les préserver des épreuves de Cideville, c'est-à-dire des *bourrasques*, des *malices*, des *fantômes* et des *esprits de persécution*. Qu'il est donc heureux que nos industriels n'entendent pas tout ce latin, que notre théologie, si prudente d'ordinaire, hésiterait probablement à traduire en français !

indiqué, ou reproduisent en cadence le rhythme exact de tous les airs qu'on leur demande, les carreaux se brisent et tombent en tous sens, les objets s'agitent, les tables se culbutent ou se promènent, les *chaises se groupent* et *restent suspendues dans les airs*, les chiens sont jetés à croix ou pile au plafond, les couteaux, les brosses, les bréviaires s'envolent par une fenêtre et rentrent par la fenêtre opposée, *les pelles et les pincettes quittent le foyer* et s'avancent *toutes seules* dans le salon, les fers à repasser qui sont devant la cheminée, reculent et *le feu les poursuit* jusqu'au milieu du plancher, des marteaux volent en l'air avec force, et se déposent sur le parquet avec la lenteur et la légèreté qu'une main d'enfant pourrait imprimer à une plume, tous les ustensiles d'une toilette quittent brusquement le chambranle sur lequel on vient de les déposer, et s'y replacent instantanément d'eux-mêmes; d'énormes pupitres s'entre-choquent et se brisent; bien plus, un d'entre eux, chargé de livres, arrive violemment et horizontalement jusqu'au front d'un témoin honorable (M. R. de Saint-V...), et là, sans le toucher, et abandonnant brusquement toutes les lois connues de la gravitation, tombe perpendiculairement à ses pieds.

Une dame (Mme de Saint-V...), dont il est impossible de suspecter le témoignage, et qui, en raison de la proximité du château qu'elle habite, avait été témoin de vingt expériences analogues, se voit un jour *tirée* par la pointe de sa mante, sans qu'elle puisse apercevoir *la main invisible* qui la tire; le maire du village reçoit à son tour un coup violent sur la cuisse, et au cri que cette violence lui arrache, on répond par une caresse bienfaisante qui lui enlève à l'instant toute douleur.

Un autre témoin, propriétaire à quatorze lieues de distance, se transporte à Cideville, à l'improviste et sans en avoir prévenu qui que ce soit; après une nuit passée dans la chambre des enfants, il interroge le bruit mystérieux, le fait battre à tous les coins de l'appartement, et pose avec lui toutes les conditions d'un dialogue; un coup, par exemple, voudra dire oui, deux coups voudront dire non, puis le nombre des coups signifiera le nombre de lettres, etc., etc. Cela bien convenu, le témoin se fait frapper toutes celles qui composent ses nom, prénoms et ceux de ses enfants, son âge et le leur, par an, mois, jours, le nom de sa commune, etc., etc. Tout cela se frappe avec tant de justesse et de rapidité, que le témoin se voit obligé lui-même de conjurer l'agent mystérieux d'y apporter plus de lenteur, afin qu'il puisse vérifier tous ses dires, qui se trouvent enfin de la plus complète exactitude. Ce témoin, Messieurs, c'était nous-même (1).

Évidemment, pour expliquer toute cette science, les sceptiques se rejetteront sur l'astucieuse et facile prévoyance du jongleur, qui aurait ainsi deviné notre visite et nos interrogatoires, même les interrogatoires musicaux, avant que nous en eussions eu la pensée. Mais voici venir un autre témoignage, contre lequel l'explication des sceptiques sera radicalement impuissante. Un prêtre, un vicaire de Saint-Roch, M. l'abbé L........, se trouvant par hasard et de passage à Yvetot, se transporte à Cideville, toujours à l'improviste, et voici qu'aux mêmes questions posées par son frère, entièrement inconnu comme lui dans le pays, les réponses arrivent avec la même rapidité, la même exactitude, toutefois, avec cette particularité curieuse, que cette fois-ci, c'est l'interrogateur qui ignore, et ne peut vérifier les détails fournis par la réponse.

(1) Nous ne nous doutions guère alors, que peu de mois après ce singulier dialogue, toute l'Amérique et bientôt toute l'Europe allaient le calquer littéralement, et faire poser les mêmes questions par des millions de curieux qui obtiendraient des réponses analogues, réponses tout aussi justes, tout aussi convaincantes. Les connaissances musicales sont, à ce qu'il paraît encore, le partage et des uns et des autres, avec cette différence qu'en Amérique il s'agit de concerts véritables, au lieu qu'à Cideville nous étions bien fier, lorsque nous lui avions fait battre *à peu près* le rhythme de quelque morceau italien, entre autres celui du fameux morceau de basse du *Stabat* de Rossini « pro peccatis » et celui de la valse de *Guillaume Tell*, que nous lui avions, il est vrai, fredonnée.

On lui dit bien et l'âge et les prénoms de sa mère et de son frère, mais il ne les sait plus ou même ne les a jamais sus. N'importe, il en prend note exacte, et, de retour à Paris, il court à la mairie, consulte les registres de l'état civil, et trouve entre eux et les révélations de Cideville une conformité littérale. Que deviennent alors les objections faites au témoin précédent? que devient encore l'explication *par la communication des pensées?*

Même et bien plus grande difficulté, pour expliquer la minutieuse exactitude des réponses faites à deux propriétaires MM. de V.... venus de la ville d'Eu, tout exprès, et se faisant dire, avec tous leurs noms et prénoms, le nombre de leurs chiens, de leurs chevaux, leurs habitudes, leur costume, etc. Les mêmes phénomènes se trouvent constatés en outre dans la lettre du docteur M..... de Bacqueville. En lisant cette lettre si franche et si loyale d'un homme de science, venu peut-être avec des intentions et des pensées bien différentes, nous n'avons pu nous empêcher de la comparer avec les assertions de quelques hommes de foi, et toutes nos comparaisons se sont trouvées à l'avantage du savant. Ce n'est pas la première fois et ce ne sera pas la dernière. Nous le verrons plus tard.

Mais tous ces phénomènes, quelque étonnants qu'ils soient, s'effacent comme intérêt, auprès de ceux offerts par le malheureux enfant, que l'on croit *touché* par le berger. Ce sont les plus importants à nos yeux, parce que nous les retrouvons constamment dans cette bizarre pathologie, analysée dans nos précédents chapitres, et dont la docte faculté commence à enregistrer une partie, n'osant pas, toute déconcertée qu'elle en est, l'enregistrer tout entière. Ici, par exemple, nous retrouvons ce que nous avons déjà tant de fois constaté, c'est-à-dire cet envahissement de tout le système nerveux, ce poids insolite sur les épaules de l'enfant, cette compression de la poitrine, dont se plaignaient nos trembleurs des Cévennes, et que MM. les docteurs cherchaient tout à l'heure à nous expliquer par l'éphialte (1). De plus, cet enfant voit toujours derrière lui l'*ombre* d'un homme en blouse, qu'il dit ne pas connaître, jusqu'au jour, où confronté avec Thorel, il s'écrie : « Voilà l'homme. » Mais écoutez bien ceci ! au moment où l'enfant accuse la présence du fantôme, un des ecclésiastiques présents affirme avoir aperçu distinctement derrière lui UNE SORTE DE COLONNE GRISATRE OU DE VAPEUR FLUIDIQUE.

Les autres avaient vu, plusieurs fois, cette même vapeur, au moment où ils la poursuivaient, SERPENTER EN TOUS SENS, avec une sorte de sifflement très-léger, PUIS SE CONDENSER VISIBLEMENT et S'ÉCHAPPER COMME UN COURANT D'AIR par les fentes de l'appartement; M. de V... l'entendait, lui, sans rien voir, et l'entendait, dit-il, comme on entend *le frôlement d'une robe* (2).

Quant à l'enfant, son état nerveux s'aggrave encore quelquefois. Ainsi, on le voit un jour (tous les ecclésiastiques présents l'attestent) tomber en convulsions, puis dans une sorte de syncope extatique, dont rien ne parvient à le tirer

---

(1) Cauchemar.
(2) Il y a quelque chose de bien plus extraordinaire encore, c'est de voir ce que nous verrons tout à l'heure, la *Revue britannique* et la *Revue des Deux Mondes* emprunter exactement le même détail à un auteur dont elles ne permettent pas de révoquer en doute le témoignage *et la consciencieuse fidélité*. S'il n'y avait qu'à Cideville que ces mystérieux fluides eussent été constatés, on en viendrait bien vite à bout; mais, malheureusement, les attestations identiques s'accumulent à tel point, que déjà dans les vastes *Annales de l'Académie des Inscriptions*, t. Ier, *Mémoires*, p. 26, M. S***, dans sa dissertation sur les *lares* et les apparitions des anciens, ne craignait pas d'affirmer que « les apparitions de *ces ombres légères ayant la forme du corps*.... étaient quelquefois rapportées avec des circonstances si précises et des témoignages si positifs, que des personnes, d'ailleurs bien sensées, *ne savaient qu'en penser*. Ce corps délié, dit-il, avait des membres équivalents à l'autre, c'était l'enveloppe de Pythagore.... ombres légères, se dissipant comme un songe lorsqu'on pensait à les embrasser, sensibles à l'impression de certains corps.... et craignant surtout la *pointe d'une épée* qui ne pouvait les blesser...! » QUI NE POUVAIT LES BLESSER ! en êtes-vous bien sûr, monsieur S***? On va le voir tout à l'heure.

pendant plusieurs heures, et qui fait croire à sa mort. Cet état inspire les plus grandes alarmes à tous ceux qui l'entourent, ils se mettent en prière et l'enfant revient à lui.

Un autre jour (mais oserons-nous le raconter?) — oui, car nous avons juré de dire la vérité tout entière, — l'enfant accuse une hallucination bien autrement singulière; il dit voir une *main noire* descendre par la cheminée, et s'écrie qu'elle lui donne un soufflet. Cette main, nous nous hâtons de déclarer que personne ne la voit, mais on entend le bruit du soufflet, on voit la joue devenir et rester longtemps rouge, et, dans sa naïveté, l'enfant s'élancer au dehors, espérant revoir cette main sortir par le haut de la cheminée (1).

Continuons. Fatigués, et de plus extrêmement affligés de l'état de ce pauvre enfant et du fâcheux effet qui doit en résulter, pour la religion d'abord, et pour M. le curé de Cideville ensuite, MM. les ecclésiastiques, réunis à ce dernier, se demandent un soir, comment les prières ne paraissant pas suffisantes, ils pourraient parvenir à se débarrasser de leur ennemi? L'un propose une chose, l'autre en propose une autre, un troisième déclare avoir lu dans les traités spéciaux sur la matière, précisément ce que le savant académicien cité dans notre dernière note, affirmait *avoir donné souvent à penser aux esprits les plus sensés*, à savoir, que ces *ombres* mystérieuses redoutaient la pointe du fer; dès lors on n'hésite plus, et au risque de glisser un peu dans la superstition, on se met à l'œuvre à l'instant. On se munit de très-longues pointes, et partout où le bruit se fait entendre, on les enfonce le plus lestement possible. Mais comme il est difficile de frapper juste, en raison de la subtilité de l'agent, plusieurs pointes sont donc enfoncées sans résultat apparent, et l'on va pro-

(1) Ce détail de *la main invisible* se retrouvait partout dans les anciens procès de sorcellerie. L'hallucination l'explique à la rigueur pour l'enfant; mais explique-t-elle aussi bien la *rougeur* subite de la joue et l'empreinte des *cinq doigts*, attestée par des témoins que l'on sera forcé de déclarer très-sincères? D'ailleurs nous allons retrouver cette *même main* dans tous les faits américains.

bablement y renoncer, lorsque tout à coup, une d'elles ayant été chassée plus habilement que toutes les autres, une *flamme vient à jaillir*, et à la suite de cette flamme, une fumée tellement épaisse, qu'il faut ouvrir toutes les fenêtres, sous peine d'une prompte et complète asphyxie. La fumée dissipée et le calme succédant à une si terrible émotion, on revient à un mode d'adjuration qui paraît si sensible. On reprend les pointes, et on enfonce; un gémissement se fait entendre; on continue, le gémissement redouble; enfin on distingue positivement le mot PARDON... — « Pardon! disent ces messieurs; « oui, certes, nous te pardonnons, et nous ferons mieux, « nous allons passer toute la nuit en prières, pour que Dieu « te pardonne à son tour;..... mais à une condition, c'est « que, qui que tu sois, tu viendras demain toi-même, en per- « sonne, demander pardon à cet enfant... » — Nous pardonnes-tu à tous? — Vous êtes donc plusieurs? — Nous sommes cinq, y compris le berger. — Nous pardonnons à tous. Alors tout rentre dans l'ordre au presbytère, et cette terrible nuit s'achève dans le calme et la prière.

Le lendemain, dans l'après-midi, on frappe à la porte du presbytère; elle s'ouvre, et Thorel se présente; son attitude est humble, son langage embarrassé, et il cherche à cacher, avec son chapeau, des écorchures toutes saignantes qui couvrent son visage (1). L'enfant l'aperçoit et s'écrie: « Voilà

---

(1) Que le scepticisme n'en conclue pas trop vite à la présence du berger derrière tous les lambris et les planchers à la fois, lorsqu'on y enfonçait toutes ces pointes. On avait eu assez d'esprit pour se bien assurer que ces lambris adhéraient *parfaitement* aux murailles. Quant à ces blessures mystérieuses, qu'un académicien nous présentait tout à l'heure comme la croyance de toute l'antiquité, elles se trouvent mentionnées par Virgile, dans les conseils que la Sibylle donne au pieux Énée « de se munir d'*une épée* avant de descendre au séjour des *ombres.* »

Tuque invade viam, vaginâque eripe ferrum. (Æn. l. VI.)

Conseil tout poétique, sur lequel un des meilleurs commentateurs ne craint pas de renchérir dans cette note: « Beaucoup de personnes assurent que les démons redoutent le fer, et, en effet, cela s'est vu fort souvent: *Et reipsâ*

l'homme! voilà l'homme qui me poursuit depuis quinze jours! — Que voulez-vous, Thorel? lui dit M. le curé. — Je viens... je viens de la part de mon maître chercher le petit orgue que vous avez ici. — Non, Thorel, non, on n'a pas pu vous donner cet ordre-là; encore une fois, ce n'est pas pour cela que vous venez ici; que voulez-vous? Mais auparavant, d'où vous viennent ces blessures, qui donc vous les a faites? — Cela ne vous regarde pas; je ne veux pas le dire. — Dites donc ce que vous voulez faire; soyez franc, dites que vous venez demander pardon à cet enfant; faites-le donc et mettez-vous à genoux. — Eh bien! pardon, dit Thorel en tombant

---

compertum est. » Fréret lui-même, dans le *Recueil de l'Académie des Inscriptions et Belles-Lettres*, s'étonne de retrouver partout cette frayeur des *ombres* à la *vue d'une épée* (t. XXIII, p. 71) *.

Au reste, pour faciliter un peu cette *révoltante* énormité, nous reporterons nos lecteurs à notre expression *des Intelligences servies par des fluides* (Voyez *Introd.* et *Concl.*), et nous leur rappellerons que toute l'antiquité philosophique et la plus brillante partie de l'antiquité catholique, croyaient les anges, et surtout les démons, revêtus d'une certaine *corporéité*, que nous appellerions peut-être aujourd'hui *gazéiforme*. Dans tous les cas, il nous reste démontré, que ces intelligences sont au moins fort souvent *servies par des fluides dont elles s'emparent et qu'elles emploient*, et dès lors on aura, nous l'espérons, un peu moins de peine à comprendre, et la vue de cette *vapeur grisâtre*, et sa *sensibilité*. « La sensibilité, disent plusieurs physiologistes, se comportant partout comme un fluide. »

Quant à la solidarité, si complète entre l'agent et le berger, solidarité dont nos possédons encore de nombreux analogues (voyez-en, entre autres, un exemple extrêmement remarquable à la fin de ce chapitre), c'est ce que l'on pourrait appeler du magnétisme transcendant, phénomène que les magnétiseurs expliquent ainsi : « Le fluide magnétique humain emporte avec lui le *species* tout entier (l'image) de l'homme qui l'a émis. Ce *species* est souvent tellement vif et exact (surtout lorsqu'une individualité a quelque chose de bien tranché), qu'il peut valoir une image. » Mais la vieille théologie, qui s'y connaissait encore mieux, professait l'identification absolue entre les esprits et leurs clients, tous, et les anges eux-mêmes, ayant pour habitude de *revêtir l'image et la personne de ceux-ci :* « *Induere speciem et personam suorum clientum.* » (Corn., *à lapide.*) Nous reviendrons sur ce lien et sur cette solidarité psycho-électriques.

(*) Aujourd'hui 24 janvier 1854, le médecin en chef de l'un des grands hôpitaux de Paris, nous cite l'exemple d'un *medium* cessant de pouvoir écrire, par cela seul qu'on avait posé sur la table une *lime pointue en fer*.

à genoux. Et tout en demandant ce pardon, il se traîne et cherche à saisir l'enfant par sa blouse. Il y parvient, et les témoins constatent qu'à partir de ce moment, les souffrances de l'enfant et les bruits mystérieux redoublent au presbytère de Cideville. Toutefois, M. le curé engage Thorel à se rendre à la mairie; il s'y trouve, et là, devant témoins, sans que personne lui dise de le faire, IL TOMBE A GENOUX TROIS FOIS ET DEMANDE ENCORE PARDON. — De quoi me demandez-vous pardon? lui dit le curé; expliquez-vous. — Et Thorel de continuer; mais tout en demandant pardon, il fait comme au presbytère, il se traîne sur ses genoux et cherche à toucher M. Tinel, comme il avait fait à l'enfant. — Ne me touchez pas, s'écrie celui-ci, au nom du ciel ne me touchez pas, car je vous frappe! — Vaine menace, Thorel avance, avance toujours, jusqu'à ce que M. le curé, acculé dans un angle de la pièce, se voie forcé, pour sa légitime défense, de lui asséner trois coups de canne sur le bras. Comme on le pense bien, ces coups de canne vont jouer un grand rôle dans le procès; on les exploitera tout à l'heure; néanmoins Thorel revient à la charge, et cette fois c'est chez le maire qu'il retourne. Il le prie, le conjure, l'embrasse en pleurant et lui dit : « Priez donc M. le curé que les affaires en restent là. » Une autre fois, il lui avoue que tout cela remonte à G...; « il est sorti de prison, lui dit-il, il est venu me voir; il en veut à M. le curé, parce qu'il l'a empêché de gagner son pain en le renvoyant de chez un malade de la commune qu'il voulait guérir. M. le curé a eu tort, ajoute-t-il, car G... est un homme très-instruit, très-savant, *il peut lutter contre un prêtre*. M. le curé voudrait bien lui qu'on l'instruisît, et *s'il voulait payer un café*, je le débarrasserais de tout ce qui se passe au presbytère. »

Ainsi donc, il est impossible à un coupable de s'avouer plus coupable, et cet homme, qui réclame douze cents francs de dommages et intérêts, ferait tout cesser « *pour un café!* » A ceux qui lui reprochent sa conduite, il répond :

« Je le veux ainsi, moi, cela me plaît comme cela. » A ceux qui lui demandent pourquoi il choisit pour victime un pauvre enfant innocent, au lieu de s'en prendre au curé, il répond : « Vous ne voyez donc pas que M. le curé peut vivre avec ces deux enfants-là ; il faut qu'ils partent, ils partiront, et alors tout sera fini. » Encore une fois, il se vante avant, il se vante pendant, il se vante après ; que veut-on de mieux pour constituer le *confitentem reum?*

Puis, viennent tous les antécédents de Thorel, desquels il résulte qu'il n'en est pas à son premier coup d'essai. « Ainsi il prédit aux gens des faits en dehors de toute prévision, qui leur arriveront, dit-il, avant vingt minutes, et ces faits arrivent avant les vingt minutes. » Un autre témoin déclare « que se trouvant aux champs avec Thorel, celui-ci lui disait : Chaque fois que je frapperai du poing sur ma cabane, tu tomberas, et, à chaque coup de poing, cette personne tombait et sentait alors *quelque chose* lui serrer la gorge, l'étrangler et la forcer à tomber. Et cependant Thorel avoue toujours « *qu'il y a du mal à faire cela.* » Enfin un dernier témoin déclare, conformément aux autres, que « se promenant avec les deux enfants et la sœur de M. Tinel, au milieu des plaines, sur la route de Cideville à Auzouville, ils voyaient des cailloux, *lancés par une force invisible*, arriver droit à eux et tomber à leurs pieds sans pouvoir les frapper, etc. ».

Ne sont pas compris ici une multitude de détails qui, sans avoir été révélés à l'audience, n'en sont pas moins attestés, tels que les chaises groupées en l'air et sans soutien, les chiens lancés à croix ou pile, tous les meubles volant, les effroyables blasphèmes qui se faisaient entendre quand les enfants se mettaient en prière, et les menaces *hautement articulées* de leur *tordre le cou;* menaces réalisées un soir, où l'un de ces malheureux enfants sentit deux mains lui prendre la tête et la *retourner* avec une telle violence, que les témoins de cette singulière contorsion, durent porter secours à la victime, sans quoi elle périssait.

On a trouvé les phénomènes de Cideville trop *badins*, que dit-on de celui-ci?

Sans aucun doute, il eût été beaucoup plus dramatique que M. le curé de Cideville et les deux pauvres enfants fussent restés sur la place, mais que voulez-vous? Celui qui disait à l'oppresseur de Job : « Je t'abandonne tout ce qu'il a, mais tu ne toucheras pas *à sa vie*, » aura signifié ici la même défense. Après tout, cependant, *une maison frémissant sur elle-même, un cauchemar de deux mois, des convulsions fréquentes et qui font croire à votre mort, un spectre en permanence, la vue de fluides mystérieux*, puis, à la suite de tout cela, un long scandale et la suspicion toujours pesant sur un malheureux prêtre et sur deux enfants destinés au sacerdoce... quelles plaisanteries !

La science, elle, les a trouvées infiniment trop sérieuses, car elles ramenaient à l'état de doute toutes les questions qu'elle croyait résolues, et elle a cru que, si l'on adoptait ces faits, il ne s'agirait rien moins que d'une révolution fondamentale et complète.

Nous terminerons donc, en disant que tous ces faits se sont reproduits journellement, pendant deux mois et demi, du 26 novembre 1850 au 15 février 1851, époque à laquelle monseigneur l'archevêque crut devoir, dans sa prudence, éloigner les deux enfants de ce presbytère de Cideville, où ils avaient trouvé jusque-là de bons exemples, de bonnes leçons et tous les moyens possibles d'atteindre le double but, si grave et si religieux, auquel ils ne cesseront probablement pas d'aspirer. La décision de Monseigneur est telle qu'on pouvait l'attendre de la profonde sagesse de ce prélat, elle a coupé court à tout scandale, ou plutôt à tout prétexte de scandale, car, à partir de ce jour, tous les bruits ont cessé.

Nous croyons devoir vous donner ici, Messieurs, le texte du jugement définitif prononcé par M. le juge de paix d'Yerville, dont on ne saurait trop louer la raison indépendante et loyale; combien d'autres à sa place eussent reculé devant l'impopularité certaine d'un tel verdict!

Jugement définitif de M. le juge de paix du canton d'Yerville.

4 février 1851.

Nous, juge de paix d'Yerville,

Ouï les témoins dans leurs dépositions, ainsi que les parties dans leurs moyens respectifs, et joignant la demande réconventionnelle à la principale, avons statué en premier ressort sur tout, ainsi qu'il suit, par un seul et même jugement.

Attendu que, quelle que soit la cause des faits *extraordinaires* qui se sont produits au presbytère de Cideville, *ce qui résulte de plus clair de l'ensemble de tous les témoignages entendus, c'est que cette cause est demeurée inconnue* (1), et qu'il n'y a dès lors à statuer que sur les conséquences de ses effets, qui seuls ont donné lieu à l'action;

Attendu, sur le premier chef, que si, d'après quelques témoins, le défendeur (le curé) a, d'une part, donné à entendre que le demandeur (le berger) s'était vanté d'avoir produit les faits du presbytère de Cideville et l'a soupçonné d'en être l'auteur, d'une part, il est constant, par de nombreux témoignages, que celui-ci avait tout fait et tout dit pour faire croire au public qu'il était pour quelque chose dans leur perpétration, notamment par ses vanteries aux témoins Cheval, Varin, Letellier, Foulongne, Le Hernault et autres, jointes à sa conduite au presbytère et à la mairie;

Attendu aussi, que le demandeur ne peut être fondé à se plaindre comme diffamé par des propos, dont il a été *l'auteur le premier* et qui n'ont pris naissance que par son initiative, par sa persévérance et partant sa faute à les propager;

Attendu que, s'il est vrai, par ce qui précède, que la réputation de sorcier qu'a voulu se donner le demandeur, soit de nature à porter sérieusement atteinte à sa considération, il est vrai aussi que c'est lui-même qui, le premier, s'est porté cette atteinte, et qu'en répétant à cet égard les propres imputations du demandeur, le défendeur n'a pu faire aucun tort à celui-ci, qui seul doit supporter les conséquences de ses *dires* et leur responsabilité, si, contre son attente, il en est résulté quelque chose de fâcheux pour lui;

Attendu qu'en pareille circonstance rien, dans les paroles du défendeur, ne constitue le cas de diffamation ou d'injures verbales, et, par suite, un préjudice susceptible d'être réparé;

Attendu, sur le deuxième chef, que ni l'enquête ni la contre-enquête n'ont apporté au procès la preuve que le défendeur ait forcé le demandeur à tomber à genoux devant lui; qu'il résulte au contraire de plusieurs témoignages que

---

(1) Ce qui n'empêchera pas de faire proclamer demain à son de trompe, que tout le **monde la connaît.**

c'est *volontairement* que celui-ci s'est ainsi mis à genoux devant l'un des pensionnaires du presbytère *en demandant grâce, pardon*, comme s'il *eût commis quelque fait*, et cela sur la simple invitation du défendeur, justifiée par l'étrange conduite de Thorel en cette circonstance ; que cette manière d'agir du demandeur se trouve plus qu'expliquée par ce qu'il a fait ensuite chez M. le maire de Cideville où il a renouvelé *spontanément* la scène de se mettre à genoux *en le suppliant de laisser là cette affaire*; qu'ainsi aucune contrainte n'apparaît dans ce fait de la part du défendeur contre le demandeur ;

Attendu, quant au troisième chef, que, suivant la déclaration de plusieurs témoins, il est vrai que le défendeur a donné deux ou trois coups de canne au demandeur ; mais, attendu aussi que celui-ci, malgré la défense qui lui était faite par le défendeur de l'approcher et de *le toucher*, persistait néanmoins à vouloir toujours *le saisir* en allongeant les mains ; que le défendeur, pour l'éviter, était arrivé jusqu'auprès de la muraille et par suite placé dans le cas et la nécessité de légitime défense, ce qui justifie sa conduite en cette occasion.

En ce qui touche le quatrième chef : attendu qu'aucun témoin n'a entendu le défendeur enjoindre au maître du demandeur, avec menaces, de renvoyer celui-ci de son service ; que si quelques témoins ont rapporté, mais vaguement et par ouï-dire, que le défendeur avait manifesté à *Pain*, maître du demandeur, le désir et la satisfaction de voir renvoyer de chez lui celui-ci, d'aussi vagues *ouï-dire* ne peuvent, aux yeux de la loi, être considérés comme admissibles, et qu'à cet égard les moyens de Thorel sont mal fondés.

Quant à la demande réconventionnelle : attendu que s'il est évident que l'exploit introductif d'instance est conçu dans des termes diffamatoires, il est certain aussi que la publication demandée du jugement est un moyen bien impuissant pour remédier au mal causé par cet exploit et par la publicité que lui a donnée le besoin de scandale ; par ces diverses considérations, rejetant tous les moyens du demandeur comme mal fondés de tous points, et adoptant partie seulement des moyens du défendeur, déboutons Thorel de son action, et mettant le défendeur hors de cause, CONDAMNONS LEDIT THOREL A TOUS LES DÉPENS, et ordonnons la suppression de la citation.

Ce jugement fut rendu après une double et habile plaidoirie de Mᵉ Vauquier du Traversain, pour M. le curé de Cideville, et de Mᵉ Fontaine, pour le berger Thorel. Vous devez encore être avertis que, nonobstant toutes les menaces d'appel et de parcours de tous les degrés de juridiction, nonobstant toutes les résolutions et essais de cotisations en faveur de la réhabilitation du berger, l'appel est encore à venir ; or, s'il eût paru soutenable, il eût été tenté.

Enfin, nous terminerons en prévenant une objection trèsspécieuse. Quelques personnes s'étonneront peut-être du peu de retentissement d'une telle affaire, et partiront de là pour en faire suspecter la vérité. Voici la raison du silence gardé ; ces procès-là sont bien loin d'être rares, car à l'heure qu'il est il s'en juge de semblables, mais il est tellement convenu que l'on doit regarder tous ces faits comme indignes de fixer l'attention, qu'au loin c'est à qui les couvrira de son silence et de son mépris. Quant au département de la Seine-Inférieure, il s'est vivement occupé et se préoccupe encore quelquefois de cette affaire ; puis, s'il faut le dire, ces hommes que l'on soupçonnait d'avoir voulu réveiller par ce triste moyen, *une foi trop éteinte*, ont fait, au contraire, tout ce qui dépendait d'eux pour étouffer ces faits complétement. Ils en ont refusé les détails à leurs propres journaux ; ceux-ci les ont refusés à leur tour, à ceux de la partie adverse qui avaient compté sur eux, et voilà pourquoi ce procès, objet de tant de conversations, n'a jamais eu de publicité sérieuse. Au reste, on n'imaginera pas, nous l'espérons, qu'il soit sorti *tout armé* de notre cerveau, et chacun de vous, Messieurs, peut aller vérifier par lui-même à Yerville, que notre histoire n'est pas un mythe.

§ III.
Des témoins de Cideville (1).

Qu'en dit-on ? avions-nous donc bien tort d'affirmer en commençant, que ce procès nous reportait à trois siècles en arrière et jetait à la philosophie du jour le plus impertinent des défis ? Mais ne faut-il pas que la lumière se fasse à mesure que les faits se reproduisent, et faudrait-il, pour rester plus fidèle à la mode et au courant des idées, ou leur abandonner tous ces phénomènes, ou, par respect

(1) Vous nous permettrez, Messieurs, de reproduire en l'abrégeant, l'argumentation, un peu locale et de circonstance (nous en convenons), à laquelle nous dûmes nous livrer dans le pays. A la page 363 commence la narration des faits analogues.

humain, leur permettre honteusement de condamner un innocent?

A Dieu ne plaise! les témoins ont compris leur devoir, et, comme des jurés, ne s'occupant ni de l'application ni des conséquences du verdict, ils ne se sont préoccupés que de deux choses : des faits et de leur serment.

Ces faits, les voilà donc exposés par eux dans toute leur naïveté, naïveté souvent fort amusante, il faut bien en convenir, mais qui, par son excès même, devrait ajouter, il nous semble, un poids énorme à leur véracité. Est-ce donc ainsi qu'on invente? Est-ce que l'esprit de calcul et de conspiration n'eût pas autrement présenté les choses? Est-ce que des témoins un peu moins scrupuleux n'auraient pas rendu les *faits plus acceptables* et n'auraient pas mieux entendu les intérêts de leur amour-propre? Et croyez-vous encore qu'il ne leur ait pas fallu un certain degré de courage pour accepter des armes tellement inégales et pour affronter les feux croisés de tant de batteries, si bien servies encore par l'esprit de sarcasme et de préjugé? Nous savons bien qu'elles ne le seront pas longtemps (1), et nous croyons vous avoir prouvé, tout à l'heure, que plus on gravite vers les sommités de la science et plus ou trouve ces préjugés affaiblis; nous vous l'avons prouvé, et nous allons vous le prouver davantage.

Toutefois, grâces soient rendues à nos adversaires! A leurs yeux, pour les témoins de Cideville, tout est perdu, nous le savons, mais leur sincérité paraît avoir été complétement établie. Assurément, ils sont aussi reconnaissants qu'on puisse l'être, de cet hommage rendu à leur caractère ou à leurs antécédents, mais ils le seraient bien davantage encore, s'il n'y avait pas impossibilité absolue à ce que vingt-cinq témoins, dans des conditions si diverses d'âge, de résidence ou de profession, aient pu s'entendre pour forger cette *histoire* qui leur donne à eux-mêmes le vertige, et tout cela sans

---

(1) Seulement nous ne pensions pas que ce serait l'année suivante.

autre but que de donner gain de cause à un homme qu'ils n'ont jamais connu, contre un autre homme qu'ils ne connaissent pas davantage! Oh! non. Cette supposition eût été par trop malheureuse, pour que la reconnaissance des témoins puisse dépasser toutes les bornes.

Leur bonne foi est donc hors de toute discussion, même aux yeux de leurs adversaires. Nous le constatons dans l'intérêt de la vérité.

Mais les a-t-on amnistiés complétement, et si l'*innocence* de leur caractère est hautement proclamée, l'intégrité de leur bon sens le sera-t-elle également? Ne fera-t-on pas payer assez cher à ce dernier tous les hommages adressés au premier? c'est à craindre, et déjà, même à Cideville, les témoins ont pu recueillir autour d'eux plus d'un indice flatteur du genre d'amnistie qui les attend (1).

Et, dans le fait, aux yeux de leurs adversaires, s'ils sont de bonne foi, comme on l'affirme, ce ne sont plus seulement des gens simples et crédules, il faut, de toute rigueur, qu'ils soient fous ou pour le moins hallucinés; pas de milieu, car il ne s'agit ici ni de l'étroitesse ni de l'étendue de leur esprit, il s'agit tout simplement de l'intégrité de leur raison. Madame de Saint-V..., par exemple s'est-elle *crue* véritablement tirée, en plein jour, par la pointe de son châle? M. l'abbé B... a-t-il *cru* voir une colonne vaporeuse suivant toutes les démarches de l'enfant? MM. de V......, de M...... et l'abbé L........ ont-ils *cru* recueillir une masse de réponses minutieusement exactes, à une masse de questions qu'ils improvisaient à l'heure même, etc., etc.? Voilà ce qu'il s'agit de vérifier.

S'ils ont cru voir, entendre et toucher ce qui n'existait pas, à coup sûr ils sont fous; mais, nous le répétons, la

---

(1) « Si nous sommes *obligés* de croire à la *sincérité* des témoins, disait un des sceptiques présents, nous ne sommes pas obligés de croire à l'intégrité de leur bon sens. » C'était aussi juste que vrai, mais cela demandait explication et réponse.

force ou la faiblesse de leur esprit ne sont nullement en cause.

Fous ! hallucinés ! hélas ! ils savent parfaitement combien elle est insensible cette ligne de démarcation entre les idées raisonnables et celles qui ne le sont plus ; ils se rappellent trop bien ce mot de Corvisart à l'empereur visitant Charenton : « Sire, entre tous ces cerveaux malades et le vôtre, il n'y a pas l'épaisseur d'une feuille de papier ; » et cet autre mot des *Lettres persanes* : « Ils ont construit quelques maisons de fous, afin de faire croire que tout le reste ne l'est pas. »

Mais ils savent tout aussi bien qu'il y aurait par trop de fatalité vraiment, dans cette communauté de délire entre personnes si diverses et surtout si différemment affectées. En serait-il donc de ce malheureux presbytère de Cideville, comme de cette maison dont Pausanias disait « que tout le monde y devenait fou dans une nuit. » Et faut-il supposer que toutes les pauvres têtes du département se seront donné rendez-vous à cet endroit, pour y perdre le peu de raison qui leur restait ?

Eh bien ! soit, ils sont tous devenus fous sur les lieux, mais que l'on veuille bien nous dire à présent quand l'hallucination même épidémique, a jamais enfanté pendant un espace de temps aussi long, une telle multitude de phénomènes disparates. Ainsi, que plusieurs personnes soient hallucinées en même temps par une seule et même *apparence*, nous le comprenions encore ; mais qu'y a-t-il de commun entre un *pupitre qui vole* et des *réponses intelligentes* à des questions difficiles ? Rien, absolument rien. Ce sont deux phénomènes dus évidemment à une même cause, mais aussi dissemblables que le jour et la nuit. Or, cette agrégation d'hallucinations si diverses, n'offrant plus rien de commun même avec les hallucinations les plus compliquées de tous les traités spéciaux, quelque élastique que soit ce dernier cadre, il devient complétement impossible d'y faire entrer les témoins des merveilles de Cideville.

Mais alors qu'est-ce que c'est? S'il y a sincérité de rapport et réalité de perception, la philosophie du siècle a perdu là ses meilleures armes. Comment va-t-elle les remplacer? Oh! mon Dieu! le plus commodément du monde. Ne lui reste-t-il pas la jonglerie, et pour peu qu'on lui associe son auxiliaire indispensable, *le compérage*, que n'expliquerait-on pas avec elle? Tout, depuis les chutes d'aérolithes (1) jusqu'aux tremblements de terre.

Il nous reste donc encore une bonne chance, et de toutes les armes, la meilleure.

Il faut en revenir ici à l'impérieux dilemme posé par M. le docteur Dubois (d'Amiens), dans sa grande croisade contre la réalité des faits magnétiques : « Ou l'intervention d'un agent mystérieux, inconnu, d'un agent dont les effets sont en opposition avec toutes les lois naturelles, ou bien l'intervention d'une cause rationnelle, explicable... » Or, ici cette cause *rationnelle, explicable*, ne pouvant, quelle qu'elle soit, se passer d'un jongleur, il nous reste à connaître et à fixer les vraies limites de la supercherie.

§ IV.

De la Jonglerie, donnée comme explication des phénomènes de Cideville.

Notre cours de droit nous l'a appris : « L'auteur présumé d'un délit doit être celui auquel le délit profite. » Voyons donc à qui doit profiter celui-ci. Serait-ce par hasard à M. le curé de Cideville, qu'on accuse avec tant d'assurance? Mais quel singulier profit, cette fois-ci! Un presbytère dévasté, des enfants auxquels il tenait par tous les intérêts, éloignés de sa personne, une masse de curieux et de témoins venant pendant

---

(1) On sait que c'est de l'histoire, et que, malgré cent quatre-vingts mémoires affirmatifs, l'illustre Lavoisier s'obstinait à croire et à dire « qu'on avait *fait chauffer* ces pierres. » Pauvre humanité, quelle opinion tu as et tu donnes de toi-même!

près de deux mois, abuser de sa patience et épuiser toutes ses ressources; puis, toutes les injustices de l'opinion publique, les atteintes probables, certaines même, à son caractère et à sa religion, etc., et tout cela encore en admettant les chances les plus heureuses et dans la prévision d'un succès! Quel jeu! et de l'autre côté, quels enjeux! on le demande.

Cependant, on lui prouvera peut-être de cent manières différentes les énormes profits qu'il a su en tirer. On l'accusera peut-être avant peu d'avoir voulu, par exemple, se faire changer de résidence pour telle ou telle raison! Dans la première révolution on accusait bien les nobles de brûler eux-mêmes leurs châteaux! L'esprit français n'a pas changé.

Eh bien! admettons qu'il ait eu les raisons les plus graves, et il en faut pour se précipiter ainsi dans un abîme, en quoi tout cela nous aiderait-il, s'il vous plaît? Est-ce donc lui qui a commencé? Comment ses déterminations insensées auraient-elles si bien cadré avec la première scène d'ouverture et les menaces du berger?

Voilà, certes, un hasard bien heureux pour un homme qui veut quitter sa maison, que de trouver un autre homme lui disant : « Je saurai bien te faire quitter ta maison, je saurai bien faire partir tes enfants, j'irai au-devant de tous tes souhaits. » Quelle merveilleuse bonne fortune!

Mon Dieu! que l'esprit français est léger et *crédule!* Comme les esprits forts sont faciles! et comme, pour éviter une ornière, ils se précipitent volontiers dans des abîmes!

Toutefois, que sont donc devenues ces raisons si impérieuses? qu'ont-elles donc enfanté de si désastreux pour M. le curé de Cideville, car il est toujours là, toute sa paroisse est pour lui, et s'il est vrai qu'il ne pouvait plus y rester, comment, à l'heure qu'il est, les choses s'y passent-elles aussi bien?

Encore un mot sur son compte.

S'il est le jongleur émérite, le premier moteur de ses propres vexations, il ne peut pas l'être tout seul, et nécessairement la plus grande partie de ses témoins est de connivence avec lui. Il n'est pas possible alors que MM. les abbés B... et G..., les curés du S... et d'E..., aidés du maire de la commune et de bien d'autres qui l'ont suivi dans toutes ses expériences, soutenu par leurs conseils, appuyé par un serment solennel, il n'est pas possible, disons-nous, que toutes ces personnes soient restées dupes du curé, en tenant pour ainsi dire ses deux mains dans les leurs, en mangeant à sa table, en dormant auprès de lui, en vivant de toute sa vie pendant six semaines ou deux mois ! Non, il n'est pas possible que devant des phénomènes si divers et si multiples, ils n'aient pas entrevu quelques-uns des innombrables *fils* si bien tressés autour d'eux ! Et s'ils l'ont saisi, au lieu d'un jongleur inexplicable et monstrueux, en voici peut-être une douzaine qui viennent compliquer la question ! Un seul nous paraissait inadmissible, qu'allons-nous faire de ce grand nombre ? Mais voyez surtout quels hommes vous allez faire de ces mêmes témoins, dont vous avez proclamé vous-même l'*inattaquable bonne foi ?* Ce ne seront plus seulement des amis complaisants, cherchant à secourir un confrère en péril, ce seront d'*épouvantables apostats*, hommes sans conscience et sans foi, se perdant de gaieté de cœur, et sans le moindre intérêt. Comme tout cela devient probable !

Seraient-ce par hasard les deux enfants ? Mais voici de bien autres embarras ! Comment un enfant de douze ans, fût-il le plus malicieux du monde, a-t-il acquis subitement la science infuse et parfaite ? Comment a-t-il pu s'élancer de sa grammaire de *Lhomond* ou de son *Epitomé* à l'apogée du plus long, du plus laborieux de tous les arts, celui des *Comus* et des *Robert Houdin ?* Mêmes difficultés, ou plutôt même impossibilité ! D'ailleurs, nos réflexions de tout à l'heure sur la connivence nécessaire entre le jongleur et les témoins, acquièrent une autre force. Nous n'avions besoin que des témoins pour seconder le curé ; ici, pour seconder les enfants, nous avons besoin et des témoins et du curé. Tout le monde alors est dans le secret de la comédie, et ce qu'il y a de plus singulier, c'est que chacun se le demande. Au reste, lorsqu'on a vu cet enfant, lorsqu'on l'a vu s'amuser de son ennemi, quand ça ne lui faisait rien, pleurer quand ça lui faisait un peu mal, rire quand le mal était passé, pâlir quand il appréhendait son retour, l'agacer quand il ne voulait rien faire, et l'agacer *même avec le pied* (c'est vrai), mais ne jamais jouer ni l'effroi ni la douleur, ce que n'eût pas manqué de faire un comédien plus habile, on demeure parfaitement convaincu de la parfaite inaptitude de cet enfant, au grand rôle qu'on lui destine. L'*agacer même avec le pied*, disions-nous tout à l'heure et disions-nous avec dessein. Oui, rien n'est plus vrai, et nous l'avons fait nous-même. En indiquant avec le pied, que les enfants fussent ou ne fussent pas là, nous faisions frapper où nous voulions. Et l'on appelle cela une découverte et une explication! Grand Dieu! quelle merveilleuse explication! Comme le sphinx était facile à pénétrer! L'enfant *a remué son pied* et voilà que la maison s'ébranle pendant vingt-quatre heures sous une décharge de coups de bélier invisibles! L'enfant *a remué son pied*, et voilà que toutes les lois de la nature se trouvent instantanément bouleversées! L'enfant *a remué son pied*, et voilà la maison remplie de flammes et de fumée, et les meubles se bouleversent, et les fluides se constatent, et les réponses mystérieuses sont douées d'une exactitude bouleversante! L'enfant *a remué son pied*, et le berger a dit vrai, ses prédictions se réalisent, etc.; quel coup de pied merveilleux! Au reste nous en verrons le pendant tout à l'heure ; nous verrons l'Académie des Sciences, lors d'une vérification toute semblable demandée et obtenue par Arago lui-même, nous la verrons, dans son impatience, couper court à tout examen, *parce qu'elle avait cru voir remuer les pieds d'un enfant*. Mais nous verrons aussi le lendemain toute la presse scientifique, même celle opposée au phénomène, s'insurger contre la légèreté d'un tel verdict, et le déclarer cassable comme vicieux et dans le fond et dans la forme (1).

Nous savons bien que l'on va nous dire : Mais voyez, depuis que les enfants sont chez eux, il ne se passe plus rien à Cideville, la maison paternelle a tout guéri! Mais, habiles investigateurs, vous oubliez toujours la même chose, c'est que c'était précisément là le but que voulait atteindre votre berger, et qu'il avait positivement annoncé *que les enfants partiraient.* S'il s'en prenait à ceux-ci, c'était tout simplement *pour atteindre le curé dans ses intérêts les plus chers;* eux partis, disait-il, tout devait rentrer dans l'ordre à l'instant. Voyez s'il est possible d'être meilleur prophète, et cela dans son propre pays, en dépit du proverbe! C'est vraiment merveilleux! Gardez-vous donc bien d'invoquer cet argument de la guérison des enfants, car en faisant du berger un admirable devin, il prouve en même temps que s'il y a un jongleur dans cette affaire, ce jongleur ne peut être que lui-même; oui, lui-même ou un second, de connivence avec lui.

Toutefois, entendons-nous bien : voilà votre procès perdu, si le jongleur est le berger, car alors vous avez défendu l'imposture et épouvantablement calomnié l'innocence. Mais qui sait? il se trouverait peut-être des gens qui, à tout prendre, abandonneraient volontiers leur client (nous ne parlons pas des *conseils*), et qui se consoleraient facilement d'une erreur, pourvu que la jonglerie se retrouvât quelque part : chez le curé ou chez le berger, assez peu leur importe; ils eussent assurément préféré le curé; mais si c'est tout à fait impossible, ma foi! tant pis pour le berger; avant tout, il leur faut un jongleur, et leur plus grand chagrin serait dans l'innocence de tout le monde, car alors.....

(1) Aujourd'hui on dirait, comme pour les tables, que ce sont les *petits doigts.* » Mais les *petits doigts* n'ont pas tout dit encore, et quand ils auront tout dit, nous saurons bien des choses. Malheureusement, voici que l'on reconnaît déjà qu'ils ne sont plus nécessaires. (Note de 1853.)

Eh bien! nous craignons beaucoup, pour notre part, que cette triste consolation, du retour sur le berger, ne leur soit même pas réservée; car la question d'habileté revient toujours, et l'on *a beau être berger*, il n'en est pas plus facile de faire sortir par une fenêtre des objets qui rentrent à l'instant par une autre, de faire promener dans la première maison venue, des pelles et des pincettes sans l'ombre d'un soutien, de lancer à la tête des gens d'énormes pupitres qui viennent mourir à leurs pieds, de répondre, au moyen de signes convenus et sans *erreur aucune*, à plus de cent questions différentes et cachées, depuis le rhythme exact du *Stabat de Rossini* jusqu'aux noms, prénoms, âges précis de plusieurs familles étrangères à la localité. Et ce jongleur invisible ferait là, tout à son aise, mille fois plus que ce que Robert Houdin ne peut faire, avons-nous dit, qu'à l'aide de tous ses instruments, de toutes les sciences mécaniques et physiques et du travail de toute sa vie! Allons donc! Et si par impossible, ce berger prodigieux avait pu dépasser ainsi tous ses maîtres, comment consentirait-il à garder ses moutons et à dédaigner une fortune assurée à la ville? De sa part, que de sottise ou de philosophie!

Mais si rien de tout cela ne peut s'admettre, que sera-ce donc tout à l'heure, lorsque nous retrouverons partout les analogues de ces incroyables faits, analogues fidèles jusque dans leurs moindres détails, analogues qui paraissent copiés les uns sur les autres, qui se représentent en tous lieux et dont il a toujours été impossible de saisir le moteur et l'agent! Comment allons-nous faire alors? en présence d'une telle similitude de causes et d'effets, allons-nous être obligés de *rêver*, comme beaucoup de gens au reste, une sorte de société secrète, dont le berger de Cideville ne serait plus que l'un des membres? mais alors cette société secrète relève donc d'une grande école centrale, espèce d'université *sui generis*, établie pour former, sous les mêmes maîtres apparemment, des licenciés de premier ordre, qu'elle distribue ensuite dans les quatre parties du monde ; licenciés si bien jetés dans le même moule, que leur savoir-faire n'a pas varié depuis Plutarque jusqu'à nous, et qu'ils ne changent jamais leur programme, soit qu'ils le remplissent en Amérique ou en Allemagne, en Angleterre ou en France, au centre de l'Afrique ou bien chez les Lapons. Mais où donc se tient-elle, cette école normale qui fait pâlir toutes les autres? Où sont les chaires qu'elle occupe et les classes qu'elle remplit? Comment, encore une fois, la police qui sait tout, n'a-t-elle pas signalé l'antre ténébreux qu'elle occupe?

Mais tout ceci ne vaut en vérité pas une réponse ; ce que nous tenons à bien vous faire connaître c'est le résumé de la longue conversation que nous avons eue avec ce roi des escamoteurs, ou plutôt avec ce mécanicien surprenant que nous citions tout à l'heure (1); après avoir prêté la plus grande attention à la lecture du dossier, il nous a déclaré et *signé*, avec sa franchise ordinaire que :

« Malgré sa ferme résolution de ne jamais intervenir dans
« des discussions ÉTRANGÈRES A SON ART, il devait convenir
« et même affirmer que le plus grand nombre de ces faits
« pratiqués sur une telle échelle et dans des circonstances si
« ingrates, DÉFIERAIENT ABSOLUMENT TOUTES LES RESSOURCES DE
« CET ART. »

Ainsi, vous l'entendez, Messieurs, ROBERT HOUDIN RECULE et se déclare incompétent !

Mais alors, va-t-on nous dire... s'il n'y a pas de jonglerie, nous nous rappelons le dilemme accepté ; c'est donc...?

Doucement, n'allons pas si vite en besogne, et voyons un peu si les faits en question n'auraient pas quelque analogue autour de nous, car sans doute alors, et à plus forte raison

---

(1) Robert Houdin. On pense bien que nous nous sommes mis en mesure, et que nous n'avons rien à craindre de ceux qui voudraient consulter ce véritable artiste sur toutes ces affirmations. Il ne variera pas plus que pour les faits magnétiques. Et voilà ce que nous appelons une autorité compétente !

si les analogues sont nombreux, on aura découvert et coupables et secrets, et cela pourrait bien nous aider.

C'est ce que nous allons vérifier à l'instant même.

§ V.

Récents et nombreux Analogues de Cideville en Europe.

On le sait, philosophiquement parlant, l'analogie est un de nos plus puissants moyens de certitude, et couronne avec l'observation et l'expérience, toutes les conditions exigées pour la conquête d'une vérité. Espérons donc qu'avec elle, nous parviendrons à relier ensemble toutes ces pierres évidemment détachées d'un seul et même édifice.

Seulement, en raison de l'extrême abondance de tous ces matériaux, nous nous trouvons dans un étrange embarras; car, avant tout, dans un aperçu aussi rapide que celui-ci, il ne faut pas abuser de votre attention, Messieurs, et nous savons qu'un petit nombre de faits bien choisis prouve tout aussi bien que toute une masse.

Entrons donc en matière, et rappelons-nous quelques-uns de ces faits contemporains, recueillis, dans le principe, avec assez de soin, détestablement expliqués un peu plus tard, et, par suite, retombés dans l'oubli, comme Cideville y retombera probablement avant peu.

Commençons, et tout en suivant ces nouveaux récits, ne perdons pas de vue le nôtre, et faisons tous les rapprochements nécessaires.

La *Revue Britannique*, du mois de février 1846, et la *Revue des Deux Mondes*, du 15 juillet 1842, ces deux souveraines arbitres, comme l'on sait, en matière philosophique et littéraire, nous recommandaient avec instance un ouvrage très-remarquable, écrit au delà du Rhin par un des savants les plus considérés de ce pays; ce livre était intitulé : *la Voyante de* Prevorst.

Sur la foi de ces *deux revues*, nous en traduisîmes une partie ; mais nous préférons les laisser parler l'une et l'autre.

« Il nous semble impossible, dit la *Revue Britannique*, de faire attention à l'histoire du magnétisme animal, sans reconnaître l'importance des questions qui s'y rattachent. L'obscurité même qui voile à nos yeux ces questions, nous laisse cependant entrevoir des vérités auxquelles IL FAUT FAIRE PLACE dans nos systèmes de physiologie et de psychologie. Nous croyons donc intéresser les sceptiques eux-mêmes, en leur révélant l'ouvrage curieux publié en Allemagne par le docteur Kerner, sur une femme déjà célèbre dans les annales du magnétisme animal (madame Hauffe). Dans ce livre, les accidents étranges de la vie magnétique ont atteint leurs limites extrêmes et jettent une sorte de défi à la raison.

« Le docteur Kerner, dont la maison a servi de théâtre aux faits que nous allons raconter, est parfaitement connu en Allemagne, comme médecin, comme poëte lyrique, comme savant et comme un homme qui joint à une piété évangélique des manières pleines d'amabilité. Aussi les sceptiques les plus obstinés s'inclinant devant *cette belle et pure renommée*, n'ont-ils jamais mis en doute sa sincérité et sa bonne foi. »

Maintenant nous allons voir quels sont les phénomènes que la *Revue* range avec nous dans la classe des faits magnétiques, bien que nous différions beaucoup sur leur explication :
« Ainsi, dit-elle, après sept années de soins prodigués par le docteur Kerner à cette voyante qu'il eut la douleur de voir mourir dans ses bras, tous les phénomènes physiologiques et psychologiques de ce magnétisme se déroulèrent sous ses yeux ; ainsi les désordres nerveux sont extrêmes, et lorsqu'on la saigne, ces désordres augmentent ; plus loin elle évoque, dans des verres, dans des bulles de savon, les images des personnes absentes. Alors (écoutez bien cet accompagnement du magnétisme animal, et commencez à comprendre notre comparaison), alors on vit les objets placés auprès d'elle s'élever dans les airs et s'éloigner comme poussés par

une force invisible... Tantôt c'étaient les apparitions d'un ou de plusieurs fantômes, dont les bruits étranges et le déplacement d'un chandelier annonçaient ordinairement la venue... On vit les portes s'ouvrir et se refermer, comme par une main mystérieuse, au moment où il entrait. Nous voyons un peu plus loin le magistrat Pfaffen, *incrédule jusque-là*, se rendre à la vérité d'apparitions qui se dressent devant lui. Tous ces fantômes prouvaient la réalité de leur existence de différentes manières : 1° par des bruits caractéristiques, frappés sur les murs ou sur les meubles, des roulements de balle, des vibrations de cloche ou de verre, des piétinements redoublés ; 2° par le déplacement de différents objets. Au moment où ces fantômes entraient dans la chambre de madame Hauffe, on voyait les chandeliers se mouvoir, les assiettes s'entre-choquer et les livres s'ouvrir ; on vit même une petite table s'élancer dans une chambre par une impulsion irrésistible. Le docteur, témoin de toutes ces choses, lui et beaucoup d'autres avec lui, déclarent qu'elles ne venaient pas de la somnambule, mais bien de *quelque mystérieux agent*... Dans tout le cours de ce récit, la plupart des phénomènes ordinaires, et certainement les plus extraordinaires du magnétisme animal (donc c'est une seule et même famille) se sont présentés à nous, et peuvent se diviser en cinq classes très-distinctes, qui correspondent assez exactement aux périodes magnétiques décrites par le professeur Klug, de Berlin. »

Maintenant, laissons parler la *Revue des Deux Mondes*, cette superbe voix de toutes nos sommités universitaires :

« Ce livre, dit-elle, dans lequel le *merveilleux* abonde, en tant que révélation des secrets de cette vie intérieure, en tant que recherches et vues nouvelles, sur un *monde d'esprits* en rapport continuel avec le nôtre, est un des plus étranges et des plus consciencieusement élaborés qu'on ait jamais produits en semblable matière. »

Cette Revue rend à son tour hommage à tous les mérites

de Kerner, qu'elle appelle une des gloires de l'Allemagne, et passe en revue la même série de phénomènes qu'elle enregistre avec un soin fort respectueux. « Ces bruits, dit-elle, d'après le docteur Kerner, étaient toujours appréciables aux oreilles des personnes qui se trouvaient là par hasard. C'étaient d'ordinaire comme *de petits coups secs* frappés sur la muraille, les tables ou le bois du lit (ah! Cideville! Cideville!), tantôt on croyait entendre des pas sur le carreau, tantôt vous eussiez dit le tâtonnement d'un animal, le bruissement d'une feuille de papier, le roulement d'une boule. Par instants, c'était comme un bruit de sable qu'on tamise, ou de cailloux qu'on lance, bruits qui ne laissaient pas que d'être accompagnés d'effet.

« Une fois, entre autres, à leur suite d'énormes plâtras se détachèrent du plafond et tombèrent à mes pieds. Il est à remarquer que ces bruits ne s'entendaient pas seulement dans la chambre de la visionnaire, mais dans toute la maison, et principalement dans mon appartement, qui se trouvait juste à l'étage au-dessus. Tant que dura la rumeur, Frédérique (madame H...) ne voyait rien, l'apparition pour elle ne commençait qu'un instant après. Moi-même, je me souviens avoir vu, à la place que la voyante indiquait, une forme grise et incertaine, UNE SORTE DE COLONNE VAPOREUSE (1) auprès du lit de la visionnaire. Les personnes qui veillaient dans sa chambre avaient *toutes* le sentiment de ces apparitions, mais surtout les personnes de la famille auxquelles cette faculté de communications spirituelles était commune...; son frère surtout la possédait, quoiqu'à un moindre degré, et sans que l'on pût remarquer chez lui les phénomènes cataleptiques de sa sœur. Un jour, entre autres, comme nous

---

(1) Voudra-t-on bien nous expliquer comment à trois cents lieues et à quinze ans de distance, M. l'abbé B**** se rencontre si juste avec un docteur allemand, et comment tous les deux voient, au moment de phénomènes tout semblables, *une colonne grise et gazéiforme?* Nous espérons plus tard expliquer un peu la nature de ce gaz si merveilleux.

causions, il s'interrompit tout à coup en s'écriant : « Silence!
« un esprit vient de traverser cette chambre pour se rendre
« là-haut chez ma sœur. » Et presque au même instant nous
entendions Frédérique commencer l'entretien avec un être
invisible... Mais j'oubliais, dit Kerner, que tout ceci n'est
qu'illusion, raillerie ou mensonge (Kerner répond aux incrédules d'outre-Rhin); que Mme H.... n'était qu'une aventurière, et que je ne suis moi-même qu'un imposteur. J'ai
visité Frédérique plus de trois mille fois, j'ai passé des
heures, des jours entiers au chevet de son lit; j'ai connu ses
parents, ses amis, toutes ses relations dans ce monde, elle a
vécu pour ainsi dire sous mes yeux les trois dernières années
de sa malheureuse existence, elle est morte dans mes bras...;
et des gens qui ne l'ont jamais ni visitée ni connue, des gens
qui parlent d'elle comme un aveugle des couleurs, vont crier
ensuite à l'imposture et au mensonge? Frédérique ne parlait
jamais de ces apparitions sans y avoir été poussée; il fallait la
supplier, insister vivement; elle se sentait si affligée de ce don
surnaturel, qu'elle ne cessait de prier Dieu de vouloir bien le
lui retirer. Je ne citerai ni deux, ni trois témoins à l'appui de
ce que j'avance, mais tous ceux qui l'ont connue; jamais je
ne pus surprendre en elle le plus léger désir de convaincre
les gens de la réalité de ses apparitions. « Il me suffit, disait-
« elle, de garder pour moi cette conviction profonde; et
« quand les hommes appellent *illusion*, *hallucination* ou *dé-
« lire* (toujours la même chose) la vie surnaturelle à laquelle
« j'assiste, je me soumets et les laisse dire. »

Eh bien! Messieurs, conviendrez-vous qu'il y ait quelques
rapports entre les phénomènes westphaliens et ceux de *la
Seine-Inférieure*, quelque lien secret et probablement *maçon-
nique* entre nos jeunes lévites, appelés en témoignage, soit
de la campagne et de la ville, et de graves docteurs allemands
qui racontent, presque dans les mêmes termes, leurs expériences de trois années? Comment expliquez-vous cette admirable entente? Direz-vous, comme vous disiez à l'audience :

« Pas d'Allemands, des Français ? » Ce sont des Allemands, nous le voulons bien, mais ce sont des Français, et quels Français ! qui les traduisent, qui les présentent, qui les cautionnent et, qui pis est, qui les admirent ! Au reste, si vous voulez des Français tout seuls et sans Allemands, nous allons tâcher de vous en fournir.

Mais auparavant laissez-nous vous prouver qu'au delà du détroit et dans cette Angleterre, où vous nous affirmez que jamais chose pareille n'oserait se produire et se rencontrer, laissez-nous vous prouver, par une seule anecdote, que cette terre classique de la raison n'a pas été jusqu'ici plus déshéritée que toute autre, de cet ordre de faits merveilleux.

Nous pourrions en emprunter un grand nombre à Walter Scott, non plus cette fois à l'ingénieux auteur de *Guy Mannering* ou d'*Ivanhoe*, mais au philosophe historien de *la démonologie*, traité spécial et railleur sur le sujet qui nous occupe, et nous aurions beau jeu cette fois-ci, car il nous suffirait de vous faire remarquer que dans toutes ces anecdotes, et malgré le désir qu'il en ait, il ne conclut jamais par le nom d'un coupable et par sa condamnation. On *prétend*, on *assure*, on *a dit quelque part*, voilà l'*ultimatum* uniforme et vraiment frappant de tous ses récits : toujours un *coupable soupçonné*, jamais un *coupable prouvé* et surtout condamné !

Mais nous vous avons promis des faits *récents* et nous tenons à nous renfermer strictement dans ce programme.

C'est une revue française de 1847 que copie le journal anglais, le *Douglas Jerrold*, du 26 mars, même année.

« Tout le voisinage de Black-Lion-Lane, à Bayswater, retentit d'un événement extraordinaire, arrivé récemment chez M. Williams, dans Moscou-Road, et qui a la plus grande analogie avec la célèbre affaire du revenant de Stockwell, en 1772. La maison est habitée par la famille Williams seule, qui se compose de quatre personnes et d'une petite Espagnole de neuf à dix ans, qu'ils élèvent charitablement. Il y a quelques jours, ils furent tous grandement surpris par un mouvement soudain et mystérieux de divers objets dans le salon et la cuisine. Aussitôt un pot accroché au dressoir se détache sans cause visible et se brise ; un autre le suit de près, et le lendemain un autre encore. Une théière de porcelaine, pleine de thé qu'on venait de faire, et placée sur le manteau de la cheminée, fut renversée sur le parquet, et brisée ; une autre en métal, qui lui fut immédiatement substituée, éprouva le même sort, et quand elle fut sur la table, on la vit sautiller comme si elle eût été ensorcelée, et fut aussi renversée. Quelque temps après que tout fut remis, un tableau se détacha du mur sans que le cadre se brisât. Tout était surprise et terreur alors, car les vieilles gens sont très-superstitieux, et, attribuant cet effet à un agent supernaturel, on détacha les autres tableaux qu'on déposa sur le sol. Mais l'esprit de locomotion ne s'arrêta pas là : les assiettes, les pots continuèrent d'être agités sur leurs tablettes, de se déplacer, rouler au milieu de la pièce, et sautiller comme s'ils eussent été inspirés par une flûte magique. Au souper, quand la tasse de la petite Espagnole fut pleine de bière, elle dansa sur la table et roula par terre ; trois fois de suite elle fut remplie et replacée, et trois fois de même renversée. Il serait ennuyeux de relater les tours fantastiques qui ont été joués par les meubles de tout genre. Un vase égyptien se mit à sauter sur la table, alors que personne ne l'approchait, et se brisa en tombant, une bouillotte s'élança du foyer dans le cendrier, comme M. Williams venait de remplir la théière qui tomba de la cheminée. Des chandeliers, après une danse sur la table *s'enfuirent au milieu de la chambre avec de petits meubles*, les boîtes à chapeau, bonnets, etc., de la façon la plus singulière. Un miroir fut enlevé de la table de toilette, et suivi de peignes et de divers flacons de parfums. Une grande pelote à épingles a été éminemment remarquable par ses sauts incessants de côté et d'autre. Les amis de la famille Williams supposent que la petite Espagnole est la cause de tout cela, *quoique cela soit très-extraordinaire pour son âge*, mais jusqu'à ce jour le *modus operandi* est demeuré invisible. »

Ainsi donc, l'enfant de neuf ans est aussi prodigieusement habile que la fameuse voyante de Prevorst. Il paraît que la science infuse est de tous les âges... et la fascination aussi. Maintenant, laissons parler la *Gazette des Tribunaux* du 20 décembre 1849, une *Française*, cette fois-ci :

« La curiosité publique a été tenue trop vivement et trop longtemps en haleine, à Saint-Quentin, pour qu'il nous soit possible de ne pas lui donner complète satisfaction.

« Il se passait, en effet, des choses bien étranges en apparence chez un honorable négociant de Saint-Quentin. Sans parler des bruits de l'autre monde que les domestiques prétendaient entendre chaque nuit, le diable faisait des siennes en plein jour avec une dextérité et une audace, de nature à confondre les plus incrédules. Pendant plus de trois semaines il arriva que les sonnettes allaient toutes seules, faiblement d'abord et tour à tour, puis simultanément, à tout briser. On courait aux cordons, on suivait le fil, on guettait... peines perdues ! Tandis que l'effroi régnait parmi les ouvrières, et que les maîtres attendaient patiemment que l'auteur de cette mauvaise plaisanterie leur fût révélé, la situation se compliqua. Non content de déplacer les casseroles et la vaisselle, de faire voyager des grils d'un bout à l'autre de la cuisine, de tourmenter de toute manière les malheureuses domestiques qui dépérissaient à vue d'œil et parlaient sérieusement de déguerpir, le lutin se mit en devoir de *frapper à coups redoublés contre les murs*.

« Les recherches impatientes des maîtres étaient toujours vaines, et les détonations infernales alternaient peu agréablement avec les sonneries fantastiques, lorsqu'il se produisit un troisième phénomène plus étonnant que tout le reste. Un carreau se brisa spontanément, puis un second, puis un troisième, jusqu'à cinq dans la même journée, à deux pas et sous les yeux de cinq ou six personnes rassemblées autour d'une table sur laquelle tombaient les éclats de vitres sans qu'on trouvât trace du moindre projectile. Le plus surprenant, c'est que les vitres étaient pour la plupart, non pas brisées, mais *trouées comme par l'effet d'une balle!* Bref, jamais prodige ne fut mieux conditionné pour dérouter le bon sens des uns et troubler le cerveau des autres. Il fallait bien néanmoins que le sortilége prît fin.

« Toutes les suppositions autorisées par la saine logique étant épuisées, il en restait une, que semblait devoir éloigner la frayeur réelle ou admirablement feinte des domestiques. Comment croire qu'une servante s'amuserait et parviendrait à se multiplier, avec une adresse digne des prestidigitateurs les plus consommés, pour bouleverser ainsi toute une maison? Ce qu'il y a de certain, c'est que, le congé donné, le charme a disparu. Nous en sommes fâchés pour les amis du merveilleux, qui ne manqueront pas de trouver la conclusion bien fade et bien vulgaire (au contraire ils la trouvent obligée), il resterait pourtant *à chercher une réponse* à un dernier pourquoi, soit dans l'ordre des spéculations de l'intrigue, soit dans celui des remords, ou parmi les *bizarres effets de certaines manies qui frisent le somnambulisme.* »

Ah! nous y voilà! La *Gazette* a bien senti qu'on ne faisait pas une réponse, et elle en cherche une; elle approche.....

Maintenant, reparlons donc un peu de cette *Angélique Cottin*, que ne peuvent avoir oubliée tous nos lecteurs, et à propos de laquelle nous les entendons déjà s'écrier : « Comment! vous voulez nous parler encore de *la jeune fille électrique?* Mais d'abord, ce n'était pas la même chose, ensuite l'Académie en a fait bonne justice. » Patience, leur dirons-nous, et laissez-nous vous prouver qu'il y avait d'abord identité de phénomènes, probablement aussi d'origine, et que là encore, l'Académie s'est rendue coupable d'une pauvre accusation de jonglerie, par laquelle elle a scandalisé le monde savant, elle toute seule exceptée.

Le 2 février 1846, le secrétaire perpétuel de l'Académie des Sciences, M. Arago, croyait devoir avertir ses collègues, qu'une jeune fille de treize ans venait d'arriver à Paris douée d'une puissance électrique fort singulière, dont il avait pu constater les bizarres effets, ainsi que MM. Mathieu et Laugier, au nom desquels il parlait. D'autres savants expliquaient, en dehors de l'Académie, comment cette jeune fille, parfaitement bien portante jusque-là, s'était trouvée atteinte subitement, le 15 janvier précédent, à sept heures du soir, d'une maladie pour le moins fort originale, dont le premier effet avait été d'arracher de ses mains et de faire voler au loin le fuseau qu'elle tournait tranquillement au milieu de toutes ses compagnes d'atelier. Rapporté, le fuseau repartait de plus belle; mais bientôt la plaisanterie était devenue plus sérieuse, tous les meubles voisins s'étaient violemment agités, les métiers imitaient les fuseaux, les chaises elles-mêmes étaient entrées dans la conspiration, bref, tout l'appartement s'insurgeait, et pendant que les guéridons s'approchaient d'elle à l'envi, les secrétaires fuyaient à son approche et les fauteuils se brisaient sous son poids.

M. Arago ne disait pas tout cela, c'était l'histoire qui le disait : quant à lui, il en annonçait bien assez pour révolter déjà les moins puritains de ses collègues. Mais cette fois il fallait bien écouter, car ces folies, dont le récit eût fait écrouler les voûtes du temple sur le pauvre magnétiseur qui se fût avisé de les produire, étaient racontées par le *grand prêtre* en personne, et se trouvaient intercalées peut-être entre une dissertation sur les *étoiles filantes* et un Mémoire sur le *soulèvement des montagnes*. On le voit, il n'y avait pas moyen de s'enfuir, de crier au blasphème, au charlatanisme, à l'imbécillité, que sais-je?... Non, il fallait rester là, écouter jusqu'au bout, car la jonglerie, s'il pouvait y en avoir, se cachait cette fois sous l'*éphod* du prophète, ces rêveries échappaient au plus savant des astronomes, ces hallucinations étaient une distraction de notre grand géomètre, et tout ce fatras de la sottise se trouvait exposé par l'organe de la raison la plus haute.

Aussi quel malaise ! quel embarras ! C'est à peine si l'on en croyait ses oreilles ! « Qu'est-ce à dire? s'écriaient quelques physiciens peu commodes ; mais ce n'est pas là de l'électricité ordinaire, *c'est le contraire de ses lois!* On nous a parlé, par exemple, d'une robe de soie servant de conducteur à l'électricité de la jeune fille ! A-t-on jamais vu rien de semblable? Si c'est là de l'électricité, ce n'est assurément pas celle que nous connaissons tous ! »

Qu'est-ce à dire? s'écriait à son tour un des plus grands mathématiciens de l'Europe, M. P... « Vous appelez cela de la science? quelle folie! Mais songez donc que l'Académie ayant condamné depuis longtemps le magnétisme animal, auquel tout ceci ressemble très-fort, vous allez la mettre en contradiction avec elle-même et la fourvoyer de plus belle dans les voies les plus compromettantes ! »

Alors, obligation pour l'illustre secrétaire de rappeler à l'Académie, avec tous les ménagements possibles, l'histoire de ces mille et une découvertes qu'elle avait eu l'honneur de faire ou d'enregistrer, un siècle environ après le moment de leur naissance. On les connaît, et l'on sait quel chiffre énorme elles atteignent ! Aussi, toute cette évocation de malencontreux souvenirs, finissant par lui causer quelque embarras, pour la première fois l'Académie accueillit la proposition nouvelle et nomma, séance tenante, une commission plus ou moins décidée à un scrupuleux examen.

Mais pour ceux qui connaissent depuis longtemps les faits de ce genre, et surtout leur véritable nature, il n'y avait pas lieu d'espérer un triomphe, ils savaient parfaitement à l'avance, que ces mêmes faits, qui venaient de briller de tout le blanc de l'évidence aux yeux de MM. Arago, Mathieu, Laugier, Tanchou, Rayer, etc., pris individuellement, *ne se montreraient jamais* devant une commission officielle, chargée de leur enregistrement solennel. Les initiés, disons-nous, le savaient parfaitement, parce qu'il en a toujours été et qu'il en sera toujours ainsi, et ils en connaissent tout aussi bien la raison.

M. Arago aurait bien dû la savoir aussi, car si nous avons bonne mémoire, ce n'était pas la première fois qu'il essuyait un tel mécompte, et pour nous, spectateurs désintéressés, rien n'est amusant comme de voir ces graves académiciens, taquinés, déroutés, essoufflés par le moucheron qui bourdonne autour d'eux, et de les voir balancés sans cesse entre des affirmations toutes contraires, entre le oui du matin et le non du soir, entre l'expérience personnelle et l'expérience publique, entre le témoignage de leurs yeux et celui des yeux officiels de leurs confrères. C'est à en perdre la tête!

Toujours est-il que, relativement à Angélique Cottin, notre attente fut moins frustrée que jamais. La commission assemblée *ad hoc* ne vit rien, ou bien vit fort peu de chose, manifesta quelques injurieux soupçons sur la *possibilité de certaines manœuvres* de la part de l'enfant, *dont les pieds avaient remué*, et se hâta de terminer ainsi sa déclaration : « Après avoir pesé « toutes les circonstances, la commission est d'avis que les « communications transmises à l'Académie au sujet de made- « moiselle Angélique Cottin, doivent être considérées comme « non avenues. »

Qui dut être *marri* de s'être *frotté* (qu'on nous passe l'expression) à des phénomènes si loin de sa compétence, si ce n'est l'illustre secrétaire, qui, après les avoir défendus avec chaleur, se voyait obligé de transcrire leur nullité.

Nous l'avions plaint à l'avance, et nous le plaignîmes bien davantage après.

Toutefois, qu'ariva-t-il de cette fin de non-recevoir? comment fut-elle reçue du public impatient et curieux? On peut en juger par cet extrait de la *Gazette des Hôpitaux* du 17 mars, gazette jusque-là cependant *fort peu favorable* à la jeune fille.

« Le rapport de l'Académie des Sciences, sur la jeune fille électrique, a été, dit-elle, assez généralement mal accueilli par l'opinion publique. IL N'A SATISFAIT PERSONNE.... Qu'est-ce autre chose qu'un *faux-fuyant*, cette déclaration qui consiste à regarder comme non avenues des communications qui ont ému le monde savant tout entier, qui ont été répétées par les mille voix de la presse, qui ont eu pour organe un des plus illustres savants du siècle? Non avenues !... Ce serait commode, si c'était possible...

« De part et d'autre, on ajoute bien des choses encore que nous ne pouvons pas répéter, mais qui prouvent que la Commission académique a parfaitement réussi *à mécontenter tout ensemble la foi et l'incrédulité.* C'est avoir du malheur. »

Nous le répétons, ces réflexions sont tirées d'un journal scientifique fort peu suspect, et qui, dans le principe, n'avait pas rejeté toute idée de supercherie pour le fait en question.

Nous allons entendre maintenant la *Gazette Médicale* apprécier, à sa manière, le même jugement académique.

« Il est certain qu'en droit logique, si l'on nous passe ce terme, l'Académie a, dans cette conclusion, *outre-passé tous ses pouvoirs*, et condamné, sinon des innocents, du moins de simples suspects, ce qui est manifestement illégal. En matière civile et criminelle, la Cour de cassation casserait un pareil arrêt pour vice de forme.

« Mais si la conclusion académique est déjà illégitime par la forme, *ratione formæ*, elle ne l'est pas moins *ratione materiæ*, c'est-à-dire dans le fond. Bien que la commission n'ait pas développé les motifs de son opinion, elle en dit assez pour les laisser soupçonner. Ces motifs sont : 1° la cessation ou interruption de la plupart des phénomènes survenus tout à coup au moment où elle a été appelée à les vérifier; 2° la production des phénomènes présentés comme naturels, mais probablement simulés. *La non-apparition des phénomènes, à tel ou tel moment donné, ne prouve absolument rien en soi. C'est un fait négatif* (entendez-vous, Messieurs) *qui, comme tel, ne détruit nullement le fait* positif *de leur apparition dans un autre moment, si celui-ci est convenablement constaté ailleurs.* Quant à la *simulation*, le cas est plus grave ; il frappe, ce me semble, d'une inévitable suspicion tous *les faits passés et futurs,* faits dont il fallait se débarrasser à tout prix, tant ils devenaient fatigants et nombreux ! Il est difficile de retenir ici la terrible sentence, *faux pour un, faux pour tous,* et toute l'histoire de cette petite fille prend le triste aspect d'un tissu de jongleries et de mensonges. Cependant, examinons.... D'abord, si l'on admet que tout ce qu'on raconte de cette fille n'a été, dès le commencement, qu'une jonglerie, il faut supposer dans cette petite paysanne de treize ans, une audace, une effronterie, un esprit de suite, une habileté de conduite assurément très-rares, et que ne lui attribueront pas facilement ceux qui l'ont vue de près et ont pu juger combien elle est intellectuellement peu propre à un pareil rôle. Il faut supposer, en outre, que les nombreux spectateurs qu'elle a attirés autour d'elle dans diverses villes, ont tous été dupes des manœuvres les plus grossières... Nous ne donnons ces remarques que pour ce qu'elles valent. Rien ne pourrait nous surprendre en fait d'impudence de la part des acteurs et en fait de crédulité de la part des spectateurs. Cependant la nature des phénomènes attribués à Angélique Cottin nous paraît *se prêter très-difficilement à une simulation continue...* Il faut expliquer, en outre, comment l'idée de cette supercherie, qui est véritablement *inouïe dans les fastes du charlatanisme,* a pu tomber dans la tête d'une petite paysanne *presque idiote,* vivant à la campagne dans un coin reculé de la Normandie. Comment, en supposant qu'une pareille pensée lui fût venue, aurait-elle pu entreprendre de l'exploiter comme elle l'a fait ? Sans pousser plus loin ces questions, qu'il serait facile de multiplier, on peut affirmer, d'après la difficulté qu'on aurait à répondre à celles-ci, qu'il est *au plus haut point improbable* que les faits singuliers qui ont attiré sur elle la curiosité publique, aient été dès l'origine, le résultat d'une supercherie préméditée... » (1)

On le voit, nous avions bien quelques raisons pour suspecter le jugement de l'Académie, et pour avoir le droit d'en appeler. Voyons donc maintenant comment s'étaient passés les débuts, et si leur ressemblance avec ceux de Cideville, en plusieurs points, ne pourrait pas éclairer les uns par les autres. Refaisons donc en peu de lignes l'histoire de la jeune Angélique.

Le jeudi 15 janvier 1846, vers huit heures du soir, Angélique Cottin, âgée de quatorze ans, tissait des gants de filet de soie avec trois autres jeunes filles, lorsque le guéridon en chêne brut, servant à fixer l'extrémité de la trame, remua, se déplaça sans que leurs efforts réunis pussent le maintenir dans sa position ordinaire. Elles s'éloignèrent, effrayées d'une chose si étrange, mais le récit qu'elles en firent ne fut pas cru des voisins qu'avaient attirés leurs cris ; deux d'abord, puis une troisième, sur les représentations des assistants, reprirent *en tremblant* leur besogne, sans que le fait mentionné se reproduisît. Mais aussitôt qu'Angélique, imitant ses compagnes, eut repris sa trame, le guéridon s'agita de nouveau, dansa, fut renversé, puis violemment repoussé. En même temps, la jeune fille était entraînée irrésistiblement à sa suite, mais dès qu'elle le touchait, il fuyait plus loin...

Effroi général... *On désigne celui qui, le matin même, a jeté le sort.* La nuit est calme. Le lendemain, on isole l'enfant du fatal guéridon, et, pour reprendre le travail, on fixe son gant à une huche pleine du poids de cent cinquante livres,

---

(1) Ces réflexions fort sages n'empêchaient pas la même gazette de reconnaître la possibilité de quelque jongleur *après coup*, de sorte que les mêmes prodiges auraient pu à un mois de date être parfaitement réels en Normandie, et simulés à Paris.... Comme cela devenait probable et surtout explicatif !

mais cet obstacle, opposé à l'action de la mystérieuse et terrible force, ne résiste pas longtemps. La huche est soulevée et déplacée, quoique la communication ne soit établie que par un simple fil de soie.

On court au presbytère demander exorcisme et prières. Le curé nie d'abord, vérifie ensuite et renvoie aux médecins.

Le lendemain, pelles, pincettes, tisons, brosses, livres, tout est mis en déroute, indifféremment, aux approches de l'enfant; des ciseaux *attachés*, suspendus à sa ceinture, sont lancés en l'air, *sans que le cordon soit brisé ni qu'on puisse savoir comment il a été dénoué*. M. le curé garantit l'authenticité de ce détail, mentionné aussi dans le rapport de M. Hébert (de Garnay). « Ce fait, le plus incroyable, dit-il, par son analogie avec *les effets de la foudre*, a fait tout de suite penser que l'électricité devait jouer un grand rôle dans la production de ces étonnants effets (1); mais cette voie d'observation fut de courte durée : ce fait ne se produisit que deux fois. »

M. de Farémont, propriétaire du voisinage, homme d'un caractère sérieux, respecté, ami des lumières et versé dans les sciences physiques, la conduit dans sa voiture aux médecins de Mamers ; les médecins, d'abord opposants, constatent le fait et se rendent.

Le mardi 3, foule incessante. Ce jour et les jours suivants, *plus de mille* personnes la visitent; dans le nombre nous comptons presque tous les médecins du pays, des physiciens distingués, des pharmaciens, des avocats, des professeurs, des magistrats, des ecclésiastiques, etc., Or, s'il fallait, après tant de témoignages et de contrôles dont plusieurs ont duré plusieurs mois, s'il fallait donner gain de cause à ce déni de justice, formulé en quelques minutes par quelques juges et basé sur ce qu'ils n'ont rien vu dans une séance négative, oh! alors, nous ne savons plus ce que devien-

---

(1) Sans doute elle joue un rôle ici, mais c'est une intelligence qui s'en sert et qui probablement lui est unie.

draient le témoignage humain et l'observation des faits ; nous ne comprendrions plus rien à la justice et aux institutions des hommes.

Non, tout cela est vrai ; rien de tout cela n'est joué, et le contraire nous paraît tellement absurde, que nous répondrions volontiers, comme le bon Plutarque, à nos dénégateurs : « Vous ne valez même pas l'honneur d'une réponse. »

Mais ce qui nous préoccupe toujours, c'est le principe générateur des faits, et de même qu'à Cideville nous voyons toujours un berger derrière, ou plutôt en *avant* de tous les phénomènes, de même, pour la jeune Angélique, nous trouvons encore toute une population désignant un coupable.

A cet effet nous avons désiré savoir si M. de Farémont, cet homme éclairé qui lui avait fait subir tant d'expériences, persistait dans sa croyance à une cause purement électrique. Nous avons donc eu l'honneur de lui écrire, et le 1ᵉʳ novembre de la même année, nous en recevions une longue réponse dont nous transcrivons les passages suivants : « Les phénomènes n'ont pas cessé ;... J'ai vu, je vois et je verrai toujours, quand je le voudrai, les choses les plus curieuses et les plus inexplicables, car voilà, Messieurs, la pierre d'achoppement, c'est que tous vos savants n'y comprennent rien, pas plus que moi (1). Ils auraient dû voir et étudier. Nous qui avons vu, nous croyons parce que tous les faits qui se passent sous nos yeux *sont palpables* et ne peuvent être réfutés en rien ; les gens qui se croyaient instruits *baissent l'oreille* et se taisent ; les masses disent que l'enfant est *ensorcelée* et non pas sorcière, car elle est trop simple pour qu'elles lui accordent cette dénomination ; quant à moi, j'ai vu tant d'effets divers produits chez elle par l'électricité, j'ai si bien vu, dans certaines circonstances, les bons conducteurs opérer, et dans d'autres ne rien produire, que si l'on suivait les lois générales de l'électricité, il

(1) On ne *biffe* pas impunément une grande vérité des archives du genre humain.

y aurait constamment le pour et le contre ; aussi suis-je bien convaincu qu'il y a chez cette enfant *une autre puissance que l'électricité*.

« *Signé:* Jules de FARÉMONT, à Montimer, près Bellême (Orne). »

Donc, sans prêter une opinion qui pourrait n'être pas la sienne à l'homme qui a le plus sérieusement étudié *Angélique Cottin*, celle-ci était, à ses yeux, une fille *secondairement* électrique, comme l'enfant du presbytère de Cideville.

Au reste, l'Académie croyait peut-être que ce fait d'Angélique Cottin, en le supposant vrai, était un fait isolé, tout à fait anormal, sans analogue aucun ; mais au moment même où elle lui refusait le droit de cité, d'autres faits du même genre se passaient à sa porte, chez ses membres les plus vénérés peut-être, et ces hommes éminents avaient la faiblesse et le respect humain de garder le silence sur des phénomènes dont ils étaient pleinement convaincus. Adressez-vous, entre autres, aux bureaux du journal le *Siècle*, et demandez-lui le nom qu'il avait au bout de sa plume en écrivant l'article suivant, le 4 mars de cette même année, c'est-à-dire au plus fort même de la discussion :

« Devons-nous citer un fait assez récent, encore inédit, qui a une notable analogie avec l'histoire de la jeune Angélique, et dont les particularités réelles se résolvent très-probablement dans une affection nerveuse telle que la danse de Saint-Guy ? Ce fait est attesté comme parfaitement sincère et exact par un témoin oculaire, éclairé, *professeur de classe supérieure dans un des colléges royaux de Paris*. En voici un extrait que *nous sommes autorisés à reproduire*. « Le 2 décembre dernier, une jeune fille d'un peu moins de quatorze ans, apprentie coloriste, rue Descartes, étant à travailler à son ouvrage, la table fit entendre, au grand étonnement de tout le monde, des bruits insolites et variables..... Bientôt le pinceau de la jeune fille s'échappa de ses doigts : quand elle voulait le saisir, il fuyait, le pupitre sur lequel elle travaillait, reculait ou se dressait devant elle. La table même, violemment repoussée, allait se heurter contre la table voisine. La chaise sur laquelle la jeune fille était assise, reculait tout à coup et se dérobait sous elle. Le seul frôlement de sa robe repoussait, attirait, soulevait une table. Le témoin, signataire de cette relation, dit que, placé près de la jeune fille, il a été soulevé avec la chaise sur laquelle il était assis. Plusieurs fois cette jeune fille s'est écriée qu'on lui tirait ses bas. En effet, les jarretières s'étaient *spontanément dénouées*, les bas étaient presque sortis des pieds, *puis, par une réaction soudaine, se remettaient d'eux-mêmes* (1)... Ces phénomènes se sont reproduits constamment pendant une douzaine de jours. Maintenant, la jeune fille éprouve de violentes secousses intérieures qui ne lui permettent pas de rester assise. Elle est enlevée à tous moments de son siége et y retombe par un mouvement semblable à celui d'un cavalier qui trotterait à l'anglaise. » (*Siècle* du 4 mars 1846.)

Maintenant si la parole du *Siècle* ne suffit pas aux incrédules, qui donc leur suffira? Néanmoins, essayons de passer à autre chose, ou plutôt à un autre article d'une même chose.

Le 2 février, on lisait dans la *Gazette des Tribunaux* :

« Un fait des plus singuliers, fait qui se reproduit chaque soir, chaque nuit depuis trois semaines, sans que les recherches les plus actives, la surveillance la mieux entendue, la plus persistante, aient pu en faire découvrir la cause, met en émoi tout le quartier populeux de la Montagne-Sainte-Geneviève, de la Sorbonne et de la place Saint-Michel. Voici ce que constate, d'accord avec la clameur publique, la double enquête judiciaire et administrative à laquelle on procède sans désemparer depuis plusieurs jours :

---

(1) Cela rentre dans les ciseaux d'Angélique, détachés *de leur* cordon tout simplement *dénoué* ; nous ne comprenons pas trop cette *réaction* électrique.

« Dans les travaux de démolition ouverts pour le percement d'une rue nouvelle, qui doit joindre la Sorbonne au Panthéon et à l'École de droit, en traversant la rue des Grès à la hauteur de l'ancienne église qui a successivement servi d'école mutuelle et de caserne d'infanterie, se trouve à l'extrémité d'un terrain où existait autrefois un bal public, le chantier d'un marchand de bois au poids et de charbon, chantier que borne une maison d'habitation, élevée d'un seul étage avec greniers. C'est cette maison, éloignée de la rue d'une certaine distance et séparée des habitations en démolition par les larges excavations de l'ancien mur d'enceinte de Paris construit sous Philippe-Auguste et mis à découvert par les travaux récents, qui se trouve chaque soir et toute la nuit, assaillie par une grêle de projectiles qui, par leur volume, par la violence avec laquelle ils sont lancés, produisent des dégâts tels, qu'elle est percée à jour, que les châssis des fenêtres, les chambranles des portes sont brisés, réduits en poussière comme si elle eût soutenu un siége à l'aide de la catapulte ou de la mitraille.

« D'où viennent ces projectiles, qui sont des quartiers de pavé, des fragments de démolition, des moellons entiers, qui, d'après leur poids et la distance d'où ils proviennent, NE PEUVENT ÉVIDEMMENT ÊTRE LANCÉS DE MAIN D'HOMME? C'est ce qu'il a été jusqu'à présent impossible de découvrir. En vain a-t-on exercé sous la direction personnelle du commissaire de police et d'agents habiles, une surveillance de jour et de nuit; en vain le chef du service de sûreté s'est-il rendu avec persistance sur les lieux; en vain a-t-on lâché chaque nuit dans les enclos environnants, des chiens de garde, rien n'a pu expliquer le phénomène, que, *dans sa crédulité*, le peuple, attribue à des moyens mystérieux; les projectiles ont continué de pleuvoir avec fracas sur la maison, lancés à une grande hauteur au-dessus de la tête de ceux qui s'étaient placés en observation jusque sur le toit des maisonnettes environnantes, paraissant provenir *d'une très-grande distance*, et atteignant leur but *avec une précision en quelque sorte mathématique*, et sans qu'aucun parût dévier, dans sa courbe *parabolique*, du but invariablement désigné.

« Nous n'entrerons pas dans de plus amples détails sur ce fait, qui trouvera sans doute une explication prochaine, grâce à la sollicitude qu'il a éveillée. Déjà l'enquête s'étend sur tout ce qui peut se rattacher dans ce but à l'application de l'adage : *Cui prodest is auctor*. Toutefois, nous ferons remarquer que, dans des circonstances à peu près analogues et qui produisirent également une certaine sensation dans Paris, lorsque, par exemple, une pluie de pièces de menue monnaie attirait chaque soir les badauds, rue Montesquieu, ou lorsque toutes les sonnettes de la rue de Malte étaient mises en mouvement par une main invisible, il *a été impossible* de parvenir à aucune découverte, de trouver une explication, une cause première *quelle qu'elle fût*. Espérons que cette fois on arrivera à un résultat plus précis. »

Deux jours après, le même journal disait encore :

« Le fait singulier et demeuré jusqu'à ce moment inexplicable que nous avons signalé ce matin, du jet de projectiles considérables contre la maison d'un marchand de bois et de charbon, rue Neuve-de-Cluny, proche de la place du Panthéon, a continué de se produire aujourd'hui encore, malgré la surveillance incessante exercée sur les lieux mêmes.

« A onze heures, alors que des agents étaient échelonnés sur tous les points avoisinants, une pierre énorme est venue frapper la porte (barricadée) de la maison. A trois heures, le chef intérimaire du service de sûreté, et cinq ou six de ses principaux subordonnés étant occupés à s'enquérir près des maîtres de la maison de différentes circonstances, un quartier de moellon est venu se briser à leurs pieds comme un éclat de bombe.

« On se perd en conjectures. Les portes, les fenêtres sont remplacées par des planches clouées à l'intérieur pour que les habitants de la maison ne puissent pas être atteints, comme l'ont été leurs meubles et jusqu'à leurs lits, brisés par les projectiles. »

Ce phénomène dura trois semaines environ, Messieurs ; toujours mêmes précautions, mêmes dégâts, même impossibilité de saisir un coupable. Cependant tout cessa, et le public parisien, si vivement intrigué pendant un temps, accepta, ne fût-ce que pour se reposer, nous ne savons plus quelle absurde solution.

L'hiver suivant, nous trouvant à Paris, et voulant en avoir le cœur net, nous allâmes demander quelques renseignements à la police d'abord et à la *Gazette des Tribunaux* ensuite. La première nous répondit, qu'on avait *fini par croire* que c'était le propriétaire de la maison lui-même qui, *on ne sait trop* par quels calcul et spéculation, avait voulu la discréditer ; la seconde nous affirma, que c'était un mauvais plaisant qui jouait ces tours au pauvre homme, et que M. le commissaire de police l'avait *pris sur le fait* et fait mettre en prison.... — Mais, comment s'appelait-il?... — On l'ignore...— A quelle prison peut-il être?... — Demandez au commissaire de police, il se fera un vrai plaisir de vous le dire.

Ces réponses assez divergentes, quoique émanant de deux autorités officielles, nous parurent plus que suspectes, et nous crûmes y reconnaître le sceau de toutes les précédentes. Alors nous nous rendîmes dans le quartier, nous visitâmes la maison, nous causâmes avec le maître charbonnier *Lerible*, à qui elle appartient. Après un récit très-détaillé de la chose, le bonhomme ajouta dans un style que nous vous demandons, Messieurs, la permission de conserver : « Mais, croiriez-vous bien, Monsieur, qu'ils ont eu la *simplicité* de m'accuser de tout cela, moi, propriétaire, moi, qui ai été plus de trente fois à la police pour la prier de me débarrasser ; moi, qui le 29 janvier, ai été trouver le colonel du 24°, qui m'a envoyé un peloton de ses chasseurs? J'avais beau leur dire : « Croyez que c'est moi, si ça vous amuse, ça ne change rien à la chose ; allez toujours, dites-moi seulement comment je m'y prends et prenez-moi l'individu que je fais travailler, puisque vous voyez bien que ce n'est pas moi, qui suis auprès de vous ; ainsi, que ce soit moi ou bien que ce soit un autre qui l'emploie, *amenez-moi mon particulier*. Ça vous regarde, et vous n'aurez pas servi un ingrat.... Mais, bah ! Monsieur, ils ont bien fait ce qu'ils ont pu, les pauvres diables, mais ils n'ont mis la main sur personne ; et puis, *une supposition* encore, *que ce fût moi qui me démolisse* ; dites donc un peu, est-ce que j'aurais meublé ma maison tout exprès, avec de beaux meubles tout neufs, comme je venais de le faire un mois auparavant ? Est-ce que j'aurais laissé tout mon petit mobilier, dans ce buffet à glaces, que les pierres paraissaient ajuster ? Tenez, Monsieur,... » et le pauvre homme nous montrait tous les fragments de sa vaisselle brisée, de sa pendule, de ses bocaux à fleurs, de ses glaces, débris qu'il évaluait à quinze cents francs, ce qui ne nous étonnait pas, et dans le fait, nous trouvions sa défense assez valable, surtout lorsqu'il ajoutait : « Et moi donc, est-ce que je n'aurais pas commencé par me mettre à l'abri ? est-ce que ces pierres ne tombaient pas sur moi encore plus rudement que sur les autres ? Tenez, voyez encore cette blessure près de la tempe, savez-vous bien que je pouvais y rester ? Ah ! Monsieur, il faut convenir qu'il y a des gens qui sont drôles (1) ! »

Ce brave homme nous avait intéressé, mais nous voulûmes questionner ses voisins ; nous nous adressâmes donc à plu-

(1) Un détail bien curieux est celui qu'il nous fit admirer ; cette chambre était remplie de pierres et de fragments de tuiles longs et plats ; cette forme nous frappa. — Par quel hasard ? lui dîmes-nous... — Voilà, Monsieur ; c'est que j'avais fermé mon volet. Et remarquez bien cette fente-là. — Effectivement, c'est une fente très-longue et très-étroite. — Eh bien ! Monsieur, à partir du moment où j'eus fermé mon volet, toutes les pierres eurent cette forme que vous leur voyez, et toutes arrivaient par cette fente, qui a à peu près leur largeur ! Nous restâmes confondu devant l'adresse des *jongleurs* qui visaient aussi juste et à une aussi grande distance. C'était à le donner à cent mille aux plus habiles, encore en les plaçant à vingt-cinq pas, au lieu d'un kilomètre pour le moins.

sieurs, entre autres à un grand libraire, qui forme l'angle de la rue dans laquelle se trouve située cette maison. Ainsi que les autres, il regardait la chose *comme absolument inexplicable*, et trouvait l'accusation de jonglerie plus absurde que tout le reste.

Alors nous nous rendîmes chez le commissaire de police; il était absent malheureusement, mais ses deux secrétaires occupaient son bureau, et celui qui le remplaçait nous répondit : « M. le commissaire de police vous affirmerait comme moi, Monsieur, que malgré nos infatigables recherches, on n'a jamais pu rien découvrir, et je peux vous assurer à l'avance qu'ON NE DÉCOUVRIRA JAMAIS RIEN. — Merci, Monsieur; nous en étions aussi parfaitement sûr, mais nous tenions à vous l'entendre dire. »

Ainsi, puisée à la police d'abord, puis à la *Gazette* qui nous avait appris les faits, l'explication pouvait nous paraître officielle... Elle l'était ni plus ni moins que toutes les autres (1).

Maintenant nous allons aborder deux autres faits plus décisifs que tout le reste, comme constatation d'abord, comme origine ensuite, et finalement comme terminaison; ils nous

---

(1) Si MM. les sceptiques avaient appelé l'érudition à leur aide, ils auraient vu que les mêmes phénomènes s'étaient déjà produits à peu près *au même lieu*. Ils ont donc oublié les diables de Vauvert auxquels la rue d'*Enfer* doit son nom? Au surplus, ce phénomène n'est pas rare, et nous avons là, sous les yeux, un article du *Courrier de l'Isère* qui nous affirme le fait suivant. D'après lui, une jeune fille des environs de Grenoble serait poursuivie, même au milieu des rases campagnes, par une pluie de petites pierres qui n'atteignent jamais qu'elle : certificats de médecin, de maire et de curé, rien n'y manque. Nous avons encore là un autre journal qui reproduit un fait exactement semblable... Mais on n'en finirait pas. Celui de Paris peut servir de *spécimen*, tant par sa grande notoriété que par les précautions déployées... et surtout par les explications définitives ; il justifie surtout ce témoin de Cideville qui nous parlait tout à l'heure des pierres qui le poursuivaient en pleine campagne.

Tout ceci nous rappelle cette pluie de briques qui tombait à Rome pendant que la cause de Milon se plaidait et sur laquelle les aruspices consultés répondirent : « Méfiez-vous des plaies d'en haut. »

paraissent laisser peu de chose à désirer, et nous doutons, qu'avec deux analogues aussi parfaits sous les yeux, un esprit tant soit peu philosophique, puisse conserver encore le moindre doute sur leur identité parfaite avec les phénomènes de Cideville.

La même *Revue française*, qui nous donnait tout à l'heure un extrait du *Douglas*, disait dans son n° de décembre 1846 : « M. Ch. R.... nous écrit de Rambouillet, à la date du 25 novembre, la lettre suivante qui intéressera vivement ceux qui ont suivi les expériences de la petite Cottin.

« .... Je crois vous faire plaisir en m'empressant de vous signaler qu'il se passe à Clairefontaine, près de Rambouillet, des faits dans le genre de ceux de mademoiselle Cottin; Rambouillet s'en est vivement entretenu. Voici ce que j'ai pu recueillir à ce sujet; je ne puis vous garantir l'exactitude des détails, mais le fond est vrai.

« M. B... est fermier à Clairefontaine. Il y a douze ou quinze jours, trois ou quatre marchands de livres toulousains se trouvaient dans ce bourg; l'un d'eux vint à la ferme offrir ses livres. La domestique, qui se trouvait seule, lui donna un morceau de pain. Quelque temps après, un second vint aussi demander du pain; *la fille lui en ayant refusé, il s'en alla en la menaçant* (1). Le soir de ce jour, la soupe étant servie, les couverts mis, au moment de se mettre à table, le bouillon tourna, devint laiteux, les couverts et la soupière s'agitèrent et furent jetés à terre; la fille allant pour mettre un chaudron sur le feu, l'anse lui resta dans la main, les oreilles s'étant rompues. La même fille allant dans la maison, et se trouvant sur la place *où avait été le marchand*, fut prise de mouvements dans les membres; son cou éprouva aussi un vif mouvement de ROTATION, et sa frayeur était grande. Le charretier, par bravade, se mit *au même lieu*, il fut tout aussitôt agité, et il étouffait; sortant de la maison, il fut ren-

---

(1) Qu'on ne perde pas de vue ce début.

versé dans une mare d'eau qui est au-devant. On alla chercher M. le curé, mais à peine avait-il récité quelques prières, qu'il fut agité comme les autres ; ses lunettes en furent brisées, ses membres craquaient et éprouvaient des oscillations. La fille fut très-mal ; elle passa même pour avoir succombé. Ces phénomènes sont intermittents, ils cessent et reparaissent.

« La fille avait-elle des prédispositions à cette affection que la peur aura fait éclore ? Cette espèce d'éclampsie n'est-elle pas contagieuse, comme le sont l'épilepsie, la chorepsie, la catalepsie, etc. ?

« J'aurais été très-curieux de voir ces faits, mais ne connaissant aucunement M. B..., ni personne à Clairefontaine, n'ayant ni titre ni mission pour prétexte, j'aurais eu peur d'être éconduit. »

Ce récit est en effet très-curieux.

Mais voici le fait culminant par excellence, et auquel devrait être réservé l'honneur de clore une liste d'analogues que nous pourrions grossir à volonté, si nous ne voulions ménager, Messieurs, et votre temps et votre bonne volonté.

Attention !

Le 5 mars 1849, on lisait l'article suivant dans un de nos journaux les plus sérieux, le *Constitutionnel*.

« Il paraît que la population de la commune de Guillonville, canton d'Orgères, est tout en émoi depuis quelques semaines, par suite des prétendus miracles d'une *jeune fille électrique*. Cette fille, âgée de quatorze ans, domestique de ferme, d'une intelligence bornée, serait (dit la chronique) douée d'une force d'*attraction* très-extraordinaire, à l'endroit des meubles ou autres objets qui l'entourent. La première fois qu'on a reconnu les effets de cette singulière faculté, la petite paysanne était en train de bercer un des enfants de ses maîtres : tout à coup les deux portes d'une armoire fermée à clef s'ouvrent toutes seules, et le linge qu'elle contenait est jeté à travers la chambre comme lancé par une main invisible. Au même instant une pelisse, qu'on avait posée sur un lit voisin, enveloppe la berceuse, et se fixe sur elle assez fortement pour qu'on ait de la peine à l'enlever.

« A partir de ce jour, les preuves de cette puissance attractive allèrent se multipliant d'une façon merveilleuse, au grand dommage de l'électrique servante : tantôt, en effet, c'est un collier de cheval qui vient se placer sur ses épaules, tantôt des corbeilles de pain qui lui tombent sur la tête, tantôt encore, un sac vide qui la coiffe et la recouvre en entier, et cette tunique de Nessus d'un nouveau genre, se colle à son corps sans qu'on puisse la lui arracher. Est-elle dans une chambre? les meubles de danser et de changer de place, ainsi que dans un conte fantastique d'Hoffmann. D'autres fois, un peloton de fil va se loger dans son dos, et toutes sortes d'objets, bouts de chandelle, morceaux de viande et (ceci devient plus grave) boucles d'oreilles de sa maîtresse, se retrouvent dans ses poches, et toujours, à ce qu'on raconte, par la seule influence de son pouvoir d'attraction et par la vertu de l'électro-magnétisme. Une femme du village, esprit fort de l'endroit, se présente à la ferme, hochant la tête d'un air sceptique, et disant d'un ton de défi qu'elle ne croira que ce qu'elle verra ; peu de temps après, le chef de la jeune fille de se couvrir d'un plat, sans qu'on puisse deviner d'où lui vient cette coiffure inattendue.

« Tels sont les faits qui ont fort agité les habitants de Guillonville, et qui, grossis naturellement à mesure qu'ils se répandent dans les communes environnantes, font partout crier au miracle. »

Malgré l'autorité (semi-convaincue il est vrai) du *Constitutionnel*, la chose en fût restée là probablement, et certes, pas un seul Parisien, même parmi les plus curieux et les plus savants, ne se fût permis de faire cinquante pas pour vérifier des phénomènes un million de fois plus curieux que ceux qui les absorbent jour et nuit; mais dans le pays, une telle indifférence fût devenue par trop scandaleuse : bon gré, mal gré, il fallut bien y prêter quelque attention.

Aussi, le *Journal de Chartres* s'en occupa-t-il bientôt, et crut devoir rapporter la lettre si curieuse de M. Henri Roger, agrégé à la Faculté de médecine de Paris.

Après lui, vint l'*Abeille*, journal de la même ville, et c'est lui qui va nous éclairer sur ces faits prodigieux. Laissons parler son numéro du 11 mars 1849. Après avoir cité l'article qu'on vient de lire, il ajoute :

« Le médecin qui a envoyé cette relation à M. Henri Roger, est M. Larcher, médecin à Sancheville. De tous les faits rapportés par le *Constitutionnel*, un seul est inexact (1). Il n'est pas vrai de dire que le sac qui coiffait la jeune domestique se collait à son corps sans qu'on pût l'arracher ; on l'a toujours enlevé avec beaucoup de facilité. Nous tenons cette rectification de M. Dolléans père, conseiller municipal à Cormainville, qui a plusieurs fois retiré lui-même le sac, qui recouvrait si mystérieusement cette fille. Voici maintenant une lettre de notre correspondant du canton d'Orgères : elle est datée du 28 février 1849 :

« Monsieur le Rédacteur, je ne sais si vous avez entendu parler des faits qui, depuis deux mois, se passent dans une commune de ce canton, à Guillonville. Si vous voulez me permettre de les raconter, je le ferai avec toute l'exactitude qu'exigent des faits si extraordinaires et si inexplicables pour moi. Toutes les populations du canton d'Orgères s'en préoccupent vivement et en font le sujet continuel de leurs conversations. Voici ces faits, tels que je les ai recueillis de la bouche même d'une foule de témoins oculaires et dignes de foi. Je commence *ab ovo*.

« Dans le courant du mois de décembre dernier, M. Dolléans, meunier et cultivateur à Gaubert, commune de Guillonville, s'aperçut que chaque nuit on lui volait du foin. Quel était l'auteur de ce vol ? Ses soupçons se portèrent sur un nommé V***, employé à son service. Il le dénonça ; la

---

(1) Vous voyez qu'on y met du scrupule.

justice fit des perquisitions chez l'homme soupçonné ; mais elle ne put rien découvrir qui justifiât les soupçons de M. Dolléans. Deux jours après ces perquisitions, le feu fut mis à l'écurie du meunier de Gaubert ; mais fort heureusement on aperçut la flamme avant qu'elle pût faire de grands ravages, et l'on en fut quitte pour la peur. V*** fut encore soupçonné de ce méfait ; il avait été vu, dit-on, rôdant autour de la maison, le soir où le feu éclata dans l'écurie ; c'était une jeune domestique de la ferme, âgée de quinze ans, et nommée Adolphine Benoît, qui prétendait l'avoir vu. V*** fut arrêté et conduit à la maison d'arrêt de Châteaudun ; il fut relâché après trente-deux jours de détention préventive.

« Cependant, *deux jours après l'arrestation de V****, commença une série de faits extraordinaires, qui durent encore aujourd'hui chez M. Dolléans, de Gaubert. Un beau matin de la fin de décembre, M. Dolléans trouva ouvertes toutes les portes de son étable, de son écurie, de ses granges et de sa propre habitation ; en même temps toutes les clefs avaient disparu. Dans la journée, il fit mettre de bons et forts cadenas à toutes les portes ; mais lorsqu'il se leva, le lendemain, à cinq heures du matin, tous étaient enlevés, à l'exception de celui qui fermait la porte de la grange. M. Dolléans crut que de hardis voleurs venaient prendre, la nuit, et les clefs et les cadenas. Il s'arma de son fusil, se mit en sentinelle, non loin de sa grange, bien décidé à tirer sur le premier qu'il verrait paraître. Il resta là jusqu'aux premières lueurs du jour, vers sept heures et demie. En ce moment, il détourna un peu la tête : le cadenas de la grange avait disparu ! M. Dolléans rentre et raconte à sa femme et à ses gens ce qui vient d'arriver ; tous s'en effraient ; cette disparition du dernier cadenas leur semble une chose surnaturelle.

« Toute la journée se passa dans un calme parfait. Madame Dolléans, qui était fort alarmée, engagea sa jeune servante à réciter à genoux les sept psaumes de la Pénitence, espérant trouver dans la prière un secours contre sa peur. A peine la jeune fille s'est-elle agenouillée, qu'elle s'écrie : *Qui donc me tire par ma robe?* Et le cadenas, disparu le matin, apparaît pendu à son dos. Grand émoi et nouvelle épouvante dans la maison : c'était le 31 décembre.

« A partir de cette époque, Adolphine Benoît éprouva chaque jour les choses les plus singulières (1). Tantôt des cordes, des chandelles, des chiffons, des corbeilles à pain, des chopines pleines d'eau et même de vieilles charognes se trouvaient subitement transportés sur son dos ou dans ses poches. Tantôt les ustensiles de cuisine, casseroles, poêlons, cuillers à pot, etc., venaient s'accrocher aux cordons de sa jupe ou de son tablier. D'autres fois, entrant dans l'écurie, les harnais des chevaux sautaient sur elle et l'entortillaient de telle façon qu'un secours lui était nécessaire pour s'en délivrer. Un jour, toujours en entrant dans l'écurie, les deux colliers des chevaux vinrent se placer sur ses épaules. Vous riez sans doute, monsieur le Rédacteur, de ces burlesques événements, mais la jeune servante et ses maîtres n'en riaient pas eux ; ils étaient saisis d'une indicible épouvante. Adolphine Benoît en devint malade et fut envoyée à l'hospice de Patay, où elle passa cinq jours sans ressentir aucun des effets de son obsession.

« Elle revint chez ses maîtres. A peine y eut-elle mis le pied, que tout recommença : les mêmes faits et quelques autres d'un genre nouveau vinrent la tourmenter comme auparavant. Plus de vingt fois, deux planches de trois à quatre pieds de longueur formant étagère lui tombèrent sur le dos à l'instant même où elle entrait dans la chambre. On a même vu ces deux planches, appuyées sur une seule de leurs extrémités, se tenir en équilibre, *malgré les lois de la pesanteur*. Souvent, soit en marchant, soit en se tenant debout devant ses maîtres, la jeune Adolphine se trouvait tout à coup couverte d'un long sac qui l'enveloppait de la tête aux pieds. D'autres fois, le trépied et la chèvre à scier le bois allaient se

---

(1) Il ne faut pas oublier que l'arrestation de V*** avait été due à cette jeune fille.

placer à califourchon sur son cou. Très-souvent, des cordes, des rubans venaient tout à coup, au milieu d'une conversation, s'enlacer autour du cou d'Adolphine, et lui serraient la gorge avec tant de force qu'elle en perdait la respiration. Je ne finirais pas, monsieur le Rédacteur, si je voulais vous rapporter tout ce que racontent les témoins de ces scènes mystérieuses. Mais, demanderez-vous peut-être, n'y avait-il point ruse et comédie de la part de la jeune servante? C'est ce que des personnes sensées se dirent d'abord. Une d'elles, entre autres, mademoiselle Dolléans, sœur du maître de la maison, femme pleine de sagacité et de bon sens, se donna pour mission de surveiller Adolphine; durant quinze jours, elle ne la quitta ni le jour ni la nuit; elle ne l'abandonna pas un seul instant. Eh bien! il a été impossible à mademoiselle Dolléans de découvrir la moindre tromperie dans cette jeune fille.

« Il y avait déjà plus d'un mois que ces faits extraordinaires se reproduisaient chaque jour avec une intensité toujours croissante, lorsque mademoiselle Dolléans résolut de renvoyer sa servante. Adolphine Benoît retourna chez son père, à Péronville. Cette pauvre enfant recouvra *aussitôt* sa tranquillité.

« Chez M. Dolléans, tout rentra d'abord dans le calme le plus parfait, et cela dura une quinzaine de jours. Mais, le mercredi des Cendres, des événements tout aussi inexplicables que les premiers jetèrent de nouveau l'effroi dans cette intéressante famille. Cette fois ce n'était plus une domestique qui en était l'objet, ce fut le plus jeune fils de M. Dolléans, enfant de deux à trois mois (1). Un jour, comme sa mère le tenait

(1) Faisons ici une remarque très-importante. Jusqu'à présent on pouvait nous dire, et l'on nous disait : « Voyez; aussitôt que ces servantes, ces enfants suspectés sont congédiés, tout est fini. — Oui, en général, et parce qu'ordinairement ces instruments de vengeance ont rempli tout leur mandat. Mais ici nous voyons une exception. Dix jours après le renvoi de la personne influencée, c'est le fils de M. Dolléans qui la remplace. Donc, Adolphine Benoît n'était dans tout ceci qu'une cause secondaire, et tout simplement *le véhicule momentané* de l'influence émise.

sur son giron, tout à coup le bonnet de l'enfant fut enlevé, et on ne sait ce qu'il devint. Madame Dolléans lui en met un autre; bientôt celui-ci est coupé et enlevé de même, mais remplacé par une énorme cuiller à pot, qui couvre la tête de l'enfant, à la grande frayeur de sa mère. Depuis huit jours ce pauvre enfant est tourmenté de mille façons, malgré la surveillance assidue de ses parents : à chaque instant des ustensiles de cuisine se précipitent sur lui ou dans son berceau. *J'ai vu moi-même les pelles, les pincettes, les réchauds et une foule d'autres objets, s'y trouver subitement sans qu'on pût deviner comment tout cela y était transporté.* Madame Dolléans m'a assuré qu'elle a vainement essayé d'attacher au cou de l'enfant des médailles et des crucifix ; ces objets sacrés disparaissaient mystérieusement un moment après y avoir été placés.

« *Vous dire l'impression que ces faits produisent parmi nous serait impossible, j'y renonce : Tout le monde crie au maléfice, au sortilége ;* on va même jusqu'à jeter des accusations absurdes sur plusieurs personnes, qui sans doute sont bien innocentes de tout cela.

« Si vous croyez, monsieur le Rédacteur, ces faits dignes d'être mis sous les yeux de vos lecteurs, je vous autorise à publier ma lettre, sinon jetez-la au feu. »

Le journal reprend : « Il y a déjà huit jours que nous avons reçu la lettre de notre correspondant. Nous n'avons pas voulu la publier avant de nous être rendus sur les lieux. Deux de nous sont donc allés, cette semaine, dans le canton d'Orgères ; ils ont interrogé des hommes sages, témoins oculaires, des cultivateurs instruits, des prêtres, des médecins : tous ont certifié exacts les faits avancés par notre correspondant. Maintenant comment expliquer des faits aussi extraordinaires ? Ici, nous nous taisons. A la science et à l'Église en appartient la solution. Nous ajouterons seulement ce que M. et Mme Dolléans nous ont dit, que « le jeudi 1er mars, des exorcismes ont été faits sur l'enfant, et qu'aussitôt tout le désordre a cessé ; l'enfant ne possède plus cette *vertu attractive*, pour parler comme M. Roger, du *Constitutionnel*. Voilà ce que nous pouvons affirmer en toute vérité (1). »

A toute cette histoire, si digne de figurer dans les *Mille et une Nuits*, nous n'ajouterons, nous, qu'un seul mot, mais il sera décisif pour ceux qui ne croient pas facilement à la méprise d'un évêque et au mensonge du prêtre auquel il confie un ministère aussi sacré que délicat : c'est qu'ayant écrit nous-même à ce dernier, il a bien voulu nous répondre les quelques lignes qui vont suivre :

« Monsieur, ce n'est pas M. le curé de Guillonville qui s'est
« chargé de faire les exorcismes pour *détruire l'obsession* de
« ces deux personnes de Guillonville : c'est moi, curé de
« Cormainville, son voisin. Voici ce que j'ai fait : sans soup-
« çonner ni attaquer personne, après m'être bien assuré,
« par moi-même, que les faits étaient réels, j'ai conduit
« des témoins, en nombre suffisant et très-dignes de foi, à
« nos supérieurs ecclésiastiques de Chartres qui, bien con-
« vaincus de la vérité des faits et sans en être nullement
« étonnés, m'ont excité à faire les exorcismes, et c'est ce que
« j'ai *fait suivant en tout point ce qui est marqué dans le rituel*,
« et *le jour même* l'obsession a disparu entièrement, à la
« grande joie des pauvres fermiers, qui desséchaient de cha-
« grin et de peine. Tout ce qu'il y avait dans le journal
« l'*Abeille*, était parfaitement vrai, et mille autres faits de ce
« genre (2).

« *Votre très-humble serviteur,*

« *Signé :* LEFRANC, desservant de Cormainville.

« **22 février 1851.** »

(1) *L'Abeille* (journal de Chartres), du 11 mars 1849.

(2) A Yerville, nous disions à ceux qui n'aiment pas à sortir de leur département : *Quand vous le voudrez, nous vous conduirons à votre porte*, chez deux ou trois pasteurs du voisinage de Cideville, jouissant de la confiance générale ; ils vous raconteront, l'un, comment, grâce à un enfant dans

§ V.

Conclusion.

Maintenant, nous vous le demandons, Messieurs, qu'est-ce que le témoignage, qu'est-ce que la justice, s'il nous faut récuser à la fois des masses de témoins, tous d'accord, et, dit-on, parfaitement sincères, des aveux ou prédictions de coupables,

la même position, les mêmes phénomènes se sont constamment reproduits pendant plusieurs mois, et jusqu'à son départ; comment, à l'arrivée de cet enfant dans son pays natal, toutes les vitres du village se cassaient sur son passage; comment le même enfant à la vue d'un père qu'il *adorait*, saisissait un fusil et le déchargeait sur lui; comment la magistrature et le clergé ont envoyé là leurs inspecteurs; comment ils y sont restés un mois de suite, veillant jour et nuit, et se faisant aider par des chiens vigilants; comment au bout d'un mois, et las de ne rien découvrir, l'agent de police retourna à Rouen, dans un état très-voisin de la folie, etc., etc.

L'autre vous dira comment ses épreuves ont duré dix-huit ans, épreuves qui consistaient en *lutineries* du même genre, en insomnies forcées, en couvertures violemment arrachées, en clavecins s'ouvrant tout seuls, et jouant une partie de la nuit de la vraie mais insupportable musique, etc.

Le dernier enfin, oh! le dernier, il vous en dira long; car il a payé largement le courage qui lui avait fait accepter une cure dont personne ne voulait plus, en raison des vexations mystérieuses qui, depuis plusieurs générations, n'avaient cessé d'obséder le presbytère. Il vous racontera comment il engagea la lutte avec les sept sorciers de sa commune, leurs menaces, leurs prédictions, leur accomplissement, puis une horrible guerre engagée, non plus cette fois à coups de poing, mais à coups de pistolet avec les agents invisibles, et le lendemain les sorciers, *qui cependant n'avaient pas quitté leur maison*, gardant tous leur lit avec des trous de balle dans les jambes. Puis des créations instantanées d'animaux, hallucinant tout le monde, et disparaissant quand on voulait les saisir; puis enfin, un commencement d'exorcisme public, devant quatre ou cinq cents témoins, etc., etc. Encore une fois, ces faits contemporains se sont passés à votre porte; nous pourrons vous conduire chez ceux qui en ont été si longtemps les victimes, et nous ne doutons pas, quoique nous n'osions les nommer sans leur permission, que s'ils vous voient vraiment désireux de vous instruire, ils cessent de retenir sous le boisseau... une lumière nécessaire à tant d'accusés aujourd'hui.

En outre, dans ce même département de la Seine-Inférieure, nous pourrions citer plus de trois exorcismes capitaux ordonnés depuis le commencement de ce siècle par les évêques et couronnés par le triomphe le plus complet.

ou des déclarations de victimes, déclarations toujours complétement identiques ? Qu'est-ce donc que la jonglerie, si elle peut faire produire *subitement*, soit à de vieilles servantes, soit à de jeunes enfants de neuf ou de treize ans, des phénomènes qui déroutent la science, effraient les populations, et malgré les faciles et vagues accusations d'une malveillante légèreté, restent presque toujours sans explication raisonnable et toujours sans la saisie des jongleurs ? Enfin, qu'est-ce que l'analogie, si cette similitude d'effets, dans tous les temps comme dans tous les lieux, ne révèle pas un seul et même ordre d'agents, ne se donnant même pas la peine de varier ce qu'ils pourraient varier à l'infini ?

Mais alors, va-t-on nous dire, nous voici donc obligés de revenir à ce que nous avions brisé, et de faire amende honorable à nos pères ? Mon Dieu, oui ! mais lorsque l'on frappe aussi souvent sa poitrine que nos savants se sont vus forcés de le faire depuis vingt ans, la frapper une fois de plus ne paraît pas une si terrible affaire, et nous connaissons plus d'une *illustration* qui ne balancerait pas devant la démonstration d'une vérité que depuis longtemps elle soupçonne.

D'ailleurs nous avons tous accepté l'inévitable dilemme : « ou le plus habile des jongleurs, ou bien un agent mystérieux. » Or, de nombreux témoins *parfaitement bien portants*, pour nous servir de l'expression de Voltaire, nous attestant des faits dont le plus habile des jongleurs n'hésite pas un instant à déclarer son art incapable, nous nous voyons forcé, comme tout homme de bonne foi, de franchir encore une fois ce *Rubicon* philosophique et de proclamer hardiment..... l'intervention à Cideville, comme en mille autres lieux, d'agents mystérieux, c'est-à-dire, ainsi que nous l'improvisions, à l'audience, de *forces intelligentes dépassant toutes celles de l'homme et de la nature*, ou mieux encore : d'*intelligences servies par des fluides* et identifiées, même physiquement, avec le *client* qui les invoque ou qui les emploie.

Ce qui constitue bien pour nous, une fois de plus, ce que nous promettions plus haut: *le surnaturel enté sur l'électro-magnétisme et le fluide nerveux*, sorte de magnétisme transcendant, et bien évidemment diabolique *en ce cas-ci*.

NOTES OU PLUTOT DÉVELOPPEMENTS

PAR L'AUTEUR

NOTE Ire.

ANECDOTE TIRÉE DES *CAUSES CÉLÈBRES*

et remarquable par la conformité de ses détails avec ceux du Presbytère de Cideville (1).

Nous allons rapporter maintenant une anecdote du même ordre que celle de Cideville, anecdote qui fit, à ce qu'il paraît, beaucoup de sensation au commencement du XVIIIe siècle, et que nous emprunterons au savant ouvrage du Père Lebrun, ouvrage revêtu de l'approbation et de la signature de Fontenelle, ce qui ne laisse pas, par parenthèse, que d'être assez curieux. Voici l'histoire en abrégé et telle qu'elle occupa tous les tribunaux à cette époque.

« Le vendredi 1er mai 1705, à cinq heures du soir, Denis Milanges de la Richardière, fils d'un avocat au parlement de Paris, fut attaqué, à dix-huit ans, de léthargies et de démences si singulières, que les médecins ne surent qu'en dire. On lui donna de l'émétique, et ses parents l'emmenèrent à leur maison de Noisy-le-Grand, où son mal devint plus fort, si bien qu'on déclara qu'il était ensorcelé. On lui demanda s'il n'avait pas eu de démêlés avec quelque berger ; il conta alors que le 18 avril précédent, comme il traversait à cheval le village de Noisy, son cheval s'était arrêté court dans la rue de Féret, vis-à-vis la chapelle, sans qu'on pût le faire avancer ; qu'il avait vu, sur ces entrefaites, un berger qu'il ne connaissait pas, lequel lui avait dit : « Monsieur, retournez chez vous, votre cheval n'avancera pas. »

Cet homme, qui lui avait paru âgé d'une cinquantaine d'années, était de haute taille, de mauvaise physionomie, ayant la barbe et les cheveux noirs, la houlette à la main, et deux chiens noirs à courtes oreilles auprès de lui.

Le jeune Milanges se moqua des propos du berger. Cependant *il ne put faire avancer son cheval* (voir au ch. VII, l'aventure du château de M...., rappelant l'ânesse de Balaam et quelques chapitres de Johnson et de Kerner)

---

(1) Cette note n'a pas été classée parmi les analogues, en raison de sa date, qui d'abord l'eût fait rejeter sans pitié, et qui ensuite eût démenti notre promesse de faits contemporains. Mais ici, elle se lie merveilleusement à la note II, qui la suit et qui cherche à l'expliquer.

il fut obligé de le ramener à la maison, où lui-même tomba malade : était-ce l'effet de l'impatience et de la colère, ou le sorcier lui avait-il jeté un sort ?

M. de la Richardière, le père, fit mille choses en vain pour la guérison de son fils. Comme un jour, ce jeune homme rentrait seul dans sa chambre, il y trouva son vieux berger, assis dans son fauteuil, avec sa houlette et ses deux chiens noirs. Cette vision l'épouvanta. il appela du monde, *mais personne que lui ne voyait le sorcier* (comme à Cideville), il soutint toutefois qu'il le voyait très-bien : il ajouta même que ce berger s'appelait Danis, quoiqu'il ignorât qui pouvait lui avoir révélé son nom. Il continua de le voir tout seul. Mais, sur les dix heures du soir, il tomba à terre en disant que le berger était sur lui et l'écrasait (comme à Cideville), et en présence de tous les assistants, il tira de sa poche un couteau pointu dont il donna cinq ou six coups dans le visage du malheureux, DONT IL S'EST TROUVÉ MARQUÉ (toujours comme à Cideville). (1)

Enfin, au bout de huit semaines de souffrances, M. de Milanges alla à Saint-Maur avec la confiance qu'il guérirait ce jour-là. Il se trouva mal trois fois; mais après la messe, il lui sembla qu'il voyait saint Maur debout, en habit de bénédictin, et le berger à sa gauche, *le visage ensanglanté de cinq coups de couteau*, ayant la houlette en sa main et les deux chiens à ses côtés. Il s'écria qu'il était guéri (dans le texte officiel, il y a : « Dans ce moment, le malade « cria tout haut dans l'église : miracle ! miracle ! quoiqu'il n'eût pas dessein de crier »), et il le fut en effet. Quelques jours après, chassant dans les environs de Noisy, il vit effectivement son berger dans une vigne. Cet aspect lui fit horreur; il donna au sorcier un coup de crosse de fusil sur la tête. « Ah ! « Monsieur, vous me tuez, » s'écria le berger en fuyant; mais le lendemain, il vint trouver M. de la Richardière, *se jeta à genoux* (on croit lire notre récit), lui avoua qu'il s'appelait Danis, qu'il était sorcier depuis vingt ans; qu'il lui avait, en effet, donné le sort dont il avait été affligé, que ce sort devait durer un an, qu'il n'en avait été guéri au bout de huit semaines qu'à la faveur des neuvaines qu'on avait faites, mais que le maléfice était retombé sur lui Danis, et qu'il se recommandait à sa miséricorde. Le sieur de Milanges fit recommencer, en faveur du berger et par son oncle l'abbé de Milanges, chanoine de Riom, la même série de prières qui l'avait délivré, prières couronnées de même par la guérison éclatante de ce berger. Puis, comme les archers le poursuivaient, il tua ses chiens, jeta sa houlette, changea d'habits, se réfugia à Torcy, fit pénitence, et mourut au bout de quelques jours. »

---

(1) Dans le *Dictionnaire infernal* de M. Collin de Plancy, on a remplacé ces mots officiels... *dont il s'est trouvé marqué*, par ceux-ci : « par qui il se croyait assailli ? » Nous savons bien pourquoi; c'est qu'avec ces derniers mots, il devient très-facile d'expliquer tout cela par l'hallucination à laquelle on nous renvoie sans cesse! Mais nous croyions, nous, qu'il fallait laisser toute cette adresse et ces mutilations à la science. Nous nous trompons apparemment ; nos lecteurs apprécieront cette méthode. Au reste, nous avons oublié plus haut un détail important. M. le curé de Cideville change un soir le *procédé* des pointes contre celui des armes à feu. Il tire un coup de pistolet sur le bruit mystérieux ; l'enfant s'écrie que l'*ombre* qui le poursuit est atteinte par deux grains de plomb à la joue droite, et le lendemain le vrai Thorel revient avec cette double blessure imprimée sur la même joue.

NOTE II.

Solidarité entre le fantôme et la personne du berger.

Nous avons promis plus haut de revenir sur cette solidarité psycho-électrique entre le fantôme des deux bergers et leurs personnes. Pour nous, c'est le détail le plus intéressant de ces deux merveilleuses histoires, et nous le rencontrons trop souvent, soit dans l'antiquité, soit dans les annales de l'Église, soit dans les faits modernes, pour qu'il n'attire pas au plus haut point notre attention.

Ainsi dans l'antiquité philosophique ou poétique (c'était alors la même chose), nous voyons partout, comme nous l'avons déjà dit, l'*ombre* errer dans les enfers ou rester, sous le nom de *mânes* ou de *lares*, dans les enclos de la famille, pendant que l'*âme*, le moi intellectuel proprement dit, s'envole aux cieux et ne fait qu'un avec les dieux. Cette *ombre*, avons-nous dit encore, infiniment sensible, redoute toujours les châtiments, le feu, et par-dessus tout la pointe d'une épée, et nous avons vu le savant et incroyant *Fréret* chercher vainement l'explication de ce préjugé général.

D'autre part, dans les annales de l'Église, et sans tomber aucunement dans la doctrine hérétique *des deux âmes*, nous remarquons constamment une certaine distinction entre l'*âme* et l'*esprit*. Saint Paul nous parle du don surnaturel des langues inconnues, don qui, pour quelques-uns, siégeait dans leur *esprit* pendant que leur *âme* ne comprenait pas ce qu'ils disaient. Aussi recommande-t-il aux fidèles de demander le don des langues, *in spiritu et in mente*, c'est-à-dire en même temps dans leur *âme* et dans leur *esprit*, afin, dit-il, *qu'ils puissent se comprendre :* donc l'*âme* n'a pas toujours conscience de ce que fait son *esprit*.

Nous retrouvons encore cette expression, *esprit des âmes*, dans le Deutéronome. On y fulmine l'anathème et la peine de mort contre ceux qui, par le moyen des *Ob* ou des *esprits de Python*, interrogent *les esprits des âmes des morts, spiritus animarum*. L'apparition de l'ombre de Samuel à la pythonisse d'Endor est l'application la plus frappante et la plus formidable de cette *abomination*, si souvent maudite dans la Bible, et néanmoins si tranquillement exercée en plein XIXe siècle à Paris, par nos psychopompes modernes (1).

Enfin, rapprochons de cette expression les *esprits des âmes*, l'*ombre* de tous les anciens, le *char de l'âme* de Pythagore, et l'*enveloppe éthérée* de Platon, et cette croyance encore existante chez toutes les nations de l'Orient, que nous avons tous une sorte de *doublure psychique*, qui est comme le *prototype* et le *modèle* de tout notre être (2), et nous serons peut-être un peu moins étonnés de voir ce *prototype*, cet *esprit de l'âme* du berger de Cideville, comme ceux du berger de Noisy, et les esprits de Prevorst, suivre l'enfant, l'obséder, l'écraser de tout son poids, devenir même en certains moments

---

(1) Voir à la fin du chapitre sur les faits transcendants du mesmérisme.
(2) Voir *Dictionnaire de l'Encyclopédie moderne*, art. DÉMON.

perceptible à la vue, comme l'attestent le docteur Kerner et M. l'abbé B...., et par conséquent, réaliser encore aujourd'hui, en phénomènes très-rares, il est vrai, mais *visibles* et *palpables*, les théories de tous les siècles, injustement décriées par le nôtre.

Maintenant, écoutons un physiologiste distingué, de l'école de Virey (1), analysant et développant un passage du célèbre physiologiste Richerand : « Il faut reconnaître avec le docteur Richerand que le fluide vital, ou si l'on aime mieux, le principe de la vie, anime, c'est-à-dire vivifie chaque molécule vivante de notre corps, chaque organe, chaque système d'organes. D'après cette vérité incontestable, on peut dire que nous avons deux corps : un, composé de matière brute, et un autre composé de fluide vital, qui vivifie, qui organise celui composé de matière brute. Ce corps, composé de fluide vital, se comporte, dit le docteur Richerand, à la manière d'un fluide.... de là, ces douleurs vives, éprouvées constamment par des personnes amputées, dans ces mêmes membres dont elles ont été privées par l'amputation. » (p. 85.)

Une autre *Revue* scientifique et religieuse allait plus loin, et faisait de ce même fluide vital l'*esprit* lui-même, qu'elle eût mieux fait de ne pas confondre avec le ψυχή, principe sensible, en hébreu *nephesch* : « Comme ce qu'il y a de plus difficile à admettre dans cette discussion, dit-elle, c'est *l'existence de l'esprit en forme humaine*, avec un *corps spirituel* organisé, je ne saurais trop insister sur ce point. Je vous ai prouvé à la fin de ma dernière lettre que le corps matériel de l'homme est insensible, et n'a aucune forme qui lui soit propre ; ces deux vérités tirées de la science moderne, confirment déjà d'une manière évidente l'existence chez l'homme *d'un corps spirituel* organisé. Reste maintenant à constater, par l'observation des faits, que ce *corps spirituel* a la même organisation que le corps *matériel* qui le recouvre.... etc. »

Pour nous, qui sommes forcé de dire, avec le concile de Trente, que « l'âme raisonnable est la forme du corps, » ce ψυχή est comme l'une de ses puissances, et représente ce qu'on appelle le principe sensible. « C'est là cette force hémato-nerveuse, dont la science elle-même raconte tant de curieux prodiges, qu'on appelle *fluide* à Paris, et à Montpellier « un rapporteur de l'ordre métaphysique. » (Voyez le professeur Lordat.) Eh bien! pour en revenir au fait qui nous occupe, c'est-à-dire à la répercussion des blessures *à distance*, nous croyons qu'elle a lieu par l'extension dynamique de cette *force*, qui, blessée pendant cette extension, communique au corps éloigné et solidaire toutes les sensations qu'elle perçoit. On s'étonne que tous les sorciers du moyen âge affirmassent, jusqu'au milieu des tortures, leur présence au sabbat, pendant que leur corps restait chez eux ; mais c'est qu'en vérité ils y étaient.... en partie, comme les bergers de Cideville et de Noisy y étaient à leur tour. Sans doute, toutes ces explications sont bien suffisantes, et nous confessons volontiers notre *faillibilité complète* à ce sujet ; mais les faits sont là, ils se représenteront encore, et nous attendrons patiemment quelques explications meilleures.

(1) M. l'abbé Hanapier.

CHAPITRE XII

LES ÉLECTRICITÉS RAILLEUSES

ou

NOS GRANDS ESPRITS JOUÉS PAR DE VÉRITABLES ESPRITS

Cideville en Amérique. — En 1846, *un Esprit frappeur* se fait entendre pour la première fois dans l'appartement de deux jeunes filles. — En 1853, 500,000 sectateurs entretiennent avec les Esprits tout un système de relations fonctionnant comme une *institution nationale*. — Le socialisme s'en empare. — Le gouvernement s'alarme. — Toutes les sectes protestent. — Marche de l'épidémie que l'on suit étapes par étapes. — Son arrivée dans le nord de l'Angleterre. — Son passage en Allemagne, en Sibérie. — Elle s'abat sur tous les points de la France au même instant.

§ Ier.

Esprits américains (1).

Mais voici bien autre chose, Messieurs ; *les Esprits marchent vite,* il n'est pas facile de les suivre.

Deux mois s'étaient à peine écoulés depuis la rédaction de

---

(1) Depuis la rédaction de ce chapitre, il a paru chez Devarenne, libraire, rue du Faubourg Saint-Honoré, 14, une brochure ayant pour titre : « *Le mystère de la danse des tables dévoilé.* » C'est l'histoire la plus succincte et néanmoins la plus complète de cette grande perturbation sociale en Amérique, perturbation dont la France paraît ne vouloir même pas s'occuper, bien qu'elle en

notre chapitre précédent, lorsqu'une personne inconnue voulut bien nous faire remettre une brochure anglaise, intitulée : *Explanation and history of the mysterious communion with Spirits, in Western New-York* (1).

Cette relation de faits accomplis dans le Nouveau-Monde, nous parut une démonstration absolue et presque mathématique de la surnaturalité de nos phénomènes normands, car il suffisait de rapprocher les deux dates pour se voir renfermé forcément dans cet inexorable dilemme.

.... Ou cette relation américaine, écrite en anglais, publiée et vendue *seulement* à New-York, n'a vu le jour qu'après la transmission *outre-mer* de notre propre récit, ou les jongleurs de Cideville ont calqué leur affaire, en 1851, sur cette relation anglaise, que l'on ne pouvait même pas alors se procurer à Paris.

Lequel des deux? Vous en jugerez tout à l'heure, Messieurs.

Qu'il nous suffise de vous dire pour le moment, que, dans un petit village situé près de la ville d'Arcadie, État de New-York, tous les phénomènes du chapitre précédent ne cessèrent de se répéter trait pour trait, en commençant par les coups et les grattements mystérieux, *knockings* et *rappings*, et finissant par les fantômes, les bouleversements de meubles, *les rotations de tables* et les réponses *surintelligentes*. Là, nous assistons positivement à la seconde représentation d'une même pièce. Même ordre dans les scènes, même gradation d'intérêt, même jeu chez les acteurs, à ce point que les jeunes demoiselles Fox, qui remplacent ici les deux enfants de notre presbytère, posent à leur agent mystérieux, jusqu'à nos propres questions. D'une autre part aussi, mêmes

ressente à son tour les premières atteintes. Le jour où elle en comprendra la nécessité, nous l'engageons fort à étudier, dans cette brochure, la marche et la nature de ses nouveaux ennemis, car tout est là, et nous plaindrions ceux qui ne seraient pas ébranlés, pour le moins, devant une exposition si lumineuse.

(1) *Histoire de communications mystérieuses avec les Esprits*; publiée, en 1850, à New-York, Nassau Street, 134, chez MM. Fowler et Wels.

dénégations, mêmes explications proposées et même insuffisance de celles-ci.

Malheureusement, de l'autre côté de l'Atlantique de pareils faits ne restent pas sans écho. Aussi toute la presse américaine fut-elle, à l'instant même, saisie de la question, et, les demoiselles Fox transportant avec elles la contagion (comme le faisaient autrefois nos *camisards*), nous voyons *en moins d'un an*, toutes les villes principales du continent, Boston, Providence, New-Haven, Stradford, Cincinnati, Buffalo, Jefferson, Saint-Louis, Auburn, Manchester, Long-Island, Portsmouth, New-Brighton, etc., envahies tour à tour et payant leur tribut au progrès mystérieux (1).

Et ne croyez pas que toute cette révolution se soit opérée sans résistance et n'ait dû son succès qu'à l'exaltation des esprits ou bien aux prédispositions religieuses de tant de sectes différentes. Au contraire, l'opposition a été formidable. La plupart de ces sectes se trouvant comme le catholicisme lui-même, blessées plus ou moins dans chacun de leurs symboles, ont foudroyé la nouvelle hérésie, et l'on peut s'assurer des agitations de la controverse, en jetant seulement les yeux sur les dix ou douze énormes journaux quotidiens, uniquement occupés depuis lors à enregistrer tous ces faits et à défendre les doctrines qui en découlent (2).

Il existe, en outre, une soixantaine d'ouvrages *ex professo*, écrits probablement à des points de vue différents, mais tous parfaitement d'accord sur la réalité des phénomènes. Aussi là ne peut-il plus y avoir de négation obstinée. Il y a même une remarque à faire, c'est que les convictions se sont surtout développées dans cette masse d'industriels et de savants, qui, dans ce pays comme dans le nôtre, forment

---

(1) Nous avons prouvé dans les chapitres précédents, et la science l'a reconnu avec nous, que ces sortes d'invasions procédaient toujours dans l'histoire par voie d'épidémie et de contagion tout ensemble.

(2) Les plus intéressants de ces journaux sont : *le Télégraphe spirituel*, (*the Spirits world*), *the Shekinan, the Journal of Man*, etc., etc.

la partie matérialiste et fort peu croyante de la nation.

Enfin, messieurs, pour vous donner en quelques mots une idée de l'intensité du fléau, vous saurez que toutes les villes de l'Union ont aujourd'hui leurs cercles magiques, que celle de Philadelphie, pour sa part, compte maintenant plus de trois cents de *ces clubs spirituels*, et que plus de CINQ CENT MILLE sectateurs succèdent à présent aux deux demoiselles Fox, et partagent avec elles la gloire d'une communication incessante avec les esprits. De là, cette expression parfaitement juste d'un journal anglais : « C'est *tout un peuple* qui se laisse emporter à un courant rapide, et chez lequel le surnaturalisme fonctionne aujourd'hui, comme une INSTITUTION NATIONALE. »

Dans tous les cas, que ce soit une folie ou une réalité, que peut devenir un malheureux pays qui subit l'une ou l'autre ?

Cependant (pourra-t-on le croire plus tard ?) notre presse française se taisait complétement sur cette révolution américaine. Chaque paquebot lui apportait ces nouvelles, ces journaux, ces ouvrages, mais comme il lui apportait en même temps le taux des *cafés* et des *cotons*, ceux-ci prenaient toutes ses colonnes, et sa sollicitude ne se laissait pas éveiller par de pareilles bagatelles.

Nous nous trompons, un seul journal en parla, et en parla sérieusement, ce fut *l'Univers* du 26 juillet 1852.

Sous ce titre : *Les spiritualistes d'Amérique*, il publiait l'article qu'on va lire, et qui seul vous mettrait parfaitement au courant du savoir-faire des esprits américains.

Article de L'UNIVERS *du 26 juillet* 1852.

« Depuis un an, les journaux politiques de l'Amérique signalent les progrès d'une nouvelle secte qui trouve des adeptes *sur toute* la surface des États-Unis. Ces progrès, loin de se ralentir, prennent un développement notable, et, aux dernières dates, l'attention publique suivait les mouvements des spiritualistes, réunis en convention générale dans la ville de Cleveland, sur le bord du lac Érié. Il s'agit d'un magnétisme, cette fois sans somnambulisme, et de l'évocation des âmes des morts qui viendraient guider les vivants par leurs conseils. Deux jeunes filles de Rochester, deux sœurs de treize et de quinze ans, les demoiselles Fox, ont été, il y a quatre ans, les auteurs de cette doctrine, en prétendant qu'elles entraient à volonté en communication avec les Esprits. Ceux-ci manifestent leur présence par des coups ou des détonations dans l'air, et les jeunes inspirées ont la clef de ce langage qu'elles traduisent à leur guise, pour l'instruction du vulgaire, comme la sibylle interprétait l'oracle de Cumes. Les Esprits se distinguent encore par des chocs imprimés à des tables ou à des chaises : les meubles se mettent à danser, les pianos font entendre des concerts célestes sans le secours d'aucun exécutant visible, et les rouets tournent en cadence comme s'ils étaient mus par une active ménagère.... La seule explication possible, c'est que le démon est au fond de ces criminelles impostures, et, pour s'en convaincre, il suffit de remarquer que les révélations des Esprits ont toutes pour but de saper la religion, et que les journaux socialistes d'Amérique font un grand bruit de ces superstitions, dans l'espoir de les faire servir à populariser leurs ardentes convoitises. »

Ici l'appel de ces journaux socialistes, et convocation d'un congrès général, qui s'est effectivement réuni à Claveland, le 6 juillet.

« De son côté, continue *l'Univers*, le *Courrier des États-Unis*, journal tout à fait désintéressé dans la question, contenait, le 8 juillet, la correspondance suivante, datée de Saint-Louis, sur les bords du Mississipi du 25 juin 1852 :

« Il se passe ici et dans une grande partie de l'Amérique, des faits auxquels la presse doit une certaine attention... Si les faits sont ce qu'ils prétendent être, *ils annoncent une révolution religieuse et sociale, et sont l'indice d'une nouvelle ère cosmogonique*. S'ils couvrent une déception, d'où vient l'imposture ? *La contagion se répand d'une manière inexplicable, sans qu'il soit possible d'en saisir la cause :* c'est une hallucination qui s'empare de presque tout un peuple. Je parle des phénomènes connus sous le nom de manifestations spirituelles, ou manifestations des Esprits de l'autre monde. Je sais que ces paroles appelleront un sourire de pitié sur les lèvres de ceux qui ne savent pas de quoi il s'agit ; mais enfin la folie, si folie il y a, s'empare des cerveaux les mieux organisés. Personne n'a le droit de se croire à l'abri du danger, et quelques explications ne peuvent paraître superflues. »

. . . . Puis viennent les détails sur la belle mission des demoiselles Fox...

« Au reste, ces demoiselles n'ont pas le privilége exclusif des phénomènes mystérieux ; depuis six mois, le nombre de ces *medium* (somnambules) s'est tellement accru, qu'on les compte aujourd'hui par centaines : *il y en a plus de dix mille* dans les États-Unis. Aux yeux des personnes qui ont suivi ces développements extraordinaires, *il ne peut plus être question de supercherie ni de magie blanche*. Ceux qui repoussent l'intervention des Esprits, appellent à leur secours l'électricité et le magnétisme pour expliquer ces incroyables nouveautés, mais les théories les plus ingénieuses ne peuvent rendre compte de tout ce qui se passe, et l'hypothèse des Esprits est jusqu'à présent la seule qui paraisse répondre à toutes les difficultés.

« Les demoiselles Fox ont comparu dernièrement dans l'amphithéâtre de l'école de médecine de l'université du Missouri, devant une assemblée de cinq à six cents personnes. Un ancien maire de la ville, bien connu par son opposition à la doctrine nouvelle, avait été nommé président de la réunion ; un comité d'investigation surveillait les expériences dirigées par le doyen de la Faculté, homme célèbre dans l'ouest par sa science médicale et par une éloquence excentrique... A l'air narquois, à la réputation de scepticisme du vieux professeur, on pouvait croire qu'il allait se faire un plaisir malin de démolir tout l'échafaudage de la doctrine spiritualiste : non. L'anatomiste est enfin sorti du domaine de la mort, le matérialiste de profession a proclamé sa croyance à l'immortalité de l'âme ; le savant a déclaré qu'il croyait à la présence des Esprits et à leur communication par des moyens physiques, et il a reproduit à cet égard quelques explications au moins fort ingénieuses de l'école de Davis. Je pourrais parler de phénomènes bien plus saisissants que ces bruits inexplicables, et qui semblent bouleverser les lois du monde matériel, mais j'ai voulu seulement signaler des faits *que leur caractère authentique met au-dessus de tout soupçon*, et surtout cette déclaration étrange partie d'un des sanctuaires de la science au milieu du xix° siècle. »

On en conviendra, l'article était curieux, mais dans notre France on ne se préoccupe pas volontiers de ces choses-là, et personne ne s'avisa de le relever.

Force nous fut donc de retourner à nos Américains eux-mêmes, pour apprendre à les connaître, et vous allez voir, Messieurs, qu'on ne s'en tint pas longtemps, en ce pays, *aux tables tournantes* et aux *semblants* d'électricité.

Disons d'abord quelques mots de ce qu'ils appellent des *medium*, car il paraît qu'ils sont les agents ordinaires, sinon nécessaires de la contagion spirituelle. Un *medium* est donc l'intermédiaire, le conducteur de l'influence mystérieuse ; c'est lui, qui l'ayant acquise artificiellement ou spontanément, la transmet dans les cercles, ainsi que ses révélations, à tous ceux qui les désirent ou qui en sont jugés dignes. Reportez-vous encore une fois, Messieurs, au *souffle* et à l'initiation de nos prophètes camisards (1), ou tout simplement à nos séances magnétiques, et vous comprendrez sur-le-champ

(1) V° chap., 1re partie.

ce rôle et cette mission, car pour nous un médium est tout simplement un *somnambule* actif et *éveillé*.

Toutefois, si nous avons dit qu'il fallait être jugé digne de ces communications, c'était apparemment par dérision, car *Jakson Davis*, le plus célèbre des *medium*, nous apprend formellement « qu'une bonne disposition intellectuelle et mo-
« rale, n'est nullement nécessaire, mais bien une certaine
« disposition électrique (1). »

Quoique nous ne croyions pas plus à cette dernière nécessité qu'à toutes les autres, nous regardons cependant comme évident, que certaines dispositions physiologiques doivent *favoriser* ces assimilations spirituelles, et nous admettons très-volontiers cette autre proposition du même auteur, que « l'électricité vitale peut être regardée comme le *récipient* de l'influx spirituel. »

Vous voyez donc, à peu près, ce que peut être un *medium*, et vous saurez qu'on en compte aujourd'hui de trente à quarante mille dans l'Union; pour peu que la progression continue sur le même pied, le calcul n'est pas difficile à faire, dans dix ans nous serons tous des *medium* ou à peu près.

Mais quels sont donc ces phénomènes *bouleversants* que l'on obtient par leur entremise?

Ces phénomènes, les voici, et par eux vous pourrez juger de tous ceux qui nous attendent.

Après avoir consisté comme ici, en *petits coups* frappés sur les murs, *knockings*, en grattements effectués sur les objets, *rappings*, vint la vibration générale, la danse de tous les meubles, la *rotation aimantée*, et tout ce dont nous jouissons avec tant d'ivresse en ce moment.

Mais, avons-nous dit, dans la patrie de Fulton et de Morton, on applique et l'on développe promptement toutes les vérités entrevues, aussi développa-t-on *knockings* et *rotations*, et il en sortit bientôt ce dont nous allons vous donner un succinct mais suffisant abrégé.

(1) *Philosophie des rapports spirituels.*

On s'attacha tout d'abord à bien constater *l'intelligence* des agents, car c'est là le point essentiel, et c'est précisément ce que notre science ne voudra jamais faire. Ainsi, on les pria, tout simplement au lieu d'agiter une table, de la soutenir dans telle ou telle position, de la suspendre et de *la replier* avec soin. Tout cela se fit à commandement ; on déplaça et l'on replaça tous les ustensiles ; on décoiffa et l'on recoiffa en un clin d'œil toutes les dames qui se trouvaient dans un cercle...; on posa des questions, et, à toutes ces questions, les réponses s'étant trouvées nettes et précises, l'intelligence fut bientôt un point éclairci, et, comme on le dit, définitivement acquis à la science (1).

A partir de ce moment la conversation devient générale, on interroge sur tout, on apprend tout, on sait tout, oui, tout, jusqu'aux nouvelles les plus secrètes, non plus du nouveau monde ou de l'autre hémisphère, mais bien de *l'autre monde*, car ce sont les habitants de ce dernier qui les apportent eux-mêmes... grâce à la télégraphie spirituelle.

Et comme tout cela repose, de l'aveu général, sur une base et des pratiques mesmériques, Proudhon avait donc grandement raison de s'écrier dernièrement : « Le magnétisme sort à peine de sa coque nécromantique, nous aviserons à ce qu'il y rentre. » Il y est rentré en Amérique, mais voici que cette coque, au lieu de disparaître, s'est gonflée, gonflée au point de couvrir un continent tout entier.

Au reste, ne méprisez pas trop vite, Messieurs, de telles aberrations, car Dieu veuille que vous n'y soyez jamais soumis. Si vous entendiez vos parents, vos amis, vos enfants si regrettés, vous remettre en mémoire les particularités les plus intimes, les secrets les plus oubliés de vos plus chères

---

(1) Il y a quatre modes de télégraphie : 1° l'Esprit frappant tant de coups pour chaque lettre ; 2° l'Esprit guidant et fixant la main du *medium* sur chaque lettre ; 3° l'Esprit entraînant la main de ce *medium* et écrivant par elle ; 4° l'Esprit écrivant tout seul, et faisant mouvoir un crayon non soutenu.

relations, si vous entendiez leurs voix chéries, si vous revoyiez des images trop fidèles, si l'on vous *écrivait* des lettres parfaitement semblables de style, d'écriture, d'orthographe même, à toutes celles que l'on vous écrivait autrefois et dont seul au monde vous pouvez avoir conservé le souvenir, soyez-en sûr, l'émotion vous gagnerait, et le sentiment peut-être vous rendrait fanatique pour de pareilles doctrines; aussi voyons-nous une foule d'hommes parfaitement distingués et des plus éminents de ce pays, comme position ou lumières, subir en raison de cela seul la décevante influence.

Tantôt c'est un M. Simmons, magistrat des plus considérés, qui, venant de perdre un fils, se laisse prendre au désir de l'évoquer dans un cercle. Le *medium* voit ce fils et le dépeint, cela ne suffit pas au malheureux père; il reconnaît son langage, cela ne lui suffit pas encore, « qu'il m'écrive, s'écrie-t-il, et je le reconnaîtrai certainement. » Un crayon est alors placé sur la table, et toute l'assistance observe et palpite; le crayon *s'agite, mais retombe à plusieurs reprises;* on le place alors dans un support annulaire, et, grâce à ce léger support, le crayon marche seul, écrit la plus touchante des lettres, et confond l'heureux père, moins encore par l'expression de sentiments bien connus, que par l'imitation parfaite de l'écriture, par les incorrections du style, et surtout par quelques fautes d'orthographe habituelles à son fils. A partir de ce moment, M. Simmons devient un des prosélytes les plus ardents de la nouvelle doctrine.

Maintenant, puisons dans un ouvrage tout récent (1) quelques détails sur l'initiation et la conversion du juge Edmonds, l'un des hommes les plus généralement respectés de toute l'Union.

« Le premier fait qui fit naître quelque doute dans l'esprit du juge Edmonds (2), fut une apparition de la femme qu'il

(1) Spicer, *Sights and Sounds* (London, 1853).
(2) « L'honorable John Edmons, né en 1799 (fils du général Edmons qui

avait perdue quelques semaines auparavant. Invité pour la seconde fois à jouir de la même consolation, par une dame à laquelle sa femme était également apparue, cette deuxième séance lui donna le désir d'approfondir sérieusement la nature de faits aussi extraordinaires. C'est alors qu'on le vit porter dans ses investigations, toute la prudence et l'habileté d'un homme habitué depuis longtemps aux recherches judiciaires. Il demanda des preuves, ne voulant pas se contenter des coups, des frappements, ROTATIONS DE TABLES ordinaires. »

« Ces vagues communications avec le monde spirituel ne le satisfaisant pas entièrement, fatigué de résultats qui ne répondaient pas complétement à son attente, peut-être se fût-il définitivement éloigné, si quelques phénomènes plus significatifs n'étaient venus le forcer à se rendre, mais seulement, comme il le dit lui-même, au moment où « un esprit *sain* ne pouvait plus se refuser à l'évidence. »

Nous nous contenterons de citer les deux suivants :

« Le 21 mai de cette année 1852, une assemblée avait lieu dans la maison d'un M. Partridge, de New-York; vingt personnes environ s'y trouvaient avec lui. Des coups furent bientôt entendus, et les esprits firent savoir qu'on devait jouer d'un piano qui se trouvait au milieu du salon. On obéit, et pendant l'exécution les coups *battirent exactement la mesure*, mais ils furent suivis des plus étranges soubresauts, dans toutes les tables et chaises, dont plusieurs furent transportées et bientôt remises à la place qu'elles occupaient d'abord. Toutefois, ces démonstrations ordinaires et maintenant habi-

---

se distingua dans la guerre de l'indépendance), termina ses études en 1816. Il occupa divers emplois, d'abord dans l'état militaire, qu'il laissa ensuite pour la carrière de la magistrature. En 1838, il fut élu membre du sénat, et depuis en fut nommé président. Il n'est pas inutile non plus d'ajouter que, jusqu'à l'époque à laquelle il se dit convaincu, le juge Edmons s'était toujours ri de la croyance aux Esprits, ne possédant malheureusement aucune notion relative à la vie future, et il se montrait aussi empressé que qui que ce fût, de se moquer des relations avec le monde spirituel.

tuelles, n'étaient que le prélude de manifestations d'un caractère plus *stupéfiant*. Quelqu'un ayant proposé de plonger dans l'obscurité la pièce dans laquelle on se trouvait, des *lumières jaillirent* (1) des différents points de l'appartement, quelques-unes ressemblant à des *flammes* phosphorescentes, quelques autres formant des *nuages* lumineux et mobiles, d'autres prenant la forme d'étoiles brillantes, de cristaux, de diamants. Ces démonstrations physiques augmentèrent de plus en plus d'éclat et d'intensité, et se prolongèrent PENDANT TROIS HEURES; durant tout ce temps, dit l'auteur de la relation, le juge semblait être lui-même au pouvoir des esprits, et annonça plusieurs fois que ceux-ci lui révélaient des choses qui lui étaient arrivées autrefois, et dont lui seul pouvait avoir la mémoire et le sentiment. Pendant ces révélations, on s'apercevait bien que *quelque chose* d'extraordinaire agissait sur lui et *autour* de lui (2). »

« Cette soirée s'acheva d'une manière ravissante, car plusieurs instruments de musique, placés dans les chambres contiguës, s'étant mis à jouer, séparément d'abord, puis tous ensemble, soit par terre, soit *dans les airs*, ce fut un concert admirable, pendant lequel la mesure fut battue comme par la main du plus habile des chefs d'orchestre.

« Enfin, à une réunion subséquente, le juge Edmonds reçut d'une *voix invisible* l'annonce qu'il deviendrait un *medium*. Cette promesse se réalisa, car il devint bientôt un lucide du premier ordre et l'un des premiers *medium* de l'Amérique. »

Nous ajouterons au récit de Spicer, qu'à partir de ce moment, le même juge Edmonds n'est plus seulement un *medium*, il est devenu apôtre, prophète, initié aux contemplations, aux révélations les plus hautes, et vivant dans les

---

(1) Ceci est un des phénomènes qui ont le plus amusé nos rieurs de Cideville... On citait même le pharmacien chez lequel le jongleur avait *dû* acheter son phosphore.

(2) Probablement le *fluide gris*, si bien perçu dans notre presbytère.

régions les plus apocalyptiques possible ; en un mot, c'est aujourd'hui la plus grande et la plus mystique autorité de la nouvelle doctrine. (Voir la *Gazette d'Augsbourg*, 21 juin 1852.)

Vous le voyez, Messieurs, parallèlement à ces *révélations d'outre-tombe*, que nous vous annoncions tout à l'heure et qui sont comme l'âme et le fond de cette épidémie singulière, marchent aussi tous ces autres phénomènes de lumières et d'images, qui justifient parfaitement notre titre : *Des Esprits et de leurs manifestations fluidiques*.

Il serait trop long d'énumérer ici toutes les métamorphoses d'un Protée si capricieux ; nous laisserons donc là, les concerts improvisés, les hommes suspendus en l'air, les caresses par des mains *surhumaines et glacées*, comme celles de Cideville, etc., etc., pour terminer par l'histoire du docteur Phels, qui produisit, à ce qu'il paraît, une immense sensation, en raison de l'autorité du personnage qui se trouvait en même temps et témoin et victime.

C'est encore Spicer qui nous la fournira.

« Le dimanche 10 mars 1850, dit-il, le docteur Phels et sa famille revenant du service divin, furent surpris de trouver, dépourvues de leurs verrous et de leurs barres de sûreté, les portes qu'ils avaient soigneusement fermées à leur départ, et comme au-dessus de la porte d'entrée, flottait un morceau de crêpe noir, le docteur crut reconnaître ici la mauvaise plaisanterie de quelque désœuvré. Mais, après un examen plus complet, il acquit bientôt cette conviction qu'il pourrait bien y avoir en tout cela quelque chose d'une nature toute particulière, et supérieure à toute intervention humaine.

« Des faits plus étonnants l'attendaient ainsi que sa famille. En entrant dans l'habitation, ils s'aperçurent tous que l'ameublement des pièces du rez-de-chaussée, avait été éparpillé dans toutes les directions, bien que rien ne parût avoir été détourné. Après avoir remis un peu d'ordre dans ces premiers appartements, la famille se dirigea vers les étages supérieurs, espérant y découvrir les auteurs du désordre. Mais alors s'offrit à leurs yeux une scène bien plus extraordinaire! Plusieurs figures (ou fantômes) au nombre de sept ou huit leur apparurent, habillés et drapés avec une grande habileté, soit à l'aide des tapis de l'appartement, soit à l'aide des vêtements qui s'y trouvaient la veille. Tous ces fantômes étaient agenouillés, chacun d'eux ayant devant lui une Bible ouverte, dans laquelle il paraissait lire avec la plus grande attention. Frappée d'étonnement, et après avoir épuisé toutes les conjectures possibles, la famille Phels ferma soigneusement la chambre aux fantômes (comme elle fut appelée depuis lors), laissant tout ce cercle fantastique dans l'attitude où elle l'avait trouvé. Le docteur lui-même s'assura de la clef et ne la quitta plus. Cependant, malgré toutes ces précautions, chaque jour une étrange addition avait lieu dans *le groupe des fantômes,* et sans qu'il fût possible de découvrir la main qui agissait. D'après la rapidité avec laquelle ces dernières figures étaient fabriquées, il était impossible d'admettre la supposition qu'elles pussent avoir été faites par un habitant de la maison ou par une personne venant du dehors. Les matériaux servant à la confection de ces figures étaient souvent vus dans les différentes parties de la maison *trois minutes* avant leur transformation en images gracieuses, et d'une régularité telle que la main la plus exercée et la plus habile eût seule été capable de le faire avec le temps nécessaire. Pendant la durée de ces faits étranges le fils du docteur Phels, enfant de douze ans environ, *fut une fois soulevé de terre et traversa la chambre comme s'il eût été transporté par la main d'un homme excessivement vigoureux.* »

Une autre fois, ce fut l'escalier lui-même, qui *s'entr'ouvrit* après un bruit effrayant, tel que serait celui causé par la chute d'un corps extrêmement lourd. Une autre fois encore, après le souper de famille, la table et tout ce dont elle était chargée fut soulevée de terre par trois fois et retomba avec tant de fracas que la maison en sembla ébranlée. Les plats et les assiettes s'entre-choquèrent violemment sans qu'aucun d'eux en fût brisé.

La nouvelle de ces manifestations, si étranges et quotidiennes, chez le docteur Phels, s'étant promptement répandue, il en résulta une immense agitation et une grande curiosité. En peu de jours la maison fut visitée et *fouillée* par plus de 1,500 personnes. Le docteur ayant offert toutes les facilités possibles pour les recherches et les investigations, les croyants, comme les plus incrédules, furent invités à passer les journées et même des nuits au milieu de la famille. En un mot, tout ce qui pouvait servir à découvrir la cause de ces perturbations fut mis en œuvre, et toujours sans résultat.

Le docteur Phels, dans une lettre signée de lui, et par laquelle il répond aux objections de la presse de Boston, porte *à trois mille* environ le nombre des faits du même ordre qui se seraient passés chez lui seul, et nous ne pouvons mieux prouver sa profonde conviction qu'en rapportant l'offre qu'il fit de sa propre maison et de tout ce qu'elle contenait, à quiconque pourrait y accomplir quelques-uns de ces mêmes phénomènes.

Ceux-là vous suffiront, Messieurs. Nous ne terminerons pas, cependant, sans mentionner les curieux manuscrits dictés en sanscrit, en hébreu, à des *medium* souvent fort ignorants, et dont la main les écrivait alors avec une rapidité, *quintuple*, dit-on, de sa rapidité ordinaire, puis les improvisations demandées à l'esprit de chacun des plus grands poëtes connus, et obtenues sur-le-champ, dans le style et dans l'esprit de ces mêmes poëtes.

« Certes, dit à ce sujet la *Revue britannique*, ce talent posthume n'est pas le moins curieux épisode de l'histoire des *Esprits frappeurs* américains. Je ne nie pas qu'un charlatan ne puisse simuler une conversation avec les habitants du monde invisible pour se faire chiffrer une addition, épeler un conte de revenant ou une révélation plus ou moins authentique, mais il faut être Campbell lui-même, pour faire des vers comme Campbell. Si on a pu dire au figuré qu'une pièce de théâtre était une œuvre du démon, il n'y a que le démon, ou Shakspeare et Racine eux-mêmes qui pourraient dicter de l'autre monde, une tragédie de Shakspeare ou de Racine. Je le donne en quatre à tous nos tragiques vivants d'Angleterre et de France. C'est déjà fort extraordinaire, je le répète, d'avoir pu imiter les vers de Burns, de Campbell, de Southey et autres, que nous lisons dans le volume de M. Spicer (1). »

Mais il ne faudrait pas croire que ces phénomènes restassent toujours dans les limites d'espiègleries et de malices innocentes. Si ces esprits ne peuvent pas faire tomber *un seul cheveu de nos têtes* sans la permission divine, leurs manifestations révèlent parfois en Amérique un caractère aussi terrible que leur effet est désastreux. Souvent on voit des personnes enlevées en l'air et transportées violemment d'un lieu à un autre. *Les petits coups* deviennent alors formidables et font trembler l'auditoire; des médiums sont plongés subitement dans un état de perturbation nerveuse ou de raideur tétanique qui les rend de véritables automates dont les esprits disposent à volonté, et leur cruauté envers ceux qui leur déplaisent est reconnue même par leurs partisans. (V. *Spirituals Knockings.*)

Enfin, Messieurs, quoique tous ces faits aient eu pour premiers signataires des hommes comme Cooper, William Owens, Kossuth, Buchanan, Morrow, Curtis Culver, Gatchell, Francis, Marcy, le général Lyman, etc., etc., tous, auteurs, professeurs, magistrats ou militaires d'un rang très-distingué, leurs témoignages sont aujourd'hui complétement inutiles, car la chose est établie sur une base inébranlable, et chacun

---

(1) *Revue britanique*, 12 avril 1853. On sera moins étonné après cette citation, d'entendre cette *Revue*, dont le rang est si élevé dans le monde littéraire, s'exprimer ainsi (p. 584, *id.*): « Il est *évident* que les *rappings* sont des bruits *surnaturels*, quoique la spéculation s'en soit emparée comme chez les anciens elle s'emparait des oracles, et du magnétisme chez les modernes. »

dans ce pays peut s'assurer par lui-même, à moins d'être tout à fait aveugle, que le surnaturalisme de tous ces phénomènes a véritablement atteint le *summum* et le point *le plus éclatant* de la démonstration.

Quant au caractère et à la nature bonne ou mauvaise de ces esprits, qui pourrait s'y méprendre? Est-ce que les bons anges ont jamais procédé par épidémies, par *media* ramassés au hasard, par *rappings* et *knockings*, par espiègleries, malices, illusions, mensonges, cruautés même, envers certains de leurs amis, ou par séances publiques à tant de schellings par tête d'inspiré? Est-ce que le doigt de Dieu pourrait être ici, par hasard? Non certes, et d'autant moins que dans leurs jours de franchise ils se disent eux-mêmes sous le contrôle d'un pouvoir *plus élevé* qui modère leur action et ne leur permet pas de tout faire.

Ce doigt de Dieu serait-il davantage dans les doctrines? Convenons-en, s'il en était ainsi, l'esprit de vérité n'aurait jamais été dans le christianisme, dont tous les dogmes se trouvent plus ou moins sapés par les nouveaux interprètes. Selon eux, en effet, « ce christianisme *populaire* est la source « de toutes les erreurs, c'est un vêtement trop étroit pour « l'humanité en progrès. » Et malgré les peaux de brebis dont ils se couvrent, malgré l'amour évangélique auquel ils convient tous les hommes, nous doutons fort que l'Évangile tienne longtemps en ce pays, devant le fanatisme qu'inspire leur autorité, « autorité la plus haute, dit un de « leurs apôtres, *que les hommes aient jamais pu révérer.* » Aussi la *Gazette d'Augsbourg*, dans un article que nous citerons tout à l'heure, n'hésite-t-elle pas à dire « que décidément « ces esprits sont *antichrétiens.* » Et si nos renseignements sont exacts, l'évêque de Saint-Louis aurait lancé les foudres de l'Église contre ce plus effrayant des fléaux, puisque c'est précisément celui dont la venue est formellement prédite pour les plus mauvais jours de la terre.

Quant aux institutions sociales, il faut, selon eux, les

refaire toutes, entendez-vous bien? et les *refaire par leurs bases*, partager les terres également, abolir la peine de mort, toutes les lois sur les dettes (1), et surtout ne jamais étendre la tolérance jusqu'à l'église catholique romaine, la *mère de toutes les superstitions*.

Catholiques romains! voilà l'*ultimatum* de ceux qui font *tourner vos tables*, et avec lesquels vous jouez avec tant de complaisance aujourd'hui!

Maintenant, pesez, jugez... et continuez si vous l'osez.

§ II.

Esprits allemands et français.

Vers la fin de l'année 1852, l'épidémie avait été importée dans le nord de l'Écosse par quelques *mediums* américains; de là elle avait gagné Londres, où, d'après les derniers renseignements, elle aurait acquis bien vite, d'assez grands développements aujourd'hui. La voyant ainsi progresser, nous nous disions : Si elle arrive jamais en Allemagne, tout ce pays prendra feu.

Or, le 18 juin de l'été de 1853, la *sérieuse Gazette d'Augsbourg* contenait un article dont nous donnerons quelques fragments.

.... « Il se présente de nouveau dans le monde différentes apparitions merveilleuses, qui, des régions les plus élevées, *s'élancent dans le domaine politique*, et qui, en tout cas, jettent une ombre très-prononcée sur notre époque de civilisation. Peut-être est-il à propos d'en communiquer quelque chose dans la *Gazette générale;* nous donnerons le plus essentiel, laissant au lecteur les réflexions.

« Le *Morgen-Blatt* (feuille du matin) annonce parmi les nouvelles, venues du Palatinat Rhénan, le phénomène d'une jeune fille, pas encore nubile, qui, dit-on, peut, à volonté,

---

(1) *Gazette d'Augsbourg*,

commander à un *spectre-frappeur* (Klopferle). Le spectre frappe autant de fois que la petite le lui ordonne, il est obéissant à l'extrême... Ce qu'il y a de remarquable, c'est que les *spectres-frappeurs*, dans l'ancien monde comme dans le nouveau, *ont une grande ressemblance de famille*, ils *se ressemblent comme deux gouttes d'eau*... et la *Gazette des Tribunaux* qui paraît à New-York en langue allemande, a fait dernièrement diverses communications à ce sujet. Mais d'où viennent tous ces spectres-frappeurs, et où se montrent-ils tout d'abord ? »

La *Gazette d'Augsbourg* se rappelle alors plusieurs autres faits du même genre, qui, à toutes les époques, ont donné beaucoup d'embarras aux autorités allemandes, soit en leur imposant de laborieuses enquêtes, soit en leur faisant condamner des innocents parfaitement justifiés plus tard ; mais pour ceux d'aujourd'hui, elle reconnaît parfaitement, proclame et démontre *la filiation américaine*.

Déjà le *Journal du Magnétisme* du 10 mars 1853 nous avait raconté toute la tablature donnée, dans le courant de janvier dernier, au tribunal de Landau par le *spectre-frappeur* de la maison Sanger. Mêmes phénomènes, même stupéfaction, même impossibilité de découvrir les jongleurs. Cependant, on paraissait en rester là en Allemagne, lorsqu'au mois d'avril arrive à Brême, le premier phénomène de *rotation*, et cette fois la *Gazette d'Augsbourg* (n° 94, 1853) insiste sur sa véritable origine.

« Depuis huit jours environ, dit-elle, notre bonne ville est dans une agitation difficile à décrire ; elle est complétement absorbée par une merveille à laquelle on ne songeait pas, *avant l'arrivée du vapeur de New-York, le Washington*... LE NOUVEAU PHÉNOMÈNE EST IMPORTÉ D'AMÉRIQUE. »

Or, ce premier phénomène de *rotation* allemande, c'est un docteur André qui se charge de le décrire. Aussi appelle-t-on cela sa *découverte*. Quelle découverte !

« Après avoir formé, dit-il, une chaîne de sept à huit personnes, le doigt auriculaire *droit* de chacun, touchant le doigt *auriculaire gauche* de son voisin, la table que l'on entoure se met à tourner aussi longtemps que dure la chaîne, et s'arrête dès qu'une personne se retire. »

Un hourra général de plaisanteries et d'incrédulité accueille d'abord la révélation du docteur, mais bientôt on expérimente, et les rires font place à une sorte d'ébahissement. Des savants, des professeurs de l'université d'Heidelberg, MM. Mittermouer et Zoepfl, M. Molh, frère du membre de l'Institut, Eschenmajer, Ennemoser, Kerner, attestent les mêmes faits, et le docteur Lœwe de Vienne se charge d'en donner la théorie. « Cette théorie consiste, selon lui, dans l'opposition polaire, entre la droite et la gauche du corps humain; or, étant donnée une chaîne d'êtres humains, dont les pôles contraires, c'est-à-dire la droite et la gauche, se touchent, et cette chaîne exerçant sur un corps quelconque une action prolongée, elle lui communique un courant électrique et le transforme en aimant; la polarisation s'établit dans ce corps, et, en vertu de sa tendance à l'orientation magnétique, le pôle sud de la table imprimant à cette table un mouvement vers le nord, celle-ci entre en rotation continue et tourne autour de son axe, tant que durent les conditions *indispensables*. » (1)

Ainsi donc, à Brême, à Vienne, à Berlin, il n'y avait plus une table en repos ou debout, et cependant la presse française gardait toujours le même silence! C'était inexplicable.

Nous le demandons, cependant, que nous eût-on répondu si nous avions annoncé ce qui commençait à nous paraître inévitable, c'est-à-dire l'arrivée à Paris, *avant un mois*, des tables et des chapeaux tournants? On n'eût même pas compris l'annonce et voilà qu'aujourd'hui, il semble que pareille chose ait

(1) Malheureusement, nous le verrons tout à l'heure, les Esprits se dispensent facilement de ces conditions *indispensables*.

toujours existé! que ce soit une loi de la nature, et que les tables n'aient jamais eu d'autre destination sur la terre! A partir d'aujourd'hui, chacune d'elles pourrait dire :

> « Je tournais, mes amis, comme l'homme respire,
> « Comme l'oiseau gémit, comme le vent soupire...

Encore une fois, nous le demandons à tout esprit sérieux, qu'est-ce qu'une *faculté* dont on prédit *les approches*, et des tables, qui ne tournent qu'après l'arrivée d'un *medium* et d'un *bateau?* Le silence, toutefois, commençant à devenir impossible, la presse française crut devoir se décider à parler : le 4 du mois de mai, le journal de l'empire, *le Pays*, vint nous apprendre que « depuis la Baltique jusqu'aux rives du Danube, TOUTE L'ALLEMAGNE AVAIT LA FIÈVRE ». Il devenait donc de plus en plus clair que nous allions la gagner, et dès ce moment nous nous hâtâmes de dresser nos batteries.

Il était temps, car vers les derniers jours d'avril, la grande armée, armée mystérieuse cette fois, avait décidément franchi le Rhin, et dans toutes nos grandes villes de France, Strasbourg, Marseille, Bordeaux, Toulouse, etc., l'épidémie *tournante* éclatait comme une décharge de mousqueterie, et pour mieux s'emparer des esprits, ne s'attaquait d'abord qu'aux guéridons, aux tables, aux chapeaux, aux assiettes, etc., car tout se mettait de la partie; rien ne restait en arrière.

A Paris surtout, chacun de répéter les mêmes expériences, d'en faire le passe-temps d'une soirée, d'y conduire ses enfants, de les faire entrer dans la chaîne sans s'informer seulement s'il n'y aurait pas quelque revers de médaille à cet amusement si nouveau.

On ne se fût pas approché, il est vrai, de la moindre bouteille de Leyde; mais avec une électrité si parfaitement connue, et qui soulève, comme une plume, des tables de dix-huit couverts, quel inconvénient pouvait-il donc survenir?

Il est vrai encore que M. Rouilly, maître de pension à

Orléans, se chargeait de la réponse. Dans le *Moniteur du Loiret*, il nous avertissait que « chez lui, au milieu même de l'opération, un grand jeune homme de vingt-six ans avait été pris d'un violent tremblement dans tous ses membres et que son avant-bras gauche s'était mis tout à coup à osciller avec une rapidité si effrayante qu'on peut la porter à *mille* oscillations par minute; il ne pouvait plus, dit-il, prononcer que des syllabes entrecoupées; il vacillait comme un homme ivre; il fallut l'emporter, le coucher, et le lendemain il ressentait encore une sorte de tremblement nerveux. » M. Rouilly terminait en disant, « qu'il avait cru devoir rapporter ce fait dans l'intérêt des personnes qui se soumettraient aux expériences sans en connaître les *graves inconvénients*. » On y fit peu d'attention, tant la mode avait pris d'empire, tant ce plaisir valait la peine d'être acheté!

Cependant, connaissant depuis longtemps le fin mot de la chose, nous nous demandions à part nous : « Que va-t-il donc résulter de tout ceci, et que vont dire nos corps savants? Vont-ils se laisser prendre aux apparences électriques, et leur philosophie leur permettra-t-elle de chercher, par delà les fluides qui pourraient être en jeu, l'agent réel de tant de symptômes bizarres? Non; ils savent bien cependant, que dans les sciences, par exemple en médecine, toute investigation qui s'arrête aux symptômes est une investigation bien secondaire; on s'en contente faute de mieux, mais alors on ne se croit pas en possession de la vérité, on la cherche toujours. Ici, pourquoi feraient-ils donc autrement? Ces suppositions étaient justes, mais, disons-le tout de suite, nos expérimentateurs fanatisés commettaient dès les premiers pas une faute impardonnable, philosophiquement parlant : c'était de ne pas se préoccuper un seul instant de ces faits américains dont on commençait à leur parler de tous côtés. Quand on est atteint par la peste, la fièvre jaune ou le choléra, le premier soin de la Faculté est de l'envoyer étudier en Égypte, en Espagne ou en Pologne. On observe ces fléaux au lieu même de leur naissance, on apprend comment ils se sont produits, développés, terminés. Eh bien! en faisant la même chose ici, ces messieurs auraient vu, *clair comme le jour*, que *la Gazette d'Augsbourg* avait raison, en leur affirmant que cette *aimantation animale* leur arrivait directement d'Amérique. Mais que voulez-vous? lorsque l'on ne veut pas *voir*, on ne s'amuse pas à *regarder*.

Cependant, une fois cette filiation bien établie, bien reconnue, en étudiant à fond les prodiges américains, on aurait bien vite acquis la certitude que là du moins les Esprits se montraient au grand jour, et comme ils s'y étaient cachés longtemps aussi, dans *des tables* ou derrière *des cloisons*, on aurait vu tout de suite ce que l'avenir pouvait nous réserver.

Mais rassurons-nous, notre science française ne s'y laissera pas prendre; le piége serait en vérité trop grossier; la science française n'a pas de rivale lorsqu'il s'agit de physique et d'électricité; elle ne verra dans celle-ci qu'une électricité *railleuse*, et ne consentira jamais à se laisser persuader, qu'elle a dormi depuis cent ans à côté de pareilles vérités, ou plutôt à côté de pareilles énormités physiques (1).

Et puis, *l'iniquité se ment à elle-même tous les jours.* Voyez donc où en sont aujourd'hui les conditions *indispensables* du docteur André, c'est-à-dire « tous les effets cessant à la *moindre* interruption de la chaîne. » Ce matin, dans un journal de la Lorraine, il est question précisément d'une chaîne formée à un premier étage, autour d'une table massive; tant que la chaîne existe, rien ne se produit; De guerre lasse, tout le monde descend dans la rue, et quelques instants après, voilà la table rebelle qui se met à

---

(1) Tout ceci, on voudra bien ne pas l'oublier, s'écrivait en 1853 et sous la première impression, causée par CE GRAND ÉVÉNEMENT, (pour parler comme le Père Ventura). Néanmoins, dût cette première rédaction ressembler parfois à un anachronisme, nous n'y changerons absolument rien, pour ne pas enlever à nos faits et aux observations qui les accompagnent, leur cachet primitif d'actualité.

valser, comme pour narguer son monde. Quelle loi physique, quelle électricité! Voici, d'un autre côté, des villes et des pays déshérités! Voici la ville de Valence qui s'évertue de son mieux, qui suit avec une patience angélique toutes les prescriptions de la nouvelle science : rien ne peut s'y produire. Est-ce qu'à Valence, par hasard, l'espèce humaine n'aurait pas d'électricité? Mon Dieu, si, mais elle n'a pas de ces électricités accidentelles et locales, véritables électricités d'occasion, et pour ainsi dire *erratiques* (1).

Non, la science ne s'y laissera pas prendre; elle ne se contentera pas de l'explication par les *petits doigts,* elle s'apercevra bien vite que ces *petits doigts* remplissent exactement ici, le rôle du fameux baquet mesmérien, et de la chaîne que l'on formait tout autour. Alors aussi, on la disait fort *essentielle,* cette chaîne ; et quant au baquet, l'aimant, l'acier, le verre pilé, étaient des ingrédients *nécessaires*. Eh bien, que sont devenues aujourd'hui toutes ces nécessités? Les effets magnétiques dépassent tous ceux d'alors, et cependant on ne se sert plus de rien. Bien mieux, depuis que les *passes* elles-mêmes ont cessé d'être à la mode, les phénomènes ont doublé. En Allemagne, où l'on approfondit les choses, on a voulu en avoir le cœur net. Chaque savant magnétiste (et là ils sont en grand nombre) a fait construire son baquet. Celui de Wolfort consistait en un coffre de *fer,* garni de bouteilles, de fils de fer, de verre broyé, etc. Celui de Kieser était en *bois* de hêtre, sans verre, et on le remplissait d'eau, ce qui n'empêchait pas les effets d'être exactement semblables dans les deux cas. Alors on se dit : C'est le magnétisme seul qui leur donne cette puissance, et l'on magnétisa de plus belle. Mais un beau jour on s'avisa de ne plus magnétiser du tout, et le baquet ne perdit rien de sa puissance! ah! ah! dit-on, ce sont donc les malades magnétisés qui magnétisent eux-mêmes le baquet, et l'on y

(1) Les anciens appelaient *dieux erratiques*, ceux qui se transportaient continuellement d'un bout du monde à l'autre.

mit un brave homme, pur de toute influence magnétique et de plus parfaitement bien portant. Eh bien, cette fois-ci !... les effets magnétiques dépassèrent en intensité tous les autres, et jamais les phénomènes ne s'étaient montrés plus brillants ; mais, à partir de ce moment aussi, les baquets perdirent tout crédit et cela se conçoit (1).

Voilà précisément l'histoire de ce fameux rapport de Bailly, dont M. Arago nous fait tant d'éloges dans son dernier mémoire, et sous un rapport il a raison, car ces grands expérimentateurs ne s'étaient pas laissé prendre à toutes ces séductions électriques, et déclaraient la physique parfaitement innocente de tous les effets qu'ils voyaient ; mais en même temps ils s'avisèrent d'expliquer par *l'imagination* ces mêmes effets prodigieux, *que l'on ne pouvait se figurer, même après les avoir vus* (2), et là fut leur grand tort ; ils avaient eu raison comme savants, comme philosophes ils furent inexcusables.

Toujours est-il que cette absurde explication par l'imagination ne peut plus se renouveler dans les circonstances présentes, et que celle par la jonglerie ne serait pas plus heureuse. Quel dommage ! Ces deux mots rendaient tant de services et protégeaient tant de retraites ! C'en est donc fait, il va falloir désormais, non-seulement s'en *passer*, mais encore les *retirer* pour tous les analogues précédents, puisque ceux-ci vont se trouver enfin expliqués. Encore une fois, comment faire et que devenir ? Il faudra bien proclamer que

(1) Pour peu que l'on ait étudié les sciences occultes, on voit toujours un agent intelligent *se voiler* derrière des apparences physiques, souvent assez spécieuses. C'est ainsi qu'au XVII. siècle, la fameuse **poudre de sympathie** du chevalier Digby avait séduit complètement le célèbre Boyle et toute l'Académie de Londres. Ils en voyaient les effets prodigieux, et ne cherchaient rien en dehors de cette *poudre*. Mais, une fois l'épidémie passée, ce *vitriol calciné* (car ce n'était pas autre chose) acheté chez le pharmacien, n'avait plus le moindre pouvoir. Il en était de même du célèbre *onguent des armes*, qui guérissait *réellement* beaucoup de blessures *à distance*.

(2) Expression du rapport.

« ces électricités réelles comme *effet*, ne sont vraiment pas électriques dans leur *cause*, qu'elles mentent quand elles veulent faire croire le contraire, qu'elles raillent, quand elles agissent tour à tour avec et sans chaîne, dans telle ville et non pas dans telle autre, etc.

Mais d'un autre côté reconnaître une cause capricieuse et menteuse, c'est presque reconnaître... un esprit... Un esprit, grands dieux ! Vous représentez-vous Arago reconnaissant en pleine Académie des esprits, des lutins ! quelle épreuve ! Mais cela seul est horrible à penser ! Tous les visages se voileraient à l'Institut, et ce jour serait à jamais néfaste, pour les sciences, puisqu'il leur ravirait une victoire, qu'elles croyaient avoir gagnée depuis des siècles.

Gare cependant, au premier symptôme de SURINTELLIGENCE ! car nous voici revenus à notre ancien et premier *criterium*, à notre *pierre de touche* infaillible.

Tout dépend de ce qu'elle va nous donner ; songez-y bien, cette fois-ci, une question imprudente peut tout perdre.

Et déjà, que signifie cette dernière phrase d'un article sérieux jusque-là, que nous trouvons dans le *Courrier du Nord* : « Dans une autre maison, la table magnétisée aurait, dit-on, *obéi* au commandement de l'un des expérimentateurs, pris la direction qui lui était indiquée, dansé en mesure aux sons du piano, *marqué* les heures, *deviné* l'âge des assistants, etc. ? »

Que signifie cette autre lettre de Bordeaux, insérée dans *la Guyenne*, « Un chapeau soumis à *l'aimantation animale* se montre, s'il est possible, *plus intelligent* encore qu'une simple table ; il indique, dit-on, par de petits soubresauts, *l'âge* des personnes, le nombre des pièces de monnaie qu'elles ont dans leur poche, il dit *le chiffre* des messieurs et des dames réunies dans l'appartement, etc. ? »

Voici mieux encore ; voici dans le journal *le Pays*, une lettre de M. l'abbé Moigno de laquelle il résulte que « MM. Seguin et de Montgolfier, ingénieurs très-distingués, ordonnent aux tables de se dresser sur *tel* pied et sur *tel* autre, leur font battre la mesure, etc. »

Évidemment nous approchons, et lorsque nous terminerons l'impression de ce Mémoire, endormi depuis si longtemps dans nos cartons, nous arriverons probablement trop tard.

Voyez; le mois dernier, nous eussions été de dix ans en avance, et dans un mois il est probable que nous serons de quinze jours en arrière.

Aussi, pressé par le temps (1) et par notre imprimeur, vous trouverez bon, Messieurs, que nous nous contentions de constater de loin en loin l'état de la question dans l'opinion publique et dans la science.

Vous nous pardonnerez la forme de nos *éphémérides* en raison des circonstances.

11 *mai.* On lit dans *la Patrie* : « Faire danser les tables est un tour de force, mais les faire parler, obtenir d'elles réponse aux questions les plus indiscrètes, leur faire *prédire* la pluie et le beau temps, cela paraît beaucoup plus fort et de plus dure digestion. Cependant, *au train dont vont les choses, il ne faut jurer de rien...* » Et là-dessus, *la Patrie* produit la lettre très-significative d'un homme dont elle ne peut, dit-elle, mettre en doute la sincérité.

17 *mai.* A Saint-Étienne, à Privas, les tables n'ont pas tourné *parce qu'on n'avait pas* la foi. A Apt, on ne l'avait pas davantage, et toutes ont tourné, toutes ont obéi. Enfin, dans la même ville, une jeune fille est tombée en somnambulisme pendant la chaîne, et les médecins ont déclaré que c'était bien le *somnambulisme magnétique*.

18 *mai.* Dans la *Gazette de France*, à propos de ces phénomènes, M. de Lourdoueix donne un assez long article sur notre *presbytère de Cideville*, qu'il classe dans la même catégorie : « Les esprits forts et les incrédules du siècle, dit-il,

---

(1) On le voit, nous sommes toujours en 1853.

jouent presque toujours un rôle dans ce récit, et, déconcertés par le témoignage de leurs sens joignent leurs attestations à celles des incrédules ; et quand il arrive que les sommités de la science sont appelées à vérifier ces faits merveilleux, leurs objections, il faut le dire, sont toujours *faibles, timides, incomplètes,* et annoncent plus d'embarras que de certitude... Si donc, ajoute M. de Lourdoueix, ces faits surnaturels sont prouvés, ce qu'il en faut conclure, c'est que... jamais ce mot de l'Écriture « *irridebit eos* il se moquera d'eux tous, » n'aurait été mieux appliqué. »

Même jour, on lit dans *la Patrie :* « EXPLICATION DONNÉE PAR LES SAVANTS » : Ah! voyons! ceci devient important. D'après ce journal, telle serait l'hypothèse à laquelle les savants se seraient arrêtés. « Les tourneurs de tables et de chapeaux *sont presque tous de bonne foi* (c'est déjà beaucoup) ; mais *ils se trompent,* ils croient faire tourner par un acte de leur volonté ou par une effusion de fluide magnétique l'objet inanimé placé sous leurs doigts, tandis que c'est par une action *musculaire imperceptible* pour tous et pour eux-mêmes. (Ah! voilà, voilà!) C'est par un mouvement vibratoire partant de milliers de petits rameaux nerveux... Ajoutez à cela la lassitude, l'*humidité des mains* et vous aurez une explication, sinon complétement satisfaisante du moins *assez plausible* du phénomène qui nous occupe... M. Chevreul (de l'Institut) a *analysé* cette prédisposition physiologique et l'a *illustrée* par ce fait familier du joueur de billard qui, après avoir lancé sa bille, la suit des yeux, des épaules et de tout le corps et fait des efforts bizarres *comme pour* la pousser, bien qu'elle ne soit plus sous son action directe..., etc. »

Qu'il est donc heureux pour nous, que M. Chevreul ait bien voulu dire, « *comme pour,* » car s'il avait eu le malheur de dire : « *et il la pousse en effet,* » nous étions perdu. Nous ne savions plus que répondre, en vérité. Mais ce bienheureux, *comme pour,* nous sauve d'un fort mauvais pas ; il nous remet en mémoire, ce que nous allions oublier, c'est-à-dire que dans les rapports ordinaires de l'homme avec la matière, jamais, *au grand jamais jusqu'ici*, tous les efforts musculaires du monde entier, n'auraient influencé d'un centimètre la direction d'un objet qui n'était plus sous leur action directe; jusqu'ici toutes les lois de la physique étaient basées sur cette grande loi primordiale et sur cette expérience de tous les instants, car elle était invariable, et le joueur de *billes* ne pouvait rien de plus à cet égard que le joueur de billard invoqué tout à l'heure.

Que les temps sont changés!

Il y a deux ans, toute l'Académie des Sciences se révoltait contre l'illustre baron de Humboldt croyant avoir fait dévier une aiguille aimantée, à distance, expérience qui, du reste, n'avait *jamais* pu se renouveler à Paris, et voilà que tout à coup au lieu d'aiguilles, ce sont de lourdes tables qui valsent partout et à volonté! Et tout cela s'explique *facilement!* C'est *assez plausible!* Oui, mais cette fois-ci, Messieurs les Savants, nous ne vous laisserons pas *mutiler* les faits, nous vous en prévenons; depuis le commencement de ce volume nous ne faisons pas autre chose que de rétablir sur bonnes preuves, tous ceux que vos collègues arrangent à leur fantaisie après les avoir niés complétement; mais maintenant, la moitié de la France se lèverait avec nous pour les rectifier et pour vous dire : « Non, *vos rameaux nerveux* n'expliqueront jamais, ni le phénomène physique que vous voulez leur faire expliquer, ni l'intelligence de nos tables répondant à nos questions, ni surtout la *surintelligence* de celles qui demain probablement, nous révéleront ce que nous ignorons nous-mêmes.

A demain donc! En attendant, il est bien triste, en vérité, de voir un homme du plus haut mérite, comme M. Chevreul, prêter ainsi le flanc au plus mince écolier qui, *sa bille à la main*, voudra bien lui répondre. Croie désormais qui voudra à la physique! La voilà terriblement compromise. Une science capable d'abjurer ainsi tous ses principes, perd beaucoup à nos yeux de son autorité.

20 mai. — La *Revue médicale*, citée par *la Patrie* de ce jour, déclare à son tour « l'explication soit par *l'imagination*, soit par les *vibrations musculaires*, comme la donnent MM. Corvisart et de Castelnau, *entièrement ruinée* par le fait du simple changement dans les rapports *des petits doigts.* »

Quant à la *Presse médicale*, elle reconnaît là le *magnétisme animal*, et s'écrie : « Nul ne saurait prévoir les applications dont cette découverte est susceptible. C'est tout un monde à explorer.... Qui sait s'il n'y a pas au bout de ce sillon, de quoi illustrer toute une génération ! »

Heureux magnétisme, que de réparations tu as le droit d'exiger ! que d'encens te prodigueront demain ceux qui te lapidaient si cruellement hier !

Mais *la Presse* et *l'Union médicale* auront beau faire, on ne les croira plus sur parole.

« Juste retour, Messieurs, des choses d'ici-bas ;
« Vous ne vouliez pas croire, et l'on ne vous croit pas.

21 mai, voici du nouveau. — On lit dans *la Patrie* le récit « des tables promenées et renversées *sans contact*, par de *pures volitions mentales* et ou même par une simple *passe magnétique*, précaution *très-superflue* de l'expérimentateur. » Très-superflue en effet ! on ne saurait mieux dire.

Devant un pareil fait, les magnétiseurs soutiendront-ils toujours que le rapport magnétique résulte du mélange *des deux atmosphères nerveuses ?* Le système nerveux des guéridons serait-il donc un des plus *sensitifs*, pour parler comme le baron de Reichenbach, et que deviendrait devant cette nouvelle danse, *sans contact*, l'explication par la vibration musculaire et surtout par *l'humidité des mains ?*

23 mai. — Communications très-importantes de M. Bonjean, membre de l'Académie royale de Savoie, à Chambéry, rapportant plusieurs expériences faites à l'Académie même, et constatant *la parfaite intelligence* de l'agent en question; M. Bonjean réduit toutefois cette intelligence à une parfaite mesure. « Ces réponses, dit-il, ne sont et *ne peuvent être que la réflexion de la pensée* de la personne qui les provoque, et le *meuble ne peut* satisfaire et ne satisfait qu'aux questions dont le résultat est connu, sans *jamais* pouvoir produire l'inconnu. »

Le meuble *ne pouvant satisfaire* est charmant! mais jusqu'ici ce n'est pas encore de la *surintelligence*. Patience donc, car il faudra bien qu'elle arrive (1)!

Au reste, M. Bonjean fait bonne et entière justice des *mouvements musculaires* de M. Chevreul, à l'aide de cette simple objection des tables de Strasbourg pivotant avec tous leurs agitateurs, ou des tables de Lyon, agitées sans *toucher direct*; ensuite il passe de la question physique à la question morale qui, s'il faut l'en croire, serait assez loin d'être rassurante. « Pères et mères, s'écrie-t-il, qui ne tenez pas à développer chez vos jeunes filles des sentiments prématurés, époux, qui tenez au repos de vos moitiés, *méfiez-vous de la chaîne magnétique* en général et de *la danse des tables* en particulier. »

On se rappelle que dans le fameux rapport secret de Bailly sur le mesmérisme, en 1784, on disait exactement la même chose. Il y a donc sous tout cela, nous le craignons bien, quelque pécheur, toujours le même, toujours impénitent.

24 mai. — Lettre de M. Seguin, l'un de nos ingénieurs les plus distingués, à M. l'abbé Moigno qui, dans *le Pays*, avait très-habilement combattu ses expériences.

« Lorsque je raisonne de sang-froid, lui dit M. Seguin, sur les résultats *très-réels et très-positifs* que j'ai obtenus et vu obtenir devant moi, je crois être sous l'empire d'une hallucination qui me fait voir les choses autrement qu'elles ne sont,

---

(1) A propos du magnétisme, nous avons dit que la *surintelligence* était une *intelligence* supérieure à celles du magnétiseur et du magnétisé.

tant la raison chez moi se refuse à les admettre ; mais quand je renouvelle mes expériences, il m'est impossible de me refuser à l'évidence, alors même qu'elle me confond et bouleverse toutes mes idées.

« *Comment voulez-vous*, lorsque la table, touchée très-légèrement du bout des doigts, fait un effort *contre* ma main et *contre* mes jambes, au point de me repousser et presque de *se briser*, que je puisse croire que la personne qui lui impose les mains lui communique une impulsion capable d'un pareil effort ? et *lorsque c'est moi-même qui suis cette personne*... comment voulez-vous que j'accepte votre explication ?... Acceptez donc franchement, courageusement les faits comme ILS SONT, les faits bien vus et bien reproduits par moi, en qui vous avez, je l'espère, tout autant de confiance qu'en vous-même. L'explication viendra plus tard, soyez-en sûr. Croyez fermement qu'il y a dans ce phénomène des *tables tournantes* quelque chose de plus que ce que vous y voyez, *une réalité physique*, en dehors de l'imagination et de la foi de celui qui les fait mouvoir. »

Il est impossible, comme on le voit, d'être plus positif et de mieux défendre l'évidence *physique* sur le terrain des faits. M. Seguin a mille fois raison contre son savant dénégateur ; voyons maintenant, si M. l'abbé Moigno, battu sur ce terrain, ne va pas reprendre sa revanche sur un autre.

A propos d'une communication faite à l'Académie par un M. Vauquelin, sur une de ces *tables enchantées*, qui, chez lui, aurait répondu aux questions les plus mystérieuses, deviné les questions les plus cachées, etc., M. Moigno s'écrie dans *le Cosmos* (1) : « Cette fois-ci, *c'est par trop fort*, et nous voici définitivement en pleine magie ; le moment est venu d'aller le dire à Rome..... il n'y avait là ni magnétisme ni électricité, ni même influence de la volonté humaine sur la matière ; mais en supposant le fait certain, CE QUI EST DUR

(1) *Revue encyclopédique des sciences.*

A AVALER, il y aurait nécessairement *intervention des esprits* ou *magie*. Les intelligences qui se refuseraient à ces déductions du bon sens seraient des intelligences DÉTRAQUÉES avec lesquelles il ne faut pas plus discuter qu'avec *des fous*..... Si vous n'avez pas été trompé, si les faits extraordinaires que vous affirmez sont vrais, nous sommes, nous aussi, dans la vérité. L'intervention des esprits et la magie, sont alors de tristes..... mais de GRANDES réalités. »

Cette fois-ci, M. Moigno est dans le vrai et M. Seguin est dans le faux; tout à l'heure c'était le contraire. Au reste, il est impossible de trouver dans un journal savant, un auxiliaire plus puissant. Nous ne sommes plus seul... Voilà le premier pas de la science vers nos idées, hâtons-nous de le consigner.

Mais il est vrai d'ajouter que M. Moigno est un ecclésiastique, théologien par conséquent avant d'être devenu physicien. Ces bonnes fortunes-là ne se rencontrent pas deux fois.

M. Arago, dans la même séance, a suivi la marche contraire : à propos des tables tournantes, il a déclaré qu'il ne s'occuperait que des faits *admissibles*, et alors il a pu tout à son aise expliquer ceux-ci par une communication de mouvement, telle qu'il l'a vue s'établir entre deux pendules.

En vérité, c'est bien la peine de s'appeler Arago pour se tirer à si bon marché d'une difficulté qui occupe les deux mondes! Toutefois, comme il avait raconté sérieusement tous les faits, le journal l'*Assemblée nationale*, du 11 juin, lui disait avec beaucoup de raison : « Quand une Académie imprime de tels faits dans son *compte rendu*, et qu'elle a nommé une commission pour connaître de faits semblables, il y a pour cette commission un devoir *absolu* de dévoiler le résultat de ses investigations. »

Mais on se taira toujours, et les faits continueront à marcher. Voici, le 3 juin, M. Agénor de Gasparin, l'un de nos hommes les plus sérieux, qui écrit ce qui suit à la *Gazette de France* :

« Je n'insiste d'ailleurs pas sur ce point. Le phénomène de la rotation, s'il était seul, ne me paraîtrait pas entièrement concluant. Je suis défiant quoique je ne sois pas académicien, et j'admets qu'il soit possible (à la rigueur) qu'une impulsion mécanique soit involontairement imprimée.... Mais la rotation ne sert *qu'à préparer d'autres* phénomènes, dont il est impossible de demander l'explication à une action musculaire quelconque.

« Chacun de nous à son tour, a adressé à la table des ordres auxquels elle a ponctuellement obéi, et je réussirais difficilement à vous peindre le caractère étrange de ces mouvements, de ces coups frappés avec une netteté, avec une solennité qui nous *épouvantait presque*. — « Frappe trois coups,
« frappe dix coups. Frappe avec ton pied gauche, avec ton
« pied droit, avec le pied du milieu. Lève-toi sur deux de tes
« pieds, sur un seul de tes pieds; tiens-toi debout, résiste à
« l'effort de ceux qui, placés du côté où tu te lèves, cherchent
« à te ramener à terre. » Après chaque commandement, la table obéissait. Elle opérait des mouvements qu'aucune complicité involontaire ou volontaire n'aurait pu provoquer, *car nous aurions vainement tenté ensuite de l'amener et de la maintenir par une pression des mains dans la situation qu'elle prenait sur un seul pied, résistant d'une manière incontestable aux efforts destinés à la faire redescendre.*

« Chacun de nous a donné les ordres avec un égal succès. Les enfants se sont fait obéir comme les grandes personnes.

« Il y a plus : on est convenu que celui qui commanderait ne prononcerait pas à haute voix le nombre des coups, mais se contenterait de les penser, après les avoir communiqués à l'oreille de son voisin. Eh bien! la table a obéi. *Il n'y a jamais eu la moindre erreur.*

« Chacun a ordonné à la table de frapper autant de coups qu'il avait d'années, et la table a indiqué notre âge tel qu'il était dans notre esprit, *se hâtant même de la manière la plus comique lorsque le nombre des coups à frapper était un peu consi-*

dérable. — Je dois avouer, à ma honte, que j'ai été repris par elle, car, ayant involontairement diminué mon âge, la table a frappé 43 coups au lieu de 42, *parce que* ma femme, ayant meilleure mémoire, avait pensé au chiffre véritable.

« Enfin, après avoir continué pendant plus d'une heure ces expériences, auxquelles les voisins et les valets de ferme sont venus prendre part, j'ai senti qu'il était temps d'y mettre un terme. J'ai ordonné à la table de se dresser, de se dresser encore *et de se renverser de mon côté, ce qu'elle a fait.*

« Agréez, Messieurs, l'assurance de mes sentiments les plus distingués, A. DE GASPARIN. »

3 juin. La *Patrie* contient un document fort curieux: c'est un extrait du journal *l'Abeille du Nord*, publié à Saint-Pétersbourg, par M. Tscherepanoff. Ce savant russe a longtemps vécu dans les Indes-Orientales, et il *répond* des faits extrêmement intéressants qu'il communique.

« Il faut considérer, dit la lettre, que les lamas ou prêtres de la religion bouddhiste, qui est celle de tous les Mongols et des Burètes russes, ainsi que les prêtres de l'ancienne Égypte, ne révèlent pas les mystères de la nature, découverts par eux. Ils s'en servent pour entretenir les opinions superstitieuses de la multitude. Le lama, par exemple, sait trouver des choses dérobées par des voleurs en suivant une table qui *s'envole* devant lui. Le propriétaire de la chose dérobée demande au lama de lui indiquer l'endroit où elle est cachée, le lama ne manque jamais de faire attendre sa réponse pendant quelques jours.

« Le jour où il est prêt à répondre, il s'assied par terre devant une petite table carrée, y pose ses mains en lisant dans un livre thibétain. Au bout d'une demi-heure il se lève en ôtant aussi la main, de sorte qu'elle conserve la position qu'elle avait eue sur le meuble. Aussitôt celui-ci se lève aussi, suivant la direction de la main. Le lama est enfin debout sur ses jambes, il lève sa main au-dessus de sa tête et la table se lève au niveau des yeux. Alors le lama fait un mouvement en avant et elle le suit ; le lama marche en avant et elle marche devant lui dans l'air, avec une si rapide augmentation de vitesse que le lama a grand' peine à la suivre ; enfin la table parcourt des directions diverses et finit par tomber par terre. La direction principale choisie par elle indique le côté où il faut chercher la chose perdue.

« On affirme que la table tombe ordinairement *juste* sur l'endroit où les choses volées se trouvent cachées. *Dans le cas où je fus témoin oculaire*, elle s'envola à une très-grande distance (d'environ 30 mètres), et la chose perdue ne fut pas trouvée tout de suite. Mais, dans la direction choisie par la table, il y avait la chaumière d'un paysan russe, qui se suicida, ayant aperçu l'indication donnée par le meuble.

« Ce suicide éveilla le soupçon ; on fit des recherches, et on trouva les choses perdues, dans sa chaumière. »

On le voit, tout ce récit cadre merveilleusement avec ceux de nos missionnaires et voyageurs modernes. Comment pousse-t-on l'aveuglement assez loin pour ne pas être ébloui de l'analogie frappante entre tous ces derniers phénomènes et ceux de la *divination somnambulique*, de *la baguette divinatoire*, en un mot de ces mille et une sciences cabalistiques si sévèrement interdites par la science et la raison ? Comment ne voit-on pas que derrière ces phénomènes fort semblables, se cachent autant d'agents d'un seul et même ordre, d'une seule et même nature ?

Restons-en là de nos citations, car ceux qui ne se contenteraient pas des témoignages que nous avons rapportés, témoignages émanés de savants ou d'hommes fort sérieux, ayant obtenu les mêmes révélations *dans tous les pays du monde*, ne se contenteraient pas davantage de tous ceux qui pourraient se surajouter aux nôtres. Il va venir un jour cependant, qui ouvrira forcément toutes les bouches ; alors, de tous ces salons si réservés jusque-là, de ces cabinets où les expériences se font encore à *huis clos*, la vérité surgira tout entière. Alors on saura, que quelques-uns des hommes les plus considérés de Paris, soit dans la magistrature, soit dans les lettres, soit dans le clergé, ont voulu voir et ont vu, ont voulu savoir et ont su; on saura que la SURINTELLIGENCE mauvaise leur a été révélée, et que, s'ils se sont tus, s'ils ont recommandé le silence sur leurs noms, c'était uniquement par prudence, ou pour ne pas trop devancer l'opinion.

Mais ce jour-là, que fera la science? Nous pouvons le lui prédire hardiment : ses faits *admissibles* d'aujourd'hui n'étant plus rien et les *inadmissibles* étant admis, son crédit s'altérera et son langage deviendra plus modeste. Comme les anciens augures, deux savants ne pourront plus se regarder sans sourire, et plus d'une fois on les entendra se répéter tristement : « On nous le disait bien, chers collègues, on nous en prévenait tous les jours : CELUI QUI, EN DEHORS DES MATHÉMATIQUES PURES, PRONONCE LE MOT *impossible*, MANQUE DE PRUDENCE (1). »

---

(1) *Annuaire de* 1853, paroles d'Arago.
Nous recommandons vivement à nos lecteurs une brochure, intitulée « TABLES TOURNANTES », et publiée chez MM. Sagnier et Bray, rue des Saints-Pères, par M. Benezet, rédacteur en chef de la *Gazette du Languedoc*. Cette brochure, rédigée par un homme de science et d'esprit, est merveilleusement propre à rassurer ou plutôt à *terrifier* tous ceux qui gémissent de voir la science et la religion s'occuper de telles *puérilités*.

CONCLUSIONS

Résumé. — Intelligences servies par des fluides. — Conséquences. — Objections. —.Avenir.

§ 1.

Résumé.

Si nous ne nous faisons pas illusion, Messieurs, nous croyons avoir suffisamment établi dans la première partie de ce Mémoire, sinon l'identité, au moins l'analogie de tous ces phénomènes mystérieux.

Du somnambule, subjugué par la *grande puissance dont le magnétiseur semble dépositaire* (1), nous passions à cet halluciné que la science nous dit être « *dominé par quelque chose* « *qui n'est pas lui et qui cependant veut et connaît* (2). » Plus loin nous entrions, avec le docteur Calmeil, dans cet *enfer anticipé des théomanes*, où, sous l'influence vindicative d'un seul homme, d'un *grand criminel*, la timide innocence de douze religieuses, se trouvait changée subitement en criminelles folies, comme leur sainteté en blasphèmes, leur pudeur en cynisme (3); nous frémissions enfin, avec le docteur Marchal (de Calvi), devant cette *force étrangère* et terrible qui, dans quelques monomanies (4), peut seule armer le bras d'un père

---

(1) Expression du rapport de Bailly.
(2) M. Leuret, *Fragments psychologiques*.
(3) Calmeil, *De la folie*.
(4) Voyez chapitre DES MONOMANIES, dernière page.

ou d'une mère contre l'enfant qu'ils adorent, et nous montre alors la volonté humaine débordée sans qu'il y ait folie et sombrant sans qu'il y ait passion.

Toutefois, dans cette première partie de notre Mémoire, l'action d'une puissance *étrangère*, bien qu'elle fût évidente pour tous les yeux exercés, pouvait encore laisser quelques doutes, en raison du développement constamment *interne* de son action et de l'absence apparente de toute cause extérieure.

Nous nous sommes donc attaché dans la seconde partie, à prouver cette *objectivité*, et nous espérons l'avoir fait en donnant à ces causes, un foyer, un berceau, *en les localisant*, en un mot, et leur assignant leur véritable point de départ. Nous avons appelé surtout votre attention sur ces singulières données, fournies par la science la plus moderne, et qui nous montrent, tantôt la manie du suicide à l'état de permanence, et pour ainsi dire installée, soit dans une *guérite* qu'il faut brûler, soit dans une *chambre* qu'il faut murer; tantôt l'anthropophagie délirante d'un Papavoine *couvant* au fond d'un bois où nous la voyons s'emparer tout à coup d'une dame amenée sur le lieu du crime par la curiosité (1). Phénomènes inexplicables pour une science, qui n'a par-devers elle que les *idées voltigeantes* ou l'absorption du *miasme de la folie*, mais beaucoup plus compréhensibles pour le chrétien, habitué à personnifier les ennemis qui l'entourent et s'agitent sans cesse autour de lui.

Nous prouvions aussi cette *extériorité*, par les récits de nos voyageurs modernes et par leur accord constant avec ceux de tous nos missionnaires. Démonstration suffisante, croyions-nous, mais qui dans tous les cas eût dû trouver son complément dans l'exposé des phénomènes de *Cideville*.

Là, en effet, par la volonté formellement exprimée et *avouée* d'un coupable, se développaient des prodiges, pré-

(1) C'est une dame de Versailles qui, devant cet abominable théâtre, fut prise à l'instant même de monomanie homicide.

curseurs de nos *tables tournantes*, mais bien autrement merveilleux en ce que ces fluides, jusqu'ici si contestés, étaient positivement constatés, aperçus même, et en ce que, la victime voyait constamment auprès d'elle le fantôme de son persécuteur; vision d'autant plus merveilleuse cette fois, que les coups et les blessures reçus par ce fantôme impalpable, se répercutaient à longue distance sur le persécuteur absent !

Ce presbytère de Cideville, Messieurs, n'était que l'un des chapitres de notre trop longue histoire, et pendant que nous l'écrivions, nous ne pouvions guère nous douter qu'au même instant se calquaient par delà l'Océan, ces premières manifestations d'*esprits frappeurs*, qui, après avoir envahi tout le continent américain, allaient bientôt faire irruption sur l'Europe. Ils étaient bien loin aussi de s'en douter, ceux qui ne voyaient là que la jonglerie d'un pauvre prêtre et ne comprenaient pas qu'un homme sensé pût y attacher quelque importance.

Ce qu'il y a de parfaitement certain, c'est que l'hiver dernier, nous étions en mesure d'annoncer *à coup sûr l'arrivée des tables tournantes*, non pas pour telle ou telle époque, mais pour un avenir assez rapproché. Nous l'avons écrit, nous l'avons même imprimé, donc nous suivions leur marche. Comment pourrait-on nous parler alors, de *facultés* nouvellement *découvertes* ?

Vous savez où nous en sommes, Messieurs; nous n'avons plus à craindre qu'une chose, c'est d'avoir été débordé par cette avalanche de faits prodigieux et de n'avoir plaidé devant vous qu'une cause définitivement gagnée bien que nous l'ayons perdue, il y a deux jours. Peu importe, du reste, car même après avoir accepté la réhabilitation d'une vérité, il faut encore la suivre dans ses applications diverses et dans toutes ses conséquences.

Quant au magnétisme proprement dit, fidèle à notre programme nous n'avons pas voulu le juger complétement en lui-même, réservant à cette question complexe une plus large place dans un Mémoire subséquent. Mais si nous n'avons rien décidé sur sa valeur sanitaire et morale ; nous n'en avons pas moins signalé comme détestable la plus grande partie de son histoire, de ses tendances; nous avons désigné comme étant les instigateurs ou les auxiliaires les plus fréquents de ses phénomènes, ces mêmes esprits, dont nos deux hémisphères peuvent juger le savoir-faire en ce moment; en voilà donc infiniment plus qu'il ne faut pour nous le rendre bien autrement suspect aujourd'hui, qu'il ne l'était hier, et pour nous donner le droit de crier avec plus d'insistance que jamais : « Méfiez-vous, abstenez-vous. »

Maintenant avons-nous réussi à démontrer complétement notre thèse ? Ce n'est pas à nous de répondre ; nous espérons toutefois n'avoir pas poussé la maladresse assez loin pour compromettre une vérité et des faits, auxquels, s'il faut en croire un des plus profonds métaphysiciens de ce siècle « les savants n'ont opposé jusqu'ici que des objections *faibles, timides, incomplètes*, et annonçant plus *d'embarras* que de certitude (1). »

A vous, Messieurs, le soin de prononcer entre leurs raisons et les nôtres.

§ II.

Quelques mots sur les fluides.

Le point capital de notre croyance eût-il été démontré, nous serions encore bien loin d'avoir tenu notre double engagement. *Programme oblige.* Après les *esprits*, viennent *leurs manifestations fluidiques*, et certes, la seconde partie du thème n'est pas la plus facile à traiter; heureusement son importance étant beaucoup moindre, nous pourrons, en cas d'erreur, nous retrancher derrière cette moindre gravité.

(1) M. de Lourdoueix, *Gazette* du 17 mai, à propos des phénomènes de *Cideville*.

Mais sur ce nouveau terrain, que de questions encore à résoudre ! Quelle est la nature de ces esprits? Sont-ils ou ne sont-ils pas complétement immatériels? S'ils le sont, quel est leur mode d'action sur la matière? S'ils ne le sont pas, que peut donc être leur corporéité? Qu'est-ce que ces fluides aperçus? etc., etc.

Il faudrait des volumes pour répondre à toutes ces questions, et ce n'est ici ni le lieu ni le moment d'en entreprendre un sérieux examen.

Néanmoins, comme cette discussion, qu'on eût trouvée hier fort oiseuse, figurera peut-être avant un mois, à l'ordre du jour de toute philosophie, il faut bien lui consacrer quelques pages.

Que des fluides soient en jeu dans la plupart de ces phénomènes, c'est pour nous une vérité, d'abord parce que d'excellents observateurs les ont aperçus plus d'une fois, ensuite parce qu'on reconnaît évidemment leur présence, soit dans les coups frappés, soit dans l'agitation des objets, soit dans leur effet vraiment électrique sur l'organisme humain.

Encore une fois, il y a donc des fluides ; mais pour nous, comme pour tout homme attentif, il est de la dernière évidence aussi, que ces fluides ne jouent ici qu'un rôle instrumental et secondaire. INTELLIGENCES SERVIES PAR DES FLUIDES, cette proposition résume parfaitement notre pensée à ce sujet.

Maintenant vient cette question : ces intelligences sont-elles naturellement unies à ces fluides, comme nos âmes à nos organes, ou suffit-il qu'elles s'en emparent et se les approprient pour agir ensuite par leur entremise sur la matière et sur nous?

Commençons par bien établir les enseignements de la théologie à ce sujet.

Quoique tous les *compendiums* déclarent la question parfaitement libre (1), la grande majorité des théologiens, il

(1) MM. Migne, ou plutôt leurs savants annotateurs, déclarent que : « Cette

faut bien le reconnaître, professe aujourd'hui la croyance à l'entière immatérialité des esprits. S. Em. le cardinal Gousset, dont *la théologie dogmatique* peut faire loi à ce sujet, ne semble même pas admettre la possibilité d'une opinion contraire. Par conséquent c'est l'opinion la plus probable, la plus sûre, et nous nous y rangerons très-volontiers.

Cependant, comme l'autre sentiment (permis, nous a-t-on dit), faciliterait bien des rapprochements et résoudrait bien des difficultés, il est peut-être aussi juste qu'utile de l'exposer ici, et de montrer sur quelles raisons et quelles autorités on a pu l'appuyer.

D'abord, si nous parcourons toutes les philosophies des temps antiques, nous ne trouverons jamais la moindre hésitation, 1° sur l'existence des esprits, 2° sur leur nature mixte, que dans notre langage moderne et matérialiste, nous aurions peut-être la hardiesse d'appeler pneuma-gazéiforme. Alors, c'étaient les *âmes aériennes* de Varron : « Ces âmes, dit-il, qui sont vues, non par les yeux, mais par l'esprit, et sont appelées héros, lares et génies (1). » C'était le *genus aereum* de Platon. « Ce règne de *démons* ou d'*animaux aériens*, qui, bien que tout auprès de nous, ne nous apparaissent jamais ouvertement (2). » Ce sont encore les *âmes volantes* de Philon « dont l'air est rempli, dit-il, quoiqu'elles soient invisibles *pour nous* (3). » Vous le savez, Messieurs, Plutarque, Pythagore, les néo-platoniciens, et l'éclectisme alexandrin tout entier, partagent exactement la même doctrine.

S. Em. le cardinal Gousset fait remarquer avec beaucoup de raison, que l'accord parfait entre la croyance des Gentils et celle des chrétiens sur le nombre et la distinction des bons et des mauvais anges, suppose évidemment, que l'une et

question n'est pas de foi, n'ayant été définie par aucun concile, mais ayant toujours été superficiellement agitée toutes les fois qu'il s'agissait d'une autre doctrine. » Voir au bas du *Traité de Chrisman*.

(1) *Varron*, liv. xvi.
(2) *Platon*, opus., t. IX.
(3) *Académie des inscriptions*, t. II, p. 5.

l'autre ont une seule et même origine, la révélation primitive.

Rien de plus philosophique que ces paroles; mais comment tous ces philosophes auraient-ils pu puiser à la même source et en même temps, la vérité sur le nombre, et l'erreur absolue sur la nature et la forme de ces mêmes créatures?

Or, rappelons-nous bien les noms qu'ils leur donnaient tous et constamment, sans oublier un instant leur essence vraiment spirituelle; ces noms étaient ceux-ci : *électricités, puissances pneumatiques, forces dynamiques, énergies*, etc. (1), et cette sorte d'assimilation technique avec les forces matérielles qu'ils ne laissaient pas que de connaître, ne paraissait inspirer alors aucune espèce de scrupule aux plus rigides et aux plus savants docteurs de l'Église. Absence absolue de controverse à ce sujet, au moins pendant les trois premiers siècles; personne ne discute, et chacun semble regarder l'opinion qu'il émet, comme l'opinion générale. Pour eux, c'était la tradition; « antiquissimi et doctissimi theologi, » disaient-ils; « nos plus anciens et nos plus savants docteurs. » (V. le père Petau.)

Pour ne pas vous fatiguer, Messieurs, de citations que nous pouvons reléguer dans une note (2), nous ne nous en per-

---

(1) En grec : ἤλεκτρα, πνευματικὰς οὐσίας, δυνάμεις, ἐνεργείας.

(2). Origène, dans la préface de son ouvrage, περὶ ἀρχῶν, accorde aux Esprits une espèce d'*aura*, ou vapeur : « Le mot *immatériel* étant, dit-il, *tout à fait inusité et inconnu.* »

Tertullien les assimile à l'âme humaine, à laquelle il assigne, comme on le sait, une certaine *corporéité*.

Saint Clément d'Alexandrie partage et développe la même opinion.

Saint Hilaire est bien autrement explicite. « Il n'y a rien, dit-il, dans les substances et dans la création, soit dans le ciel, soit sur la terre, soit parmi les choses visibles, soit parmi les *invisibles*, qui ne soit *corporel*. Même les âmes, ajoute-t-il, soit pendant la vie, soit après la mort, conservent quelque substance corporelle, parce qu'il est nécessaire que tout ce qui est créé, soit dans *quelque chose*. » (Canon 5, in Math.)

Saint Justin, saint Césaire, Cassien, Minutius Félix, Fulgence, Arnobe et saint Éphrem, sont absolument du même avis.

Nous verrons tout à l'heure si les partisans de l'opinion opposée sont demeurés aussi fermes dans l'expression de leur opinion.

mettrons ici que deux, mais qui peuvent, il nous semble, balancer à elles seules les grandes autorités contraires. Ce sont saint Ambroise et saint Augustin.

Saint Ambroise est formel ; il veut « que l'on réserve pour la Sainte-Trinité TOUTE SEULE, l'expression *immatérielle*, « ἀσώματον, » RIEN dans tous les êtres créés, dit-il, n'étant complétement immatériel. » (1)

Quant à saint Augustin, qui revient sans cesse sur ce sujet, il l'explore dans toutes ses profondeurs, il ne modifie jamais son opinion, et Suarez fait remarquer avec raison (2) que, rappelant dans son livre des *Rétractations*, les corps éthérés et lumineux qu'il donne aux anges, et les corps plus épais qu'il accorde aux démons, *cette fois il ne rétracte rien, non retractat.* C'est cependant un Père de ce même IV° siècle, à partir duquel, dit-on, *tous* les Pères professent l'immatérialité absolue. Saint Augustin ! quelle exception ! S'il avait eu de véritables contradicteurs, en eût-il donc été ainsi? comment n'en eût-il pas fait mention ?

Mais ce qui nous frappe encore davantage, c'est le même silence de la part des opposants et surtout l'indécision et les variations de leurs paroles.

Ainsi, saint Athanase est toujours représenté comme le défenseur le plus ardent de l'immatérialité absolue. Mais pourquoi dans le 7° synode œcuménique, saint Jean de Thessalonique, qui défendait la corporéité, s'appuie-t-il constamment sur cette grande colonne de l'Église? Le père Petau suppose qu'en définissant l'ange « un animal raisonnable, « animal rationale, » saint Athanase lui en avait *donné l'occasion.* Aussi le savant jésuite termine-t-il en disant: « Ceux qui ont fait du grand docteur un défenseur de *l'incorporéité, n'ont pas assez réfléchi sur les raisons qu'ils en donnent, haud satis accuratam esse eorum rationem.* » Il en est de même pour saint Basile, saint Cyrille d'Alexandrie,

---

(1) Lib. II, *De abr.*, cap. VIII.
(2) *De angelorum natura.*

saint Grégoire de Nazianze qui, cités comme défenseurs de l'immatérialité, nous paraissent retomber plus d'une fois dans l'opinion qu'ils combattent, et parler comme les autres (1).

Quant aux conciles, sans développer ici l'opinion énoncée par les annotateurs de MM. Migne, et puisée dans Muratori, nous nous contenterons de faire remarquer qu'ils s'occupaient si peu de *la corporéité,* telle que nous l'entendons, que saint Bernard a pu dire depuis ces conciles : « N'accordons qu'à Dieu seul *l'immatérialité absolue,* car *il est clair que tout esprit créé a besoin d'un être matériel.* » (*Hom.* 6 *Cant.*)

Ils s'en occupaient si peu, que, depuis encore, le cardinal Cajetan a pu librement se déclarer pour la même corporéité.

Que l'on ne s'étonne donc plus d'entendre l'abbé de Vence avouer que, « *partout,* l'Écriture nous représente les anges comme corporels ; » et d'entendre le savant bénédictin D. Calmet, dont les travaux ont épuisé la matière, convenir que « tous ces phénomènes d'apparitions s'expliquent bien plus facilement avec *la corporéité adhérente,* qu'avec la cor-

---

(1) Saint Basile, en effet, après avoir défendu cette immatérialité, n'en dit pas moins (*L. du Saint-Esprit,* chap. XVI) : « La substance de ces vertus célestes, est un *esprit aérien (spiritus puta est aerius); c'est pourquoi ils sont dans un lieu,* et se montrent à ceux qui en sont dignes *dans l'image de leurs propres corps.* » Aussi le père Petau a-t-il pu dire encore avec raison : « Saint Basile a parlé d'une manière douteuse à ce sujet (*dubié locutus est*). »

Saint Cyrille d'Alexandrie dit formellement que : « Dieu *seul* étant *incorporel,* lui seul ne peut être circonscrit, lorsque *toutes* les autres créatures peuvent l'être, parce qu'elles *sont corps,* bien que ces corps ne ressemblent pas aux nôtres » (liv. IX, *in Joannem*). Que veut-on de plus platonicien ?

Saint Grégoire de Nazianze, enfin, explique aussi ce qu'il entend par *incorporéité* : « Bien qu'ils ne soient pas précisément incorporels, dit-il, on les appelle incorporels *par rapport à nous.* » *Par rapport à nous !* cela nous paraît être le vrai mot de l'énigme et le fond de la pensée générale.

poréité *d'emprunt*, qui nécessiterait un miracle continu. » (1) (*Appar.*, p. 237.)

Enfin Suarez, le défenseur le plus absolu de cette immatérialité, n'en clôt pas moins toutes ces discussions en termes bien peu positifs. « Je *pense, judico,* que cette *assertion* (de l'immatérialité absolue) est *presque* certaine aujourd'hui, *ferè certam,* en raison de la croyance commune de l'Église, et de sa définition *presque* manifeste, fondée sur l'Écriture et sur les Pères » (*loc. cit.*).

Or, l'abbé de Vence a répondu pour l'Écriture, et les Pères viennent de répondre pour eux-mêmes.

Quoi qu'il en soit, Messieurs, de ces deux opinions sur la véritable nature des Esprits, nos *manifestations fluidiques* trouvent toujours dans chacune d'elles, une sanction parfaitement positive, puisque toutes les deux sont d'accord sur leur réalité. Nous pouvons donc dire avec toute assurance, *intelligences servies par des fluides*, soit que ceux-ci leur soient naturellement unis, soit qu'elles s'en emparent et les emploient.

De quelle nature seraient maintenant ces fluides empruntés? Voici une nouvelle question, question moins importante encore, mais digne néanmoins d'un très-grand intérêt :

Si nous continuons d'interroger l'ancienne théologie, ceux de ses docteurs qui sont pour le fluide *emprunté*, vous diront que les anges s'emparent de l'*air le plus pur*, de l'*éther* le plus subtil, comme les démons s'emparent à leur tour d'une matière plus épaisse, plus rapprochée de nos vapeurs, et quelquefois de nos effluves les plus grossiers. Tous le font, disent-ils, en appliquant les *formes actives* aux *substances passives*, — veuillez nous pardonner ce vieux lan-

---

(1) L'illustre Grotius, abandonnant le sentiment de ses coreligionnaires, déplorait (*in Psalm.*, chap. III, vers. v) la facilité avec laquelle on avait déféré sur ce point au sentiment d'Aristote, « le premier inventeur, dit-il, des pures intelligences. »

gage, — et produisent par cette mixtion, une sorte de substance nouvelle parfaitement propre à ces manifestations ; substance matérielle au fond, dont la forme consiste dans l'image représentée, et avec laquelle l'ange ou le démon ne formerait plus qu'un seul être, agissant non comme un moteur extrinsèque, mais bien comme un principe intrinsèque d'opérations (1).

D'autres théologiens cependant, tout en étant contre la corporéité matérielle, se demandent, si les Esprits, en tant que *formes intellectuelles et substantielles,* ne seraient pas doués d'une certaine *matière spirituelle,* cette fois bien différente de la nôtre en ce qu'elle serait exempte de ce qu'ils appellent *étendue de quantité* (quantitativæ), ce dernier mot étant pour eux le cachet distinctif de la matière proprement dite (2).

Serait-ce donc de cette matière toute spéciale qu'il serait question dans le Cours de Théologie de MM. Migne (20° v. col. 1340), à propos du caractère indélébile, imprimé dans l'âme, par plusieurs sacrements? « Il nous paraît *plus sûr* et plus conforme à la foi, dit l'auteur du traité reproduit, d'affirmer avec saint Thomas (3), et *les plus célèbres* théologiens, que ce caractère s'imprime dans l'âme, *à l'aide d'un être physique, appartenant à l'espèce des qualités spirituelles, ens physicum, pertinens ad genus spiritualium qualitatum »* (4). Nous ne comprenons plus trop, il faut le dire, un *être phy-*

---

(1) Voyez Suarez, *loc. cit.*

(2) Aristote disait à son tour : « Du moment où l'on écarte l'idée de *quantité,* il ne reste plus qu'une substance indivisible. » (*Phys.* liv. I, 15.)

(3) Nous devons déclarer que nous croyons avoir trouvé tout le contraire dans saint Thomas.

(4) On a été plus loin encore ; des savants modernes ont eux-mêmes paru très-indécis sur la véritable nature de certains fluides, et Cuvier nous a dit quelque part : « On n'a pas *encore décidé* si ces agents sont vraiment *matériels.* » Proposition que M. de Lourdoueix, l'un des plus profonds métaphysiciens de ce siècle, ne craint pas de développer ainsi : « Nous croyons, nous, que la matière étant inerte de sa nature, ces agents sont vraiment *spirituels* et émanent du principe de force et de mouvement, diversement modifié par le Verbe. » (*De la Vérité,* p. 350.)

sique, appartenant aux *qualités spirituelles ;* mais en la supposant admissible, cette *matière spirituelle* serait toujours, notez-le bien, complétement distincte de l'intelligence, c'està-dire de l'essence véritable de tous ces esprits, dont elle ne serait, pour ainsi dire, que le corps glorieux et l'admirable instrument.

Mais restons-en là, et ne cherchons pas à savoir au delà de ce qui nous est nécessaire.

Il est une autre espèce de manifestations fluidiques dont nous n'avons encore rien dit. C'est celle qui paraît émaner, dans toutes les opérations mystérieuses précitées, soit du magicien, soit du magnétiseur, soit du possédé, soit du *medium* employé par l'esprit. C'est cette émanation qui donne le change à tant d'observateurs, fort judicieux du reste, mais qui ne savent pas se résoudre à dégager de nos électricités *tournantes* l'agent mystérieux qui se cache derrière elles. Si cependant ces personnes voulaient faire attention à la *constante inconstance* de ces effets, à leur opposition formelle avec toutes les lois connues de l'électricité, elles se convaincraient bien vite, que ce dernier impondérable, tout en étant plus ou moins favorable peut-être à l'obtention des phénomènes, ne leur est nullement nécessaire, puisque dans une foule de cas, de magnétisme comme d'*aimantation rotatoire*, on s'en passe complétement.

Quant à cette disposition physiologique, favorisant chez le *medium* l'action de l'esprit étranger, nous croyons qu'elle existe, et nous pourrions énumérer ici, une partie des conditions qui la produisent. Nous savons, de plus, que ces esprits prennent facilement possession de nos organes, de notre système nerveux surtout, avec lequel il a la plus intime relation, le fluide qui circule dans nos nerfs étant, selon Newton, « identique à l'air que nous respirons, » et ces puissances spirituelles étant les princes de cet *air*, dans lequel elles résident. Mais comme on les *expulse* de ces organes et de ce fluide nerveux, exactement comme le crucifiement du Christ les expulsait de l'atmosphère (1), l'espèce d'assimilation physiologique qui s'opère entre elles et nous n'est donc qu'une assimilation accidentelle, temporaire et toujours limitée par la permission divine. Malheur seulement à qui brave le péril et s'expose à de semblables visites !

Arrêtons-nous enfin. On ne se méprendra pas, nous l'espérons, sur l'esprit qui nous a dicté ces longs et pénibles développements. C'est le même qui nous a inspiré tout l'ouvrage, c'est-à-dire le désir très-vif et toujours permanent, d'accorder autant qu'il se pourrait, les dogmes de la foi avec l'évidence philosophique. Sans doute, nous manquions complétement de tout ce qu'il nous eût fallu pour amener un si heureux résultat, mais peut-être aussi aurons-nous mis sur la voie de quelque conciliation nouvelle, fait naître quelques aperçus qui en amèneront d'autres à leur tour; dans tous les cas, ces mêmes questions, si déniées hier, seront bientôt, nous ne pouvons en douter, reprises par tous les organes de la philosophie. Il pouvait donc être utile d'exposer leur histoire; nous l'avons fait en simple rapporteur, et, tout en laissant percer les tendances de notre propre esprit, nous sommes on ne peut plus disposé à les abjurer complétement, au premier signe donné par une autorité compétente.

Mais alors, et sans le moindre préjudice pour notre thèse, nous nous renfermerions dans notre propre définition *des intelligences servies par des fluides*, empruntés et employés par elles (2).

(1) « Il fut élevé en croix *pour* mieux purger l'air, des principautés qui le souillaient. » (Voyez Office du vendredi saint.)

(2) Si nous ne nous trompons pas, il y aurait eu cependant dans cette supposition de la corporéité, solution de plus d'un problème, réponse à plus d'une objection. Par là, et sans rien accorder au matérialisme, on se le rendrait plus favorable, en lui facilitant, au moyen d'un fluide intermédiaire et *adhérent* aux esprits, l'action de ces esprits sur la matière.

On choquerait moins le rationaliste, en ne lui montrant *les esprits* que

§ III.

Conséquences.

Que répondre à présent à ces *convertis* de mauvaise grâce, qui se rejetteraient, en désespoir de cause, sur le peu d'importance et d'actualité de leur nouvelle croyance, et se vengeraient sur *sa portée* du déplaisir de leur défaite?

Mon Dieu! nous leur dirions : Puisque vous vous rendez à l'évidence, vous n'avez plus aujourd'hui le droit de nous demander nos raisons. Quoi! vous voyez l'ennemi installé sous un jour plus acceptable, puisque au lieu d'un *autre* monde, il ne s'agirait plus ici que d'un monde *plus parfait*, de substances plus éthérées, en un mot de créatures plus ou moins supérieures au propre esprit qui l'anime lui-même.

On choquerait moins le physicien, qui pourrait comprendre enfin l'action de ces esprits sur la matière; car il ne lui serait pas plus difficile de se rendre compte de cette action sur certains corps, que de l'action foudroyante de l'électricité purement physique, sur les fabriques de Montville, par exemple.

De cette manière, vous combleriez l'abîme qui paraît séparer la philosophie *spiritualiste* de la philosophie *positive*, puisque cet ordre mitoyen, cette espèce de *tiers parti* entre les deux mondes, ne serait plus, comme nous le disions tout à l'heure, qu'un règne hyperphysique, ou, si l'on nous permet de créer ce nouveau mot, *métapneumatique*; hiérarchie admirable qui, gravitant et se perfectionnant sans cesse, nous conduirait de degrés en degrés, jusqu'à ce terme suprême au delà duquel la création disparaît tout entière devant le πνεῦμα des Livres saints, devant l'ἀσώματον des Pères de l'Église, c'est-à-dire devant l'essence, purement, absolument spirituelle de son Créateur et de son Dieu.

Nous savons parfaitement qu'il ne peut jamais être permis de faire une concession dogmatique pour faciliter de nouveaux moyens de rapprochement; mais combien cette perspective de lever de tels obstacles ne doit-elle pas engager à un nouvel examen, surtout pour des questions si *divisantes* et qui n'ont jamais été parfaitement définies?

Ne trouverait-on pas en effet, dans cette définition *transactionnaire*, si l'on peut s'exprimer ainsi, quelques éclaircissements sur ces *idées voltigeant autour de nous*, pour parler la langue de nos physiologistes les plus distingués, idées, disent-ils, *de nature matérielle et nerveuse, tout à fait étrangères au moi, et lui apprenant ce qu'il ignore?*

Ne leur trouverait-on pas encore quelques rapports avec ces substances

sous chaque toit, assis à chacun de vos foyers, manié par chacun de vos enfants, et vous nous demanderiez toujours à quoi bon? Hier, vous le pouviez encore, alors que l'on comptait les adeptes, et que nous étions presque seul, à calculer les jours qui nous séparaient du fléau. Comme nous prophétisions dans le désert, vous ne deviez pas nous comprendre; mais aujourd'hui que vous voyez et croyez ce que nous voyions depuis quinze ans, il serait temps de vous demander, si votre quiétisme ne vous trompe pas tout autant, que le faisait votre incroyance.

Ah! sans doute s'il s'agissait de quelque madrépore nouveau, de quelque espèce de ciron moins connu que tous les autres, ou bien de quelque fragment de médaille nous révé-

---

éminemment subtiles dont parle le savant M. Rœderer, et « qui semblent avoir des rapports peu connus même avec la nature intelligente. »

Ne trouverait-on pas, en outre, une assez grande analogie entre de semblables substances, et ces fluides mesmériens *de différents ordres, qui existent entre l'éther et la matière élémentaire, et qui se trouvent aussi supérieurs à l'éther que celui-ci peut l'être à l'air commun* (1er et 2e Mémoires de Mesmer), *et par l'intervention et la médiation desquels*, disait-il (et c'est bon à savoir, parce qu'on paraît l'avoir complètement oublié) il *opérait tous ses effets magnétiques?*

Enfin, il faut bien le dire, cette théorie, qui n'était que rationnelle, est presque devenue pour nous une vérité de fait et d'expérience. Ainsi, pour un certain nombre de faits rapportés dans ce mémoire, et en particulier pour ceux du presbytère de Cideville, l'*adhérence* d'une vapeur à l'agent mystérieux, cause efficiente de ces étonnants phénomènes, paraissait pour ainsi dire nécessaire. Lorsqu'on *voyait*, par exemple, ces merveilleux fluides fuir devant les *armes* qu'on leur opposait, chercher une issue, se condenser, et passer soit par le trou de la serrure, soit par les fentes de la porte, il devenait assez difficile d'expliquer comment ils n'auraient pas déposé au plus vite un vêtement *d'emprunt*, qui gênait ainsi leur retraite (voy. partie III, ch. III).

Qu'on nous permette encore un dernier argument. N'est-il pas de foi, que nous serons un jour parfaitement semblables aux anges? — Assurément. — N'est-il pas de foi que nous aurons des corps glorieux? — Assurément aussi. — Donc, les anges ont dès à présent des *corps* glorieux. Cet argument nous parut encore plus puissant le jour où nous tombâmes sur ce passage de saint Augustin: « Nos corps seront exactement semblables à ceux des anges (*in ps.* 85).

Mais, encore une fois, nous ne tenons nullement à cette adhérence naturelle, et n'en avons nul besoin pour expliquer nos fluides.

lant enfin le véritable nombre des petits-fils de Jugurtha....
Ah! pour le coup, personne ne s'aviserait de nous contester
l'importance du sujet, nous serions un *savant*, et la société
nous tiendrait compte de semblables efforts.

Mais ici, quelles bagatelles! Il s'agit bien à la vérité de tous
nos dogmes, — c'est Bayle qui nous l'a dit, — de toutes nos
philosophies, — la science le déclarait tout à l'heure, — il
s'agit même, jusqu'à un certain point, de nos destinées sociales, — l'Amérique en est la preuve. — Mais que voulez-
vous! à chaque heure suffit sa peine.

Oui, certes, il s'agit de tous nos dogmes, puisque nous pouvons dire avec Voltaire : « Pas de Satan, pas de Sauveur! »
et avec Bayle : « Prouvez-leur cette existence des mauvais
esprits, et vous les verrez *forcés* de vous accorder tous vos
dogmes. »

Soyons justes cependant : il est deux objections qui de
loin paraissent capitales, et qui demandent une réponse. Ces
objections, que nous comprenons d'autant mieux, que bien
des fois nous nous les sommes faites à nous-même, nous
savons parfaitement qu'elles proviennent ordinairement du
sentiment religieux le plus pur et le plus délicat, et qu'il est
des âmes vraiment jalouses pour Dieu, jalouses pour sa bonté
comme pour sa gloire.

La première objection roule donc sur le pouvoir exorbi-
tant que de telles doctrines conféreraient aux puissances spirituelles, sur le bon comme sur le méchant, sur le fidèle
comme sur celui qui ne l'est pas, sur l'innocent et sur l'enfant
comme sur le plus grand des criminels.

Mon Dieu! tout cela est d'une vérité désolante, mais nous
le demandons, comprend-on beaucoup mieux et la chute de
l'homme et la damnation de l'enfant non baptisé, et l'éternité des peines, etc., etc.? Quand donc voudra-t-on bien
comprendre que cette responsabilité divine, pour laquelle
on paraît si inquiet, ne se trouve pas plus compromise, en
définitive, par cette puissance des influences mystérieuses

sur l'innocence et le bas âge que par celle de toutes les influences humaines et naturelles sur ce même âge et sur cette même innocence?

Nous l'avons déjà dit : Qu'il s'agisse d'un Esprit ou d'un homme, d'une invasion spirituelle ou d'une fièvre typhoïde, la question est exactement la même, et tous les fléaux du monde peuvent aussi bien que le nôtre, servir de prétexte aux gémissements de la souffrance, comme aux blasphèmes de la révolte.

Avec un peu de réflexion, on pourra même s'assurer, que le fléau spirituel est infiniment moins effrayant que tous ceux de la nature, car dans le Catéchisme et l'Évangile, la providence chrétienne en avertit tous les jours ses enfants, leur enjoint la plus complète vigilance, leur fournit toutes les précautions nécessaires contre ces *embûches spirituelles*, et toutes les armes pour les vaincre. Elle leur promet alors assistance et victoire, et, tout en laissant s'accomplir en certains cas, quelques épreuves plus formidables en apparence qu'en réalité, elle enraie visiblement ces puissances, elle bride ces *forces colossales*, qui renverseraient plus facilement une maison, qu'elles ne feraient tomber de vos têtes le cheveu qui ne doit pas en tomber. Encore une fois, c'est le christianisme tout entier, c'est la foi de l'Évangile, c'est la promesse formelle de l'homme-Dieu; reposons-nous donc sur elle du soin de conjurer de telles menaces, et n'oublions pas d'ailleurs que ces esprits sont d'accord avec nous, pour se dire et se reconnaître eux-mêmes, sous le contrôle d'un pouvoir *plus élevé*, qui modère leur action, et ne leur permet ni de *tout* dire, ni de *tout* faire.

La seconde objection est celle de la *puérilité* des phénomènes signalés. Quels détails, nous dit-on, quels enfantillages, et combien ne rapetissent-ils pas votre sujet! Nous ne reconnaissons plus là ce satan des livres saints, *cet antique adversaire*, sorte de *demi-dieu tombé*, fléau de la création, et que seul, le vrai Dieu, sut vaincre et terrasser sur la croix.

Ah! sans doute, il y avait une tout autre poésie chez l'archange de Milton planant au-dessus des abîmes, et dont Lamartine a pu dire :

> La nuit est son séjour, l'horreur est son domaine.

Sans doute, s'il ne s'agissait que de chanter, nous aussi, nous essaierions d'appeler à notre aide et les grandes images et les couleurs brillantes; mais aujourd'hui nous ne sommes qu'un modeste historien, racontant scrupuleusement ce qu'on lui montre. Eh bien, oui! ce qu'on lui montre, les seules choses qu'on lui montre, semblent futiles, méprisables, quelquefois même grotesques. Mais qui vous a jamais dit que le grand principe du désordre fût là même, en personne, et que dans sa grande armée il ne se trouve pas des légions de tous les ordres? Or, il est un de ces ordres d'influences que saint Paul, qui s'y connaissait pour le moins aussi bien que Lamartine et Milton, appelle expressément, les *malices* spirituelles; et certes, on en conviendra, dans la Bible ou dans les annales de l'Église, ces *malices* ne remplissent pas tous les jours un rôle bien dramatique et bien élevé. Mais soyez-en bien certain, ces satellites obscurs, ces bataillons légers de la grande armée du mal, ne sont pas les moindres forces du terrible souverain. Vous avez déjà pu vous convaincre qu'il y avait plus d'un arrière-plan à toutes ces *badineries*. Encore une fois, voyez donc l'Amérique. Aux vibrations galvaniques ont succédé les sermons, puis ensuite les doctrines, puis toutes les sociétés mystiques, puis les clubs par centaines, puis un socialisme effréné, puis une attaque vigoureuse à toutes les lois religieuses et politiques, et bien que chez nous aujourd'hui, il ne s'agisse encore que de promenades *de guéridons et de chapeaux,* qui sait si dans peu d'années nous ne contemplerons pas les débris, résultat de leur passage (1)?

(1) Plus tard, nous espérons bien nous étendre sur l'immense rôle rempli, dans toute la nature cosmique et physique, par ce *prince de l'air*, par ce

Laissons parler le grand Bossuet sur ces *puérilités* et sur les *déguisements* sataniques : « Puisque l'ennemi dont nous parlons est si puissant, vous croirez peut-être, Messieurs, qu'il vous attaquera par la force ouverte et que *les finesses s'accordent mal avec tant de puissance et d'audace...* Mais Satan marche contre nous par une conduite impénétrable et cachée. Il ne brille pas comme un éclair, il ne gronde pas comme un tonnerre, il ressemble à *une vapeur pestilente* qui s'écoule au *milieu de l'air* par une contagion insensible et imperceptible à nos sens.... Il se glisse comme un serpent, et Tertullien nous décrit ce serpent par une expression admirable : « Il se cache autant qu'il peut, il resserre en lui-même par mille détours sa prudence malicieuse. Il ne craint rien tant que de paraître; quand il montre sa tête, il cache la queue, *il ne se remue jamais tout entier....* Ah! mes frères, c'est Satan, c'est Satan, qui nous est représenté par ces paroles; qui pourrait vous dire toutes ses profondeurs et par quels artifices ce serpent coule? « (Bossuet, 2° serm. sur les démons.)

Ces *puérilités* d'aujourd'hui sont donc précisément une de

porte-lumière, qui entoure notre globe « *qui circumambulat terram*, » mystérieux agent que la Bible appelle quelque part « *le principe de toutes les voies du Seigneur, principium viarum Domini Behemoth*, » principe créé toutefois après l'engendrement du Verbe et de la lumière, auxquels il fut dit à leur tour : « *Ante Luciferum genui te*, je vous engendrai avant Lucifer. » C'est alors que nous pourrons agrandir notre sujet, et chercher avec la science s'il n'y aurait pas quelque analogie entre cette grande force de désordre qui l'effraie et la confond elle-même dans notre création bouleversée, et cet *adversaire gigantesque* que l'Écriture nous présente comme souillant la nature et en corrompant toutes les voies, entre ce roi des fluides, qu'elle soupçonne et recherche, et ce *grand prince de l'air, deorsum fluens coulant en bas*, c'est-à-dire *porte-lumière tombé* « *quomodo cecidisti, Lucifer?* » chute épouvantable, *naufrage terrible*, comme dit Bossuet, et dont *toute la nature* se ressentira jusqu'à la fin des siècles. Nous aurons à nous préoccuper encore de quelques rapprochements possibles entre ces grandes forces de notre nature cosmique et ces autres forces spirituelles, que le grand apôtre appelle *les recteurs et les soutiens de ce monde de ténèbres, rectores* (en grec κοσμοκράτορες) *tenebrarum harum*. Mais, encore une fois, n'anticipons pas sur l'avenir; que l'on veuille bien nous accorder seulement qu'il ne s'agirait plus cette fois de puérilités et de misérables questions.

ces *finesses* dont parle Bossuet. Aussi les spiritualistes de New-York ne trouvent-ils pas d'expressions assez fortes pour caractériser cette habileté : « Nos esprits, disent-ils, se présentent en Europe *comme ils l'ont fait ici*, pour ne pas alarmer les personnes *chatouilleuses* et pour qu'on puisse tout expliquer par quelque agent naturel. Cette combinaison est admirable!.... » (1).

Ne vous rassurez donc jamais sur la *puérilité* des effets observés. Ah! s'il s'agissait d'un miracle ou d'une intervention des bons anges, et à bien plus forte raison d'une intervention divine, c'est alors que la puérilité des œuvres révolterait avec raison ; et même si vous voulez que nous vous disions toute notre pensée, la voici : c'est que, ce que nous contemplons aujourd'hui, détruira bien des superstitions que nous prenons trop souvent pour des miracles, et qui bien positivement *puériles* à leur tour, trahissent évidemment une origine opposée. C'est donc pour ces derniers prodiges, trop vite accrédités et reçus, mais pour ceux-là seulement, que l'inculpation de *malice* ou de *puérilité* peut être un excellente fin de non-recevoir.

On ne saurait être trop sévère à cet égard. Dégrader Dieu! quel crime au-dessus de tous les crimes! mais dégrader la dégradation elle-même! où donc est la faute? où donc est l'imprudence?

Toujours est-il, qu'il faut tirer du fléau les seuls bienfaits qu'il ne puisse pas nous refuser, ceux d'une foi plus complète et de réflexions plus profondes. Qui le sait? si jamais l'unité catholique devait triompher, cette manifestation spirituelle deviendrait peut-être un des anneaux de la chaîne qui rattacherait l'une à l'autre la science et la croyance; ce serait dans tous les cas, la justification évidente, du plus décrié, du plus sacrifié, du plus généralement honni de tous nos dogmes. Oui, désormais les faits vont expliquer les choses, nous ne pourrons plus maudire nos pères, et l'honneur des vieux âges

(1) Voy. le *Spiritual telegraph*.

est sauvé. Dieu veuille seulement que nous n'achetions pas cette leçon à un prix trop élevé !

Quant aux conséquences philosophiques, ce serait en vérité bien autre chose ; et en supposant la croyance aux esprits rétablie, la leçon deviendrait véritablement *dure*. Deux siècles de déraisonnement complet, deux siècles de calomnies et de sarcasmes à rayer de nos annales, et à déjuger aujourd'hui ! Oui, tous les livres écrits depuis ces deux siècles sur l'origine et l'esprit des différents cultes, sur le véritable sens de l'antiquité profane et sacrée, sur les mystères des païens, les oracles, les idoles, sur *les inspirations* des plus grands hommes de l'histoire et la plupart de ses grands événements : tous ces livres deviendraient véritablement illisibles, puisque tous partiraient alors d'une base fausse, à savoir, l'absence de ce même merveilleux qui viendrait de nous être prouvé.

Ils niaient formellement le surhumain, et nous pourrions leur dire : « Le voilà ! Le voilà, il est vrai, misérable, attristant ; mais ce surhumain maudit ne vous révèle-t-il pas, à son tour, le surhumain béni ? N'entraîne-t-il pas forcément son contre-poids surnaturel ? » Ah ! sans aucun doute, tous les deux, bannis, *chassés à jamais*, disait-on, de toute philosophie, vont nécessairement y rentrer. Lutte mystérieuse, combat annoncé pour ces temps même, et dont Dieu seul pourrait prophétiser l'issue.

Toutefois, les embarras des lettres et de la philosophie ne seraient rien auprès de celui de nos sciences médicales. Songez donc à tout ce qu'elles ont amoncelé d'invectives, contre ces mêmes *esprits*, contre les *possessions*, contre les *exorcismes*, et contre le *magnétisme* en dernier lieu. Tout était dirigé contre le merveilleux de tous les genres ; on eût dit qu'elles n'avaient pas d'autres maladies, d'autres ennemis à combattre. Au reste, vous les avez entendus, Messieurs, vous pouvez vous rappeler les paroles de M. le docteur Calmeil : « Cette manière d'interpréter par les êtres surnaturels les effets qui s'opèrent dans la nature, détruisait évidemment,

DE FOND EN COMBLE, la théorie qui nous sert actuellement. »
(*Név. myst.*) Or, comme cette théorie, M. le docteur Brierre
de Boismont l'appelle à son tour « la plus funeste des erreurs
sociales, » nous pouvons dire, logiquement, hardiment,
que le retour à cette grande vérité de l'existence et de l'intervention des esprits, *frappe de mort*, instantanément, un
de nos plus déplorables enseignements. Oui, toutes ces doctrines, funestes en ce qu'elles expliquaient toute espèce de
phénomènes mystérieux par l'hallucination, les voici sapées
dans leurs bases ! les prophètes sont vengés, les miracles
vont se comprendre, les visions s'expliquer, les hallucinations
collectives disparaître. Quel écroulement scientifique !

Encore une fois, c'est toute une révolution médicale et la
plus rude leçon que l'esprit de dénégation ait jamais reçue
peut-être ici-bas.

Et chacun aura la sienne : le jurisconsulte pourra comprendre enfin une masse de législations incomprises, sans
revenir, heureusement, à des lois qui ne sont plus dans nos
mœurs ; il absoudra Justinien et la loi des XII Tables, de ce
qu'il appelait leurs *rêveries ;* il réhabilitera tous ces grands
hommes calomniés, et coupables, disait-on, d'avoir fait périr tant de milliers d'*innocents*.

Sans jamais justifier les rigueurs inutiles ou cruelles, nous
n'érigerons plus le crime en touchante innocence. Nous nous
rappellerons surtout celle de Grandier, et nous regretterons
les larmes que pouvait lui donner notre enfance, devant
les appréciations, toutes contraires, de la science la plus
moderne.

« Il faut convenir d'une chose, disait dernièrement encore
un auteur qui cependant ne croit pas aux sorciers ; il faut
convenir que tous ces hommes étaient de *grands criminels* et
des *empoisonneurs*. »

Il fallait ajouter : des empoisonneurs avouant et se proclamant décidés à persévérer toujours ! De là ce mot déjà cité
de la *Gazette des Tribunaux :* « En présence de tels aveux,

on ne se sent plus le courage de maudire leurs juges. »

Oui, le sorcier était un homme qui, au lieu de se servir pour ses fins criminelles, de l'arsenic ou du poignard, se servait précisément de cette force bien autrement redoutable qui fait *tourner* vos tables et qui remuerait vos maisons. Quand vous en aurez la conviction, vous pourrez blâmer encore la sévérité des anciens juges, mais vous saurez comprendre leurs raisons (1).

Encore une fois, si vous croyez aux esprits, et vous allez y croire, vous pourrez dire avec le poëte :

Omnia jam fiunt, fieri quæ posse negabam.

« Ce que nous déclarions impossible, le voici accompli. »
Mais si nous voyons là toute une révolution, révolution véritable, absolue, radicale, pleine de lumière pour les chrétiens, nous y voyons aussi pour ceux qui ne le sont pas, des dangers non moins grands et des erreurs plus périlleuses encore.

Le matérialisme est vaincu : mais à quel prix peut-être? Et voilà précisément ce qui nous oblige à tant d'efforts pour bien établir la vérité. Oui, nous sommes effrayé, et savez-vous bien, Messieurs, ce qui nous alarme par-dessus tout en ce moment? C'est la confiance et le quiétisme de la France. Toutes les fois que la France *joue* avec l'inconnu, tenez pour bien certain que cet inconnu est un fléau. Avec quoi n'a-t-elle pas joué depuis cent ans? N'a-t-elle pas toujours été cette passagère frivole qui danse sur le pont du *steamer*, sans s'in-

---

(1) La douceur des lois et le silence sur de telles choses, peuvent avoir leur très-heureux côté; mais savez-vous aussi combien d'opprimés ont *gémi et péri* par suite de cette même tolérance? Nous pouvons affirmer que, dans plus d'un village de notre connaissance, des familles entières ont succombé et succomberont sous des méfaits terribles qu'un peu de foi guérirait. Nous savons des maisons où, sous un prétexte médical, s'exécutent de monstrueuses et diaboliques cruautés. Ces maisons sont publiques, et tout s'y passe sous le patronage d'un curé trompé par toutes les apparences, et avec l'approbation d'un prélat trompé par ce pasteur. Ces maisons, nous les nommerons s'il le faut.

quiéter du *travail* intérieur et des machines à *haute* et terrible *pression* qui grondent dans les flancs du navire?

La France, ou pour mieux dire le monde entier, plaisante avec ces choses, nous le savons, et certes nos terreurs ne peuvent même pas être comprises par ceux qui n'en ont pas la clef. Quoi de plus innocent que de faire tourner, que de faire deviner les tables? C'est vrai, fort innocent de toutes les manières, et surtout pour ceux qui ne voient là qu'un phénomène *tout simple*. Mais laissez multiplier vos ennemis, laissez-les s'impatroniser dans chacune de vos villes, et vous verrez!

D'ailleurs, au point de vue chrétien, on ne peut se le dissimuler; les *tables devineresses*, si bien classées par Tertullien (*Apol.* 23) parmi les variétés de la magie (*mensæ divinatoriæ*) (1), et l'évocation des trépassés qui forme comme le fond de l'épidémie mystérieuse actuelle, sont parfaitement identiques avec la double *abomination* foudroyée dans le *Deutéronome*. Faut-il vous en rappeler les termes? « Qu'il ne se trouve parmi vous personne qui consulte les devins... ou qui demande la vérité aux morts; car le Seigneur a en abomination toutes ces choses, et *il exterminera tous ces peu-*

---

(1) Ammien Marcellin n'est pas moins explicite (liv. XXIX, n. 1); selon lui, traduits devant le tribunal pour crime de magie, Patricius et Hilarius se défendent ainsi :

« Hilaire parle le premier. Nous avons fait, dit-il, avec des morceaux de laurier, à l'imitation du trépied de Delphes, la petite table (*mensulam*) que vous voyez ici. Puis l'ayant consacrée suivant l'usage... nous nous en sommes servis... Nous la posons au milieu de la maison, et plaçons proprement dessus un bassin rond, fait de plusieurs métaux. Alors un homme, vêtu de lin... récite une formule de chant, et fait un sacrifice *au dieu de la divination*... puis il tient suspendu, au-dessus du bassin, un anneau en fil de lin, très-fin, et consacré par des moyens mystérieux. Cet anneau saute *successivement, mais sans confusion*, sur plusieurs des lettres gravées et s'arrête sur chacune. Il forme ainsi des vers parfaitement réguliers... et ces vers sont les réponses aux questions qu'on a faites. Nous demandions, un jour, qui serait le successeur de l'empereur actuel... l'anneau sauta et donna les deux syllabes Théo... Nous ne poussâmes pas plus loin, nous trouvant suffisamment avertis que ce serait Théodore. Les faits démentirent plus tard les magiciens, mais non la prédiction; car ce fut Théodose. »

ples à cause de tous ces crimes : Propter *istius modi scelera.* »
(Deuter., chap. xviii, 10, 11.)

Et toujours dans la Bible raviennent ces mêmes menaces, suivies toujours de châtiments semblables, comme si de la cessation ou de la vulgarisation de ces pratiques devait toujours dépendre l'élévation ou la déchéance des nations.
« Vers les temps de l'Antechrist, est-il écrit encore, la magie couvrira toute la terre, et ces prodiges exerceront jusqu'à la foi des élus. »

Voilà pourquoi nous tremblons, et si vous nous trouvez bien *simple* à notre tour, de trembler devant un texte si *vieux*, nous vous répondrons, que dans tous les temps comme chez tous les peuples du globe, les mêmes effets ont toujours suivi les mêmes causes. C'est tout simplement *l'idolâtrie* qui revient sur la scène, et qui revient avec ses *dieux*. Vous connaissez leur histoire. Par conséquent c'est une lutte nouvelle entre les deux forces qui se partagent le monde; forces inégales sans doute, puisque l'une est divine et que l'autre est créée, mais forces temporairement opposées l'une à l'autre, et dont les progrès rivaux pèsent constamment, en sens inverse, sur les destinées de la terre.

Et si vous ne pouvez comprendre cette lutte entre deux puissances de nature si différente, un mot suffira peut-être à l'explication de ce problème : c'est que la lutte véritable est dans l'esprit humain. Chacune de ces deux forces et l'invite et l'attire. Il est libre; mais s'il choisit *l'illusion*, la VÉRITÉ, sans être jamais vaincue, punit en se retirant et se venge en laissant agir sa rivale.

Encore une fois, voyez comme elle agit en Amérique; là ce n'est plus la théorie qui vous parle, c'est l'évidence. Voici que ce grand pays s'agite sur sa base et *chancelle comme un homme ivre.* Gouvernement, pasteurs et savants, tous ne savent plus qu'opposer à ce torrent dévastateur, dont la source remonte cependant aux *petits coups* entendus par deux pauvres jeunes filles. A ces *petits coups* elles posaient un petit nombre de questions, et voilà que, suivant l'expression d'un journal anglais, *tout un peuple* se laisse emporter par un courant d'idées et de pratiques, qui fonctionnent aujourd'hui comme une *institution nationale*. »

Convenez donc au moins que si la cause paraissait bien futile, les effets sont devenus gigantesques !

Et vous ne voulez pas que nous tremblions devant l'arrivée des mêmes causes !

Était-il donc prophète cet homme dont l'esprit et le noble cœur s'éteignaient il y a quelques jours au milieu de tant de regrets ? Était-il inspiré, lorsqu'en présence de l'élévation rapide de ce qu'il appelait le *thermomètre du génie du mal*, il s'écriait : « Ceux qui vivront verront, et ceux qui verront seront épouvantés... car les révolutions précédentes n'ont été qu'une menace... La catastrophe qui doit venir, sera dans l'histoire LA CATASTROPHE PAR EXCELLENCE; les individus peuvent se sauver encore, parce qu'ils peuvent toujours se sauver, mais la société est perdue (1). »

Que dirait-il aujourd'hui, s'il voyait le paganisme et ses *dieux* installés dans les deux mondes, paganisme ignoré, il est vrai, — car on l'ignore toujours, — mais choyé, favorisé, innocenté et pouvant dire à son tour, à son vainqueur divin : « Tu le vois, mon empire s'agrandit tous les jours, tes disciples ne savent pas me reconnaître, tes lévites eux-mêmes s'y trompent ou n'osent rompre le silence; la science, je l'hallucine à son tour, à l'aide des *puérilités* qui me déguisent; ainsi, jusqu'au jour où tu m'en retireras la puissance la terre m'appartient, et tout en me faisant nier par elle, je lui ferai bientôt sentir que je suis le maître de son choix et l'instrument de tes vengeances. »

Le comte de Maistre, on le sait, partageait les mêmes craintes, mais il entrevoyait au delà la régénération de toute l'Europe et cette *majestueuse unité* qui arrivait *à grands pas*.

---

(1) Donoso Cortès, 1re lettre, p. 64.

Nous y croyons comme lui, mais après quelles épreuves et pour combien d'années? Dieu seul peut le savoir.

Arrêtons-nous, car nous sortons ici du rôle purement philosophique que nous nous étions tracé.

Ne confondons pas les diverses missions; à la religion toute seule le droit d'organiser la défense et d'indiquer les moyens de guérison; aux sciences physiques et naturelles celui de flétrir les hérésies scientifiques; à vous, Messieurs, celui d'éclairer au flambeau de la philosophie et de l'histoire, toute cette pneumatologie nouvelle.

Que fait-on, au contraire, depuis un siècle? Confondant tous les ordres de vérités, on porte aux *mathématiciens* des problèmes *métaphysiques*, on interroge sur des *causes*, les hommes qui ne reconnaissent que des *effets*, et sur cette grande question des Esprits, on va croire sur parole des gens qui ne se sont jamais occupés que de phénomènes matériels.

A chacun sa mission, cependant. Fûtes-vous jamais interrogés, Messieurs, sur la *cristallisation des corps ou la polarisation de la lumière?* Non certes, et probablement on fit bien; mais par la même raison rentrez dans tous vos droits. Laissez la matière à ceux dont elle a fait la gloire, et reprenez les Esprits. A l'aide des traditions universelles dont seuls vous possédez l'ensemble, prouvez à vos savants collègues que ce qu'ils ont pris tant de fois pour quelque chose de nouveau était précisément ce qu'il y avait de plus vieux sur la terre, et ce qu'ils auraient pu rencontrer à *toutes* les pages de *toutes* les annales de *tous* les peuples du monde; alors peut-être finiront-ils par comprendre, qu'autour d'eux et défiant leurs plus merveilleux instruments, s'agite tout un monde invisible, monde infiniment plus réel que celui qu'ils explorent, monde qui leur crie sans cesse, sans qu'ils veuillent l'écouter: Non, tout n'est pas dit pour l'homme, lorsqu'il a mesuré la terre, décomposé les corps ou compté les soleils.

APPENDICE

SUR L'EXORCISME

« À LA RELIGION SEULE, avons-nous dit, LE DROIT D'ORGANISER LA DÉFENSE ET D'INDIQUER LES MOYENS DE GUÉRISON ! »

Nous sommes tellement pénétré de la nécessité de cette réserve, que nous reportons au second Mémoire, et après *le prononcé de l'Église*, tout un travail que nous avions préparé sur l'exorcisme ; nous nous contenterons d'en donner dans cet appendice un succinct abrégé.

Il serait par trop triste, en effet, d'avoir signalé de tels fléaux, de telles misères, sans indiquer au moins les ressources admirables dont le christianisme a toujours disposé, ressources que l'histoire nous montre, guérissant parfois *en peu d'instants*, des obsessions et des tortures qui résistaient depuis des années à tous les efforts de la science.

Ces ressources étaient donc l'exorcisme, l'imposition des mains, et avant tout la prière.

Ne nous occupons que du premier, qui se rattache plus spécialement à notre sujet.

Qu'est-ce donc, ou plutôt *qu'était-ce donc* que l'exorcisme ? C'était l'EXPULSION du démon, soit des hommes, soit des éléments, soit des lieux, soit des édifices, etc. Nous sommes, on le voit, bien éloignés des temps où le christianisme poursuivait son ennemi dans toute la nature, et souvent avec une spontanéité de succès constatée par d'irrécusables monuments.

Avons-nous gagné beaucoup à l'abandon de tels secours ? Voilà toute la question.

Le baptême est resté ; mais c'est tout au plus si l'on sait aujourd'hui que le baptême est un véritable exorcisme ; c'est tout au plus si nous écoutons ces paroles prononcées sur chacun de nos enfants : « *Sors de cet esprit, de ce cœur, de cette âme, sors de cette tête, de ces cheveux, de ces poumons, de ces membres ; sors, fuis, écoule-toi comme l'eau,* LIQUEFACTUS » (1).

On ne se contentait pas autrefois de ce premier exorcisme ; on renouvelait les exorcismes après le baptême « car, dit un savant théologien (2), bien que

---

(1) Il n'y a pas loin de cette expression à celle de *fluidique*.
(2) Duguet, *Essais de morale*, ch. 13.

l'on supposât toujours le démon chassé du cœur par le baptême, on le croyait retiré dans la *concupiscence* qui demeure, et qui *est à lui*, étant son propre ouvrage. »

Chez les adultes on renouvelait aussi très-souvent ces exorcismes *de précaution*, contre l'ennemi *qui tourne autour de nous*, et saint Augustin a dit quelque part « qu'il serait à désirer qu'on les renouvelât tous les jours. »

Par ces seules paroles on voit où nous en sommes de la foi primitive.

On supposait alors que le maître chassé, mais conservant des *intelligences dans la place*, faisait tous ses efforts pour y rentrer et qu'il y rentrait toujours, lorsque nos infidélités ne permettaient plus à l'ange tutélaire préposé par *le nouveau maître*, de nous défendre suffisamment (1).

Une ancienne pratique que nous voyons exercée par saint Paul (2), prouve combien on supposait dans la primitive Église, l'esprit vengeur toujours prêt à frapper et n'attendant que le signal ou la permission de Dieu ou de l'Église. Car voici ce qui se passait. Le coupable était à peine *livré à Sathan* (expiation temporaire, décrétée pour le salut de son âme), que l'anathème se réalisait *à l'instant*, et qu'ordinairement le pécheur était saisi de convulsions ou de douleurs étranges.

Nous en trouvons la preuve dans la vie de saint Ambroise. Nous voyons ce grand homme renouveler, sur un esclave appelé *Stilicon*, coupable d'un grand forfait, l'exemple donné par saint Paul sur l'incestueux de Corinthe. « Le premier mot de l'anathème n'était pas achevé de prononcer (dit *Paulin*, n° 43), que l'esprit immonde commença à *le déchirer, lacerare*, ce que voyant, nous fûmes tous remplis de frayeur et d'admiration. »

Alors on resserrait aussitôt la puissance conférée et l'on bridait encore une fois ces forces colossales. Si l'anathème était levé tout entier, la maladie corporelle cessant subitement, on obtenait de l'expulsion une preuve extérieure et matérielle, et le coupable rentrait en grâce.

Nous ne disons pas sans dessein, *une preuve extérieure et matérielle*, car l'historien Josèphe nous prouve que chez les Juifs, qui pratiquaient aussi l'exorcisme, les choses se passaient de la même manière ; il raconte qu'à la fin d'un exorcisme, *auquel il assistait*, le démon donna de sa sortie le signe qu'on lui avait imposé, c'est-à-dire le renversement d'un vase rempli d'eau, placé tout exprès dans le voisinage et bien défendu de toute approche (3).

Nous ne parlerons pas ici des possessions de l'Évangile et des signes que

---

(1) Est-ce que par hasard cet esprit que l'on expulse au moment de la naissance serait ce compagnon de naissance, ce *natalis comes* des païens, ce démon engendré avec nous, Δαίμων γενέθλιος, ce *penes nos natus*, dont on a fait *pénate* (V. Moreri), esprit familier, doublure et *Sosie de tout notre être*, que nous avons tant vu de fois occuper la science, soit à propos des dialogues intérieurs, soit à propos de ces obsessions qu'elle explique par *un dédoublement du moi*? Quel jour cette explication ne jetterait-elle pas sur le péché originel d'abord, puis sur cette question des *lares*, que Montfaucon nous dit avoir toujours représenté les *âmes des défunts*, ou plutôt les *génies nés en même temps qu'elles*. Que de questions traitées dans ce Mémoire se trouveraient éclaircies! Nous reprendrons tout cela plus tard.

(2) Saint Paul, 2° *Cor.*

(3) Nous avons entendu nos missionnaires du Japon nous rapporter une injonction semblable.

les démons donnaient aussi de leur sortie, ne fût-ce que celui de leur entrée dans cet immonde troupeau qui, saisi de fureur à l'instant, courut se précipiter dans la mer.

Nous ne parlerons pas non plus des exorcismes des apôtres, de leur joie en voyant que les démons leur étaient soumis, et de leurs insuccès lorsqu'ils n'avaient pas suffisamment recours au jeûne et à la prière.

Mais nous nous arrêterons un moment devant une parole de Tertullien, qui nous prouve combien était quotidienne et universelle cette pratique si rare et si décriée aujourd'hui. Après avoir parlé de ces magiciens qui font *parler des statues*, qui *envoient des songes*, et qui *font deviner jusqu'aux tables, mensas divinare*, etc. (1), il jette ce défi magnifique aux persécuteurs des chrétiens: « Que l'on produise devant *vos* tribunaux, et *à la face de tout le monde*, un homme *notoirement* possédé. Après, que l'on fasse venir quelque fidèle et qu'il commande à cet esprit de parler; s'il ne nous dit pas ouvertement ce qu'il est, s'il n'avoue publiquement, que lui et ses compagnons *sont les dieux que vous adorez*; si, dis-je, il n'avoue ces choses, n'osant mentir à un chrétien, là MÊME, SANS DIFFÉRER, SANS AUCUNE NOUVELLE PROCÉDURE, FAITES MOURIR CE CHRÉTIEN IMPUDENT, QUI N'AURA PU SOUTENIR PAR L'EFFET, UNE PROMESSE SI SOLENNELLE. »

Minutius Félix n'est pas moins explicite : « VOUS SAVEZ BIEN, dit-il dans l'*Octavius*, que ces démons sont contraints d'avouer toutes ces choses lorsque, les tourmentant, nous les faisons SORTIR des corps par ces paroles qui les torturent et par ces prières qui les brûlent. »

C'était donc alors une pratique générale. Plus tard l'Église crut devoir fortifier plus officiellement, plus solennellement encore, une institution qui remonte jusqu'au Sauveur lui-même, jusqu'à cet *exorciste divin* descendu des cieux pour précipiter dans l'abîme *le prince de cet air* (*cadebat ut fulgur*), et pour guérir tous ceux qu'il oppresse (*et sanabat omnes oppressos a diabolo*) (2).

Nous voyons donc l'Église établir l'ordre de l'exorciste, et tracer les règles que celui-ci doit suivre, avec une sagesse et une *science* que l'on n'a point assez remarquées. Il faut voir, en effet, avec quel soin le rituel établit la distinction entre les maladies nerveuses et les névropathies sataniques.

Ces dernières ont toujours un *criterium* certain, et consistant dans sept signes :

1° Pénétration des pensées non exprimées;
2° Intelligence des langues *inconnues*;
3° Faculté de les parler, ainsi que les *langues étrangères*;

---

(1) Voy. *Apolog.* § 23. Donc, aux yeux de Tertullien, qui connaissait bien son paganisme, les oracles des païens et les *tables tournantes* n'avaient qu'une seule et même cause.

(2) C'est une chose remarquable que cette expression *oppressos*, rapprochée de cette terrible *oppression* dont se plaignaient constamment, nous l'avons vu, soit quelques somnambules, soit les ursulines de Loudun, soit les camisards, soit les enfants de Cideville, soit les soldats de Tropea, lors de ce fameux *cauchemar* si pauvrement expliqué par la science.

4° Connaissance des événements futurs ;
5° Connaissance de ce qui se passe dans les lieux éloignés ;
6° Développement de forces physiques supérieures ;
7° Suspension du corps en l'air, pendant un temps considérable.

Mais que l'exorciste y prenne garde ! qu'il se prépare longuement, par la prière, le jeûne et la charité, dans lesquelles il doit puiser ses forces principales.

Qu'il se méfie surtout des ruses du démon, qui le trompe fort souvent, le lasse et ne néglige rien pour bien lui persuader que la maladie est *purement naturelle*.

Ces ruses sont *innombrables*, elles vont quelquefois jusqu'à faire avouer aux malades, qu'ils jouent la comédie en demandant l'exorcisme ; qu'ils ne sont pas malades, etc., etc. (1).

Mais on connaît ces ruses, et l'exorciste passe outre, jusqu'à ce que, aidé par les prières de tous les assistants, il force le démon à se manifester de *telle* manière, à *tel* endroit, à dire son nom, la raison de son entrée, et enfin à *sortir* au nom sacré de J.-C.

L'énergumène une fois délivré, l'exorciste l'avertit de se bien garder de nouveaux péchés et de munir de se tous les boucliers spirituels, pour empêcher un retour qui rendrait son dernier état bien pire que le premier.

Voilà ce qu'on a appelé depuis, *le scandale des exorcismes*. On voit comme ils étaient funestes !

On nous reprocherait avec raison des paroles inutiles, si nous suivions l'exorcisme à toutes les époques de l'Église ; pendant quinze siècles consécutifs, pas un saint qui n'obéisse au précepte évangélique, pas un canon qui ne le prescrive, pas un fidèle qui ne le réclame à l'occasion, pas un fléau qui n'y trouve un obstacle et fort souvent un vainqueur (2).

Mais depuis Luther, et bien que les protestants ne nient pas la magie, la foi diminue, la controverse altère la charité, l'Église devient parfois un théâtre où les discussions entravent le succès, comme à Loudun ; de plus en plus alors, elle se voit obligée à la prudence, et contrainte de retirer à elle la puissance conférée aux exorcistes, mais le DOGME est toujours là, toujours le

---

(1) Nous avons vu la même chose pour des somnambules ; à l'état de crise, elles avouaient qu'elles jouaient la comédie, mais réveillées, elles ne comprenaient plus rien à cet aveu. Nos commissions d'enquête croient avoir tout dit lorsqu'elles ont obtenu un tel aveu ; mais il faut bien savoir *en quel moment*, et prendre garde que cet aveu ne soit plus trompeur encore que la tromperie redoutée.

(2) On s'est permis beaucoup de plaisanteries sur certains de ces fléaux qui avaient, en effet, au premier coup d'œil quelque chose d'assez excentrique. On a beaucoup ri, par exemple, de cet exorcisme lancé par un évêque de Lausanne contre une formidable invasion de rats qui désolaient sa contrée ; mais on oublie toujours de mentionner une chose, c'est la *cessation subite du fléau*. Ensuite, à ce compte-là, Moïse n'eût aussi fait que des actions risibles en luttant contre des fléaux fort semblables envoyés par les magiciens égyptiens. Croit-on enfin, que les populations se seraient laissé prendre si longtemps à une longue suite d'insuccès ? Si l'on eût prononcé chez les demoiselles Fox, en Amérique, la formule d'exorcisme déjà citée : « Chassez de cette maison, Seigneur, toute malice, tout fantôme et tout Esprit qui frappe, » l'Amérique ne serait peut-être pas, à l'heure qu'il est, aussi menacée dans sa tranquillité !

même, on n'en modifie pas un *iota*, et comme la diminution de la foi est la seule cause de la diminution des secours, on exorcise encore tous ceux qui la conservent, mais on les exorcise en secret.

Nous ne pouvons donc nous étendre à ce sujet autant que nous le voudrions.

Cependant, l'exorcisme nous apparaît pour la dernière fois, vers la fin du siècle dernier, sous un jour si brillant et entouré d'une publicité si grande, que nous ne pouvons résister au désir d'en donner au moins une idée.

D'ailleurs, comme tous les auteurs que nous avons combattus dans ce Mémoire s'accordent pour invoquer précisément cet exemple, nous sommes forcé d'y recourir à notre tour et de redresser encore une fois la falsification historique la plus flagrante que l'on ait jamais osé se permettre. On va en juger.

Il s'agit de *Gassner*, de ce prêtre qui, longtemps curé de Closterle, diocèse de Coire, résolut, en 1752, après s'être guéri lui-même au nom de J.-C. d'une véritable obsession, de consacrer le reste de sa vie à la guérison de son prochain. Que nous disent les biographies à son sujet? Consultons de préférence celle écrite par un de ses détracteurs, par le fameux abbé Grégoire, grand ennemi, comme on le sait, de l'ultramontanisme et des jésuites, dont Gassner était l'élève et le protégé. « La réputation du thaumaturge, dit-il, se répandit bien vite en Allemagne et dans les pays voisins, où il eut pour admirateurs et protecteurs des hommes puissants. Il quitta sa paroisse, devenue trop petite pour recevoir tous ses malades, et se fixa à Elwangen, puis ensuite à Ratisbonne, sur l'invitation du prince-évêque; celui-ci nomma tout aussitôt une commission d'hommes éclairés, chargée d'examiner soigneusement les opérations de Gassner, et de rédiger le procès-verbal de toutes les séances; *personne n'en était exclu*. Gassner invitait, au contraire, les médecins à s'y rendre, à épuiser toutes les précautions nécessaires pour écarter les soupçons de supercherie. C'est ainsi qu'il en usa avec le duc de Wurtemberg, qu'il invita à venir le trouver, accompagné de ses docteurs. Le duc y vint et signa le procès-verbal des miracles constatés (1).

« On vit alors pleuvoir de toutes parts des pamphlets pour et contre Gassner. *Quelques faits* (sur tant de milliers) furent révoqués en doute. On cita des guérisons qui n'avaient été ni radicales ni durables; mais, en général, ON LES CONTESTAIT PEU, on discutait seulement leur nature. Étaient-elles le résultat de moyens naturels, ou de prestiges, ou de miracles réels? » (Grég., *Sect. rel.*, t. V, p. 386.)

---

(1) Une de ses cures les plus étonnantes fut celle de la jeune Émilie, rapportée dans un procès-verbal imprimé à Schillingsfurt en 1775. Ce procès-verbal, signé par vingt personnes, au nombre desquelles nous remarquons trois médecins, plusieurs commissaires de la cour, de l'évêché, de la police, un professeur de mathématiques, quelques conseillers auliques, etc., nous montre le saint prêtre apprenant d'abord à la jeune fille, tourmentée par d'horribles convulsions, que l'ennemi est à l'état latent chez elle; il lui en donne aussitôt la preuve, en la faisant passer, *sans le moindre attouchement*, et par de simples commandements en latin (langue étrangère pour elle), par tous les genres de convulsions AVEC OU SANS DOULEURS à son choix, et par tous les symptômes maladifs que les médecins désiraient obtenir. Après quoi, Gassner déclare qu'elle est guérie *à jamais* par la toute-puissance de Dieu. Ce que ces témoins si importants ont attesté tous à l'unanimité.

Ainsi donc, adversaires et prôneurs, tous étaient à peu près d'accord sur la *réalité* des guérisons. C'est un point qui paraît établi. Or quand on sait qu'il y avait jusqu'à 10,000 malades campés sous des tentes, autour de lui, on comprend que cette fois les enquêtes reposaient sur une très-grande échelle, et que le thaumaturge n'avait guère de temps à lui pour monter *des jongleries*.

Comme on le pense bien, en plein XVIII° siècle un pareil homme devait éprouver plus d'une persécution. Pendant qu'il était chaudement défendu par les populations, par les jésuites, par le savant abbé de Saint-Blaise, dom Gerbert, par les évêques de Ratisbonne et de Coire ses supérieurs et juges naturels, par les princes de la maison de Hohenlohe, et en général par tous les catholiques ultramontains, on le vit condamner par quelques évêques, et entre autres par celui de Salzbourg ; mais nous voyons aussi dans une lettre émanée du Saint-Siége, à la date du 15 décembre 1777, le saint Père exprimer son mécontentement de la lettre pastorale de cet évêque, ainsi que de celle de Mgr de Prague, et refuser de les approuver.

Cependant toute l'Allemagne s'agitait. Gassner était venu apporter, suivant la prophétie évangélique, non *pas la paix*, mais le couteau. La persécution eût donc manqué à sa gloire.

Au moment où il allait fonder un ordre, uniquement destiné à la guérison de ces sortes de maladies, que, dans sa longue expérience, il affirmait entrer pour UN TIERS dans le cadre général, il vit se dresser contre lui tous les obstacles imaginables.

D'après la Biographie universelle, « on montra contre ce prêtre irréprochable une espèce de *fureur* ; calomnies odieuses, mensonges, rien ne lui fut épargné. »

Après la persécution des deux évêques vint celle de la science.

Elle était alors ce qu'elle est aujourd'hui. Elle *avait un parti pris*, et cinq cent mille morts ressuscités sous ses yeux, ne l'auraient pas fait varier d'une syllabe.

A l'université de Halle se trouvait, entre autres, un professeur distingué et des plus des incroyants, c'était le professeur Semler ; Gassner, dans l'espoir de le convaincre par une évidence de toutes les heures, de toutes les minutes, avait engagé avec lui une correspondance raisonnée, et le conjurait de venir s'établir à Elwangen, lui offrant même de le défrayer de tous les frais du voyage. Que fait Semler ? Il s'y refuse sous le prétexte qu'un incroyant comme lui serait infailliblement *lapidé*. Cette raison supposait au moins de la part de Semler la foi chez les malades et *les guéris* ; mais rassuré sur ce faux prétexte, et relancé par le *Journal historique de Luxembourg* (1), qui lui prouve qu'avec du silence et de l'incognito il n'a rien à redouter, il change de tactique, et, laissant là les faits il se lance dans les discussions théoriques. « Le démon, dit-il, étant invisible de sa nature, il n'y a aucune expérience faisable à son égard. » A ceux qui lui disent qu'il ne s'agit pas de *voir* le diable, mais bien des guérisons flagrantes et subites, il se rejette sur leur dissemblance « avec celles de la Bible » ; à ceux qui lui prouvent qu'elles sont, au contraire, parfaite-

(1) Du 15 juin 1776.

ment identiques, il bat en retraite en déclarant « qu'étant *satisfait de ses idées* à ce sujet, il n'en prendra jamais d'autres, et clôt la discussion.

En vérité, on croit assister à tous les faux-fuyants que nous connaissons. Et comme nous l'avons déjà dit, « *lorsqu'un siége est fait*, chez certains savants, l'évidence est comptée pour peu de chose, et les meilleures raisons pour zéro. »

Vinrent ensuite les persécutions de l'autorité; c'était le temps de Joseph II, on chassait alors les jésuites de partout, quitte à les rappeler plus tard; on se brouillait avec Rome, on aimait les philosophes; la dernière heure devait donc sonner pour Gassner comme pour les autres. Depuis un siècle, en Europe, tout marche par courants opposés; or le courant des idées catholiques romaines refluait sous l'arrivée du courant opposé.

Ainsi donc, Gassner fut dénoncé comme un partisan des jésuites, comme un fauteur de troubles, et le gouvernement, pour en finir avec lui, chargea l'illustre docteur DE HAEN, médecin de l'impératrice Marie-Thérèse, et l'une des plus grandes autorités médicales de l'Europe, de faire et de publier une enquête approfondie sur notre thaumaturge. De Haen fit l'enquête; et c'est ici que nous appelons l'attention générale.

Il est avancé dans tous les ouvrages combattus dans ce Mémoire que de Haen *prouva et divulgua, séance tenante*, LES JONGLERIES *du prétendu guérisseur*. Grégoire s'exprime ainsi : « De Haen a prouvé qu'il ne voyait en tout cela que des jongleries. »

M. le docteur Dubois, d'Amiens, fidèle au même système de négations à tout prix, dit aussi dans la préface de son Histoire académique que de Haen *démasqua ces jongleries* comme Duncan l'avait fait pour Loudun, comme Hecquet l'avait fait pour Saint-Médard (1).

Voyons donc une dernière fois comment *le merveilleux* avait pu disparaître aussi subitement.

De Haen était chrétien, mais il était aussi de la nouvelle école; il partageait toutes les idées de Joseph II; il détestait surtout les jésuites; il n'y avait donc pas possibilité pour lui, de reconnaître dans Gassner un thaumaturge évangélique. D'un autre côté, les faits... Mais laissons-le parler lui-même, et voyons s'il est vrai qu'il ait fait tomber tout le *merveilleux* de la chose.

Écoutons bien ses conclusions, nous les avons traduites de son ouvrage latin *de Miraculis* cap. V; elles en valaient la peine.

« Mes lecteurs, dit-il, attendent de moi une décision sur les miracles de Gassner... Ces phénomènes doivent être attribués ou à Dieu, ou à la jonglerie humaine, ou à l'intervention de Sathan.

« Il ne viendra, je pense, dans la tête de personne qu'ils viennent de Dieu, puisqu'ils en sont indignes, étant opposés à la vraie religion et scandaleux pour le peuple (2).

---

(1) « Gassner, dit M. Dubois, fut en quelque sorte le précurseur de Mesmer. En d'autres temps, on aurait soumis les démoniaques aux exorcismes et aux épreuves du rituel l'impératrice les fit soumettre au traitement de de Haen. *La fourberie fut découverte aussitôt*, et les *bruits* populaires dissipés... » Nous allons voir s'il s'agissait de *bruits*.

(2) *Indignes de Dieu!* et il va nous dire que ces guérisons *parfaites* ont eu lieu par

« Reste donc la jonglerie humaine ou l'intervention satanique... Voyons la première... Si tous les malades de Gassner habitaient dans son voisinage et vivaient avec lui, s'ils étaient en petit nombre, on pourrait soupçonner quelque chose de semblable ; mais quand on voit venir à lui DES CENTAINES de malades avec lesquels il n'a jamais eu et n'a jamais pu avoir aucun commerce, DES CENTAINES de personnes de toutes les religions, candides, sincères, éloignées de toute fraude, des malades si nombreux que leur nombre excède QUELQUES MILLE (nous progressons), PERSONNE, A MOINS D'ÊTRE FOU, NEMO SANÆ MENTIS, ne peut admettre une subornation pareille.

« Quant à l'IMAGINATION (ceci regarde M. Arago et le premier rapport de Bailly), elle expliquerait assez bien tous ces faits s'il s'agissait d'un petit nombre de malades, traités encore pendant plusieurs années... Mais il ne s'agit ici ni d'un homme ni d'un autre, mais DE MYRIADES D'HOMMES (nous décuplons toujours); non pas de jeunes filles très-nerveuses, mais de paysans fort rustiques, d'ouvriers, de forgerons, de bûcherons, dont l'imagination est tout à fait endormie ; bien plus, de gens très-âgés et aliénés, sur lesquels il produit des effets STUPÉFIANTS *sans les toucher*, et en leur parlant plutôt avec une voix faible et douce, qu'avec une voix effrayante et sonore.

« Chez ces malades, non pas à sa volonté, mais à celle des médecins assistants, il change l'état du pouls, le ralentit, l'accélère (sans le toucher), et cela trois ou quatre fois par heure. Donc IL N'Y A LA AUCUN MAGNÉTISME.

« ... Serait-ce le changement d'air, le voyage ? Cela s'est vu souvent, mais ici ces malades, misérables à la maison, misérables en voyage, *sont déposés misérables* aux pieds de Gassner, et il les RENVOIE GUÉRIS ! »

Vous voyez que jusqu'ici de Haen accepte les faits, et les regarde comme aussi merveilleux que possible, mais laissez-le continuer.

« DONC, en supposant que quelques-uns ont été guéris par le changement d'air et le voyage, quelques autres par le magnétisme et les sciences occultes, *qui cependant n'ont jamais rien produit de semblable aux prodiges de Gassner*... en supposant quelques autres guéris par l'impression de gestes terrifiants, d'autres enfin par quelque connivence avec les malades, on dira peut-être que tout cela fait un certain nombre... et l'argument mérite quelque attention... Mais si ceux qui voient en Gassner un thaumaturge ne voulaient en tenir aucun compte, (vous le leur avez défendu sous peine de folie), et s'ils persistaient à soutenir que ces cures, QUE L'ON NE PEUT NIER, n'ont été nullement opérées à l'aide de moyens humains et naturels, que même de tels miracles dépassent la vertu d'un simple exorciste... *nous répéterions* que puisque ces choses n'ont été accomplies ni par le doigt de Dieu, comme nous l'avons démontré, ni par la nature, comme les panégyristes de Gassner le proclament, *ils* nous forcent à dire que ces prodiges SONT DE VÉRITABLES ŒUVRES DU DÉMON. » Quels aveux ! quelle conclusion ! et quelle ROUERIE !

Admirez-vous cet art avec lequel de Haen, qui vient en son propre nom de

---

milliers et sans attouchements. *Opposés à la vraie religion !*... Oui, de Joseph II. *Scandaleux pour le peuple !* et les incroyants craignaient d'être *lapidés* par les populations enthousiastes !

briser comme verre tous les arguments de l'incrédulité, se retourne tout à coup et les rejette habilement sur les panégyristes de Gassner, pour les rendre seuls responsables de sa conclusion vraiment *diabolique!*

En vérité, nous ne savons pas si la ruse et la duplicité peuvent aller plus loin que cela ; qui sait cependant, combien de fois de Haen se sera indigné à la cour contre celles de jésuites !

Que dire ensuite de ces écrivains modernes qui de meilleure foi, nous en sommes sûr, représentent cependant Gassner *comme un fourbe, précurseur de Mesmer,* et qui osent s'appuyer sur le témoignage de de Haen ? Il faudrait au moins s'entendre à l'avance, ne fût-ce que pour ne pas se donner mutuellement de si cruels démentis. On se dit d'accord, et voici qu'à l'examen, l'un déclare *fou* celui qui croit ces faits, et que l'autre déclare bien autrement *fou* celui qui ne les croit pas.

Pauvre histoire, comme on t'exploite !

Ce récit clôt merveilleusement ce premier Mémoire, car il en renferme tout le sens et tout l'esprit. Après le récit de tant de vérités attristantes, il nous reste donc bien démontré qu'à la voix d'un pauvre prêtre, des centaines de maladies *chroniques,* ou plutôt des *milliers* (ne voulant pas dire avec de Haen des *myriades*), se trouvaient subitement et parfaitement guéries, soit par l'exorcisme, soit par l'imposition des mains, et toujours au nom de J.-C. Consolations puissantes ! espérances merveilleuses ! car, ce qu'obtenait si récemment la foi de ce pauvre prêtre, pourquoi beaucoup d'autres, animés de la même foi, ne l'obtiendraient-ils pas à leur tour ?

On peut comprendre maintenant pour quelle part de tels vœux, de telles espérances, pouvaient entrer dans la rédaction de ce Mémoire, dont ils sont, à vrai dire, l'unique fin.

FIN.

A PARAITRE PLUS TARD :

UN DEUXIÈME MÉMOIRE AYANT POUR TITRE

DES ESPRITS

ET DE LEURS MANIFESTATIONS

DANS L'HISTOIRE, DANS LES CULTES

ET DANS LES SECTES

SOMMAIRES
DE CE DERNIER MÉMOIRE

CHAPITRE PREMIER. — PNEUMATOLOGIE PAÏENNE.

Véritable origine de tous les cultes. — Le système de Dupuis anéanti quant au fond, justifié dans quelques-uns de ses détails. — Lourdes et inqualifiables méprises sur l'idolâtrie. — Paganisme incompris. — *Tous les dieux des nations sont des Esprits* (Ps. 95). — Les Pythonisses retrouvées à Paris. — Mystères des obélisques. — Rapport de M. Bouis à l'Académie de médecine.

CHAPITRE II. — PNEUMATOLOGIE BIBLIQUE.

Action continue des Esprits dans l'Ancien Testament. — JÉHOVAH, l'être par excellence, ou LE LUI DES ÉLOHIM, représenté par ses anges. — Confusion apparente. — Explications de la théologie à ce sujet. — *Les éléments du monde*; expression de l'apôtre saint Paul, mal rendue jusqu'ici, de l'aveu de tous les commentateurs. — Nouveau sens respectueusement proposé par l'auteur. — Ce que saint Paul entend par les esprits *recteurs* et *soutiens* de ce monde de ténèbres. — Esprits *du nord* et *de l'aquilon*. — Esprits défenseurs des nations, nécromancie antique.

CHAPITRE III. — DE LA KABBALE.

Les traditions jugées par les travaux modernes. — Hermès justifié par Champollion. — Deux sortes de kabbales. — Traditions vraies, traditions fausses. — La révélation n'a dit que ce qui nous était nécessaire.

CHAPITRE IV. — PHILOSOPHIE ET PNEUMATOLOGIE ANTIQUES.

Orphée, Pythagore, Platon, Zénon, Épicure, Cicéron, Plutarque. — Ame du monde. — Éther, Panthéisme ancien. — Vérités théogoniques rapprochées de la cosmologie moderne. — Le *calorique-lumière* et le *porte-lumière* ou *prince de l'air*. — Satan, agent de la corruption.

CHAPITRE V.

Hippocrate, Arétée, Galien et la secte des Pneumatistes.

CHAPITRE VI. — PNEUMATOLOGIE CHRÉTIENNE.

La chute est l'œuvre de Satan, et la destruction de Satan est la raison de l'incarnation. — Injonctions et promesses faites par Jésus à ses disciples, *pour tous les temps*. — Les démons tremblent et se retirent. — Les oracles se taisent, Plutarque le constate.

CHAPITRE VII. — PNEUMATOLOGIE DES SAINTS PÈRES.

Éclectisme alexandrin. — Ses vérités et ses erreurs. — Simon le magicien, Manès, Marc Valentin, Bardesanes, etc. — Néoplatonisme moderne. — Les deux principes. — Chute de Tertullien causée par une somnambule.

CHAPITRE VIII.

Julien. — Derniers efforts du polythéisme expirant. — Mahomet.

CHAPITRE IX.

L'Église et le Druidisme. — Prophétesses de l'île de Sayn. — Fées du moyen âge.

CHAPITRE X. — PNEUMATOLOGIE DU MOYEN AGE.

Distinctions difficiles. — Les miracles des saints et les maléfices des sorciers. — Albert le Grand et saint Thomas. — Les Alchimistes. — Jeanne d'Arc jugée au XVe, au XVIIIe et au XIXe siècle.

CHAPITRE XI.

Sociétés secrètes. — La Franc-Maçonnerie, les *Rose-croix*, les *Templiers*, les *Bohémiens*, etc.

CHAPITRE XII. — PNEUMATOLOGIE DE LA RENAISSANCE.

Van-Helmont, Maxwel, Wirdig et Robert Fludd.

CHAPITRE XIII. — PNEUMATOLOGIE DE LA RÉFORME.

La science à cette époque.

CHAPITRE XIV.

Les possessions épidémiques, reconnues sous un autre nom par la science moderne, qui les niait hier.

CHAPITRE XV.

Mysticisme et quiétisme. — Nouvelle forme du protée mystérieux. — *L'illusion* en langage théologique. — Mme Guyon ; embarras qu'elle cause à Bossuet.

CHAPITRE XVI.

Illuminés du XVIIIᵉ siècle. — Swedenborg et Cazotte. — Saint-Germain et Cagliostro.

CHAPITRE XVII. — MESMER.

Le magnétisme élucidé.

CHAPITRE XVIII.

Contre-partie. — Gassner. — Notice sur cet exorciste incomparable. — Ses persécutions. — Jugement qu'en a porté *de Haen*, médecin de la cour sous le règne de Joseph II. — Erreurs modernes à ce sujet.

CHAPITRE XIX.

XIXᵉ siècle. — Nouvelle phase du mesmérisme. — Illuminisme moderne. — Mickiévitz et Tovianski. — La nouvelle Jérusalem. — Les vrais et les faux prophètes contemporains. — Suite des *Esprits frappeurs* dans les deux mondes. — Nécromancie moderne.

CHAPITRE XX.

Conjectures sur l'avenir et sur l'approche des derniers temps.

CPSIA information can be obtained
at www.ICGtesting.com
Printed in the USA
BVHW052049210222
629672BV00005B/96